图灵程序设计丛书

Python编程
从入门到实践
（第2版）

[美] 埃里克·马瑟斯 著　袁国忠 译

Python Crash Course, 2nd Edition
A Hands-On, Project-Based Introduction to Programming

人民邮电出版社
北　京

图书在版编目（CIP）数据

Python编程 : 从入门到实践 / (美) 埃里克·马瑟斯 (Eric Matthes) 著 ; 袁国忠译. -- 2版. -- 北京 : 人民邮电出版社, 2020.10（2023.1重印）
（图灵程序设计丛书）
ISBN 978-7-115-54608-1

Ⅰ. ①P… Ⅱ. ①埃… ②袁… Ⅲ. ①软件工具－程序设计 Ⅳ. ①TP311.561

中国版本图书馆CIP数据核字(2020)第142856号

内 容 提 要

本书是针对所有层次 Python 读者而作的 Python 入门书。全书分两部分：第一部分介绍用 Python 编程所必须了解的基本概念，包括强大的 Python 库和工具，以及列表、字典、if 语句、类、文件与异常、代码测试等内容；第二部分将理论付诸实践，讲解如何开发三个项目，包括简单的 2D 游戏、利用数据生成交互式的信息图以及创建和定制简单的 Web 应用，并帮助读者解决常见编程问题和困惑。第 2 版进行了全面修订，简化了 Python 安装流程，新增了 f 字符串、get() 方法等内容，并且在项目中使用了 Plotly 库以及新版本的 Django 和 Bootstrap，等等。

本书适合对 Python 感兴趣的所有读者阅读。

◆ 著　　　[美] 埃里克·马瑟斯
译　　　袁国忠
责任编辑　杨　琳
责任印制　周昇亮

◆ 人民邮电出版社出版发行　　北京市丰台区成寿寺路11号
邮编　100164　　电子邮件　315@ptpress.com.cn
网址　https://www.ptpress.com.cn
涿州市京南印刷厂印刷

◆ 开本：800×1000　1/16
印张：29　　　　2020年 10 月第 2 版
字数：684千字　　　　2023 年 1 月河北第 19 次印刷

著作权合同登记号　图字：01-2019-7532号

定价：109.80元

读者服务热线：(010)84084456-6009　印装质量热线：(010)81055316

反盗版热线：(010)81055315

广告经营许可证：京东市监广登字 20170147 号

不容错过的成长之旅

受父亲影响，5 岁的埃里克·马瑟斯开始编写自己的第一个程序——一个简单的猜数字游戏。从孩童时期开始，编程带给马瑟斯的满足感一直影响至今。30 岁时，作为 Python 爱好者，他开始在技术社区中义务教授 Python。源于对 Python 的好奇心，他的儿子 Ever 每天不断提问，这才驱使他有了写作本书的想法。所以，与其说它是一本书，倒不如说它是对父子两代人编程初心的传承。

英文书名进一步阐述了本书的意图，*Python Crash Course: A Hands-On, Project-Based Introduction to Programming* 直译过来的意思是“Python 速成教程：动手操作、基于项目的编程入门”。从书名来看，它并不是真正意义上的教材。与大学计算机系的正统编程语言教材相比，它最大的不同点在于：

- 实践为主（hands-on）
- 项目为纲（project-based）

如今，随着互联网产业的高速发展，在网络上早已积累了极其丰富的 Python 学习资料，任何人都可以基于这些资源，自学掌握 Python。但实际上，网络上充斥的资源太多、太杂且不成体系，在没有足够的编程/工程经验之前，仅靠“看”线上资源自学，的确是一件非常困难的事。

当年，大妈自己光是开发第一个实用工具（一个不超过 50 行代码的项目），就前后用了将近半年的时间才得以成功。之所以耗时这么久，原因在于：

- 官方文档/教程过大、过全，学习曲线陡峭，更适合有经验的软件工程师；
- 面向初学者的教程只讲基础语法，并没有关于项目的实践引导。

20 多年过去了，市面上一直不乏各种教授“零基础入门 Python”的图书，但至今只有两本摸到了门径。**一本是《笨办法学 Python》**，通过极其精练的针对性练习，帮助小白突破对编程的恐惧，但遗憾的是，它并没有包含如何完成实用工程的内容。**另外一本，就是这本“Python 蟒蛇书”**。得益于中学老师的身份，作者平时接触的都是非计算机专业的学生。他结合自己的教学经历，撰写了这本从零开始快速上手 Python 的好书。更令人兴奋的是，为了拥抱 Python 技术生态的变化，作者及时增补了第 2 版，替换和追加了很多常用模块/框架/工具的介绍，整体上更贴近实际开发环境。不过，从大妈的经验来看，完全无基础的读者最好别从第 1 章开始学习，否则在第一部分就会耗尽所有热情。

这里，我建议大家：

- ❑ 第一部分尽可能在 42 小时内快速浏览一遍，不用理解，先混个眼熟；
- ❑ 第二部分跟着项目实践精读，对应查阅第一部分的基础知识点，针对性地自我答疑。

这样，你就能从枯燥的语法、控制结构、数据结构等无穷的编程概念中挣脱出来，进入一个个具体真实的项目场景中，一切将变得异常清晰、有目标且可检验。当然，最好还是能找到一起学习的小伙伴，无论是线下共读，还是线上远程协同。总之，大家一起折腾，阅读和学习才可能事半功倍。

最后，我想说，Python 是否值得学，已经不再是值得怀疑的问题了（特别是在人类于 2018 年用 Python 合成首张黑洞照片之后）。但是，如何能高效学会 Python，永远是个值得思考的重要问题。

这个问题的答案，是绕不开本书的。

大妈/ZoomQuiet，CPyUG 联合创始人、蟒营®创始人

第 1 版赞誉

“No Starch Press 革故鼎新，不断推出堪与传统编程图书比肩的未来经典，而本书就是其中之一。”

——Greg Laden，ScienceBlogs

“对复杂的项目娓娓道来，逻辑合理、赏心悦目，令人欲罢不能。”

——*Full Circle* 杂志

“清晰地阐述代码片段，引领你每次前进一小步，逐步编写出复杂的代码，并对其中的原理了如指掌。”

——*FlickThrough Reviews*

“美妙的 Python 学习体验，Python 新手的不二选择。”

——Mikke Goes Coding

“名副其实，出色地完成了引领读者从入门到实践的任务。三个项目既富有挑战性又寓教于乐，还有大量极具帮助的练习题。”

——RealPython 网站

“简明而全面的 Python 编程入门读物，助你最终掌握 Python，是一本值得拥有的杰出作品。”

——TutorialEdge 网站

“编程小白的明智之选。化繁为简，一步一个脚印地带领你进入 Python 这门深奥语言的殿堂。”

——WhatPixel 网站

“面面俱到，初学者需要知道的 Python 知识应有尽有。”

——Firebear Studio GmbH

谨以此书献给我的父亲和儿子。

感谢父亲抽出时间回答我提出的每个编程问题，感谢儿子 Ever 开始向我提问了。

前　言

本书第 1 版出版后反响强烈，被翻译成了 8 种语言。我收到了众多读者的来信和电子邮件，有小到 10 岁的孩童，还有利用闲暇学习编程的退休人员。有一些初中、高中和大学用其作为教材，有使用高级教材的学生将其作为补充材料，还有人通过阅读它来提高工作技能或开发自己的项目。总而言之，第 1 版的广泛用途完全符合我最初的预期。

第 2 版的编写过程从始至终都令人愉悦。Python 虽是一门成熟的语言，但也像其他语言一样在不断发展。我对本书的修订目标是更精练、更简单易懂。现在已经没有任何理由再学习 Python 2 了，因此第 2 版只介绍 Python 3。很多 Python 包安装起来比以前容易，因此安装说明也更加简明。我新增了一些会对读者有帮助的主题；更新了部分章节，以反映如何利用 Python 中的新方式更简单地完成任务；澄清了第 1 版中对 Python 语言的某些细节描述得不太准确的地方。所有项目都做了全面修订，采用得到良好维护的流行库，让你能够充满信心地用它们来开发自己的项目。

下面概述一下第 2 版所做的具体修订。

- 第 1 章简化了 Python 安装流程，适用于所有主流操作系统。现在我推荐使用文本编辑器 Sublime Text，它深受初学者和专业程序员的欢迎，在各种操作系统上都能很好地运行。
- 第 2 章更准确地描述了 Python 变量的实现方式。将变量描述为指向值的**标签**，让读者能够更好地理解 Python 变量的行为。本书使用 Python 3.6 引入的 f 字符串，该方法使得在字符串中使用变量值简单许多。Python 3.6 还引入了使用下划线来表示大数的方式（如 `1_000_000`）。第 1 版把对多变量赋值的介绍放在一个项目中，而第 2 版则将其推广并移到了第 2 章，旨在惠及所有读者。最后，这一章介绍了 Python 里一种清晰的常量表示法。
- 第 6 章新增了介绍方法 `get()`的内容。`get()`从字典中获取值，并在指定的键不存在时返回默认值。
- 第 12 章 ~ 第 14 章的“外星人入侵”项目现在完全是基于类的。游戏本身也是类，不再是一系列函数。这极大地简化了游戏的总体结构，大大地减少了函数调用和必须提供的参数。阅读过第 1 版的读者一定会对这样的简化欣赏有加。对于所有操作系统，现在都只需一个命令就能安装 Pygame。此外，运行该游戏时，可在全屏模式和窗口模式之间选择。
- 数据可视化项目中的 Matplotlib 安装方法简化了，无论读者使用的是哪种操作系统。使用 Matplotlib 的可视化调用的是函数 `subplots()`，让项目扩展起来更容易。

- 第 15 章的掷骰子项目使用了 Plotly。这个可视化库得到了妥善的维护，语法清晰美观，支持对输出进行全面定制。
- 第 16 章的天气项目使用了来自美国国家海洋与大气管理局的数据。
- 第 17 章不再使用 Pygal 来可视化 GitHub 的 Python 开源项目，转而使用 Plotly。
- 第 18 章 ~ 第 20 章使用新版的 Django 创建“学习笔记”项目，并使用新版 Bootstrap 设置样式。使用 django-heroku 简化了将项目部署到 Heroku 的流程，并且转而使用环境变量，而非修改文件 settings.py。这种方法更简单，更接近专业程序员部署 Django 项目的方法。
- 附录 A 做了全面修订，推荐读者采用最佳的 Python 安装方法。附录 B 提供了详尽的 Sublime Text 安装说明，并简要介绍了大部分主流文本编辑器和 IDE。附录 C 引导读者访问更新、更流行的在线资源以寻求帮助。附录 D 提供了 Git 版本控制的简明教程。

感谢购买和阅读本书！如果有任何反馈或问题，请务必与我联系。

致谢

如果没有 No Starch Press 出色专业人士的帮助，本书根本不可能付梓。是 Bill Pollock 邀请我编写这样一本入门书，深深感谢他给予我这样的机会。Tyler Ortman 在我编写本书的早期帮助我理清了思路。Liz Chadwick 和 Leslie Shen 详细阅读了每一章，提出了宝贵的反馈意见，而 Anne Marie Walker 助我把本书的很多内容写得更加清晰。Riley Hoffman 回答了我就装订过程提出的每个问题，耐心地将我的作品变成了漂亮的图书。

这里要感谢技术审阅 Kenneth Love。我与 Kenneth 相识于一次 PyCon 年度大会，他对 Python 和 Python 社区充满热情，一直是我获取专业灵感的源泉。Kenneth 不仅检查了本书介绍的知识是否正确，在审阅中还始终抱着这样一个目的：让编程初学者对 Python 语言和编程获得扎实的认识。不过，倘若本书有任何不准确的地方，责任完全在我。

感谢我的父亲在我很小的时候就教我编程，一点儿也不担心我破坏他的设备。感谢妻子 Erin 在我编写本书期间一如既往的鼓励和支持。还要感谢儿子 Ever，他的好奇心每天都会给我带来灵感。

导　　读

如何学习编写第一个程序，每个程序员都有不同的故事。我还是个孩子时就开始学习编程了，当时我父亲在计算时代的先锋之一——数字设备公司（Digital Equipment Corporation）工作。我使用一台简陋的计算机编写了第一个程序，这台计算机是父亲在家里的地下室组装而成的，它没有机箱，裸露的主板与键盘相连，显示器是裸露的阴极射线管。我编写的这个程序是一款简单的猜数字游戏，其输出类似于下面这样：

```
I'm thinking of a number! Try to guess the number I'm thinking of: 25
Too low! Guess again: 50
Too high! Guess again: 42
That's it! Would you like to play again? (yes/no) no
Thanks for playing!
```

看到家人玩着我编写的游戏，而且它完全按我预期的方式运行，我心里不知有多满足。此情此景我永远也忘不了。

儿童时期的这种体验一直影响我至今。现在，每当我通过编写程序解决了一个问题时，心里都会感到非常满足。相比于年少时，我现在编写的软件满足了更大的需求，但通过编写程序获得的满足感几乎与从前一样。

读者对象

本书旨在让你尽快学会 Python，以便编写出能正确运行的程序——游戏、数据可视化和 Web 应用程序，同时掌握让你终身受益的基本编程知识。本书适合任何年龄的读者阅读，它不要求你有 Python 编程经验，甚至不要求你有编程经验。如果你想快速掌握基本的编程知识以便专注于开发感兴趣的项目，并想通过解决有意义的问题来检查你对新学概念的理解程度，那么本书就是为你编写的。本书可供初中和高中教师用来通过开发项目向学生介绍编程。如果你是刚开始学习 Python 的大学生，觉得指定的教材不那么容易理解，那么阅读本书将让学习过程变得更轻松。

本书内容

本书旨在让你成为优秀的程序员，具体地说，是优秀的 Python 程序员。通过阅读本书，你将迅速掌握编程概念，打下坚实的基础，并养成良好的习惯。阅读本书后，你就可以开始学习 Python 高级技术，并能够更轻松地掌握其他编程语言。

在本书的第一部分，你将学习编写 Python 程序时需要熟悉的基本编程概念，你刚接触几乎任何编程语言时都需要学习这些概念。你将学习各种数据以及在程序中将数据存储到列表和字典中的方式。你将学习如何创建数据集以及如何高效地遍历它们。你将学习使用 `while` 和 `if` 语句来检查条件，并在条件满足时执行代码的一部分，而在条件不满足时执行代码的另一部分——这可为自动完成处理提供极大的帮助。

你将学习获取用户输入，让程序能够与用户交互，并在用户没停止输入时保持运行状态。你将探索如何编写函数来让程序的各个部分可重用，这样你编写执行特定任务的代码后，想使用它多少次都可以。然后，你将学习使用类来扩展这种概念以实现更复杂的行为，从而让非常简单的程序也能处理各种不同的情形。你将学习编写妥善处理常见错误的程序。学习这些基本概念后，你就能编写一些简短的程序来解决一些明确的问题。最后，你将向中级编程迈出第一步，学习如何为代码编写测试，以便在进一步改进程序时不用担心可能引入 bug。第一部分介绍的知识让你能够开发更大、更复杂的项目。

在第二部分，你将利用在第一部分学到的知识来开发三个项目。你可以根据自己的情况，以最合适的顺序完成这些项目；你也可以选择只完成其中的某些项目。在第一个项目（第 12 章 ~ 第 14 章）中，你将创建一个类似于《太空入侵者》的射击游戏，这个游戏名为《外星人入侵》，它包含多个难度不断增加的等级。完成这个项目后，你就完全能够自己动手开发 2D 游戏了。

第二个项目（第 15 章 ~ 第 17 章）介绍数据可视化。数据科学家的目标是通过各种可视化技术来搞懂海量信息。你将使用通过代码生成的数据集、已经从网络下载下来的数据集以及程序自动下载的数据集。完成这个项目后，你将编写出能对大型数据集进行筛选的程序，并以可视化方式将筛选出来的数据呈现出来。

在第三个项目（第 18 章 ~ 第 20 章）中，你将创建一个名为“学习笔记”的小型 Web 应用程序。这个项目能够让用户将学到的与特定主题相关的概念记录下来。你将能够分别记录不同的主题，还可以让其他人建立账户并开始记录自己的学习笔记。你还将学习如何部署这个项目，让任何人都能够通过网络访问它，而不管他身处何方。

在线资源

要获取以下补充材料，可访问 ituring.cn/book/2784。

- **安装说明**：与书中的安装说明相同，但可直接点击其中的链接，无须动手输入。遇到安装问题时，可参阅这些材料。
- **更新**：与其他编程语言一样，Python 也是在不断发展变化的。我提供了详尽的更新记录，每当遇到问题时，你都可参阅它看看是否需要调整操作。

- **练习答案**：你应该花大量时间独立完成“动手试一试”中的练习，但如果卡壳了、无法取得进展，可在线查看部分练习的答案。
- **速查表**：在线提供了完整的速查表，可作为主要概念的参考指南。

为何使用 Python

继续使用 Python，还是转而使用其他语言——也许是编程领域较新的语言？我每年都会考虑这个问题。可我依然专注于 Python，其中的原因很多。Python 是一种效率极高的语言：相比于众多其他的语言，使用 Python 编写时，程序包含的代码行更少。Python 的语法也有助于创建整洁的代码：相比于使用其他语言，使用 Python 编写的代码更容易阅读、调试和扩展。

大家将 Python 用于众多方面：编写游戏、创建 Web 应用程序、解决商业问题以及供各类有趣的公司开发内部工具。Python 还在科学领域被大量用于学术研究和应用研究。

我依然使用 Python 的一个最重要的原因是，Python 社区有形形色色充满激情的人。对程序员来说，社区非常重要，因为编程绝非孤独的修行。大多数程序员需要向解决过类似问题的人寻求建议，经验最为丰富的程序员也不例外。需要有人帮助解决问题时，有一个联系紧密、互帮互助的社区至关重要，而对于像你一样将 Python 作为第一门语言来学习的人而言，Python 社区无疑是坚强的后盾。

Python 是一门出色的语言，值得你去学习。现在就开始吧！

电子书

扫描如下二维码，即可购买本书电子版。

目　录

第一部分　基础知识

第二部分　项　目

Part 1 第一部分

基础知识

本书的第一部分介绍编写 Python 程序所需要熟悉的基本概念，其中很多适用于所有编程语言，因此它们在你的整个程序员生涯中都很有用。

第 1 章介绍在计算机中安装 Python，并运行第一个程序——在屏幕上打印“Hello Python world!”。

第 2 章论述如何在变量中存储信息以及如何使用文本和数字。

第 3 章和第 4 章介绍列表。使用列表能够在一个变量中存储任意数量的信息，从而高效地处理数据：只需几行代码，你就能够处理数百、数千乃至数百万个值。

第 5 章讲解使用 `if` 语句来编写这样的代码：在特定条件满足时采取一种措施，而在该条件不满足时采取另一种措施。

第 6 章演示如何使用 Python 字典，将不同的信息关联起来。与列表一样，你也可以根据需要在字典中存储任意数量的信息。

第 7 章讲解如何从用户那里获取输入，让程序变成交互式的。你还将学习 `while` 循环，它不断地运行代码块，直到指定的条件不再满足为止。

第 8 章介绍编写函数。函数是执行特定任务的被命名的代码块，你可以根据需要随时运行它。

第 9 章介绍类，它让你能够模拟实物，如小狗、小猫、人、汽车、火箭等，让你的代码能够表示任何真实或抽象的东西。

第 10 章介绍如何使用文件，以及如何处理错误以免程序意外地崩溃。你需要在程序关闭前保存数据，并在程序再次运行时读取它们。你将学习 Python 异常，它们让你能够未雨绸缪，从而让程序妥善地处理错误。

第 11 章讲解为代码编写测试，以核实程序是否像你期望的那样工作。这样，扩展程序时，你就不用担心引入新的 bug 了。要想脱离初级程序员的阵容，跻身于中级程序员的行列，测试代码是你必须掌握的基本技能之一。

第 1 章

起　　步

1

在本章中，你将运行自己的第一个程序——hello_world.py。为此，你首先需要检查自己的计算机是否安装了较新版本的 Python；如果没有，就要安装它。你还要安装一个文本编辑器，用于编写和运行 Python 程序。你输入 Python 代码时，这个文本编辑器能够识别它们并突出显示不同的部分，让你能够轻松地了解代码的结构。

1.1　搭建编程环境

在不同的操作系统中，Python 存在细微的差别，因此有几点你需要牢记在心。本节将确保你的系统正确安装 Python。

1.1.1　Python 版本

每种编程语言都会随着新概念和新技术的推出而不断发展，Python 开发者也在一直致力于丰富和强化其功能。本书编写期间的最新版本为 Python 3.7，但只要你安装了 Python 3.6 或更高的版本，就能运行本书中的所有代码。在本节中，你将核实系统是否安装了 Python，以及是否需要安装更新的版本。附录 A 提供了详尽的指南，指导你在各种主流操作系统中安装最新版本的 Python。

有些较老的 Python 项目依然使用 Python 2，但你应该使用 Python 3。如果你的系统安装了 Python 2，很可能是为了支持系统需要的一些旧程序。你应保留它，并安装更新的版本以便学习本书。

1.1.2　运行 Python 代码片段

Python 自带一个在终端窗口中运行的解释器，让你无须保存并运行整个程序就能尝试运行

Python 代码片段。

本书将以如下方式列出代码片段：

```
❶ >>> print("Hello Python interpreter!")
   Hello Python interpreter!
```

提示符>>>表明正在使用终端窗口，而加粗的文本表示需要你输入之后按回车键来执行的代码。本书的大多数示例是独立的小程序，你将在编辑器中执行它们，因为大多数代码也是这样编写出来的。然而，为高效地演示一些基本概念，需要在 Python 终端会话中执行一系列代码片段。只要代码清单中包含三个右尖括号（如❶所示），就意味着代码是在终端会话中执行的，而输出也是来自终端会话的。稍后将演示如何在 Python 解释器中编写代码。

此外，你还要安装一款文本编辑器，并使用它来完成学习编程的标准操作——编写一个简单的 Hello World 程序。长期以来，编程界都认为刚接触一门新语言时，如果首先使用它来编写一个在屏幕上显示消息“Hello world!”的程序，将给你带来好运。这种程序虽然简单，却有其用途：如果它能够在你的系统上正确运行，那么你编写的任何 Python 程序也都将正确运行。

1.1.3 Sublime Text 简介

Sublime Text 是一款简单的文本编辑器，可以在任何现代操作系统中安装。你几乎能直接在 Sublime Text 中执行所有程序。在 Sublime Text 中执行程序时，代码将在其内嵌的终端会话中运行，让你能够轻松地看到输出。

Sublime Text 是一款适合初学者的编辑器，但很多专业编程人员也在使用它。在学习 Python 的过程中熟练掌握 Sublime Text 之后，可继续使用它来编写复杂的大型项目。Sublime Text 的许可条件非常宽松，可以一直免费使用，但如果你喜欢它并想长期使用，其开发者会要求你购买许可证。

附录 B 介绍了其他几种文本编辑器，如果你想知道还有哪些编辑器可供使用，现在就应该读一读。如果你想马上动手编程，可先使用 Sublime Text，等有了一些编程经验后再考虑使用其他编辑器。本章稍后将引导你在当前使用的操作系统中安装 Sublime Text。

1.2 在不同操作系统中搭建 Python 编程环境

Python 是一种跨平台的编程语言，这意味着它能够运行在所有主流操作系统中。在所有安装了 Python 的现代计算机上，都能够运行你编写的任何 Python 程序。然而，在不同的操作系统中，安装 Python 的方法存在细微的差别。

在本节中，你将学习如何在自己的系统中安装 Python。首先要检查系统是否安装了较新的 Python 版本，如果没有，就进行安装；然后是安装 Sublime Text。在不同的操作系统中搭建 Python

编程环境时，只有这两步存在差别。

接下来，你将运行 Hello World 程序，并排除各种故障。我将详细介绍如何在各种操作系统中完成这些任务，让你能够搭建一个对初学者友好的 Python 编程环境。

1.2.1　在 Windows 系统中搭建 Python 编程环境

Windows 系统并非都默认安装了 Python，因此你可能需要安装它，再安装 Sublime Text。

1. 安装 Python

首先，检查你的系统是否安装了 Python。为此，在“开始”菜单中输入 command 并按回车以打开一个命令窗口；也可以按住 Shift 键并右击桌面，选择“在此处打开命令窗口”[①]。在终端窗口中输入 python（全部小写）并按回车：如果出现了 Python 提示符（>>>），就说明系统安装了 Python；如果出现一条错误消息，指出 python 是无法识别的命令，就说明没有安装 Python。

如果出现后一种情况或者安装的 Python 版本低于 3.6，就需要下载 Windows Python 安装程序。为此，请访问 Python 官方网站主页。将鼠标指向 Download 链接，你将看到一个用于下载最新版本 Python 的按钮。单击该按钮，这将根据你的系统自动下载正确的安装程序。下载安装程序后，运行它。请务必选中复选框 Add Python（版本号）to PATH（例如图 1-1），这让你能够更轻松地配置系统。

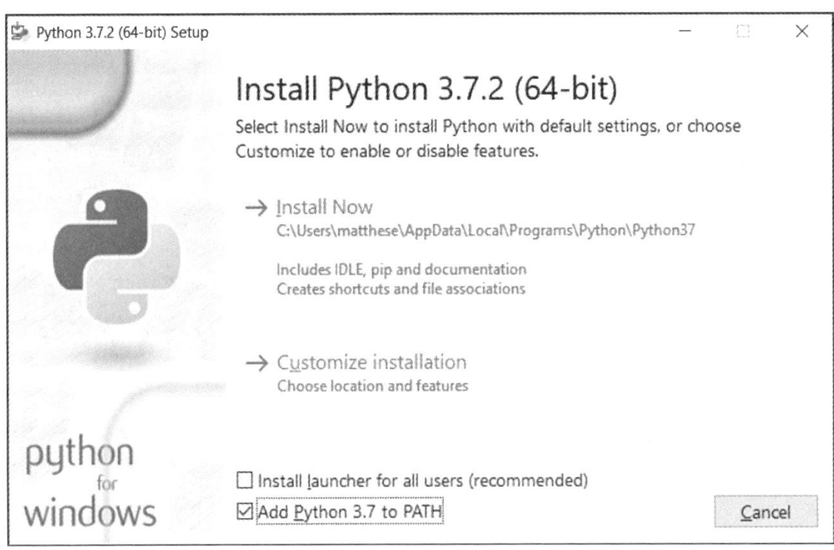

图 1-1　确保选中复选框 Add Python（版本号）to PATH

① 在 Windows 10 系统中，可如此打开 PowerShell 窗口。——编者注

2. 在终端会话中运行 Python

打开一个命令窗口，并在其中执行命令 python。如果出现了 Python 提示符（>>>），就说明 Windows 找到了你刚安装的 Python 版本。

```
C:\> python
Python 3.7.2 (v3.7.2:9a3ffc0492, Dec 23 2018, 23:09:28) [MSC v.1916 64 bit
(AMD64)] on win32
Type "help", "copyright", "credits" or "license" for more information.
>>>
```

注意 如果没有看到类似的输出，请参阅附录 A 中更详尽的安装说明。

在 Python 会话中执行下面的命令，并确认看到了输出“Hello Python interpreter!”。

```
>>> print("Hello Python interpreter!")
Hello Python interpreter!
>>>
```

每当要运行 Python 代码片段时，都请打开一个命令窗口并启动 Python 终端会话。要关闭该终端会话，可按 Ctrl + Z、再按回车键，也可执行命令 exit()。

3. 安装 Sublime Text

要下载 Sublime Text 安装程序，可访问 Sublime Text 网站主页，单击 Download 链接，并查找 Windows 安装程序。下载安装程序后运行它，并接受所有的默认设置。

1.2.2 在 macOS 系统中搭建 Python 编程环境

大多数 macOS 系统默认安装了 Python。确定安装了 Python 后，你还需安装 Sublime Text，并确保其配置正确无误。

1. 检查是否安装了 Python 3

在文件夹 Applications/Utilities 中，选择 Terminal，打开一个终端窗口；也可以按 Command + 空格键，再输入 terminal 并按回车。为确定是否安装了 Python，请执行命令 python（请注意，其中的 p 是小写的），这也将在终端窗口中启动 Python，让你能够输入 Python 命令。输出类似于下面这样，它指出了安装的 Python 版本；最后的>>>是提示符，让你能够输入 Python 命令。

```
$ python
Python 2.7.15 (default, Aug 17 2018, 22:39:05)
[GCC 4.2.1 Compatible Apple LLVM 9.1.0 (clang-902.0.39.2)] on darwin
Type "help", "copyright", "credits", or "license" for more information.
>>>
```

上述输出表明，当前计算机默认使用的 Python 版本为 Python 2.7.15。看到上述输出后，如果要退出 Python 并返回到终端窗口，可按 Ctrl + D 或执行命令 exit()。

要检查系统是否安装了 Python 3，可尝试执行命令 python3。可能会出现一条错误消息，这意味着没有安装任何 Python 3 版本。如果输出指出安装了 Python 3.6 或更高的版本，可以直接跳过下一小节。如果系统没有安装 Python 3，就需要手动安装它。注意，请将本书中所有的命令 python 都替换为命令 python3，这样才能使用 Python 3（而不是 Python 2）。Python 2 和 Python 3 的差别非常大，如果你使用 Python 2 来运行本书的代码，肯定会遇到麻烦。

如果系统默认安装的是低于 Python 3.6 的版本，请按下一小节的说明安装最新版本。

2. 安装最新的 Python 版本

要下载 Python 安装程序，可访问 Python 网站主页。将鼠标指向 Download 链接，你将看到一个用于下载最新版本 Python 的按钮。单击该按钮，这将根据你的系统自动下载正确的安装程序。下载安装程序后，运行它。

运行安装程序后，在终端提示符下执行如下命令：

```
$ python3 --version
Python 3.7.2
```

输出应该类似于上面这样。如果确实如此，就可以开始尝试使用 Python 了，但请务必将本书中的每个命令 python 都替换为 python3。

3. 在终端会话中运行 Python 代码

现在可以打开终端窗口并执行命令 python3，再尝试运行 Python 代码片段。请在终端会话中输入如下代码行并按回车：

```
>>> print("Hello Python interpreter!")
Hello Python interpreter!
>>>
```

消息将直接输出到当前终端窗口中。别忘了，要关闭 Python 解释器，可按 Ctrl + D 或执行命令 exit()。

4. 安装 Sublime Text

要安装编辑器 Sublime Text，需要下载安装程序。为此，可访问 Sublime Text 网站主页，单击链接 Download，并查找 macOS 安装程序。下载安装程序后运行它，再将 Sublime Text 图标拖放到文件夹 Applications 中。

1.2.3 在 Linux 系统中搭建 Python 编程环境

Linux 系统是为编程而设计的，因此大多数 Linux 计算机默认安装了 Python。编写和维护 Linux 的人认为，你很可能会使用这种系统进行编程，他们也鼓励你这样做。因此，要在这种系统中编程，你几乎不用安装什么软件，只需要修改一些设置。

1. 检查 Python 版本

在你的系统中运行应用程序 Terminal（如果你使用的是 Ubuntu，可按 Ctrl + Alt + T），打开一个终端窗口。为确定安装的是哪个 Python 版本，请执行命令 python3（请注意，其中的 p 是小写的）。如果安装了 Python，这个命令将启动 Python 解释器。输出类似于下面这样，它指出了安装的 Python 版本；最后的>>>是提示符，让你能够输入 Python 命令。

```
$ python3
Python 3.7.2 (default, Dec 27 2018, 04:01:51)
[GCC 7.3.0] on linux
Type "help", "copyright", "credits" or "license" for more information.
>>>
```

上述输出表明，当前计算机默认使用的 Python 版本为 Python 3.7.2。看到上述输出后，如果要退出 Python 并返回到终端窗口，可按 Ctrl + D 或执行命令 exit()。务必将本书中的每个命令 python 都替换为 python3。

要运行本书的代码，必须使用 Python 3.6 或更高的版本。如果系统安装的是低于 Python 3.6 的版本，请参阅附录 A，了解如何安装最新版。

2. 在终端会话中运行 Python 代码

现在可打开终端窗口并执行命令 python3，再尝试运行 Python 代码片段。检查 Python 版本时，你就这样做过。下面再次这样做，然后在终端会话中输入如下代码并按回车：

```
>>> print("Hello Python interpreter!")
Hello Python interpreter!
>>>
```

消息将直接打印到当前终端窗口中。别忘了，要关闭 Python 解释器，可按 Ctrl + D 或执行命令 exit()。

3. 安装 Sublime Text

在 Linux 系统中，可通过 Ubuntu Software Center 来安装 Sublime Text。为此，单击菜单中的 Ubuntu Software 图标并查找 Sublime Text，再通过单击来安装它。

1.3　运行 Hello World 程序

安装较新版本的 Python 和 Sublime Text 后，就可以编写并运行你的第一个 Python 程序了。这样做之前，需要设置 Sublime Text，确保它使用系统中正确的 Python 版本。然后，就可以编写并运行 Hello World 程序了。

1.3.1　配置 Sublime Text 以使用正确的 Python 版本

如果在你的系统中执行命令 python 时启动的是 Python 3，就无须做任何配置，直接跳到下一节即可。如果需要执行命令 python3 来启动 Python，就需要配置 Sublime Text，使其使用正确的 Python 版本来运行你编写的程序。

为此，单击 Sublime Text 图标以启动它，也可在搜索栏中输入 Sublime Text 来找到它再启动。选择菜单 Tools ▸ Build System ▸ New Build System，新建一个配置文件。删除该文件中的所有内容，再输入如下内容：

Python3.sublime-build

```
{
    "cmd": ["python3", "-u", "$file"],
}
```

这段代码让 Sublime Text 使用命令 python3 来运行 Python 程序。将这个文件保存到 Sublime Text 默认打开的文件夹中，并将其命名为 Python3.sublime-build。

1.3.2　运行程序 hello_world.py

编写第一个程序前，在系统中创建一个名为 python_work 的文件夹，用于存储你开发的项目。文件名和文件夹名称最好使用小写字母，并使用下划线代替空格，因为 Python 采用了这些命名约定。

启动 Sublime Text，再选择菜单 File ▸ Save As 将 Sublime Text 创建的空文件存储到文件夹 python_work 中，并将其命名为 hello_world.py。文件扩展名.py 告诉 Sublime Text，文件中的代码是使用 Python 编写的，这能让它知道如何运行这个程序，并以有帮助的方式突出其中的代码。

保存这个文件后，在其中输入如下代码行：

hello_world.py

```
print("Hello Python world!")
```

在你的系统中，如果能使用命令 python 来启动 Python 3，可以选择菜单 Tools ▸ Build 或按 Ctrl + B（在 macOS 系统中为 Command + B）来运行程序。如果需要像前一节那样配置 Sublime Text，请选择菜单 Tools ▸ Build System ▸ Python 3 来运行这个程序。从此以后，你就可以选择菜单 Tools ▸ Build 或按 Ctrl + B（或 Command + B）来运行程序了。

在 Sublime Text 的底部，将出现一个终端窗口，其中包含如下输出：

```
Hello Python world!
[Finished in 0.1s]
```

如果看不到上述输出，可能是因为这个程序出了点问题。请检查你输入的每个字符。是否不小心将 print 的首字母大写了？是否遗漏了引号或圆括号？编程语言的语法非常严格，只要不满足要求，就会报错。如果你无法运行这个程序，请参阅下一节的建议。

1.4 解决安装问题

如果无法运行程序 hello_world.py，可尝试如下几个解决方法，这些通用方法适用于所有编程问题。

- 程序存在严重错误时，Python 将显示 traceback，即错误报告。Python 会仔细研究文件，试图找出其中的问题。trackback 可能会提供线索，让你知道是什么问题让程序无法运行。
- 离开计算机，先休息一会儿再尝试。别忘了，语法在编程中非常重要，即便是少一个冒号、引号不匹配或括号不匹配，都可能导致程序无法正确运行。请再次阅读本章的相关内容，并重新审视你编写的代码，看看能否找出错误。
- 推倒重来。你也许不需要卸载任何软件，但删除文件 hello_world.py 并重新创建它也许是合理的选择。
- 让别人在你的计算机或其他计算机上按本章的步骤重做一遍，并仔细观察。你可能遗漏了一小步，而别人刚好没有遗漏。
- 请懂 Python 的人帮忙。当你有这样的想法时，可能发现在你认识的人当中就有人使用 Python。
- 本章的安装说明在本书主页上：ituring.cn/book/2784。对你来说，在线版也许更合适，因为可以复制并粘贴其中的代码。
- 到网上寻求帮助。附录 C 提供了很多在线资源，如论坛或在线聊天网站，你可以在这些地方请求解决过相同问题的人提供解决方案。

不要担心这会打扰经验丰富的程序员。每个程序员都遇到过问题，大多数程序员很乐意帮助你正确地设置系统。只要能清晰地说明你要做什么、尝试了哪些方法及其结果，就很可能有人能够帮到你。正如前言中指出的，Python 社区对初学者非常友好。

任何现代计算机都能够运行 Python。前期的问题可能令人沮丧，但很值得你花时间去解决。能够运行 hello_world.py 后，你就可以开始学习 Python 了，而且编程工作会更有趣，也更令人愉快。

1.5 从终端运行 Python 程序

你编写的大多数程序将直接在文本编辑器中运行，但有时候从终端运行程序很有用。例如，你可能想直接运行既有的程序。

在任何安装了 Python 的系统上都可以这样做，前提是你知道如何进入程序文件所在的目录。为尝试这样做，请确保将文件 hello_world.py 存储到了桌面的文件夹 python_work 中。

1.5.1　在 Windows 系统中从终端运行 Python 程序

在命令窗口中，可以使用终端命令 cd（表示 change directory，即**切换目录**）在文件系统中导航。使用命令 dir（表示 directory，即**目录**）可以显示当前目录中的所有文件。

为运行程序 hello_world.py，请打开一个新的终端窗口，并执行下面的命令：

```
❶ C:\> cd Desktop\python_work
❷ C:\Desktop\python_work> dir
  hello_world.py
❸ C:\Desktop\python_work> python hello_world.py
  Hello Python world!
```

这里使用了命令 cd 来切换到文件夹 Desktop\python_work（见❶）。接下来，使用命令 dir 来确认这个文件夹中包含文件 hello_world.py（见❷）。最后，使用命令 python hello_world.py 来运行这个文件（见❸）。

大多数程序可直接从编辑器运行，但待解决的问题比较复杂时，你编写的程序可能需要从终端运行。

1.5.2　在 Linux 和 macOS 系统中从终端运行 Python 程序

在 Linux 和 macOS 系统中，从终端运行 Python 程序的方式相同。在终端会话中，可以使用终端命令 cd（表示 change directory，即**切换目录**）在文件系统中导航。使用命令 ls（表示 list，即**列表**）可以显示当前目录中所有未隐藏的文件。

为运行程序 hello_world.py，请打开一个新的终端窗口，并执行下面的命令：

```
❶ ~$ cd Desktop/python_work/
❷ ~/Desktop/python_work$ ls
  hello_world.py
❸ ~/Desktop/python_work$ python hello_world.py
  Hello Python world!
```

这里使用了命令 cd 来切换到文件夹 Desktop/python_work（见❶）。接下来，使用命令 ls 来确认这个文件夹中包含文件 hello_world.py（见❷）。最后，使用命令 python hello_world.py 来运行这个文件（见❸）。

就这么简单。要运行 Python 程序，只需使用命令 python（或 python3）即可。

动手试一试

本章的练习都是探索性的，但从第 2 章开始将要求你用那一章学到的知识来解决问题。

练习 1-1：python.org 浏览 Python 主页，寻找你感兴趣的主题。你对 Python 越熟悉，这个网站对你来说就越有用。

练习 1-2：输入错误 打开你刚创建的文件 hello_world.py，在代码中添加一个输入错误，再运行这个程序。输入错误会引发错误吗？你能理解显示的错误消息吗？你能添加一个不会导致错误的输入错误吗？你凭什么认为它不会导致错误？

练习 1-3：无穷的技艺 如果你有无穷多种编程技艺，你打算开发什么样的程序呢？你就要开始学习编程了。如果心中有目标，就能立即将新学到的技能付诸应用，现在正是草拟目标的大好时机。将想法记录下来是个不错的习惯，这样每当需要开始新项目时，都可参考它们。现在请花点时间描绘三个你想创建的程序。

1.6 小结

在本章中，你大致了解了 Python，并在自己的系统中安装了 Python。你还安装了一个文本编辑器，以简化 Python 代码的编写工作。你学习了如何在终端会话中运行 Python 代码片段，并运行了第一个程序——hello_world.py。你还大致了解了如何解决安装问题。

在下一章，你将学习如何在 Python 程序中使用各种数据和变量。

第 2 章 变量和简单数据类型

2

在本章中，你将学习可在 Python 程序中使用的各种数据，还将学习如何在程序中使用变量来表示这些数据。

2.1 运行 hello_world.py 时发生的情况

运行 hello_world.py 时，Python 都做了些什么呢？下面来深入研究一下。实际上，即便是运行简单的程序，Python 所做的工作也相当多：

hello_world.py

```
print("Hello Python world!")
```

运行上述代码时，你将看到如下输出：

```
Hello Python world!
```

运行文件 hello_world.py 时，末尾的.py 指出这是一个 Python 程序，因此编辑器将使用 **Python 解释器**来运行它。Python 解释器读取整个程序，确定其中每个单词的含义。例如，看到后面跟着圆括号的单词 `print` 时，解释器就将圆括号中的内容打印到屏幕。

编写程序时，编辑器会以各种方式突出程序的不同部分。例如，它知道 `print()`是一个函数的名称，因此将其显示为某种颜色；它知道`"Hello Python world!"`不是 Python 代码，因此将其显示为另一种颜色。这种功能称为**语法高亮**，在你刚开始编写程序时很有帮助。

2.2 变量

下面来尝试在 hello_world.py 中使用一个变量。在这个文件开头添加一行代码，并对第二行代码进行修改，如下所示：

hello_world.py

```
message = "Hello Python world!"
print(message)
```

运行这个程序，看看结果如何。你会发现，输出与以前相同：

```
Hello Python world!
```

我们添加了一个名为 message 的**变量**。每个变量都指向一个**值**——与该变量相关联的信息。在这里，指向的值为文本"Hello Python world!"。

添加变量导致 Python 解释器需要做更多工作。处理第一行代码时，它将变量 message 与文本"Hello Python world!"关联起来；处理第二行代码时，它将与变量 message 关联的值打印到屏幕。

下面来进一步扩展这个程序：修改 hello_world.py，使其再打印一条消息。为此，在 hello_world.py 中添加一个空行，再添加下面两行代码：

```
message = "Hello Python world!"
print(message)

message = "Hello Python Crash Course world!"
print(message)
```

现在如果运行这个程序，将看到两行输出：

```
Hello Python world!
Hello Python Crash Course world!
```

在程序中可随时修改变量的值，而 Python 将始终记录变量的最新值。

2.2.1 变量的命名和使用

在 Python 中使用变量时，需要遵守一些规则和指南。违反这些规则将引发错误，而指南旨在让你编写的代码更容易阅读和理解。请务必牢记下述有关变量的规则。

- 变量名只能包含字母、数字和下划线。变量名能以字母或下划线打头，但不能以数字打头。例如，可将变量命名为 message_1，但不能将其命名为 1_message。
- 变量名不能包含空格，但能使用下划线来分隔其中的单词。例如，变量名 greeting_message 可行，但变量名 greeting message 会引发错误。

- 不要将 Python 关键字和函数名用作变量名，即不要使用 Python 保留用于特殊用途的单词，如 print（请参见附录 A.4）。
- 变量名应既简短又具有描述性。例如，name 比 n 好，student_name 比 s_n 好，name_length 比 length_of_persons_name 好。
- 慎用小写字母 l 和大写字母 O，因为它们可能被人错看成数字 1 和 0。

要创建良好的变量名，需要经过一定的实践，在程序复杂而有趣时尤其如此。随着编写的程序越来越多，并开始阅读别人编写的代码，你将越来越善于创建有意义的变量名。

注意　就目前而言，应使用小写的 Python 变量名。虽然在变量名中使用大写字母不会导致错误，但是大写字母在变量名中有特殊含义，这将在本书后面讨论。

2.2.2　使用变量时避免命名错误

程序员都会犯错，而且大多数程序员每天都会犯错。虽然优秀的程序员也会犯错，但他们也知道如何高效地消除错误。下面来看一种你可能犯的错误，并学习如何消除它。

我们将有意地编写一些引发错误的代码。请输入下面的代码，包括其中拼写不正确、以粗体显示的单词 mesage：

```
message = "Hello Python Crash Course reader!"
print(mesage)
```

程序存在错误时，Python 解释器将竭尽所能地帮助你找出问题所在。程序无法成功运行时，解释器将提供一个 traceback。traceback 是一条记录，指出了解释器尝试运行代码时，在什么地方陷入了困境。下面是你不小心错误地拼写了变量名时，Python 解释器提供的 traceback：

```
  Traceback (most recent call last):
❶   File "hello_world.py", line 2, in <module>
❷     print(mesage)
❸ NameError: name 'mesage' is not defined
```

解释器指出，文件 hello_world.py 的第二行存在错误（见❶）。它列出了这行代码，旨在帮助你快速找出错误（见❷），还指出了它发现的是什么样的错误（见❸）。在这里，解释器发现了一个**名称错误**，并报告打印的变量 mesage 未定义：Python 无法识别你提供的变量名。名称错误通常意味着两种情况：要么是使用变量前忘记给它赋值，要么是输入变量名时拼写不正确。

在这个示例中，第二行的变量名 message 遗漏了字母 s。Python 解释器不会对代码做拼写检查，但要求变量名的拼写一致。例如，如果在代码的另一个地方也将 message 错误地拼写成了 mesage，结果将如何呢？

```
mesage = "Hello Python Crash Course reader!"
print(mesage)
```

在这种情况下，程序将成功运行！

```
Hello Python Crash Course reader!
```

编程语言要求严格，但并不关心拼写是否正确。因此，创建变量名和编写代码时，无须考虑英语中的拼写和语法规则。

很多编程错误都简单，只是在程序的某一行输错了一个字符。为找出这种错误而花费很长时间的大有人在。很多程序员天资聪颖、经验丰富，却为找出这种细微的错误花费数小时。你可能觉得这很好笑，但别忘了，在你的编程生涯中，经常会有同样的遭遇。

2.2.3 变量是标签

变量常被描述为可用于存储值的盒子。在你刚接触变量时，这种定义可能很有帮助，但它并没有准确描述 Python 内部表示变量的方式。一种好得多的定义是，变量是可以赋给值的标签，也可以说变量指向特定的值。

刚学习编程时，这种差别可能意义不大，但越早知道越好。你迟早会遇到变量的行为出乎意料的情形，此时如果对变量的工作原理有准确的认识，将有助于搞清楚代码是如何运行的。

注意 要理解新的编程概念，最佳的方式是尝试在程序中使用它们。如果你在完成本书的练习时陷入了困境，请尝试做点其他的事情。如果这样做后依然无法摆脱困境，请复习相关内容。如果这样做后情况依然如故，请参阅附录 C 的建议。

动手试一试

在完成下面的每个练习时，都编写一个独立的程序。保存每个程序时，使用符合标准 Python 约定的文件名：使用小写字母和下划线，如 simple_message.py 和 simple_messages.py。

练习 2-1：简单消息 将一条消息赋给变量，并将其打印出来。

练习 2-2：多条简单消息 将一条消息赋给变量，并将其打印出来；再将变量的值修改为一条新消息，并将其打印出来。

2.3 字符串

大多数程序定义并收集某种数据，然后使用它们来做些有意义的事情。有鉴于此，对数据进行分类大有裨益。我们将介绍的第一种数据类型是字符串。字符串虽然看似简单，但能够以很多不同的方式使用。

字符串就是一系列字符。在 Python 中，用引号括起的都是字符串，其中的引号可以是单引号，也可以是双引号，如下所示：

```
"This is a string."
'This is also a string.'
```

这种灵活性让你能够在字符串中包含引号和撇号：

```
'I told my friend, "Python is my favorite language!"'
"The language 'Python' is named after Monty Python, not the snake."
"One of Python's strengths is its diverse and supportive community."
```

下面来看一些使用字符串的方式。

2.3.1 使用方法修改字符串的大小写

对于字符串，可执行的最简单的操作之一是修改其中单词的大小写。请看下面的代码，并尝试判断其作用：

name.py

```
name = "ada lovelace"
print(name.title())
```

将这个文件保存为 name.py，再运行它。你将看到如下输出：

```
Ada Lovelace
```

在这个示例中，变量 name 指向小写的字符串"ada lovelace"。在函数调用 print()中，方法 title()出现在这个变量的后面。**方法**是 Python 可对数据执行的操作。在 name.title()中，name 后面的句点（.）让 Python 对变量 name 执行方法 title()指定的操作。每个方法后面都跟着一对圆括号，这是因为方法通常需要额外的信息来完成其工作。这种信息是在圆括号内提供的。函数 title()不需要额外的信息，因此它后面的圆括号是空的。

方法 title()以首字母大写的方式显示每个单词，即将每个单词的首字母都改为大写。这很有用，因为你经常需要将名字视为信息。例如，你可能希望程序将值 Ada、ADA 和 ada 视为同一个名字，并将它们都显示为 Ada。

还有其他几个很有用的大小写处理方法。例如，要将字符串改为全部大写或全部小写，可以像下面这样做：

```
name = "Ada Lovelace"
print(name.upper())
print(name.lower())
```

这些代码的输出如下：

```
ADA LOVELACE
ada lovelace
```

存储数据时，方法 lower()很有用。很多时候，你无法依靠用户来提供正确的大小写，因此需要将字符串先转换为小写，再存储它们。以后需要显示这些信息时，再将其转换为最合适的大小写方式。

2.3.2 在字符串中使用变量

在有些情况下，你可能想在字符串中使用变量的值。例如，你可能想使用两个变量分别表示名和姓，然后合并这两个值以显示姓名：

full_name.py

```
first_name = "ada"
last_name = "lovelace"
❶ full_name = f"{first_name} {last_name}"
print(full_name)
```

要在字符串中插入变量的值，可在前引号前加上字母 f（见❶），再将要插入的变量放在花括号内。这样，当 Python 显示字符串时，将把每个变量都替换为其值。

这种字符串名为 **f 字符串**。f 是 format（设置格式）的简写，因为 Python 通过把花括号内的变量替换为其值来设置字符串的格式。上述代码的输出如下：

```
ada lovelace
```

使用 f 字符串可完成很多任务，如利用与变量关联的信息来创建完整的消息，如下所示：

```
first_name = "ada"
last_name = "lovelace"
full_name = f"{first_name} {last_name}"
❶ print(f"Hello, {full_name.title()}!")
```

在这里，一个问候用户的句子中使用了完整的姓名（见❶），并使用方法 title()来将姓名设置为合适的格式。这些代码显示一条格式良好的简单问候语：

```
Hello, Ada Lovelace!
```

还可以使用 f 字符串来创建消息，再把整条消息赋给变量：

```
  first_name = "ada"
  last_name = "lovelace"
  full_name = f"{first_name} {last_name}"
❶ message = f"Hello, {full_name.title()}!"
❷ print(message)
```

上述代码也显示消息 Hello, Ada Lovelace!，但将这条消息赋给了一个变量（见❶），这让最后的函数调用 print()变得简单得多（见❷）。

注意　f 字符串是 Python 3.6 引入的。如果你使用的是 Python 3.5 或更早的版本，需要使用 format()方法，而非这种 f 语法。要使用方法 format()，可在圆括号内列出要在字符串中使用的变量。对于每个变量，都通过一对花括号来引用。这样将按顺序将这些花括号替换为圆括号内列出的变量的值，如下所示：

```
full_name = "{} {}".format(first_name, last_name)
```

2.3.3　使用制表符或换行符来添加空白

在编程中，**空白**泛指任何非打印字符，如空格、制表符和换行符。你可以使用空白来组织输出，让用户阅读起来更容易。

要在字符串中添加制表符，可使用字符组合\t，如下述代码的❶处所示：

```
  >>> print("Python")
  Python
❶ >>> print("\tPython")
      Python
```

要在字符串中添加换行符，可使用字符组合\n：

```
>>> print("Languages:\nPython\nC\nJavaScript")
Languages:
Python
C
JavaScript
```

还可在同一个字符串中同时包含制表符和换行符。字符串"\n\t"让 Python 换到下一行，并在下一行开头添加一个制表符。下面的示例演示了如何使用一个单行字符串来生成四行输出：

```
>>> print("Languages:\n\tPython\n\tC\n\tJavaScript")
Languages:
	Python
	C
	JavaScript
```

在接下来的两章中，你将使用为数不多的几行代码来生成很多行输出，届时制表符和换行符将提供极大的帮助。

2.3.4 删除空白

在程序中，额外的空白可能令人迷惑。对程序员来说，'python'和'python '看起来几乎没什么两样，但对程序来说，它们却是两个不同的字符串。Python 能够发现'python '中额外的空白，并认为它意义重大——除非你告诉它不是这样的。

空白很重要，因为你经常需要比较两个字符串是否相同。一个重要的示例是，在用户登录网站时检查其用户名。不过在非常简单的情形下，额外的空格也可能令人迷惑。所幸，在 Python 中删除用户输入数据中的多余空白易如反掌。

Python 能够找出字符串开头和末尾多余的空白。要确保字符串末尾没有空白，可使用方法 rstrip()。

```
❶ >>> favorite_language = 'python '
❷ >>> favorite_language
   'python '
❸ >>> favorite_language.rstrip()
   'python'
❹ >>> favorite_language
   'python '
```

与变量 favorite_language 相关联的字符串末尾有多余的空白（见❶）。你在终端会话中向 Python 询问这个变量的值时，可看到末尾的空格（见❷）。对变量 favorite_language 调用方法 rstrip()后（见❸），这个多余的空格被删除了。然而，这种删除只是暂时的，接下来再次询问 favorite_language 的值时，你会发现这个字符串与输入时一样，依然包含多余的空白（见❹）。

要永久删除这个字符串中的空白，必须将删除操作的结果关联到变量：

```
   >>> favorite_language = 'python '
❶ >>> favorite_language = favorite_language.rstrip()
   >>> favorite_language
   'python'
```

为删除这个字符串中的空白，要将其末尾的空白剔除，再将结果关联到原来的变量（见❶）。在编程中，经常需要修改变量的值，再将新值关联到原来的变量。这就是变量的值可能随程序的运行或用户输入数据而发生变化的原因所在。

你还可以剔除字符串开头的空白，或者同时剔除字符串两边的空白。为此，可分别使用方法 lstrip()和 strip()：

```
❶ >>> favorite_language = ' python '
❷ >>> favorite_language.rstrip()
   ' python'
❸ >>> favorite_language.lstrip()
   'python '
❹ >>> favorite_language.strip()
   'python'
```

在这个示例中，我们首先创建了一个开头和末尾都有空白的字符串（见❶）。接下来，分别删除末尾（见❷）、开头（见❸）和两边（见❹）的空白。尝试使用这些剥除函数有助于你熟悉字符串操作。在实际程序中，这些剥除函数最常用于在存储用户输入前对其进行清理。

2.3.5　使用字符串时避免语法错误

语法错误是一种你时不时会遇到的错误。程序中包含非法的 Python 代码时，就会导致语法错误。例如，在用单引号括起的字符串中，如果包含撇号，就将导致错误。这是因为这会导致 Python 将第一个单引号和撇号之间的内容视为一个字符串，进而将余下的文本视为 Python 代码，从而引发错误。

下面演示了如何正确地使用单引号和双引号。请将该程序保存为 apostrophe.py，再运行它：

apostrophe.py

```
message = "One of Python's strengths is its diverse community."
print(message)
```

撇号位于两个双引号之间，因此 Python 解释器能够正确地理解这个字符串：

```
One of Python's strengths is its diverse community.
```

然而，如果使用单引号，Python 将无法正确地确定字符串的结束位置：

```
message = 'One of Python's strengths is its diverse community.'
print(message)
```

你将看到如下输出：

```
  File "apostrophe.py", line 1
    message = 'One of Python's strengths is its diverse community.'
                             ^❶
SyntaxError: invalid syntax
```

从上述输出可知，错误发生在第二个单引号后面（见❶）。这种语法错误表明，在解释器看来，其中的有些内容不是有效的 Python 代码。错误的原因各种各样，我将指出一些常见的原因。学习编写 Python 代码时，你可能会经常遇到语法错误。语法错误也是最不具体的错误类型，因此可能难以找出并修复。受困于非常棘手的错误时，请参阅附录 C 提供的建议。

注意　编写程序时，编辑器的语法高亮功能可帮助你快速找出某些语法错误。看到 Python 代码以普通句子的颜色显示，或者普通句子以 Python 代码的颜色显示时，就可能意味着文件中存在引号不匹配的情况。

动手试一试

完成下面的每个练习时，都编写一个独立的程序，并将其保存为名称类似于 name_cases.py 的文件。如果遇到了困难，请休息一会儿或参阅附录 C 提供的建议。

练习 2-3：个性化消息　用变量表示一个人的名字，并向其显示一条消息。显示的消息应非常简单，下面是一个例子。

Hello Eric, would you like to learn some Python today?

练习 2-4：调整名字的大小写　用变量表示一个人的名字，再以小写、大写和首字母大写的方式显示这个人名。

练习 2-5：名言　找一句你钦佩的名人说的名言，将其姓名和名言打印出来。输出应类似于下面这样（包括引号）。

Albert Einstein once said, “A person who never made a mistake never tried anything new.”

练习 2-6：名言 2　重复练习 2-5，但用变量 `famous_person` 表示名人的姓名，再创建要显示的消息并将其赋给变量 `message`，然后打印这条消息。

练习 2-7：剔除人名中的空白　用变量表示一个人的名字，并在其开头和末尾都包含一些空白字符。务必至少使用字符组合 `"\t"` 和 `"\n"` 各一次。

打印这个人名，显示其开头和末尾的空白。然后，分别使用剔除函数 `lstrip()`、`rstrip()` 和 `strip()` 对人名进行处理，并将结果打印出来。

2.4　数

在编程中，经常使用数来记录得分、表示可视化数据、存储 Web 应用信息，等等。Python 能根据数的用法以不同的方式处理它们。鉴于整数使用起来最简单，下面就先来看看 Python 是如何管理它们的。

2.4.1　整数

在 Python 中，可对整数执行加（+）减（-）乘（*）除（/）运算。

```
>>> 2 + 3
5
>>> 3 - 2
1
>>> 2 * 3
6
>>> 3 / 2
1.5
```

在终端会话中，Python 直接返回运算结果。Python 使用两个乘号表示乘方运算：

```
>>> 3 ** 2
9
>>> 3 ** 3
27
>>> 10 ** 6
1000000
```

Python 还支持运算次序，因此可在同一个表达式中使用多种运算。还可以使用圆括号来修改运算次序，让 Python 按你指定的次序执行运算，如下所示：

```
>>> 2 + 3*4
14
>>> (2 + 3) * 4
20
```

在这些示例中，空格不影响 Python 计算表达式的方式。它们的存在旨在让你在阅读代码时能迅速确定先执行哪些运算。

2.4.2　浮点数

Python 将所有带小数点的数称为**浮点数**。大多数编程语言使用了这个术语，它指出了这样一个事实：小数点可出现在数的任何位置。每种编程语言都必须细心设计，以妥善地处理浮点数，确保不管小数点出现在什么位置，数的行为都是正常的。

从很大程度上说，使用浮点数时无须考虑其行为。你只需输入要使用的数，Python 通常会按你期望的方式处理它们：

```
>>> 0.1 + 0.1
0.2
>>> 0.2 + 0.2
0.4
```

```
>>> 2 * 0.1
0.2
>>> 2 * 0.2
0.4
```

但需要注意的是，结果包含的小数位数可能是不确定的：

```
>>> 0.2 + 0.1
0.30000000000000004
>>> 3 * 0.1
0.30000000000000004
```

所有语言都存在这种问题，没有什么可担心的。Python 会尽力找到一种精确表示结果的方法，但鉴于计算机内部表示数的方式，这在有些情况下很难。就现在而言，暂时忽略多余的小数位数即可。在第二部分的项目中，你将在需要时学习处理多余小数位的方式。

2.4.3 整数和浮点数

将任意两个数相除时，结果总是浮点数，即便这两个数都是整数且能整除：

```
>>> 4/2
2.0
```

在其他任何运算中，如果一个操作数是整数，另一个操作数是浮点数，结果也总是浮点数：

```
>>> 1 + 2.0
3.0
>>> 2 * 3.0
6.0
>>> 3.0 ** 2
9.0
```

无论是哪种运算，只要有操作数是浮点数，Python 默认得到的总是浮点数，即便结果原本为整数也是如此。

2.4.4 数中的下划线

书写很大的数时，可使用下划线将其中的数字分组，使其更清晰易读：

```
>>> universe_age = 14_000_000_000
```

当你打印这种使用下划线定义的数时，Python 不会打印其中的下划线：

```
>>> print(universe_age)
14000000000
```

这是因为存储这种数时，Python 会忽略其中的下划线。将数字分组时，即便不是将每三位分成一组，也不会影响最终的值。在 Python 看来，1000 与 1_000 没什么不同，1_000 与 10_00 也没什么不同。这种表示法适用于整数和浮点数，但只有 Python 3.6 和更高的版本支持。

2.4.5　同时给多个变量赋值

可在一行代码中给多个变量赋值，这有助于缩短程序并提高其可读性。这种做法最常用于将一系列数赋给一组变量。

例如，下面演示了如何将变量 x、y 和 z 都初始化为零：

```
>>> x, y, z = 0, 0, 0
```

这样做时，需要用逗号将变量名分开；对于要赋给变量的值，也需同样处理。Python 将按顺序将每个值赋给对应的变量。只要变量和值的个数相同，Python 就能正确地将它们关联起来。

2.4.6　常量

常量类似于变量，但其值在程序的整个生命周期内保持不变。Python 没有内置的常量类型，但 Python 程序员会使用全大写来指出应将某个变量视为常量，其值应始终不变：

```
MAX_CONNECTIONS = 5000
```

在代码中，要指出应将特定的变量视为常量，可将其字母全部大写。

动手试一试

练习 2-8：数字 8　编写四个表达式，分别使用加法、减法、乘法和除法运算，但结果都是数字 8。为使用函数调用 print()来显示结果，务必将这些表达式用圆括号括起来。也就是说，你应该编写四行类似于下面的代码：

```
print(5+3)
```

输出应为四行，其中每行都只包含数字 8。

练习 2-9：最喜欢的数　用一个变量来表示你最喜欢的数，再使用这个变量创建一条消息，指出你最喜欢的数是什么，然后将这条消息打印出来。

2.5 注释

在大多数编程语言中，注释是一项很有用的功能。本书前面编写的程序中都只包含 Python 代码，但随着程序越来越大、越来越复杂，就应在其中添加说明，对你解决问题的方法进行大致的阐述。**注释**让你能够使用自然语言在程序中添加说明。

2.5.1 如何编写注释

在 Python 中，注释用井号（#）标识。井号后面的内容都会被 Python 解释器忽略，如下所示：

comment.py

```
# 向大家问好。
print("Hello Python people!")
```

Python 解释器将忽略第一行，只执行第二行。

```
Hello Python people!
```

2.5.2 该编写什么样的注释

编写注释的主要目的是阐述代码要做什么，以及是如何做的。在开发项目期间，你对各个部分如何协同工作了如指掌，但过段时间后，有些细节你可能不记得了。当然，你总是可以通过研究代码来确定各个部分的工作原理，但通过编写注释以清晰的自然语言对解决方案进行概述，可节省很多时间。

要成为专业程序员或与其他程序员合作，就必须编写有意义的注释。当前，大多数软件是合作编写的，编写者可能是同一家公司的多名员工，也可能是众多致力于同一个开源项目的人员。训练有素的程序员都希望代码中包含注释，因此你最好从现在开始就在程序中添加描述性注释。作为新手，最值得养成的习惯之一就是在代码中编写清晰、简洁的注释。

如果不确定是否要编写注释，就问问自己：在找到合理的解决方案之前，考虑了多个解决方案吗？如果答案是肯定的，就编写注释对你的解决方案进行说明吧。相比回过头去再添加注释，删除多余的注释要容易得多。从现在开始，本书的示例都将使用注释来阐述代码的工作原理。

动手试一试

练习 2-10：添加注释 选择你编写的两个程序，在每个程序中至少添加一条注释。如果程序太简单，实在没有什么需要说明的，就在程序文件开头加上你的姓名和当前日期，再用一句话阐述程序的功能。

2.6 Python 之禅

经验丰富的程序员倡导尽可能避繁就简。Python 社区的理念都包含在 Tim Peters 撰写的“Python 之禅”中。要获悉这些有关编写优秀 Python 代码的指导原则，只需在解释器中执行命令 import this。这里不打算赘述整个“Python 之禅”，而只与大家分享其中的几条原则，让你明白为何它们对 Python 新手来说至关重要。

```
>>> import this
The Zen of Python, by Tim Peters
Beautiful is better than ugly.
```

Python 程序员笃信代码可以编写得漂亮而优雅。编程是要解决问题的，设计良好、高效而漂亮的解决方案都会让程序员心生敬意。随着你对 Python 的认识越来越深入，并使用它来编写越来越多的代码，有一天也许会有人站在你后面惊呼：“哇，代码编写得真是漂亮！”

```
Simple is better than complex.
```

如果有两个解决方案，一个简单、一个复杂，但都行之有效，就选择简单的解决方案吧。这样，你编写的代码将更容易维护，你或他人以后改进这些代码时也会更容易。

```
Complex is better than complicated.
```

现实是复杂的，有时候可能没有简单的解决方案。在这种情况下，就选择最简单可行的解决方案吧。

```
Readability counts.
```

即便是复杂的代码，也要让它易于理解。开发的项目涉及复杂代码时，一定要为这些代码编写有益的注释。

```
There should be one-- and preferably only one --obvious way to do it.
```

如果让两名 Python 程序员去解决同一个问题，他们提供的解决方案应大致相同。这并不是说编程没有创意空间，而是恰恰相反！然而，大部分编程工作是使用常见解决方案来解决简单的小问题，但这些小问题都包含在更庞大、更有创意空间的项目中。在你的程序中，各种具体细节对其他 Python 程序员来说都应易于理解。

```
Now is better than never.
```

你可以用余生来学习 Python 和编程的纷繁难懂之处，但这样你什么项目都完不成。不要企图编写完美无缺的代码，而是要先编写行之有效的代码，再决定是对其做进一步改进，还是转而去编写新代码。

等你进入下一章，开始研究更复杂的主题时，务必牢记这种简约而清晰的理念。如此，经验丰富的程序员定将对你编写的代码心生敬意，进而乐意向你提供反馈，并与你合作开发有趣的项目。

动手试一试

练习 2-11：Python之禅 在 Python 终端会话中执行命令 import this，并粗略地浏览一下其他的指导原则。

2.7 小结

在本章中，你学习了：如何使用变量；如何创建描述性变量名以及如何消除名称错误和语法错误；字符串是什么，以及如何使用小写、大写和首字母大写方式显示字符串；使用空白来显示整洁的输出，以及如何剔除字符串中多余的空白；如何使用整数和浮点数；一些使用数值数据的方式。你还学习了如何编写说明性注释，让代码对你和其他人来说更容易理解。最后，你了解了让代码尽可能简单的理念。

在第 3 章，你将学习如何在被称为**列表**的变量中存储一系列信息，以及如何通过遍历列表来操作其中的信息。

第 3 章

列表简介

在本章和下一章中，你将学习列表是什么以及如何使用列表元素。列表让你能够在一个地方存储成组的信息，其中可以只包含几个元素，也可以包含数百万个元素。列表是新手可直接使用的最强大的 Python 功能之一，它融合了众多重要的编程概念。

3.1 列表是什么

列表由一系列按特定顺序排列的元素组成。你可以创建包含字母表中所有字母、数字 0～9 或所有家庭成员姓名的列表；也可以将任何东西加入列表中，其中的元素之间可以没有任何关系。列表通常包含多个元素，因此给列表指定一个表示复数的名称（如 letters、digits 或 names）是个不错的主意。

在 Python 中，用方括号（[]）表示列表，并用逗号分隔其中的元素。下面是一个简单的列表示例，其中包含几种自行车：

bicycles.py

```
bicycles = ['trek', 'cannondale', 'redline', 'specialized']
print(bicycles)
```

如果让 Python 将列表打印出来，Python 将打印列表的内部表示，包括方括号：

```
['trek', 'cannondale', 'redline', 'specialized']
```

鉴于这不是你要让用户看到的输出，下面来学习如何访问列表元素。

3.1.1 访问列表元素

列表是有序集合，因此要访问列表的任意元素，只需将该元素的位置（索引）告诉 Python 即可。要访问列表元素，可指出列表的名称，再指出元素的索引，并将后者放在方括号内。

例如，下面的代码从列表 bicycles 中提取第一款自行车：

```
bicycles = ['trek', 'cannondale', 'redline', 'specialized']
❶ print(bicycles[0])
```

❶处演示了访问列表元素的语法。当你请求获取列表元素时，Python 只返回该元素，而不包括方括号：

```
trek
```

这正是你要让用户看到的结果——整洁、干净的输出。

你还可以对任意列表元素调用第 2 章介绍的字符串方法。例如，可使用方法 title()让元素'trek'的格式更整洁：

```
bicycles = ['trek', 'cannondale', 'redline', 'specialized']
print(bicycles[0].title())
```

这个示例的输出与前一个示例相同，只是首字母 T 是大写的。

3.1.2 索引从 0 而不是 1 开始

在 Python 中，第一个列表元素的索引为 0，而不是 1。大多数编程语言是如此规定的，这与列表操作的底层实现相关。如果结果出乎意料，请看看你是否犯了简单的差一错误。

第二个列表元素的索引为 1。根据这种简单的计数方式，要访问列表的任何元素，都可将其位置减 1，并将结果作为索引。例如，要访问第四个列表元素，可使用索引 3。

下面的代码访问索引 1 和索引 3 处的自行车：

```
bicycles = ['trek', 'cannondale', 'redline', 'specialized']
print(bicycles[1])
print(bicycles[3])
```

这些代码返回列表中的第二个和第四个元素：

```
cannondale
specialized
```

Python 为访问最后一个列表元素提供了一种特殊语法。通过将索引指定为-1，可让 Python

返回最后一个列表元素：

```
bicycles = ['trek', 'cannondale', 'redline', 'specialized']
print(bicycles[-1])
```

这段代码返回'specialized'。这种语法很有用，因为你经常需要在不知道列表长度的情况下访问最后的元素。这种约定也适用于其他负数索引。例如，索引-2返回倒数第二个列表元素，索引-3返回倒数第三个列表元素，依此类推。

3.1.3 使用列表中的各个值

你可以像使用其他变量一样使用列表中的各个值。例如，可以使用f字符串根据列表中的值来创建消息。

下面尝试从列表中提取第一款自行车，并使用这个值创建一条消息：

```
bicycles = ['trek', 'cannondale', 'redline', 'specialized']
❶ message = f"My first bicycle was a {bicycles[0].title()}."

print(message)
```

我们使用 bicycles[0]的值生成了一个句子，并将其赋给变量 message（见❶）。输出是一个简单的句子，其中包含列表中的第一款自行车：

```
My first bicycle was a Trek.
```

动手试一试

请尝试编写一些简短的程序来完成下面的练习，以获得一些使用 Python 列表的第一手经验。你可能需要为每章创建一个文件夹，以整洁有序的方式存储为完成各章的练习而编写的程序。

练习 3-1：姓名 将一些朋友的姓名存储在一个列表中，并将其命名为 names。依次访问该列表中的每个元素，从而将每个朋友的姓名打印出来。

练习 3-2：问候语 继续使用练习 3-1 中的列表，但不打印每个朋友的姓名，而为每人打印一条消息。每条消息都包含相同的问候语，但抬头为相应朋友的姓名。

练习 3-3：自己的列表 想想你喜欢的通勤方式，如骑摩托车或开汽车，并创建一个包含多种通勤方式的列表。根据该列表打印一系列有关这些通勤方式的宣言，下面是一个例子。

I would like to own a Honda motorcycle.

3.2 修改、添加和删除元素

你创建的大多数列表将是动态的，这意味着列表创建后，将随着程序的运行增删元素。例如，你创建一个游戏，要求玩家射杀从天而降的外星人。为此，可在开始时将一些外星人存储在列表中，然后每当有外星人被射杀时，都将其从列表中删除，而每次有新的外星人出现在屏幕上时，都将其添加到列表中。在整个游戏运行期间，外星人列表的长度将不断变化。

3.2.1 修改列表元素

修改列表元素的语法与访问列表元素的语法类似。要修改列表元素，可指定列表名和要修改的元素的索引，再指定该元素的新值。

例如，假设有一个摩托车列表，其中的第一个元素为'honda'，如何修改它的值呢？

otorcycles.py

```
❶ motorcycles = ['honda', 'yamaha', 'suzuki']
print(motorcycles)

❷ motorcycles[0] = 'ducati'
print(motorcycles)
```

首先定义一个摩托车列表，其中的第一个元素为'honda'（见❶）。接下来，将第一个元素的值改为'ducati'（见❷）。输出表明，第一个元素的值确实变了，但其他列表元素的值没变：

```
['honda', 'yamaha', 'suzuki']
['ducati', 'yamaha', 'suzuki']
```

你可以修改任意列表元素的值，而不仅仅是第一个元素的值。

3.2.2 在列表中添加元素

你可能出于众多原因要在列表中添加新元素。例如，你可能希望游戏中出现新的外星人、添加可视化数据或给网站添加新注册的用户。Python 提供了多种在既有列表中添加新数据的方式。

1. 在列表末尾添加元素

在列表中添加新元素时，最简单的方式是将元素**附加**（append）到列表。给列表附加元素时，它将添加到列表末尾。继续使用前一个示例中的列表，在其末尾添加新元素'ducati'：

```
motorcycles = ['honda', 'yamaha', 'suzuki']
print(motorcycles)

❶ motorcycles.append('ducati')
print(motorcycles)
```

方法 append()将元素'ducati'添加到列表末尾（见❶），而不影响列表中的其他所有元素：

```
['honda', 'yamaha', 'suzuki']
['honda', 'yamaha', 'suzuki', 'ducati']
```

方法 append()让动态地创建列表易如反掌。例如，你可以先创建一个空列表，再使用一系列函数调用 append()来添加元素。下面来创建一个空列表，再在其中添加元素'honda'、'yamaha'和'suzuki'：

```
motorcycles = []

motorcycles.append('honda')
motorcycles.append('yamaha')
motorcycles.append('suzuki')

print(motorcycles)
```

最终的列表与前述示例中的列表完全相同：

```
['honda', 'yamaha', 'suzuki']
```

这种创建列表的方式极其常见，因为经常要等程序运行后，你才知道用户要在程序中存储哪些数据。为控制用户，可首先创建一个空列表，用于存储用户将要输入的值，然后将用户提供的每个新值附加到列表中。

2. 在列表中插入元素

使用方法 insert()可在列表的任何位置添加新元素。为此，你需要指定新元素的索引和值。

```
motorcycles = ['honda', 'yamaha', 'suzuki']

❶ motorcycles.insert(0, 'ducati')
print(motorcycles)
```

在这个示例中，值'ducati'被插入到了列表开头（见❶）。方法 insert()在索引 0 处添加空间，并将值'ducati'存储到这个地方。这种操作将列表中既有的每个元素都右移一个位置：

```
['ducati', 'honda', 'yamaha', 'suzuki']
```

3.2.3　从列表中删除元素

你经常需要从列表中删除一个或多个元素。例如，玩家将空中的一个外星人射杀后，你很可能要将其从存活的外星人列表中删除；当用户在你创建的 Web 应用中注销账户时，你就需要将该用户从活动用户列表中删除。你可以根据位置或值来删除列表中的元素。

1. 使用 del 语句删除元素

如果知道要删除的元素在列表中的位置，可使用 del 语句。

```
motorcycles = ['honda', 'yamaha', 'suzuki']
print(motorcycles)

❶ del motorcycles[0]
print(motorcycles)
```

❶处的代码使用 del 删除了列表 motorcycles 中的第一个元素'honda'：

```
['honda', 'yamaha', 'suzuki']
['yamaha', 'suzuki']
```

使用 del 可删除任意位置处的列表元素，条件是知道其索引。例如，下面演示了如何删除前述列表中的第二个元素'yamaha'：

```
motorcycles = ['honda', 'yamaha', 'suzuki']
print(motorcycles)

del motorcycles[1]
print(motorcycles)
```

下面的输出表明，已经将第二款摩托车从列表中删除了：

```
['honda', 'yamaha', 'suzuki']
['honda', 'suzuki']
```

在这两个示例中，使用 del 语句将值从列表中删除后，你就无法再访问它了。

2. 使用方法 pop()删除元素

有时候，你要将元素从列表中删除，并接着使用它的值。例如，你可能需要获取刚被射杀的外星人的 x 坐标和 y 坐标，以便在相应的位置显示爆炸效果；在 Web 应用程序中，你可能要将用户从活跃成员列表中删除，并将其加入到非活跃成员列表中。

方法 pop()删除列表末尾的元素，并让你能够接着使用它。术语**弹出**（pop）源自这样的类比：列表就像一个栈，而删除列表末尾的元素相当于弹出栈顶元素。

下面来从列表 motorcycles 中弹出一款摩托车：

```
❶ motorcycles = ['honda', 'yamaha', 'suzuki']
print(motorcycles)

❷ popped_motorcycle = motorcycles.pop()
❸ print(motorcycles)
❹ print(popped_motorcycle)
```

首先定义并打印列表 motorcycles（见❶）。接下来，从这个列表中弹出一个值，并将其赋给变量 popped_motorcycle 中（见❷）。然后打印这个列表，以核实从中删除了一个值（见❸）。最后打印弹出的值，以证明我们依然能够访问被删除的值（见❹）。

输出表明，列表末尾的值'suzuki'已删除，它现在被赋给了变量 popped_motorcycle：

```
['honda', 'yamaha', 'suzuki']
['honda', 'yamaha']
suzuki
```

方法 pop()有什么用处呢？假设列表中的摩托车是按购买时间存储的，就可使用方法 pop()打印一条消息，指出最后购买的是哪款摩托车：

```
motorcycles = ['honda', 'yamaha', 'suzuki']

last_owned = motorcycles.pop()
print(f"The last motorcycle I owned was a {last_owned.title()}.")
```

输出是一个简单的句子，指出了最新购买的是哪款摩托车：

```
The last motorcycle I owned was a Suzuki.
```

3. 弹出列表中任何位置处的元素

实际上，可以使用 pop()来删除列表中任意位置的元素，只需在圆括号中指定要删除元素的索引即可。

```
  motorcycles = ['honda', 'yamaha', 'suzuki']

❶ first_owned = motorcycles.pop(0)
❷ print(f"The first motorcycle I owned was a {first_owned.title()}.")
```

首先弹出列表中的第一款摩托车（见❶），然后打印一条有关这辆摩托车的消息（见❷）。输出是一个简单的句子，描述了我购买的第一辆摩托车：

```
The first motorcycle I owned was a Honda.
```

别忘了，每当你使用 pop()时，被弹出的元素就不再在列表中了。

如果你不确定该使用 del 语句还是 pop()方法，下面是一个简单的判断标准：如果你要从列表中删除一个元素，且不再以任何方式使用它，就使用 del 语句；如果你要在删除元素后还能继续使用它，就使用方法 pop()。

4. 根据值删除元素

有时候，你不知道要从列表中删除的值所处的位置。如果只知道要删除的元素的值，可使用方法 remove()。

例如，假设要从列表 motorcycles 中删除值'ducati'。

```
motorcycles = ['honda', 'yamaha', 'suzuki', 'ducati']
print(motorcycles)

❶ motorcycles.remove('ducati')
print(motorcycles)
```

❶处的代码让 Python 确定'ducati'出现在列表的什么地方，并将该元素删除：

```
['honda', 'yamaha', 'suzuki', 'ducati']
['honda', 'yamaha', 'suzuki']
```

使用 remove()从列表中删除元素时，也可接着使用它的值。下面删除值'ducati'并打印一条消息，指出要将其从列表中删除的原因：

```
❶ motorcycles = ['honda', 'yamaha', 'suzuki', 'ducati']
print(motorcycles)

❷ too_expensive = 'ducati'
❸ motorcycles.remove(too_expensive)
print(motorcycles)
❹ print(f"\nA {too_expensive.title()} is too expensive for me.")
```

定义列表（见❶）后，将值'ducati'赋给变量 too_expensive（见❷）。接下来，使用这个变量来告诉 Python 将哪个值从列表中删除（见❸）。最后，值'ducati'已经从列表中删除，但可通过变量 too_expensive 来访问它（见❹）。这让我们能够打印一条消息，指出将'ducati'从列表 motorcycles 中删除的原因：

```
['honda', 'yamaha', 'suzuki', 'ducati']
['honda', 'yamaha', 'suzuki']

A Ducati is too expensive for me.
```

注意　方法 remove()只删除第一个指定的值。如果要删除的值可能在列表中出现多次，就需要使用循环来确保将每个值都删除。这将在第 7 章中介绍。

动手试一试

下面的练习比第 2 章的练习要复杂些，但让你有机会以前面介绍过的各种方式使用列表。

练习 3-4：嘉宾名单　如果你可以邀请任何人一起共进晚餐（无论是在世的还是故去的），你会邀请哪些人？请创建一个列表，其中包含至少三个你想邀请的人，然后使用这个列表打印消息，邀请这些人来与你共进晚餐。

练习 3-5：修改嘉宾名单　你刚得知有位嘉宾无法赴约，因此需要另外邀请一位嘉宾。

- 以完成练习 3-4 时编写的程序为基础，在程序末尾添加一条 print 语句，指出哪位嘉宾无法赴约。
- 修改嘉宾名单，将无法赴约的嘉宾的姓名替换为新邀请的嘉宾的姓名。
- 再次打印一系列消息，向名单中的每位嘉宾发出邀请。

练习 3-6：添加嘉宾　你刚找到了一个更大的餐桌，可容纳更多的嘉宾。请想想你还想邀请哪三位嘉宾。

- 以完成练习 3-4 或练习 3-5 时编写的程序为基础，在程序末尾添加一条 print 语句，指出你找到了一个更大的餐桌。
- 使用 insert()将一位新嘉宾添加到名单开头。
- 使用 insert()将另一位新嘉宾添加到名单中间。
- 使用 append()将最后一位新嘉宾添加到名单末尾。
- 打印一系列消息，向名单中的每位嘉宾发出邀请。

练习 3-7：缩减名单　你刚得知新购买的餐桌无法及时送达，因此只能邀请两位嘉宾。

- 以完成练习 3-6 时编写的程序为基础，在程序末尾添加一行代码，打印一条你只能邀请两位嘉宾共进晚餐的消息。
- 使用 pop()不断地删除名单中的嘉宾，直到只有两位嘉宾为止。每次从名单中弹出一位嘉宾时，都打印一条消息，让该嘉宾知悉你很抱歉，无法邀请他来共进晚餐。
- 对于余下两位嘉宾中的每一位，都打印一条消息，指出他依然在受邀人之列。
- 使用 del 将最后两位嘉宾从名单中删除，让名单变成空的。打印该名单，核实程序结束时名单确实是空的。

3.3　组织列表

在你创建的列表中，元素的排列顺序常常是无法预测的，因为你并非总能控制用户提供数据的顺序。这虽然在大多数情况下是不可避免的，但你经常需要以特定的顺序呈现信息。有时候，你希望保留列表元素最初的排列顺序，而有时候又需要调整排列顺序。Python 提供了很多组织列表的方式，可根据具体情况选用。

3.3.1 使用方法 sort()对列表永久排序

Python 方法 sort()让你能够较为轻松地对列表进行排序。假设你有一个汽车列表，并要让其中的汽车按字母顺序排列。为简化这项任务，假设该列表中的所有值都是小写的。

cars.py

```
cars = ['bmw', 'audi', 'toyota', 'subaru']
❶ cars.sort()
print(cars)
```

方法 sort()（见❶）永久性地修改列表元素的排列顺序。现在，汽车是按字母顺序排列的，再也无法恢复到原来的排列顺序：

```
['audi', 'bmw', 'subaru', 'toyota']
```

还可以按与字母顺序相反的顺序排列列表元素，只需向 sort()方法传递参数 reverse=True 即可。下面的示例将汽车列表按与字母顺序相反的顺序排列：

```
cars = ['bmw', 'audi', 'toyota', 'subaru']
cars.sort(reverse=True)
print(cars)
```

同样，对列表元素排列顺序的修改是永久性的：

```
['toyota', 'subaru', 'bmw', 'audi']
```

3.3.2 使用函数 sorted()对列表临时排序

要保留列表元素原来的排列顺序，同时以特定的顺序呈现它们，可使用函数 sorted()。函数 sorted()让你能够按特定顺序显示列表元素，同时不影响它们在列表中的原始排列顺序。

下面尝试来对汽车列表调用这个函数。

```
cars = ['bmw', 'audi', 'toyota', 'subaru']

❶ print("Here is the original list:")
print(cars)

❷ print("\nHere is the sorted list:")
print(sorted(cars))

❸ print("\nHere is the original list again:")
print(cars)
```

首先按原始顺序打印列表（见❶），再按字母顺序显示该列表（见❷）。以特定顺序显示列表后，我们进行核实，确认列表元素的排列顺序与以前相同（见❸）。

```
Here is the original list:
['bmw', 'audi', 'toyota', 'subaru']

Here is the sorted list:
['audi', 'bmw', 'subaru', 'toyota']

❹ Here is the original list again:
['bmw', 'audi', 'toyota', 'subaru']
```

注意，调用函数 sorted()后，列表元素的排列顺序并没有变（见❹）。如果要按与字母顺序相反的顺序显示列表，也可向函数 sorted()传递参数 reverse=True。

注意 在并非所有的值都是小写时，按字母顺序排列列表要复杂些。决定排列顺序时，有多种解读大写字母的方式，要指定准确的排列顺序，可能比我们这里所做的要复杂。然而，大多数排序方式是以本节介绍的知识为基础的。

3.3.3 倒着打印列表

要反转列表元素的排列顺序，可使用方法 reverse()。假设汽车列表是按购买时间排列的，可轻松地按相反的顺序排列其中的汽车：

```
cars = ['bmw', 'audi', 'toyota', 'subaru']
print(cars)

cars.reverse()
print(cars)
```

注意，reverse()不是按与字母顺序相反的顺序排列列表元素，而只是反转列表元素的排列顺序：

```
['bmw', 'audi', 'toyota', 'subaru']
['subaru', 'toyota', 'audi', 'bmw']
```

方法 reverse()永久性地修改列表元素的排列顺序，但可随时恢复到原来的排列顺序，只需对列表再次调用 reverse()即可。

3.3.4 确定列表的长度

使用函数 len()可快速获悉列表的长度。在下面的示例中，列表包含四个元素，因此其长度为 4：

```
>>> cars = ['bmw', 'audi', 'toyota', 'subaru']
>>> len(cars)
4
```

需要完成如下任务时，len()很有用：明确还有多少个外星人未被射杀，确定需要管理多少项可视化数据，计算网站有多少注册用户，等等。

注意　Python 计算列表元素数时从 1 开始，因此确定列表长度时，你应该不会遇到差一错误。

动手试一试

练习 3-8：放眼世界　想出至少 5 个你渴望去旅游的地方。

- 将这些地方存储在一个列表中，并确保其中的元素不是按字母顺序排列的。
- 按原始排列顺序打印该列表。不要考虑输出是否整洁的问题，只管打印原始 Python 列表。
- 使用 sorted()按字母顺序打印这个列表，同时不要修改它。
- 再次打印该列表，核实排列顺序未变。
- 使用 sorted()按与字母顺序相反的顺序打印这个列表，同时不要修改它。
- 再次打印该列表，核实排列顺序未变。
- 使用 reverse()修改列表元素的排列顺序。打印该列表，核实排列顺序确实变了。
- 使用 reverse()再次修改列表元素的排列顺序。打印该列表，核实已恢复到原来的排列顺序。
- 使用 sort()修改该列表，使其元素按字母顺序排列。打印该列表，核实排列顺序确实变了。
- 使用 sort()修改该列表，使其元素按与字母顺序相反的顺序排列。打印该列表，核实排列顺序确实变了。

练习 3-9：晚餐嘉宾　在完成练习 3-4~练习 3-7 时编写的程序之一中，使用 len()打印一条消息，指出你邀请了多少位嘉宾来共进晚餐。

练习 3-10：尝试使用各个函数　想想可存储到列表中的东西，如山川、河流、国家、城市、语言或你喜欢的任何东西。编写一个程序，在其中创建一个包含这些元素的列表，然后，对于本章介绍的每个函数，都至少使用一次来处理这个列表。

3.4　使用列表时避免索引错误

刚开始使用列表时，经常会遇到一种错误。假设你有一个包含三个元素的列表，却要求获取第四个元素：

motorcycles.py

```
motorcycles = ['honda', 'yamaha', 'suzuki']
print(motorcycles[3])
```

这将导致索引错误：

```
Traceback (most recent call last):
  File "motorcycles.py", line 2, in <module>
    print(motorcycles[3])
IndexError: list index out of range
```

Python 试图向你提供位于索引 3 处的元素，但它搜索列表 motorcycles 时，却发现索引 3 处没有元素。鉴于列表索引差一的特征，这种错误很常见。有些人从 1 开始数，因此以为第三个元素的索引为 3。然而在 Python 中，第三个元素的索引为 2，因为索引是从 0 开始的。

索引错误意味着 Python 在指定索引处找不到元素。程序发生索引错误时，请尝试将指定的索引减 1，然后再次运行程序，看看结果是否正确。

别忘了，每当需要访问最后一个列表元素时，都可使用索引-1。这在任何情况下都行之有效，即便你最后一次访问列表后，其长度发生了变化：

```
motorcycles = ['honda', 'yamaha', 'suzuki']
print(motorcycles[-1])
```

索引-1 总是返回最后一个列表元素，这里为值'suzuki'：

```
'suzuki'
```

仅当列表为空时，这种访问最后一个元素的方式才会导致错误：

```
motorcycles = []
print(motorcycles[-1])
```

列表 motorcycles 不包含任何元素，因此 Python 返回一条索引错误消息：

```
Traceback (most recent call last):
  File "motorcyles.py", line 3, in <module>
    print(motorcycles[-1])
IndexError: list index out of range
```

注意　发生索引错误却找不到解决办法时，请尝试将列表或其长度打印出来。列表可能与你以为的截然不同，在程序对其进行了动态处理时尤其如此。通过查看列表或其包含的元素数，可帮助你找出这种逻辑错误。

动手试一试

练习 3-11：有意引发错误 如果你还没有在程序中遇到过索引错误，就尝试引发一个这种错误。在你的一个程序中，修改其中的索引，以引发索引错误。关闭程序前，务必消除这个错误。

3.5 小结

在本章中，你学习了：列表是什么以及如何使用其中的元素；如何定义列表以及如何增删元素；如何对列表进行永久性排序，以及如何为展示列表而进行临时排序；如何确定列表的长度，以及在使用列表时如何避免索引错误。

在第 4 章，你将学习如何以更高效的方式处理列表元素。通过使用为数不多的几行代码来遍历列表元素，你就能高效地处理它们，即便列表包含数千乃至数百万个元素。

第 4 章

操作列表

在第 3 章，你学习了如何创建简单的列表，还学习了如何操作列表元素。在本章中，你将学习如何**遍历**整个列表，这只需要几行代码，无论列表有多长。循环让你能够对列表的每个元素都采取一个或一系列相同的措施，从而高效地处理任何长度的列表，包括包含数千乃至数百万个元素的列表。

4.1 遍历整个列表

你经常需要遍历列表的所有元素，对每个元素执行相同的操作。例如，在游戏中，可能需要将每个界面元素平移相同的距离；对于包含数字的列表，可能需要对每个元素执行相同的统计运算；在网站中，可能需要显示文章列表中的每个标题。需要对列表中的每个元素都执行相同的操作时，可使用 Python 中的 for 循环。

假设我们有一个魔术师名单，需要将其中每个魔术师的名字都打印出来。为此，可以分别获取名单中的每个名字，但这种做法会导致多个问题。例如，如果名单很长，将包含大量重复的代码。另外，每当名单的长度发生变化时，都必须修改代码。通过使用 for 循环，可以让 Python 去处理这些问题。

下面使用 for 循环来打印魔术师名单中的所有名字：

magicians.py

```
❶ magicians = ['alice', 'david', 'carolina']
❷ for magician in magicians:
❸     print(magician)
```

首先，像第 3 章那样定义一个列表（见❶）。接下来，定义一个 for 循环（见❷）。这行代码让 Python 从列表 magicians 中取出一个名字，并将其与变量 magician 相关联。最后，让 Python

打印前面赋给变量 magician 的名字（见❸）。这样，对于列表中的每个名字，Python 都将重复执行❷处和❸处的代码行。你可以这样解读这些代码：对于列表 magicians 中的每位魔术师，都将其名字打印出来。输出很简单，就是列表中所有的名字：

```
alice
david
carolina
```


4.1.1 深入研究循环

循环这种概念很重要，因为它是让计算机自动完成重复工作的常见方式之一。例如，在前面 magicians.py 中使用的简单循环里，Python 将首先读取其中的第一行代码：

```
for magician in magicians:
```

这行代码让 Python 获取列表 magicians 中的第一个值'alice'，并将其与变量 magician 相关联。接下来，Python 读取下一行代码：

```
    print(magician)
```

它让 Python 打印 magician 的值，依然是'alice'。鉴于该列表还包含其他值，Python 返回到循环的第一行：

```
for magician in magicians:
```

Python 获取列表中的下一个名字'david'，并将其与变量 magician 相关联，再执行下面这行代码：

```
    print(magician)
```

Python 再次打印变量 magician 的值，当前为'david'。接下来，Python 再次执行整个循环，对列表中的最后一个值'carolina'进行处理。至此，列表中没有其他的值了，因此 Python 接着执行程序的下一行代码。在这个示例中，for 循环后面没有其他代码，因此程序就此结束。

刚开始使用循环时请牢记，对列表中的每个元素，都将执行循环指定的步骤，而不管列表包含多少个元素。如果列表包含一百万个元素，Python 就重复执行指定的步骤一百万次，且通常速度非常快。

另外，编写 for 循环时，可以给依次与列表中每个值相关联的临时变量指定任意名称。然而，选择描述单个列表元素的有意义名称大有裨益。例如，对于小猫列表、小狗列表和一般性列表，像下面这样编写 for 循环的第一行代码是不错的选择：

```
for cat in cats:
for dog in dogs:
for item in list_of_items:
```

这些命名约定有助于你明白 for 循环中将对每个元素执行的操作。使用单数和复数式名称，可帮助你判断代码段处理的是单个列表元素还是整个列表。

4.1.2　在 for 循环中执行更多操作

在 for 循环中，可对每个元素执行任何操作。下面来扩展前面的示例，对于每位魔术师，都打印一条消息，指出他的表演太精彩了。

magicians.py

```
magicians = ['alice', 'david', 'carolina']
for magician in magicians:
❶    print(f"{magician.title()}, that was a great trick!")
```

相比于前一个示例，唯一的不同是为每位魔术师打印了一条以其名字为抬头的消息（见❶）。这个循环第一次迭代时，变量 magician 的值为'alice'，因此 Python 打印的第一条消息的抬头为'Alice'；第二次迭代时，消息的抬头为'David'；第三次迭代时，抬头为'Carolina'。

下面的输出表明，对于列表中的每位魔术师，都打印了一条个性化消息：

```
Alice, that was a great trick!
David, that was a great trick!
Carolina, that was a great trick!
```

在 for 循环中，想包含多少行代码都可以。在代码行 for magician in magicians 后面，每个缩进的代码行都是循环的一部分，将针对列表中的每个值都执行一次。因此，可对列表中的每个值执行任意次数的操作。

下面再添加一行代码，告诉每位魔术师，我们期待他的下一次表演：

```
magicians = ['alice', 'david', 'carolina']
for magician in magicians:
    print(f"{magician.title()}, that was a great trick!")
❶    print(f"I can't wait to see your next trick, {magician.title()}.\n")
```

两个函数调用 print()都缩进了，因此它们都将针对列表中的每位魔术师执行一次。第二个函数调用 print()中的换行符"\n"（见❶）在每次迭代结束后都插入一个空行，从而整洁地将针对各位魔术师的消息编组：

```
Alice, that was a great trick!
I can't wait to see your next trick, Alice.
```

```
David, that was a great trick!
I can't wait to see your next trick, David.

Carolina, that was a great trick!
I can't wait to see your next trick, Carolina.
```

在 for 循环中，想包含多少行代码都可以。实际上，你会发现使用 for 循环对每个元素执行众多不同的操作很有用。

4.1.3 在 for 循环结束后执行一些操作

for 循环结束后怎么办呢？通常，你需要提供总结性输出或接着执行程序必须完成的其他任务。

在 for 循环后面，没有缩进的代码都只执行一次，不会重复执行。下面来打印一条向全体魔术师致谢的消息，感谢他们的精彩表演。想要在打印给各位魔术师的消息后面打印一条给全体魔术师的致谢消息，需要将相应的代码放在 for 循环后面，且不缩进：

```
magicians = ['alice', 'david', 'carolina']
for magician in magicians:
    print(f"{magician.title()}, that was a great trick!")
    print(f"I can't wait to see your next trick, {magician.title()}.\n")

❶ print("Thank you, everyone. That was a great magic show!")
```

你在前面看到了，开头两个函数调用 print()针对列表中的每位魔术师重复执行。然而，第三个函数调用 print()没有缩进（见❶），因此只执行一次：

```
Alice, that was a great trick!
I can't wait to see your next trick, Alice.

David, that was a great trick!
I can't wait to see your next trick, David.

Carolina, that was a great trick!
I can't wait to see your next trick, Carolina.

Thank you, everyone. That was a great magic show!
```

使用 for 循环处理数据是一种对数据集执行整体操作的不错方式。例如，你可能使用 for 循环来初始化游戏：遍历角色列表，将每个角色显示到屏幕上。然后在循环后面添加一个不缩进的代码块，在屏幕上绘制所有角色后显示一个 Play Now 按钮。

4.2 避免缩进错误

Python 根据缩进来判断代码行与前一个代码行的关系。在前面的示例中，向各位魔术师显示消息的代码行是 for 循环的一部分，因为它们缩进了。Python 通过使用缩进让代码更易读。简单地说，它要求你使用缩进让代码整洁而结构清晰。在较长的 Python 程序中，你将看到缩进程度各不相同的代码块，从而对程序的组织结构有大致的认识。

开始编写必须正确缩进的代码时，需要注意一些常见的**缩进错误**。例如，程序员有时候会将不需要缩进的代码块缩进，而对于必须缩进的代码块却忘了缩进。查看这样的错误示例有助于你以后避开它们，以及在它们出现在程序中时进行修复。

下面来看一些较为常见的缩进错误。

4.2.1　忘记缩进

对于位于 for 语句后面且属于循环组成部分的代码行，一定要缩进。如果忘记缩进，Python 会提醒你：

magicians.py

```
magicians = ['alice', 'david', 'carolina']
for magician in magicians:
❶ print(magician)
```

函数调用 print()（见❶）应缩进却没有缩进。Python 没有找到期望缩进的代码块时，会让你知道哪行代码有问题。

```
  File "magicians.py", line 3
    print(magician)
        ^
IndentationError: expected an indented block
```

通常，将紧跟在 for 语句后面的代码行缩进，可消除这种缩进错误。

4.2.2　忘记缩进额外的代码行

有时候，循环能够运行且不会报告错误，但结果可能出人意料。试图在循环中执行多项任务，却忘记缩进其中的一些代码行时，就会出现这种情况。

例如，如果忘记缩进循环中的第二行代码（它告诉每位魔术师，我们期待其下次表演），就会出现这种情况：

```
magicians = ['alice', 'david', 'carolina']
for magician in magicians:
    print(f"{magician.title()}, that was a great trick!")
❶ print(f"I can't wait to see your next trick, {magician.title()}.\n")
```

第二个函数调用 print()（见❶）原本需要缩进，但 Python 发现 for 语句后面有一行代码是缩进的，因此没有报告错误。最终的结果是，对于列表中的每位魔术师，都执行了第一个函数调用print(),因为它缩进了;而第二个函数调用print()没有缩进,因此只在循环结束后执行一次。由于变量magician的终值为'carolina',结果只有她收到了消息"looking forward to the next trick":

```
Alice, that was a great trick!
David, that was a great trick!
Carolina, that was a great trick!
I can't wait to see your next trick, Carolina.
```


这是一个**逻辑错误**。从语法上看，这些 Python 代码是合法的，但由于存在逻辑错误，结果并不符合预期。如果你预期某项操作将针对每个列表元素都执行一次，但它总共只执行了一次，请确定需要将一行还是多行代码缩进。

4.2.3 不必要的缩进

如果你不小心缩进了无须缩进的代码行，Python 将指出这一点：

hello_world.py

```
message = "Hello Python world!"
❶    print(message)
```

函数调用 print()（见❶）无须缩进，因为它并非循环的组成部分。因此 Python 将指出这种错误：

```
  File "hello_world.py", line 2
    print(message)
    ^
IndentationError: unexpected indent
```

为避免意外缩进错误，请只缩进需要缩进的代码。在前面编写的程序中，只有要在 for 循环中对每个元素执行的代码需要缩进。

4.2.4 循环后不必要的缩进

如果不小心缩进了应在循环结束后执行的代码，这些代码将针对每个列表元素重复执行。在有些情况下，这可能导致 Python 报告语法错误，但在大多数情况下，这只会导致逻辑错误。

例如，如果不小心缩进了感谢全体魔术师精彩表演的代码行，结果将如何呢？

magicians.py

```
magicians = ['alice', 'david', 'carolina']
for magician in magicians:
    print(f"{magician.title()}, that was a great trick!")
    print(f"I can't wait to see your next trick, {magician.title()}.\n")

❶    print("Thank you everyone, that was a great magic show!")
```

由于❶处的代码行缩进了，它将针对列表中的每位魔术师执行一次，如下所示：

```
Alice, that was a great trick!
I can't wait to see your next trick, Alice.

Thank you everyone, that was a great magic show!
David, that was a great trick!
I can't wait to see your next trick, David.

Thank you everyone, that was a great magic show!
Carolina, that was a great trick!
I can't wait to see your next trick, Carolina.

Thank you everyone, that was a great magic show!
```

这也是一个逻辑错误，与 4.2.2 节的错误类似。Python 不知道你的本意，只要代码符合语法，它就会运行。如果原本只应执行一次的操作执行了多次，可能要对执行该操作的代码取消缩进。

4.2.5　遗漏了冒号

for 语句末尾的冒号告诉 Python，下一行是循环的第一行。

```
  magicians = ['alice', 'david', 'carolina']
❶ for magician in magicians
      print(magician)
```

如果不小心遗漏了冒号，如❶所示，将导致语法错误，因为 Python 不知道你意欲何为。这种错误虽然易于消除，但并不那么容易发现。程序员为找出这样的单字符错误，花费的时间多得令人惊讶。此类错误之所以难以发现，是因为通常在人们的意料之外。

动手试一试

练习 4-1：比萨　想出至少三种你喜欢的比萨，将其名称存储在一个列表中，再使用 for 循环将每种比萨的名称打印出来。

- 修改这个 for 循环，使其打印包含比萨名称的句子，而不仅仅是比萨的名称。对于每种比萨，都显示一行输出，下面是一个例子。

  I like pepperoni pizza.
- 在程序末尾添加一行代码，它不在 for 循环中，指出你有多喜欢比萨。输出应包含针对每种比萨的消息，还有一个总结性句子，下面是一个例子。

  I really love pizza!

> **练习 4-2：动物**　想出至少三种有共同特征的动物，将其名称存储在一个列表中，再使用 for 循环将每种动物的名称打印出来。
>
> - 修改这个程序，使其针对每种动物都打印一个句子，下面是一个例子。
>
>   A dog would make a great pet.
> - 在程序末尾添加一行代码，指出这些动物的共同之处，如打印下面这样的句子。
>
>   Any of these animals would make a great pet!

4.3　创建数值列表

需要存储一组数的原因有很多。例如，在游戏中，需要跟踪每个角色的位置，还可能需要跟踪玩家的几个最高得分；在数据可视化中，处理的几乎都是由数（如温度、距离、人口数量、经度和纬度等）组成的集合。

列表非常适合用于存储数字集合，而 Python 提供了很多工具，可帮助你高效地处理数字列表。明白如何有效地使用这些工具后，即便列表包含数百万个元素，你编写的代码也能运行得很好。

4.3.1　使用函数 range()

Python 函数 range()让你能够轻松地生成一系列数。例如，可以像下面这样使用函数 range()来打印一系列数：

first_numbers.py

```
for value in range(1, 5):
    print(value)
```

上述代码好像应该打印数 1 ~ 5，但实际上不会打印 5：

```
1
2
3
4
```

在这个示例中，range()只打印数 1 ~ 4。这是编程语言中常见的差一行为的结果。函数 range()让 Python 从指定的第一个值开始数，并在到达你指定的第二个值时停止。因为它在第二个值处停止，所以输出不包含该值（这里为 5）。

要打印数 1 ~ 5，需要使用 range(1,6)：

```
for value in range(1, 6):
    print(value)
```

这样，输出将从 1 开始、到 5 结束：

```
1
2
3
4
5
```

使用 range()时，如果输出不符合预期，请尝试将指定的值加 1 或减 1。

调用函数 range()时，也可只指定一个参数，这样它将从 0 开始。例如，range(6)返回数 0 ~ 5。

4.3.2　使用 range()创建数字列表

要创建数字列表，可使用函数 list()将 range()的结果直接转换为列表。如果将 range()作为 list()的参数，输出将是一个数字列表。

在前一节的示例中，只是将一系列数打印出来。要将这组数转换为列表，可使用 list()：

```
numbers = list(range(1, 6))
print(numbers)
```

结果如下：

```
[1, 2, 3, 4, 5]
```

使用函数 range()时，还可指定步长。为此，可给这个函数指定第三个参数，Python 将根据这个步长来生成数。

例如，下面的代码打印 1 ~ 10 的偶数：

even_numbers.py

```
even_numbers = list(range(2, 11, 2))
print(even_numbers)
```

在这个示例中，函数 range()从 2 开始数，然后不断加 2，直到达到或超过终值（11），因此输出如下：

```
[2, 4, 6, 8, 10]
```

使用函数 range()几乎能够创建任何需要的数集。例如，如何创建一个列表，其中包含前 10 个整数（1 ~ 10）的平方呢？在 Python 中，用两个星号（**）表示乘方运算。下面的代码演示了如何将前 10 个整数的平方加入一个列表中：

squares.py

```
❶ squares = []
❷ for value in range(1, 11):
```

```
❸     square = value ** 2
❹     squares.append(square)

❺ print(squares)
```

首先，创建一个名为 squares 的空列表（见❶）。接下来，使用函数 range()让 Python 遍历 1～10 的值（见❷）。在循环中，计算当前值的平方，并将结果赋给变量 square（见❸）。然后，将新计算得到的平方值附加到列表 squares 末尾（见❹）。最后，循环结束后，打印列表 squares（见❺）：

```
[1, 4, 9, 16, 25, 36, 49, 64, 81, 100]
```

为了让代码更简洁，可不使用临时变量 square，而直接将每个计算得到的值附加到列表末尾：

```
squares = []
for value in range(1,11):
❶    squares.append(value**2)

print(squares)
```

❶处的代码与 squares.py 中❸处和❹处的代码等效。在循环中，计算每个值的平方，并立即将结果附加到列表 squares 的末尾。

创建更复杂的列表时，可使用上述两种方法中的任何一种。有时候，使用临时变量会让代码更易读；而在其他情况下，这样做只会让代码无谓地变长。你首先应该考虑的是，编写清晰易懂且能完成所需功能的代码，等到审核代码时，再考虑采用更高效的方法。

4.3.3 对数字列表执行简单的统计计算

有几个专门用于处理数字列表的 Python 函数。例如，你可以轻松地找出数字列表的最大值、最小值和总和：

```
>>> digits = [1, 2, 3, 4, 5, 6, 7, 8, 9, 0]
>>> min(digits)
0
>>> max(digits)
9
>>> sum(digits)
45
```

注意 考虑到版面，本节使用的数字列表都很短，但这里介绍的知识也适用于包含数百万个数的列表。

4.3.4 列表解析

前面介绍的生成列表 squares 的方式包含三四行代码，而列表解析让你只需编写一行代码就能生成这样的列表。**列表解析**将 for 循环和创建新元素的代码合并成一行，并自动附加新元素。面向初学者的书并非都会介绍列表解析，这里之所以介绍列表解析，是因为等你开始阅读他人编写的代码时，很可能会遇到它。

下面的示例使用列表解析创建你在前面看到的平方数列表：

squares.py

```
squares = [value**2 for value in range(1, 11)]
print(squares)
```

要使用这种语法，首先指定一个描述性的列表名，如 squares。然后，指定一个左方括号，并定义一个表达式，用于生成要存储到列表中的值。在这个示例中，表达式为 value**2，它计算平方值。接下来，编写一个 for 循环，用于给表达式提供值，再加上右方括号。在这个示例中，for 循环为 for value in range(1,11)，它将值 1 ~ 10 提供给表达式 value**2。请注意，这里的 for 语句末尾没有冒号。

结果与前面的平方数列表相同：

```
[1, 4, 9, 16, 25, 36, 49, 64, 81, 100]
```

要创建自己的列表解析，需要经过一定的练习，但能够熟练地创建常规列表后，你会发现这样做是完全值得的。当你觉得编写三四行代码来生成列表有点繁复时，就应考虑创建列表解析了。

动手试一试

练习 4-3：数到 20　使用一个 for 循环打印数 1 ~ 20（含）。

练习 4-4：一百万　创建一个包含数 1 ~ 1 000 000 的列表，再使用一个 for 循环将这些数打印出来。（如果输出的时间太长，按 Ctrl + C 停止输出或关闭输出窗口。）

练习 4-5：一百万求和　创建一个包含数 1 ~ 1 000 000 的列表，再使用 min()和 max()核实该列表确实是从 1 开始、到 1 000 000 结束的。另外，对这个列表调用函数 sum()，看看 Python 将一百万个数相加需要多长时间。

练习 4-6：奇数　通过给函数 range()指定第三个参数来创建一个列表，其中包含 1 ~ 20 的奇数，再使用一个 for 循环将这些数打印出来。

练习 4-7：3 的倍数　创建一个列表，其中包含 3 ~ 30 能被 3 整除的数，再使用一个 for 循环将这个列表中的数打印出来。

练习 4-8：立方 将同一个数乘三次称为**立方**。例如，在 Python 中，2 的立方用 2**3 表示。请创建一个列表，其中包含前 10 个整数（1～10）的立方，再使用一个 for 循环将这些立方数打印出来。

练习 4-9：立方解析 使用列表解析生成一个列表，其中包含前 10 个整数的立方。

4.4 使用列表的一部分

在第 3 章中，你学习了如何访问单个列表元素。在本章中，你一直在学习如何处理列表的所有元素。你还可以处理列表的部分元素，Python 称之为**切片**。

4.4.1 切片

要创建切片，可指定要使用的第一个元素和最后一个元素的索引。与函数 range()一样，Python 在到达第二个索引之前的元素后停止。要输出列表中的前三个元素，需要指定索引 0 和 3，这将返回索引为 0、1 和 2 的元素。

下面的示例处理的是一个运动队成员列表：

players.py

```
players = ['charles', 'martina', 'michael', 'florence', 'eli']
❶ print(players[0:3])
```

❶处的代码打印该列表的一个切片，其中只包含三名队员。输出也是一个列表，其中包含前三名队员：

```
['charles', 'martina', 'michael']
```

你可以生成列表的任意子集。例如，如果要提取列表的第二、第三和第四个元素，可将起始索引指定为 1，并将终止索引指定为 4：

```
players = ['charles', 'martina', 'michael', 'florence', 'eli']
print(players[1:4])
```

此时，切片始于'martina'、终于'florence'。

```
['martina', 'michael', 'florence']
```

如果没有指定第一个索引，Python 将自动从列表开头开始：

```
players = ['charles', 'martina', 'michael', 'florence', 'eli']
print(players[:4])
```

由于没有指定起始索引，Python 从列表开头开始提取：

```
['charles', 'martina', 'michael', 'florence']
```

要让切片终止于列表末尾，也可使用类似的语法。例如，如果要提取从第三个元素到列表末尾的所有元素，可将起始索引指定为 2，并省略终止索引：

```
players = ['charles', 'martina', 'michael', 'florence', 'eli']
print(players[2:])
```

Python 将返回从第三个元素到列表末尾的所有元素：

```
['michael', 'florence', 'eli']
```

无论列表多长，这种语法都能够让你输出从特定位置到列表末尾的所有元素。上一章说过，负数索引返回离列表末尾相应距离的元素，因此你可以输出列表末尾的任意切片。例如，如果要输出名单上的最后三名队员，可使用切片 players[-3:]：

```
players = ['charles', 'martina', 'michael', 'florence', 'eli']
print(players[-3:])
```

上述代码打印最后三名队员的名字，即便队员名单长度发生变化，也依然如此。

注意　可在表示切片的方括号内指定第三个值。这个值告诉 Python 在指定范围内每隔多少元素提取一个。

4.4.2　遍历切片

如果要遍历列表的部分元素，可在 for 循环中使用切片。下面的示例遍历前三名队员，并打印他们的名字：

```
players = ['charles', 'martina', 'michael', 'florence', 'eli']

print("Here are the first three players on my team:")
❶ for player in players[:3]:
    print(player.title())
```

❶处的代码没有遍历整个队员列表，而只遍历前三名队员：

```
Here are the first three players on my team:
Charles
Martina
Michael
```

在很多情况下，切片都很有用。例如，编写游戏时，你可以在玩家退出游戏时将其最终得分加入一个列表中，然后将该列表按降序排列以获取三个最高得分，再创建一个只包含前三个得分的切片；处理数据时，可使用切片来进行批量处理；编写 Web 应用程序时，可使用切片来分页显示信息，并在每页显示数量合适的信息。

4.4.3 复制列表

我们经常需要根据既有列表创建全新的列表。下面来介绍复制列表的工作原理，以及复制列表可提供极大帮助的一种情形。

要复制列表，可创建一个包含整个列表的切片，方法是同时省略起始索引和终止索引（[:]）。这让 Python 创建一个始于第一个元素、终止于最后一个元素的切片，即整个列表的副本。

例如，假设有一个列表包含你最喜欢的四种食品，而你想再创建一个列表，并在其中包含一位朋友喜欢的所有食品。不过，你喜欢的食品，这位朋友也都喜欢，因此可通过复制来创建这个列表：

foods.py

```
❶ my_foods = ['pizza', 'falafel', 'carrot cake']
❷ friend_foods = my_foods[:]

print("My favorite foods are:")
print(my_foods)

print("\nMy friend's favorite foods are:")
print(friend_foods)
```

首先，创建一个你喜欢的食品列表，名为 my_foods（见❶）。然后创建一个名为 friend_ foods 的新列表（见❷）。在不指定任何索引的情况下从列表 my_foods 中提取一个切片，从而创建这个列表的副本，并将该副本赋给变量 friend_foods。打印这两个列表后，我们发现其包含的食品相同：

```
My favorite foods are:
['pizza', 'falafel', 'carrot cake']

My friend's favorite foods are:
['pizza', 'falafel', 'carrot cake']
```

为核实确实有两个列表，下面在每个列表中都添加一种食品，并核实每个列表都记录了相应人员喜欢的食品：

```
  my_foods = ['pizza', 'falafel', 'carrot cake']
❶ friend_foods = my_foods[:]

❷ my_foods.append('cannoli')
❸ friend_foods.append('ice cream')

  print("My favorite foods are:")
```

```
print(my_foods)

print("\nMy friend's favorite foods are:")
print(friend_foods)
```

与前一个示例一样，首先将 my_foods 的元素复制到新列表 friend_foods 中（见❶）。接下来，在每个列表中都添加一种食品：在列表 my_foods 中添加'cannoli'（见❷），而在 friend_foods 中添加'ice cream'（见❸）。最后，打印这两个列表，核实这两种食品分别包含在正确的列表中。

```
  My favorite foods are:
❹ ['pizza', 'falafel', 'carrot cake', 'cannoli']

  My friend's favorite foods are:
❺ ['pizza', 'falafel', 'carrot cake', 'ice cream']
```

❹处的输出表明，'cannoli'包含在你喜欢的食品列表中，而'ice cream'不在。❺处的输出表明，'ice cream'包含在你朋友喜欢的食品列表中，而'cannoli'不在。如果只是将 my_foods 赋给 friend_foods，就不能得到两个列表。例如，下面演示了在不使用切片的情况下复制列表的情况：

```
  my_foods = ['pizza', 'falafel', 'carrot cake']

  # 这行不通:
❶ friend_foods = my_foods

  my_foods.append('cannoli')
  friend_foods.append('ice cream')

  print("My favorite foods are:")
  print(my_foods)

  print("\nMy friend's favorite foods are:")
  print(friend_foods)
```

这里将 my_foods 赋给 friend_foods，而不是将 my_foods 的副本赋给 friend_foods（见❶）。这种语法实际上是让 Python 将新变量 friend_foods 关联到已与 my_foods 相关联的列表，因此这两个变量指向同一个列表。有鉴于此，当我们将'cannoli'添加到 my_foods 中时，它也将出现在 friend_foods 中。同样，虽然'ice cream'好像只被加入到了 friend_foods 中，但它也将出现在这两个列表中。

输出表明，两个列表是相同的，这并非我们想要的结果：

```
My favorite foods are:
['pizza', 'falafel', 'carrot cake', 'cannoli', 'ice cream']

My friend's favorite foods are:
['pizza', 'falafel', 'carrot cake', 'cannoli', 'ice cream']
```

注意　暂时不要考虑这个示例中的细节。当试图使用列表的副本时结果出乎意料，基本上都要确认你是否像第一个示例那样使用切片复制了列表。

动手试一试

练习 4-10：切片　选择你在本章编写的一个程序，在末尾添加几行代码，以完成如下任务。

- 打印消息“The first three items in the list are:”，再使用切片来打印列表的前三个元素。
- 打印消息“Three items from the middle of the list are:”，再使用切片来打印列表的中间三个元素。
- 打印消息“The last three items in the list are:”，再使用切片来打印列表的末尾三个元素。

练习 4-11：你的比萨，我的比萨　在你为完成练习 4-1 而编写的程序中，创建比萨列表的副本，并将其赋给变量 friend_pizzas，再完成如下任务。

- 在原来的比萨列表中添加一种比萨。
- 在列表 friend_pizzas 中添加另一种比萨。
- 核实有两个不同的列表。为此，打印消息“My favorite pizzas are:”，再使用一个 for 循环来打印第一个列表；打印消息“My friend’s favorite pizzas are:”，再使用一个 for 循环来打印第二个列表。核实新增的比萨被添加到了正确的列表中。

练习 4-12：使用多个循环　在本节中，为节省篇幅，程序 foods.py 的每个版本都没有使用 for 循环来打印列表。请选择一个版本的 foods.py，在其中编写两个 for 循环，将各个食品列表打印出来。

4.5　元组

列表非常适合用于存储在程序运行期间可能变化的数据集。列表是可以修改的，这对处理网站的用户列表或游戏中的角色列表至关重要。然而，有时候你需要创建一系列不可修改的元素，元组可以满足这种需求。Python 将不能修改的值称为**不可变的**，而不可变的列表被称为**元组**。

4.5.1　定义元组

元组看起来很像列表，但使用圆括号而非中括号来标识。定义元组后，就可使用索引来访问其元素，就像访问列表元素一样。

例如，如果有一个大小不应改变的矩形，可将其长度和宽度存储在一个元组中，从而确保它们是不能修改的：

dimensions.py

```
❶ dimensions = (200, 50)
❷ print(dimensions[0])
   print(dimensions[1])
```

首先定义元组 dimensions（见❶），为此使用了圆括号而不是方括号。接下来，分别打印该元组的各个元素，使用的语法与访问列表元素时使用的语法相同（见❷）：

```
200
50
```

下面来尝试修改元组 dimensions 的一个元素，看看结果如何：

```
  dimensions = (200, 50)
❶ dimensions[0] = 250
```

❶处的代码试图修改第一个元素的值，导致 Python 返回类型错误消息。由于试图修改元组的操作是被禁止的，因此 Python 指出不能给元组的元素赋值：

```
Traceback (most recent call last):
  File "dimensions.py", line 2, in <module>
    dimensions[0] = 250
TypeError: 'tuple' object does not support item assignment
```

这很好，因为我们希望 Python 在代码试图修改矩形的尺寸时引发错误。

注意　严格地说，元组是由逗号标识的，圆括号只是让元组看起来更整洁、更清晰。如果你要定义只包含一个元素的元组，必须在这个元素后面加上逗号：

```
my_t = (3,)
```

创建只包含一个元素的元组通常没有意义，但自动生成的元组有可能只有一个元素。

4.5.2　遍历元组中的所有值

像列表一样，也可以使用 for 循环来遍历元组中的所有值：

```
dimensions = (200, 50)
for dimension in dimensions:
    print(dimension)
```

就像遍历列表时一样，Python 返回元组中所有的元素：

```
200
50
```

4.5.3 修改元组变量

虽然不能修改元组的元素，但可以给存储元组的变量赋值。因此，如果要修改前述矩形的尺寸，可重新定义整个元组：

4

```
❶ dimensions = (200, 50)
print("Original dimensions:")
for dimension in dimensions:
    print(dimension)

❷ dimensions = (400, 100)
❸ print("\nModified dimensions:")
for dimension in dimensions:
    print(dimension)
```

首先定义一个元组，并将其存储的尺寸打印出来（见❶）。接下来，将一个新元组关联到变量 dimensions（见❷）。然后，打印新的尺寸（见❸）。这次，Python 不会引发任何错误，因为给元组变量重新赋值是合法的：

```
Original dimensions:
200
50

Modified dimensions:
400
100
```

相比于列表，元组是更简单的数据结构。如果需要存储的一组值在程序的整个生命周期内都不变，就可以使用元组。

> **动手试一试**
>
> **练习 4-13：自助餐** 有一家自助式餐馆，只提供五种简单的食品。请想出五种简单的食品，并将其存储在一个元组中。
>
> - 使用一个 for 循环将该餐馆提供的五种食品都打印出来。
> - 尝试修改其中的一个元素，核实 Python 确实会拒绝你这样做。
> - 餐馆调整了菜单，替换了它提供的其中两种食品。请编写一个这样的代码块：给元组变量赋值，并使用一个 for 循环将新元组的每个元素都打印出来。

4.6 设置代码格式

随着你编写的程序越来越长，有必要了解一些代码格式设置约定。请花时间让你的代码尽可能易于阅读。这有助于你掌握程序是做什么的，也可以帮助他人理解你编写的代码。

为确保所有人编写的代码结构都大致一致，Python 程序员会遵循一些格式设置约定。学会编写整洁的 Python 后，就能明白他人编写的 Python 代码的整体结构——只要他们和你遵循相同的指南。要成为专业程序员，应从现在开始就遵循这些指南，以养成良好的习惯。

4.6.1 格式设置指南

要提出 Python 语言修改建议，需要编写 **Python 改进提案**（Python Enhancement Proposal，PEP）。PEP 8 是最古老的 PEP 之一，向 Python 程序员提供了代码格式设置指南。PEP 8 的篇幅很长，但基本上与复杂的编码结构相关。

Python 格式设置指南的编写者深知，代码被阅读的次数比编写的次数多。代码编写出来后，调试时需要阅读；给程序添加新功能时，需要花很长的时间阅读；与其他程序员分享代码时，这些程序员也会阅读。

如果一定要在让代码易于编写和易于阅读之间做出选择，Python 程序员几乎总是选择后者。下面的指南可帮助你从一开始就编写出清晰的代码。

4.6.2 缩进

PEP 8 建议每级缩进都使用四个空格。这既可提高可读性，又留下了足够的多级缩进空间。

在字处理文档中，大家常常使用制表符而不是空格来缩进。对于字处理文档来说，这样做的效果很好，但混合使用制表符和空格会让 Python 解释器感到迷惑。每款文本编辑器都提供了一种设置，可将你输入的制表符转换为指定数量的空格。你在编写代码时绝对应该使用制表符键，但一定要对编辑器进行设置，使其在文档中插入空格而不是制表符。

在程序中混合使用制表符和空格可能导致极难排查的问题。如果混合使用了制表符和空格，可将文件中的所有制表符都转换为空格，大多数编辑器提供了这样的功能。

4.6.3 行长

很多 Python 程序员建议每行不超过 80 字符。最初制定这样的指南时，在大多数计算机中，终端窗口每行只能容纳 79 字符。当前，计算机屏幕每行可容纳的字符数多得多，为何还要使用 79 字符的标准行长呢？这里有别的原因。专业程序员通常会在同一个屏幕上打开多个文件，使用标准行长可以让他们在屏幕上并排打开两三个文件时同时看到各个文件的完整行。PEP 8 还建议注释的行长不应超过 72 字符，因为有些工具为大型项目自动生成文档时，会在每行注释开头添加格式化字符。

PEP 8 中有关行长的指南并非不可逾越的红线，有些小组将最大行长设置为 99 字符。在学习期间，你不用过多考虑代码的行长，但别忘了，协作编写程序时，大家几乎都遵守 PEP 8 指南。在大多数编辑器中，可以设置一个视觉标志（通常是一条竖线），让你知道不能越过的界线在什么地方。

注意 附录 B 介绍了如何配置文本编辑器，使其在你按制表符键时插入四个空格，并且显示一条垂直参考线，帮助你遵守行长不超过 79 字符的约定。

4.6.4 空行

要将程序的不同部分分开，可使用空行。你应该使用空行来组织程序文件，但也不能滥用。只要按本书的示例展示的那样做，就能掌握其中的平衡。例如，如果你有五行创建列表的代码，还有三行处理该列表的代码，那么用一个空行将这两部分隔开是合适的。然而，你不应使用三四个空行将其隔开。

空行不会影响代码的运行，但会影响代码的可读性。Python 解释器根据水平缩进情况来解读代码，但不关心垂直间距。

4.6.5 其他格式设置指南

PEP 8 还有很多其他的格式设置建议，但这些指南针对的程序大多比目前为止本书提到的程序复杂。等介绍更复杂的 Python 结构时，我们再来分享相关的 PEP 8 指南。

动手试一试

练习 4-14：PEP 8 请访问 Python 网站并搜索“PEP 8 — Style Guide for Python Code”，阅读 PEP 8 格式设置指南。当前，这些指南适用的情况不多，但可以大致浏览一下。

练习 4-15：代码审核 从本章编写的程序中选择三个，根据 PEP 8 指南对它们进行修改。

- 每级缩进都使用四个空格。对你使用的文本编辑器进行设置，使其在你按 Tab 键时插入四个空格。如果你还没有这样做，现在就去做吧（有关如何设置，请参阅附录 B）。
- 每行都不要超过 80 字符。对你使用的编辑器进行设置，使其在第 80 个字符处显示一条垂直参考线。
- 不要在程序文件中过多使用空行。

4.7 小结

在本章中，你学习了：如何高效地处理列表中的元素；如何使用 for 循环遍历列表，Python 如何根据缩进来确定程序的结构，以及如何避免一些常见的缩进错误；如何创建简单的数字列表，以及可对数字列表执行的一些操作；如何通过切片来使用列表的一部分和复制列表。你还学习了元组（它对不应变化的值提供了一定程度的保护），以及在代码变得越来越复杂时如何设置格式，使其易于阅读。

在第 5 章中，你将学习如何使用 if 语句在不同的条件下采取不同的措施；如何将一组较复杂的条件测试组合起来，并在满足特定条件时采取相应的措施。你还将学习如何在遍历列表时，通过使用 if 语句对特定元素采取特定的措施。

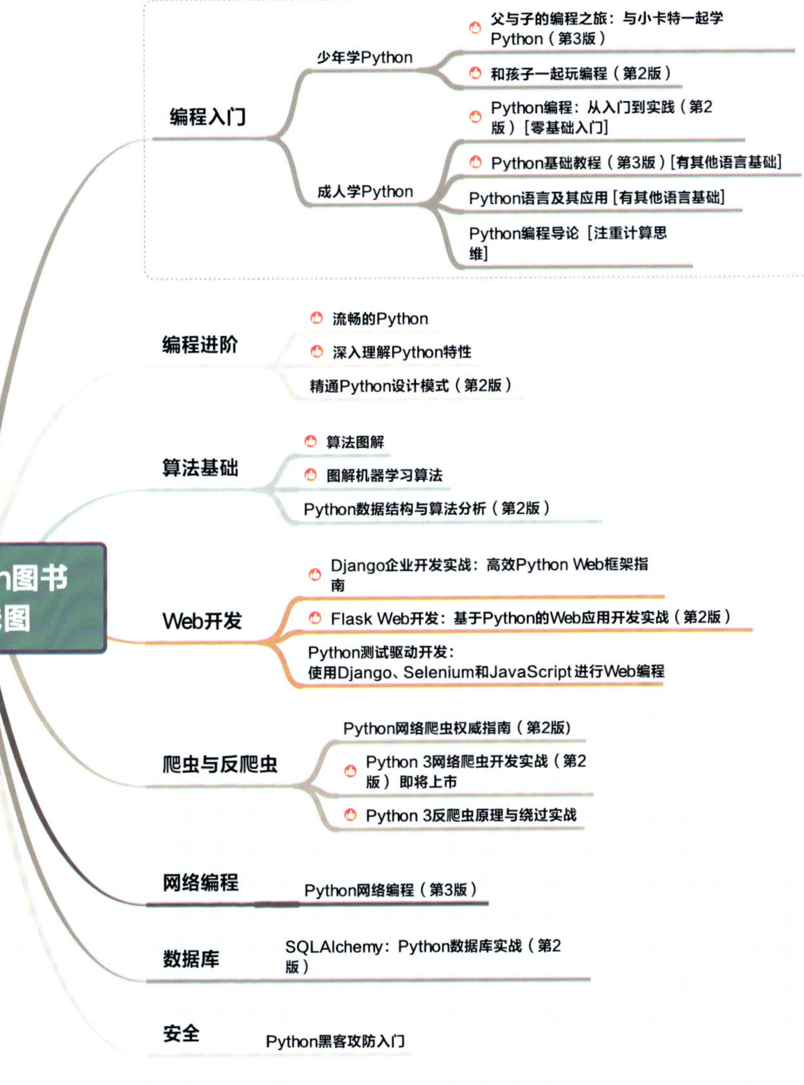
on图书
线图
编程入门
少年学Python
父与子的编程之旅：与小卡特一起学Python（第3版）
和孩子一起玩编程（第2版）
成人学Python
Python编程：从入门到实践（第2版）[零基础入门]
Python基础教程（第3版）[有其他语言基础]
Python语言及其应用 [有其他语言基础]
Python编程导论 [注重计算思维]
编程进阶
流畅的Python
深入理解Python特性
精通Python设计模式（第2版）
算法基础
算法图解
图解机器学习算法
Python数据结构与算法分析（第2版）
Web开发
Django企业开发实战：高效Python Web框架指南
Flask Web开发：基于Python的Web应用开发实战（第2版）
Python测试驱动开发：使用Django、Selenium和JavaScript进行Web编程
爬虫与反爬虫
Python网络爬虫权威指南（第2版）
Python 3网络爬虫开发实战（第2版）即将上市
Python 3反爬虫原理与绕过实战
网络编程
Python网络编程（第3版）
数据库
SQLAlchemy：Python数据库实战（第2版）
安全
Python黑客攻防入门

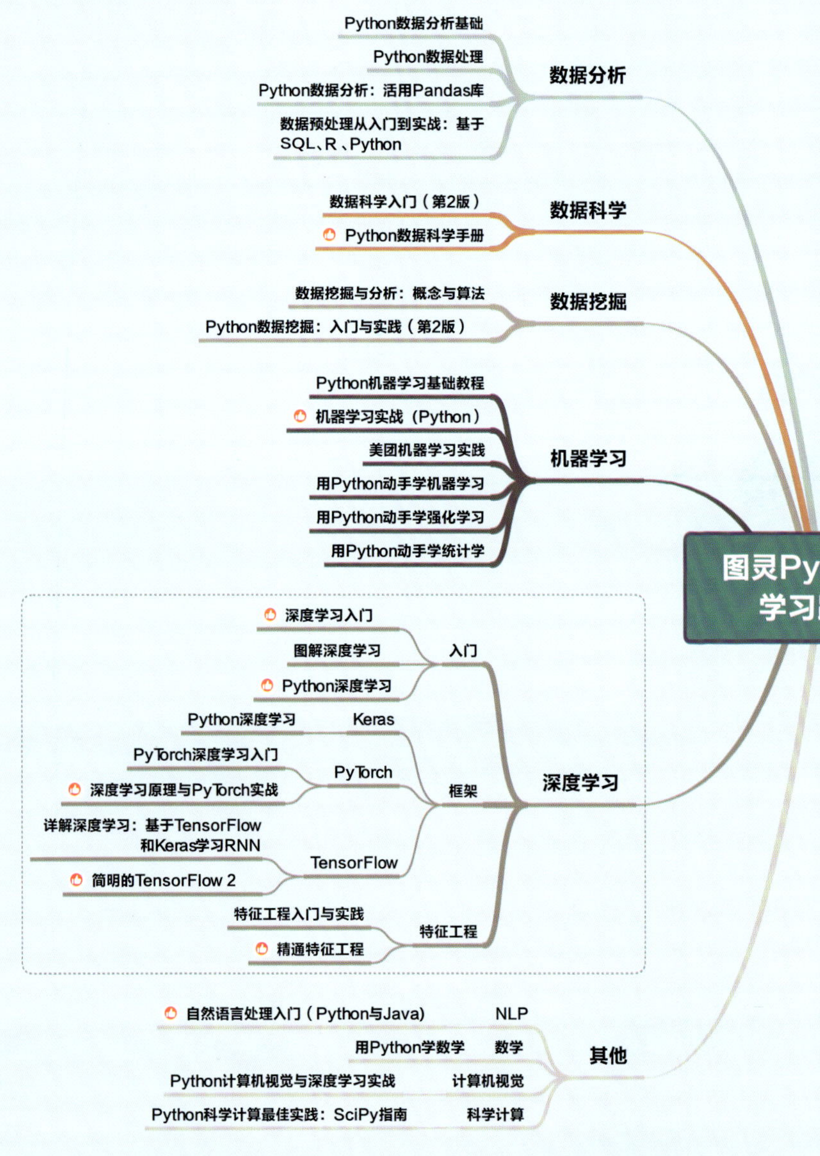

Python数据分析基础
Python数据处理
Python数据分析：活用Pandas库
数据预处理从入门到实战：基于SQL、R、Python
数据分析
数据科学入门（第2版）
Python数据科学手册
数据科学
数据挖掘与分析：概念与算法
Python数据挖掘：入门与实践（第2版）
数据挖掘
Python机器学习基础教程
机器学习实战（Python）
美团机器学习实践
用Python动手学机器学习
用Python动手学强化学习
用Python动手学统计学
机器学习
图灵Pyth
学习路
深度学习入门
图解深度学习
Python深度学习
入门
Python深度学习
Keras
PyTorch深度学习入门
PyTorch
深度学习原理与PyTorch实战
框架
深度学习
详解深度学习：基于TensorFlow和Keras学习RNN
TensorFlow
简明的TensorFlow 2
特征工程入门与实践
特征工程
精通特征工程
自然语言处理入门（Python与Java）
NLP
用Python学数学
数学
其他
Python计算机视觉与深度学习实战
计算机视觉
Python科学计算最佳实践：SciPy指南
科学计算

第 5 章

if 语句

编程时经常需要检查一系列条件，并据此决定采取什么措施。在 Python 中，if 语句让你能够检查程序的当前状态，并采取相应的措施。

在本章中，你将学习条件测试，以检查所关心的任何条件。你将学习简单的 if 语句，以及创建一系列复杂的 if 语句来确定当前到底处于什么情形。接下来，你将把学到的知识应用于列表，编写一个 for 循环，以一种方式处理列表中的大多数元素，并以另一种方式处理包含特定值的元素。

5.1 一个简单示例

下面是一个简短的示例，演示了如何使用 if 语句来正确地处理特殊情形。假设你有一个汽车列表，并想将其中每辆汽车的名称打印出来。对于大多数汽车，应以首字母大写的方式打印其名称，但对于汽车名'bmw'，应以全大写的方式打印。下面的代码遍历这个列表，并以首字母大写的方式打印其中的汽车名，不过对于'bmw'，则以全大写的方式打印：

cars.py

```
cars = ['audi', 'bmw', 'subaru', 'toyota']

for car in cars:
❶    if car == 'bmw':
        print(car.upper())
    else:
        print(car.title())
```

这个示例中的循环首先检查当前的汽车名是否是'bmw'（见❶）。如果是，就以全大写方式打印，否则以首字母大写的方式打印：

```
Audi
BMW
Subaru
Toyota
```

这个示例涵盖了本章将介绍的很多概念。下面先来介绍可用来在程序中检查条件的测试。

5.2 条件测试

每条 if 语句的核心都是一个值为 True 或 False 的表达式，这种表达式称为**条件测试**。Python 根据条件测试的值为 True 还是 False 来决定是否执行 if 语句中的代码。如果条件测试的值为 True，Python 就执行紧跟在 if 语句后面的代码；如果为 False，Python 就忽略这些代码。

5.2.1 检查是否相等

大多数条件测试将一个变量的当前值同特定值进行比较。最简单的条件测试检查变量的值是否与特定值相等：

```
❶ >>> car = 'bmw'
❷ >>> car == 'bmw'
True
```

首先使用一个等号将 car 的值设置为'bmw'（见❶），这种做法你已经见过很多次。接下来，使用两个等号（==）检查 car 的值是否为'bmw'（见❷）。这个**相等运算符**在两边的值相等时返回 True，否则返回 False。在本例中，两边的值相等，因此 Python 返回 True。

如果变量 car 的值不是'bmw'，上述测试将返回 False：

```
❶ >>> car = 'audi'
❷ >>> car == 'bmw'
False
```

一个等号是陈述，于是❶处的代码可解读为：将变量 car 的值设置为'audi'。两个等号则是发问，于是❷处的代码可解读为：变量 car 的值是'bmw'吗？大多数编程语言使用等号的方式与这里演示的相同。

5.2.2 检查是否相等时忽略大小写

在 Python 中检查是否相等时区分大小写。例如，两个大小写不同的值被视为不相等：

```
>>> car = 'Audi'
>>> car == 'audi'
False
```

如果大小写很重要，这种行为有其优点。但如果大小写无关紧要，只想检查变量的值，可将变量的值转换为小写，再进行比较：

```
>>> car = 'Audi'
>>> car.lower() == 'audi'
True
```

无论值'Audi'的大小写如何，上述测试都将返回 True，因为该测试不区分大小写。函数 lower()不会修改最初赋给变量 car 的值，因此进行这样的比较时不会影响原来的变量：


```
❶ >>> car = 'Audi'
❷ >>> car.lower() == 'audi'
  True
❸ >>> car
  'Audi'
```

在❶处，将首字母大写的字符串'Audi'赋给变量 car。在❷处，获取变量 car 的值并将其转换为小写，再将结果与字符串'audi'进行比较。这两个字符串相同，因此 Python 返回 True。从❸处的输出可知，方法 lower()并没有影响关联到变量 car 的值。

网站采用类似的方式让用户输入的数据符合特定的格式。例如，网站可能使用类似的测试来确保用户名是独一无二的，而并非只是与另一个用户名的大小写不同。用户提交新的用户名时，将把它转换为小写，并与所有既有用户名的小写版本进行比较。执行这种检查时，如果已经有用户名'john'（不管大小写如何），则用户提交用户名'John'时将遭到拒绝。

5.2.3 检查是否不相等

要判断两个值是否不等，可结合使用惊叹号和等号（!=），其中的惊叹号表示不，其他很多编程语言中也是如此。

下面再使用一条 if 语句来演示如何使用不等运算符。我们将把要求的比萨配料赋给一个变量，再打印一条消息，指出顾客要求的配料是否是意式小银鱼（anchovies）：

toppings.py

```
  requested_topping = 'mushrooms'

❶ if requested_topping != 'anchovies':
      print("Hold the anchovies!")
```

❶处的代码行将 requested_topping 的值与'anchovies'进行比较。如果这两个值不相等，Python 将返回 True，进而执行紧跟在 if 语句后面的代码；如果相等，Python 将返回 False，因此不执行紧跟在 if 语句后面的代码。

因为 requested_topping 的值不是'anchovies'，所以执行函数调用 print()：

```
Hold the anchovies!
```

你编写的大多数条件表达式检查两个值是否相等，但有时候检查两个值是否不等的效率更高。

5.2.4　数值比较

检查数值非常简单。例如，下面的代码检查一个人是否是 18 岁：

```
>>> age = 18
>>> age == 18
True
```

还可检查两个数是否不等。例如，下面的代码在提供的答案不正确时打印一条消息：

magic_number.py

```
answer = 17

❶ if answer != 42:
    print("That is not the correct answer. Please try again!")
```

answer 的值（17）不是 42，❶处的条件得到满足，因此缩进的代码块得以执行：

```
That is not the correct answer. Please try again!
```

条件语句中可包含各种数学比较，如小于、小于等于、大于、大于等于：

```
>>> age = 19
>>> age < 21
True
>>> age <= 21
True
>>> age > 21
False
>>> age >= 21
False
```

在 if 语句中可使用各种数学比较，这让你能够直接检查关心的条件。

5.2.5　检查多个条件

你可能想同时检查多个条件。例如，有时候需要在两个条件都为 True 时才执行相应的操作，而有时候只要求一个条件为 True。在这些情况下，关键字 and 和 or 可助你一臂之力。

1. 使用 and 检查多个条件

要检查是否两个条件都为 True，可使用关键字 and 将两个条件测试合而为一。如果每个测试都通过了，整个表达式就为 True；如果至少一个测试没有通过，整个表达式就为 False。

例如，要检查是否两个人都不小于 21 岁，可使用下面的测试：

```
❶ >>> age_0 = 22
  >>> age_1 = 18
❷ >>> age_0 >= 21 and age_1 >= 21
  False
❸ >>> age_1 = 22
  >>> age_0 >= 21 and age_1 >= 21
  True
```


在❶处，定义两个用于存储年龄的变量：age_0 和 age_1。在❷处，检查这两个变量是否都大于或等于 21。左边的测试通过了，但右边的测试没有通过，因此整个条件表达式的结果为 False。在❸处，将 age_1 改为 22，这样 age_1 的值大于 21，因此两个测试都通过了，导致整个条件表达式的结果为 True。

为改善可读性，可将每个测试分别放在一对圆括号内，但并非必须这样做。如果你使用圆括号，测试将类似于下面这样：

```
(age_0 >= 21) and (age_1 >= 21)
```

2. 使用 or 检查多个条件

关键字 or 也能够让你检查多个条件，但只要至少一个条件满足，就能通过整个测试。仅当两个测试都没有通过时，使用 or 的表达式才为 False。

下面再次检查两个人的年龄，但检查的条件是至少一个人的年龄不小于 21 岁：

```
❶ >>> age_0 = 22
  >>> age_1 = 18
❷ >>> age_0 >= 21 or age_1 >= 21
  True
❸ >>> age_0 = 18
  >>> age_0 >= 21 or age_1 >= 21
  False
```

同样，首先定义两个用于存储年龄的变量（见❶）。❷处对 age_0 的测试通过了，因此整个表达式的结果为 True。接下来，将 age_0 减小为 18。在❸处的测试中，两个测试都没有通过，因此整个表达式的结果为 False。

5.2.6 检查特定值是否包含在列表中

有时候，执行操作前必须检查列表是否包含特定的值。例如，结束用户的注册过程前，可能需要检查他提供的用户名是否已包含在用户名列表中。在地图程序中，可能需要检查用户提交的位置是否包含在已知位置列表中。

要判断特定的值是否已包含在列表中，可使用关键字 in。下面来看看你可能为比萨店编写的一些代码。这些代码首先创建一个列表，其中包含用户点的比萨配料，然后检查特定的配料是否包含在该列表中。

```
   >>> requested_toppings = ['mushrooms', 'onions', 'pineapple']
❶ >>> 'mushrooms' in requested_toppings
   True
❷ >>> 'pepperoni' in requested_toppings
   False
```

在❶处和❷处，关键字 in 让 Python 检查列表 requested_toppings 是否包含'mushrooms'和'pepperoni'。这种技术很有用，让你能够在创建一个列表后，轻松地检查其中是否包含特定的值。

5.2.7　检查特定值是否不包含在列表中

还有些时候，确定特定的值未包含在列表中很重要。在这种情况下，可使用关键字 not in。例如，有一个列表，其中包含被禁止在论坛上发表评论的用户，可以在允许用户提交评论前检查他是否被禁言：

banned_users.py

```
   banned_users = ['andrew', 'carolina', 'david']
   user = 'marie'

❶ if user not in banned_users:
       print(f"{user.title()}, you can post a response if you wish.")
```

❶处的代码行明白易懂：如果 user 的值未包含在列表 banned_users 中，Python 将返回 True，进而执行缩进的代码行。

用户'marie'未包含在列表 banned_users 中，因此她将看到一条邀请她发表评论的消息：

```
Marie, you can post a response if you wish.
```

5.2.8　布尔表达式

随着你对编程的了解越来越深入，将遇到术语**布尔表达式**，它不过是条件测试的别名。与条件表达式一样，布尔表达式的结果要么为 True，要么为 False。

布尔值通常用于记录条件，如游戏是否正在运行，或者用户是否可以编辑网站的特定内容：

```
game_active = True
can_edit = False
```

在跟踪程序状态或程序中重要的条件方面，布尔值提供了一种高效的方式。

动手试一试

练习 5-1：条件测试 编写一系列条件测试，将每个测试以及对其结果的预测和实际结果打印出来。你编写的代码应类似于下面这样：

```
car = 'subaru'
print("Is car == 'subaru'? I predict True.")
print(car == 'subaru')

print("\nIs car == 'audi'? I predict False.")
print(car == 'audi')
```

- 详细研究实际结果，直到你明白它为何为 True 或 False。
- 创建至少 10 个测试，且其中结果分别为 True 和 False 的测试都至少有 5 个。

练习 5-2：更多条件测试 你并非只能创建 10 个测试。如果想尝试做更多比较，可再编写一些测试，并将它们加入 conditional_tests.py 中。对于下面列出的各种情况，至少编写两个结果分别为 True 和 False 的测试。

- 检查两个字符串相等和不等。
- 使用方法 lower()的测试。
- 涉及相等、不等、大于、小于、大于等于和小于等于的数值测试。
- 使用关键字 and 和 or 的测试。
- 测试特定的值是否包含在列表中。
- 测试特定的值是否未包含在列表中。

5.3 if 语句

理解条件测试后，就可以开始编写 if 语句了。if 语句有很多种，选择使用哪种取决于要测试的条件数。前面讨论条件测试时，列举了多个 if 语句示例，下面更深入地讨论这个主题。

5.3.1 简单的 if 语句

最简单的 if 语句只有一个测试和一个操作：

```
if conditional_test:
    do something
```

第一行可包含任何条件测试，而在紧跟在测试后面的缩进代码块中，可执行任何操作。如果条件测试的结果为 True，Python 就会执行紧跟在 if 语句后面的代码，否则 Python 将忽略这些代码。

假设有一个表示某人年龄的变量，而你想知道这个人是否符合投票的年龄，可使用如下代码：

voting.py
```
age = 19
❶ if age >= 18:
❷     print("You are old enough to vote!")
```

在❶处，Python 检查变量 age 的值是否大于或等于 18。答案是肯定的，因此 Python 执行❷处缩进的函数调用 print()：

```
You are old enough to vote!
```

在 if 语句中，缩进的作用与在 for 循环中相同。如果测试通过了，将执行 if 语句后面所有缩进的代码行，否则将忽略它们。

在紧跟 if 语句后面的代码块中，可根据需要包含任意数量的代码行。下面在一个人符合投票年龄时再打印一行输出，问他是否登记了：

```
age = 19
if age >= 18:
    print("You are old enough to vote!")
    print("Have you registered to vote yet?")
```

条件测试通过了，而且两个函数调用 print()都缩进了，因此它们都将执行：

```
You are old enough to vote!
Have you registered to vote yet?
```

如果 age 的值小于 18，这个程序将不会有任何输出。

5.3.2　if-else 语句

我们经常需要在条件测试通过时执行一个操作，在没有通过时执行另一个操作。在这种情况下，可使用 Python 提供的 if-else 语句。if-else 语句块类似于简单的 if 语句，但其中的 else 语句让你能够指定条件测试未通过时要执行的操作。

下面的代码在一个人符合投票年龄时显示与前面相同的消息，在不符合时显示一条新消息：

```
age = 17
❶ if age >= 18:
    print("You are old enough to vote!")
    print("Have you registered to vote yet?")
❷ else:
```

```
    print("Sorry, you are too young to vote.")
    print("Please register to vote as soon as you turn 18!")
```

如果❶处的条件测试通过了，就执行第一组缩进的函数调用 print()。如果测试结果为 False，就执行❷处的 else 代码块。这次 age 小于 18，条件测试未通过，因此执行 else 代码块中的代码：

```
Sorry, you are too young to vote.
Please register to vote as soon as you turn 18!
```

上述代码之所以可行，是因为只存在两种情形：要么符合投票年龄，要么不符合。if-else 结构非常适合用于让 Python 执行两种操作之一的情形。在这样简单的 if-else 结构中，总是会执行两个操作中的一个。

5

5.3.3 if-elif-else 结构

我们经常需要检查超过两个的情形，为此可使用 Python 提供的 if-elif-else 结构。Python 只执行 if-elif-else 结构中的一个代码块。它依次检查每个条件测试，直到遇到通过了的条件测试。测试通过后，Python 将执行紧跟在它后面的代码，并跳过余下的测试。

在现实世界中，很多情况下需要考虑的情形超过两个。例如，来看一个根据年龄段收费的游乐场：

- 4 岁以下免费；
- 4 ~ 18 岁收费 25 美元；
- 18 岁（含）以上收费 40 美元。

如果只使用一条 if 语句，该如何确定门票价格呢？下面的代码确定一个人所属的年龄段，并打印一条包含门票价格的消息：

amusement_park.py

```
  age = 12

❶ if age < 4:
      print("Your admission cost is $0.")
❷ elif age < 18:
      print("Your admission cost is $25.")
❸ else:
      print("Your admission cost is $40.")
```

❶处的 if 测试检查一个人是否不满 4 岁。如果是，Python 就打印一条合适的消息，并跳过余下测试。❷处的 elif 代码行其实是另一个 if 测试，仅在前面的测试未通过时才会运行。在这里，我们知道这个人不小于 4 岁，因为第一个测试未通过。如果这个人未满 18 岁，Python 将打印相应的消息，并跳过 else 代码块。如果 if 测试和 elif 测试都未通过，Python 将运行❸处 else 代码块中的代码。

在本例中，❶处测试的结果为 False，因此不执行其代码块。然而，第二个测试的结果为 True

（12 小于 18），因此执行其代码块。输出为一个句子，向用户指出门票价格：

```
Your admission cost is $25.
```

只要年龄超过 17 岁，前两个测试就都不能通过。在这种情况下，将执行 else 代码块，指出门票价格为 40 美元。

为了让代码更简洁，可不在 if-elif-else 代码块中打印门票价格，而只在其中设置门票价格，并在它后面添加一个简单的函数调用 print()：

```
age = 12

if age < 4:
❶     price = 0
elif age < 18:
❷     price = 25
else:
❸     price = 40

❹ print(f"Your admission cost is ${price}.")
```

❶处、❷处和❸处的代码行像前一个示例那样，根据人的年龄设置变量 price 的值。在 if-elif-else 结构中设置 price 的值后，一条未缩进的函数调用 print()❹会根据这个变量的值打印一条消息，指出门票的价格。

这些代码的输出与前一个示例相同，但 if-elif-else 结构的作用更小：它只确定门票价格，而不是在确定门票价格的同时打印一条消息。除效率更高外，这些修订后的代码还更容易修改：要调整输出消息的内容，只需修改一个而不是三个函数调用 print()。

5.3.4　使用多个 elif 代码块

可根据需要使用任意数量的 elif 代码块。例如，假设前述游乐场要给老年人打折，可再添加一个条件测试，判断顾客是否符合打折条件。下面假设对于 65 岁（含）以上的老人，可半价（即 20 美元）购买门票：

```
age = 12

if age < 4:
    price = 0
elif age < 18:
    price = 25
❶ elif age < 65:
    price = 40
❷ else:
    price = 20

print(f"Your admission cost is ${price}.")
```

这些代码大多未变。第二个 elif 代码块（见❶）通过检查确定年龄不到 65 岁后，才将门票价格设置为全票价格——40 美元。请注意，在 else 代码块（见❷）中，必须将所赋的值改为 20，因为仅当年龄超过 65 岁（含）时，才会执行这个代码块。

5.3.5 省略 else 代码块

Python 并不要求 if-elif 结构后面必须有 else 代码块。在有些情况下，else 代码块很有用；而在其他一些情况下，使用一条 elif 语句来处理特定的情形更清晰：


```
age = 12

if age < 4:
    price = 0
elif age < 18:
    price = 25
elif age < 65:
    price = 40
❶ elif age >= 65:
    price = 20

print(f"Your admission cost is ${price}.")
```

❶处的 elif 代码块在顾客的年龄超过 65 岁（含）时，将价格设置为 20 美元。这比使用 else 代码块更清晰些。经过这样的修改后，每个代码块都仅在通过了相应的测试时才会执行。

else 是一条包罗万象的语句，只要不满足任何 if 或 elif 中的条件测试，其中的代码就会执行。这可能引入无效甚至恶意的数据。如果知道最终要测试的条件，应考虑使用一个 elif 代码块来代替 else 代码块。这样就可以肯定，仅当满足相应的条件时，代码才会执行。

5.3.6 测试多个条件

if-elif-else 结构功能强大，但仅适合用于只有一个条件满足的情况：遇到通过了的测试后，Python 就跳过余下的测试。这种行为很好，效率很高，让你能够测试一个特定的条件。

然而，有时候必须检查你关心的所有条件。在这种情况下，应使用一系列不包含 elif 和 else 代码块的简单 if 语句。在可能有多个条件为 True 且需要在每个条件为 True 时都采取相应措施时，适合使用这种方法。

下面再来看看前面的比萨店示例。如果顾客点了两种配料，就需要确保在其比萨中包含这些配料：

toppings.py

```
❶ requested_toppings = ['mushrooms', 'extra cheese']

❷ if 'mushrooms' in requested_toppings:
    print("Adding mushrooms.")
❸ if 'pepperoni' in requested_toppings:
```

```
    print("Adding pepperoni.")
❹ if 'extra cheese' in requested_toppings:
    print("Adding extra cheese.")

print("\nFinished making your pizza!")
```

首先创建一个列表，其中包含顾客点的配料（见❶）。❷处的 if 语句检查顾客是否点了配料蘑菇（mushrooms）。如果点了，就打印一条确认消息。❸处检查配料辣香肠（pepperoni）的代码也是一个简单的 if 语句，而不是 elif 或 else 语句。因此不管前一个测试是否通过，都将进行这个测试。❹处的代码检查顾客是否要求多加芝士（extra cheese）。不管前两个测试的结果如何，都会执行这些代码。每当这个程序运行时，都会执行这三个独立的测试。

因为本例检查了每个条件，所以将在比萨中添加蘑菇并多加芝士：

```
Adding mushrooms.
Adding extra cheese.

Finished making your pizza!
```

如果像下面这样转而使用 if-elif-else 结构，代码将不能正确运行，因为有一个测试通过后，就会跳过余下的测试：

```
requested_toppings = ['mushrooms', 'extra cheese']

if 'mushrooms' in requested_toppings:
    print("Adding mushrooms.")
elif 'pepperoni' in requested_toppings:
    print("Adding pepperoni.")
elif 'extra cheese' in requested_toppings:
    print("Adding extra cheese.")

print("\nFinished making your pizza!")
```

第一个测试检查列表中是否包含'mushrooms'。它通过了，因此将在比萨中添加蘑菇。然而，Python 将跳过 if-elif-else 结构中余下的测试，不再检查列表中是否包含'pepperoni'和'extra cheese'。结果是，将添加顾客点的第一种配料，但不会添加其他配料：

```
Adding mushrooms.

Finished making your pizza!
```

总之，如果只想执行一个代码块，就使用 if-elif-else 结构；如果要执行多个代码块，就使用一系列独立的 if 语句。

动手试一试

练习 5-3：外星人颜色 假设在游戏中刚射杀了一个外星人，请创建一个名为 alien_color 的变量，并将其赋值为'green'、'yellow'或'red'。

- 编写一条 if 语句，检查外星人是否是绿色的。如果是，就打印一条消息，指出玩家获得了 5 分。
- 编写这个程序的两个版本，在一个版本中上述测试通过了，而在另一个版本中未通过（未通过测试时没有输出）。

练习 5-4：外星人颜色 2 像练习 5-3 那样设置外星人的颜色，并编写一个 if-else 结构。

- 如果外星人是绿色的，就打印一条消息，指出玩家因射杀该外星人获得了 5 分。
- 如果外星人不是绿色的，就打印一条消息，指出玩家获得了 10 分。
- 编写这个程序的两个版本，在一个版本中执行 if 代码块，在另一个版本中执行 else 代码块。

练习 5-5：外星人颜色 3 将练习 5-4 中的 if-else 结构改为 if-elif-else 结构。

- 如果外星人是绿色的，就打印一条消息，指出玩家获得了 5 分。
- 如果外星人是黄色的，就打印一条消息，指出玩家获得了 10 分。
- 如果外星人是红色的，就打印一条消息，指出玩家获得了 15 分。
- 编写这个程序的三个版本，分别在外星人为绿色、黄色和红色时打印一条消息。

练习 5-6：人生的不同阶段 设置变量 age 的值，再编写一个 if-elif-else 结构，根据 age 的值判断一个人处于人生的哪个阶段。

- 如果年龄小于 2 岁，就打印一条消息，指出这个人是婴儿。
- 如果年龄为 2（含）~4 岁，就打印一条消息，指出这个人是幼儿。
- 如果年龄为 4（含）~13 岁，就打印一条消息，指出这个人是儿童。
- 如果年龄为 13（含）~20 岁，就打印一条消息，指出这个人是青少年。
- 如果年龄为 20（含）~65 岁，就打印一条消息，指出这个人是成年人。
- 如果年龄超过 65 岁（含），就打印一条消息，指出这个人是老年人。

练习 5-7：喜欢的水果 创建一个列表，其中包含你喜欢的水果，再编写一系列独立的 if 语句，检查列表中是否包含特定的水果。

- 将该列表命名为 favorite_fruits，并在其中包含三种水果。
- 编写 5 条 if 语句，每条都检查某种水果是否包含在列表中。如果是，就打印一条消息，下面是一个例子。

  You really like bananas!

5.4 使用 if 语句处理列表

通过结合使用 if 语句和列表，可完成一些有趣的任务：对列表中特定的值做特殊处理；高效地管理不断变化的情形，如餐馆是否还有特定的食材；证明代码在各种情形下都将按预期那样运行。

5.4.1 检查特殊元素

本章开头通过一个简单示例演示了如何处理特殊值'bmw'——它需要采用不同的格式进行打印。现在你对条件测试和 if 语句有了大致的认识，下面就来进一步研究如何检查列表中的特殊值，并对其做合适的处理。

继续使用前面的比萨店示例。这家比萨店在制作比萨时，每添加一种配料都打印一条消息。通过创建一个列表，在其中包含顾客点的配料，并使用一个循环来指出添加到比萨中的配料，能以极高的效率编写这样的代码：

toppings.py

```
requested_toppings = ['mushrooms', 'green peppers', 'extra cheese']

for requested_topping in requested_toppings:
    print(f"Adding {requested_topping}.")

print("\nFinished making your pizza!")
```

输出很简单，因为上述代码不过是一个简单的 for 循环：

```
Adding mushrooms.
Adding green peppers.
Adding extra cheese.

Finished making your pizza!
```

然而，如果比萨店的青椒用完了，该如何处理呢？为妥善地处理这种情况，可在 for 循环中包含一条 if 语句：

```
requested_toppings = ['mushrooms', 'green peppers', 'extra cheese']

for requested_topping in requested_toppings:
❶    if requested_topping == 'green peppers':
        print("Sorry, we are out of green peppers right now.")
❷    else:
        print(f"Adding {requested_topping}.")

print("\nFinished making your pizza!")
```

这里在比萨中添加每种配料前都进行检查。❶处的代码检查顾客是否点了青椒。如果是，就显示一条消息，指出不能点青椒的原因。❷处的else代码块确保其他配料都将添加到比萨中。

输出表明，已经妥善地处理了顾客点的每种配料：

```
Adding mushrooms.
Sorry, we are out of green peppers right now.
Adding extra cheese.

Finished making your pizza!
```


5.4.2 确定列表不是空的

到目前为止，我们对于处理的每个列表都做了一个简单的假设——假设它们都至少包含一个元素。因为马上就要让用户来提供存储在列表中的信息，所以不能再假设循环运行时列表不是空的。有鉴于此，在运行for循环前确定列表是否为空很重要。

下面在制作比萨前检查顾客点的配料列表是否为空。如果列表为空，就向顾客确认是否要点原味比萨；如果列表不为空，就像前面的示例那样制作比萨：

```
❶ requested_toppings = []

❷ if requested_toppings:
      for requested_topping in requested_toppings:
          print(f"Adding {requested_topping}.")
      print("\nFinished making your pizza!")
❸ else:
      print("Are you sure you want a plain pizza?")
```

首先创建一个空列表，其中不包含任何配料（见❶）。❷处进行简单的检查，而不是直接执行for循环。在if语句中将列表名用作条件表达式时，Python将在列表至少包含一个元素时返回True，并在列表为空时返回False。如果requested_toppings不为空，就运行与前一个示例相同的for循环；否则，就打印一条消息，询问顾客是否确实要点不加任何配料的原味比萨（见❸）。

在这里，这个列表为空，因此输出如下——询问顾客是否确实要点原味比萨：

```
Are you sure you want a plain pizza?
```

如果这个列表不为空，输出将显示在比萨中添加的各种配料。

5.4.3 使用多个列表

顾客的要求往往五花八门，在比萨配料方面尤其如此。如果顾客要在比萨中添加炸薯条，该怎么办呢？可使用列表和if语句来确定能否满足顾客的要求。

来看看在制作比萨前如何拒绝怪异的配料要求。下面的示例定义了两个列表，其中第一个列表包含比萨店供应的配料，而第二个列表包含顾客点的配料。这次对于 requested_toppings 中的每个元素，都检查它是否是比萨店供应的配料，再决定是否在比萨中添加它：

```
❶ available_toppings = ['mushrooms', 'olives', 'green peppers',
                        'pepperoni', 'pineapple', 'extra cheese']

❷ requested_toppings = ['mushrooms', 'french fries', 'extra cheese']

❸ for requested_topping in requested_toppings:
❹     if requested_topping in available_toppings:
          print(f"Adding {requested_topping}.")
❺     else:
          print(f"Sorry, we don't have {requested_topping}.")

  print("\nFinished making your pizza!")
```

❶处定义了一个列表，其中包含比萨店供应的配料。请注意，如果比萨店供应的配料是固定的，也可使用一个元组来存储它们。❷处又创建了一个列表，其中包含顾客点的配料。请注意那个不同寻常的配料——'french fries'。在❸处遍历顾客点的配料列表。在这个循环中，对于顾客点的每种配料，都检查它是否包含在供应的配料列表中（见❹）。如果答案是肯定的，就将其加入比萨中，否则将运行 else 代码块（见❺）：打印一条消息，告诉顾客不供应这种配料。

这些代码的输出整洁而翔实：

```
Adding mushrooms.
Sorry, we don't have french fries.
Adding extra cheese.

Finished making your pizza!
```

通过为数不多的几行代码，我们高效地处理了一种真实的情形！

动手试一试

练习 5-8：以特殊方式跟管理员打招呼 创建一个至少包含 5 个用户名的列表，且其中一个用户名为'admin'。想象你要编写代码，在每位用户登录网站后都打印一条问候消息。遍历用户名列表，并向每位用户打印一条问候消息。

- 如果用户名为'admin'，就打印一条特殊的问候消息，如下所示。

  Hello admin, would you like to see a status report?
- 否则，打印一条普通的问候消息，如下所示。

  Hello Jaden, thank you for logging in again.

练习 5-9：处理没有用户的情形 在为完成练习 5-8 编写的程序中，添加一条 if 语句，检查用户名列表是否为空。

- 如果为空，就打印如下消息。

  We need to find some users!
- 删除列表中的所有用户名，确定将打印正确的消息。

练习 5-10：检查用户名 按下面的说明编写一个程序，模拟网站如何确保每位用户的用户名都独一无二。

- 创建一个至少包含 5 个用户名的列表，并将其命名为 current_users。
- 再创建一个包含 5 个用户名的列表，将其命名为 new_users，并确保其中有一两个用户名也包含在列表 current_users 中。
- 遍历列表 new_users，对于其中的每个用户名，都检查它是否已被使用。如果是，就打印一条消息，指出需要输入别的用户名；否则，打印一条消息，指出这个用户名未被使用。
- 确保比较时不区分大小写。换句话说，如果用户名'John'已被使用，应拒绝用户名'JOHN'。（为此，需要创建列表 current_users 的副本，其中包含当前所有用户名的小写版本。）

练习 5-11：序数 序数表示位置，如 1st 和 2nd。序数大多以 th 结尾，只有 1、2 和 3 例外。

- 在一个列表中存储数字 1～9。
- 遍历这个列表。
- 在循环中使用一个 if-elif-else 结构，以打印每个数字对应的序数。输出内容应为"1st 2nd 3rd 4th 5th 6th 7th 8th 9th"，但每个序数都独占一行。

5.5 设置 if 语句的格式

本章的每个示例都展示了良好的格式设置习惯。在条件测试的格式设置方面，PEP 8 提供的唯一建议是，在诸如==、>=和<=等比较运算符两边各添加一个空格。例如：

```
if age < 4:
```

要比

```
if age<4:
```

更好。

这样的空格不会影响 Python 对代码的解读，而只是让代码阅读起来更容易。

动手试一试

练习 5-12：设置 if 语句的格式　审核你在本章编写的程序，确保正确地设置了条件测试的格式。

练习 5-13：自己的想法　与刚拿起本书时相比，现在你是一名能力更强的程序员了。鉴于你对如何在程序中模拟现实情形有了更深入的认识，可以考虑使用程序来解决一些问题了。随着编程技能不断提高，你可能想解决一些问题，请将这方面的想法记录下来。想想你可能想编写的游戏、想研究的数据集以及想创建的 Web 应用程序。

5.6　小结

在本章中，你学习了：如何编写结果要么为 `True` 要么为 `False` 的条件测试；如何编写简单的 `if` 语句、`if-else` 语句和 `if-elif-else` 结构，并且在程序中使用这些结构来测试特定的条件，以确定这些条件是否满足；如何在利用高效的 `for` 循环的同时，以不同于其他元素的方式对特定的列表元素进行处理。你还再次学习了 Python 就代码格式提出的建议，从而确保即便编写的程序越来越复杂，其代码依然易于阅读和理解。

在第 6 章，你将学习 Python 字典。字典类似于列表，但让你能够将不同的信息关联起来。你将学习如何创建和遍历字典，以及如何将字典同列表和 `if` 语句结合起来使用。学习字典让你能够模拟更多现实世界的情形。

第 6 章

字　典

在本章中，你将学习能够将相关信息关联起来的 Python 字典，以及如何访问和修改字典中的信息。字典可存储的信息量几乎不受限制，因此我们会演示如何遍历字典中的数据。另外，你还将学习存储字典的列表、存储列表的字典和存储字典的字典。

理解字典后，就能够更准确地为各种真实物体建模。你可以创建一个表示人的字典，然后想在其中存储多少信息就存储多少信息：姓名、年龄、地址、职业，以及能描述他的任何方面。你还能够存储任意两种相关的信息，如一系列单词及其含义，一系列人名及其喜欢的数，以及一系列山脉及其海拔，等等。

6.1　一个简单的字典

来看一个包含外星人的游戏，这些外星人的颜色和分数各不相同。下面是一个简单的字典，存储了有关特定外星人的信息：

alien.py

```
alien_0 = {'color': 'green', 'points': 5}

print(alien_0['color'])
print(alien_0['points'])
```

字典 alien_0 存储了外星人的颜色和分数。最后两行代码访问并显示这些信息，结果如下：

```
green
5
```

与大多数编程概念一样，要熟练使用字典，也需要一段时间的练习。使用字典一段时间后，你就会明白为何它们能够高效地模拟现实世界中的情形。

6.2　使用字典

在 Python 中，**字典**是一系列**键值对**。每个**键**都与一个值相关联，你可使用键来访问相关联的值。与键相关联的值可以是数、字符串、列表乃至字典。事实上，可将任何 Python 对象用作字典中的值。

在 Python 中，字典用放在花括号（{}）中的一系列键值对表示，如前面的示例所示：

```
alien_0 = {'color': 'green', 'points': 5}
```

键值对是两个相关联的值。指定键时，Python 将返回与之相关联的值。键和值之间用冒号分隔，而键值对之间用逗号分隔。在字典中，想存储多少个键值对都可以。

最简单的字典只有一个键值对，如下述修改后的字典 alien_0 所示：

```
alien_0 = {'color': 'green'}
```

这个字典只存储了一项有关 alien_0 的信息，具体地说是这个外星人的颜色。在该字典中，字符串'color'是一个键，与之相关联的值为'green'。

6.2.1　访问字典中的值

要获取与键相关联的值，可依次指定字典名和放在方括号内的键，如下所示：

alien.py

```
alien_0 = {'color': 'green'}
print(alien_0['color'])
```

这将返回字典 alien_0 中与键'color'相关联的值：

```
green
```

字典中可包含任意数量的键值对。例如，下面是最初的字典 alien_0，其中包含两个键值对：

```
alien_0 = {'color': 'green', 'points': 5}
```

现在，你可访问外星人 alien_0 的颜色和分数。如果玩家射杀了这个外星人，就可以使用下面的代码来确定应获得多少分：

```
alien_0 = {'color': 'green', 'points': 5}

❶ new_points = alien_0['points']
❷ print(f"You just earned {new_points} points!")
```

上述代码首先定义了一个字典。然后，从这个字典中获取与键'points'相关联的值（见❶），并将这个值赋给变量 new_points。接下来，将这个整数转换为字符串，并打印一条消息，指出玩家获得了多少分（见❷）：

```
You just earned 5 points!
```

如果在外星人被射杀时运行这段代码，就将获取该外星人的分数。

6.2.2 添加键值对

字典是一种动态结构，可随时在其中添加键值对。要添加键值对，可依次指定字典名、用方括号括起的键和相关联的值。

下面来在字典 alien_0 中添加两项信息：外星人的 x 坐标和 y 坐标，让我们能够在屏幕的特定位置显示该外星人。我们将这个外星人放在屏幕左边缘，且离屏幕顶部 25 像素的地方。由于屏幕坐标系的原点通常为左上角，要将该外星人放在屏幕左边缘，可将 x 坐标设置为 0；要将该外星人放在离屏幕顶部 25 像素的地方，可将 y 坐标设置为 25，如下所示：

alien.py

```
  alien_0 = {'color': 'green', 'points': 5}
  print(alien_0)

❶ alien_0['x_position'] = 0
❷ alien_0['y_position'] = 25
  print(alien_0)
```

首先定义前面一直在使用的字典，然后打印这个字典，以显示其信息快照。在❶处，我们在这个字典中新增了一个键值对，其中的键为'x_position'，值为 0。在❷处重复这样的操作，但使用的键为'y_position'。打印修改后的字典时，将看到这两个新增的键值对：

```
{'color': 'green', 'points': 5}
{'color': 'green', 'points': 5, 'x_position': 0, 'y_position': 25}
```

这个字典的最终版本包含四个键值对：原来的两个指定外星人的颜色和分数，而新增的两个指定其位置。

注意 在 Python 3.7 中，字典中元素的排列顺序与定义时相同。如果将字典打印出来或遍历其元素，将发现元素的排列顺序与添加顺序相同。

6.2.3 先创建一个空字典

在空字典中添加键值对有时候可提供便利，而有时候必须这样做。为此，可先使用一对空花括号定义一个字典，再分行添加各个键值对。例如，下面演示了如何以这种方式创建字典 alien_0：

alien.py

```
alien_0 = {}

alien_0['color'] = 'green'
alien_0['points'] = 5

print(alien_0)
```

这里首先定义了空字典 alien_0，再在其中添加颜色和分数，得到前述示例一直在使用的字典：

```
{'color': 'green', 'points': 5}
```

使用字典来存储用户提供的数据或在编写能自动生成大量键值对的代码时，通常需要先定义一个空字典。

6.2.4 修改字典中的值

要修改字典中的值，可依次指定字典名、用方括号括起的键，以及与该键相关联的新值。例如，假设随着游戏的进行，需要将一个外星人从绿色改为黄色：

alien.py

```
alien_0 = {'color': 'green'}
print(f"The alien is {alien_0['color']}.")

alien_0['color'] = 'yellow'
print(f"The alien is now {alien_0['color']}.")
```

首先定义一个表示外星人 alien_0 的字典，其中只包含这个外星人的颜色。接下来，将与键'color'相关联的值改为'yellow'。输出表明，这个外星人确实从绿色变成了黄色：

```
The alien is green.
The alien is now yellow.
```

来看一个更有趣的例子，对一个能够以不同速度移动的外星人进行位置跟踪。为此，我们将存储该外星人的当前速度，并据此确定该外星人将向右移动多远：

```
alien_0 = {'x_position': 0, 'y_position': 25, 'speed': 'medium'}
print(f"Original x_position: {alien_0['x_position']}")

# 向右移动外星人。
# 根据当前速度确定将外星人向右移动多远。
❶ if alien_0['speed'] == 'slow':
    x_increment = 1
elif alien_0['speed'] == 'medium':
    x_increment = 2
else:
    # 这个外星人的移动速度肯定很快。
    x_increment = 3
```

```
    # 新位置为旧位置加上移动距离。
❷ alien_0['x_position'] = alien_0['x_position'] + x_increment

  print(f"New x_position: {alien_0['x_position']}")
```

首先定义一个外星人，其中包含初始 x 坐标和 y 坐标，还有速度'medium'。出于简化考虑，省略了颜色和分数，但即便包含这些键值对，本例的工作原理也不会有任何变化。我们还打印了 x_position 的初始值，旨在让用户知道这个外星人向右移动了多远。

❶处使用一个 if-elif-else 结构来确定外星人应向右移动多远，并将这个值赋给变量 x_increment。如果外星人的速度为'slow'，它将向右移动一个单位；如果速度为'medium'，将向右移动两个单位；如果为'fast'，将向右移动三个单位。确定移动距离后，将其与 x_position 的当前值相加（见❷），再将结果关联到字典中的键 x_position。

6

因为这是一个速度中等的外星人，所以其位置将向右移两个单位：

```
Original x-position: 0
New x-position: 2
```

这种技术很棒：通过修改外星人字典中的值，可改变外星人的行为。例如，要将这个速度中等的外星人变成速度很快的外星人，可添加如下代码行：

```
alien_0['speed'] = 'fast'
```

这样，再次运行这些代码时，其中的 if-elif-else 结构将把一个更大的值赋给变量 x_increment。

6.2.5 删除键值对

对于字典中不再需要的信息，可使用 del 语句将相应的键值对彻底删除。使用 del 语句时，必须指定字典名和要删除的键。

例如，下面的代码从字典 alien_0 中删除键'points'及其值：

alien.py

```
  alien_0 = {'color': 'green', 'points': 5}
  print(alien_0)

❶ del alien_0['points']
  print(alien_0)
```

❶处的代码行让 Python 将键'points'从字典 alien_0 中删除，同时删除与这个键相关联的值。输出表明，键'points'及其值 5 已从字典中删除，但其他键值对未受影响：

```
{'color': 'green', 'points': 5}
{'color': 'green'}
```

注意　删除的键值对会永远消失。

6.2.6　由类似对象组成的字典

在前面的示例中，字典存储的是一个对象（游戏中的一个外星人）的多种信息，但你也可以使用字典来存储众多对象的同一种信息。例如，假设你要调查很多人，询问他们最喜欢的编程语言，可使用一个字典来存储这种简单调查的结果，如下所示：

```
favorite_languages = {
    'jen': 'python',
    'sarah': 'c',
    'edward': 'ruby',
    'phil': 'python',
    }
```

如你所见，我们将一个较大的字典放在了多行中。每个键都是一个被调查者的名字，而每个值都是被调查者喜欢的语言。确定需要使用多行来定义字典时，要在输入左花括号后按回车键。在下一行缩进四个空格，指定第一个键值对，并在它后面加上一个逗号。此后再按回车键时，文本编辑器将自动缩进后续键值对，且缩进量与第一个键值对相同。

定义好字典后，在最后一个键值对的下一行添加一个右花括号，并缩进四个空格，使其与字典中的键对齐。一种不错的做法是，在最后一个键值对后面也加上逗号，为以后在下一行添加键值对做好准备。

注意　对于较长的列表和字典，大多数编辑器提供了以类似方式设置格式的功能。对于较长的字典，还有其他一些可行的格式设置方式，因此在你的编辑器或其他源代码中，你可能会看到稍微不同的格式设置方式。

给定被调查者的名字，可使用这个字典轻松地获悉他喜欢的语言：

favorite_languages.py

```
favorite_languages = {
    'jen': 'python',
    'sarah': 'c',
    'edward': 'ruby',
    'phil': 'python',
    }

❶ language = favorite_languages['sarah'].title()
print(f"Sarah's favorite language is {language}.")
```

为获悉 Sarah 喜欢的语言，我们使用如下代码：

```
favorite_languages['sarah']
```

在❶处，使用这种语法获取 Sarah 喜欢的语言，并将其赋给变量 language。创建这个新变量让函数调用 print()变得整洁得多。输出指出了 Sarah 喜欢的语言：

```
Sarah's favorite language is C.
```

这种语法可用来从字典中获取任何人喜欢的语言。

6.2.7 使用 get()来访问值

使用放在方括号内的键从字典中获取感兴趣的值时，可能会引发问题：如果指定的键不存在就会出错。

如果你要求获取外星人的分数，而这个外星人没有分数，结果将如何呢？下面来看一看：

alien_no_points.py

```
alien_0 = {'color': 'green', 'speed': 'slow'}
print(alien_0['points'])
```

这将导致 Python 显示 traceback，指出存在键值错误（KeyError）：

```
Traceback (most recent call last):
  File "alien_no_points.py", line 2, in <module>
    print(alien_0['points'])
KeyError: 'points'
```

第 10 章将详细介绍如何处理类似的错误，但就字典而言，可使用方法 get()在指定的键不存在时返回一个默认值，从而避免这样的错误。

方法 get()的第一个参数用于指定键，是必不可少的；第二个参数为指定的键不存在时要返回的值，是可选的：

```
alien_0 = {'color': 'green', 'speed': 'slow'}

point_value = alien_0.get('points', 'No point value assigned.')
print(point_value)
```

如果字典中有键'points'，将获得与之相关联的值；如果没有，将获得指定的默认值。虽然这里没有键'points'，但将获得一条清晰的消息，不会引发错误：

```
No point value assigned.
```

如果指定的键有可能不存在，应考虑使用方法 get()，而不要使用方括号表示法。

注意　调用 get()时，如果没有指定第二个参数且指定的键不存在，Python 将返回值 None。这个特殊值表示没有相应的值。None 并非错误，而是一个表示所需值不存在的特殊值，第 8 章将介绍它的其他用途。

动手试一试

练习 6-1：人　使用一个字典来存储一个熟人的信息，包括名、姓、年龄和居住的城市。该字典应包含键 first_name、last_name、age 和 city。将存储在该字典中的每项信息都打印出来。

练习 6-2：喜欢的数　使用一个字典来存储一些人喜欢的数。请想出 5 个人的名字，并将这些名字用作字典中的键；找出每个人喜欢的一个数，并将这些数作为值存储在字典中。打印每个人的名字和喜欢的数。为了让这个程序更有趣，通过询问朋友确保数据是真实的。

练习 6-3：词汇表　Python 字典可用于模拟现实生活中的字典。为避免混淆，我们将后者称为词汇表。

- 想出你在前面学过的 5 个编程术语，将其用作词汇表中的键，并将它们的含义作为值存储在词汇表中。
- 以整洁的方式打印每个术语及其含义。为此，可先打印术语，在它后面加上一个冒号，再打印其含义；也可在一行打印术语，再使用换行符（\n）插入一个空行，然后在下一行以缩进的方式打印其含义。

6.3 遍历字典

一个 Python 字典可能只包含几个键值对，也可能包含数百万个键值对。鉴于字典可能包含大量数据，Python 支持对字典进行遍历。字典可用于以各种方式存储信息，因此有多种遍历方式：可遍历字典的所有键值对，也可仅遍历键或值。

6.3.1 遍历所有键值对

探索各种遍历方法前，先来看一个新字典，它用于存储有关网站用户的信息。下面的字典存储一名用户的用户名、名和姓：

```
user_0 = {
    'username': 'efermi',
    'first': 'enrico',
```

```
    'last': 'fermi',
    }
```

利用本章前面介绍过的知识，可访问 user_0 的任何一项信息，但如果要获悉该用户字典中的所有信息，该如何办呢？可使用 for 循环来遍历这个字典：

user.py

```
user_0 = {
    'username': 'efermi',
    'first': 'enrico',
    'last': 'fermi',
    }

❶ for key, value in user_0.items():
❷     print(f"\nKey: {key}")
❸     print(f"Value: {value}")
```

如❶所示，要编写遍历字典的 for 循环，可声明两个变量，用于存储键值对中的键和值。这两个变量可以使用任意名称。下面的代码使用了简单的变量名，这完全可行：

```
for k, v in user_0.items()
```

for 语句的第二部分包含字典名和方法 items()（见❶），它返回一个键值对列表。接下来，for 循环依次将每个键值对赋给指定的两个变量。在本例中，使用这两个变量来打印每个键（见❷）及其相关联的值（见❸）。第一个函数调用 print()中的"\n"确保在输出每个键值对前都插入一个空行：

```
Key: username
Value: efermi

Key: first
Value: enrico

Key: last
Value: fermi
```

在 6.2.6 节的示例 favorite_languages.py 中，字典存储的是不同人的同一种信息。对于类似这样的字典，遍历所有的键值对很合适。如果遍历字典 favorite_languages，将得到其中每个人的姓名和喜欢的编程语言。由于该字典中的键都是人名，值都是语言，因此在循环中使用变量 name 和 language，而不是 key 和 value。这让人更容易明白循环的作用：

favorite_languages.py

```
favorite_languages = {
    'jen': 'python',
    'sarah': 'c',
    'edward': 'ruby',
    'phil': 'python',
    }
```

6

```
❶ for name, language in favorite_languages.items():
❷     print(f"{name.title()}'s favorite language is {language.title()}.")
```

❶处的代码让 Python 遍历字典中的每个键值对，并将键赋给变量 name，将值赋给变量 language。这些描述性名称能够让人非常轻松地明白函数调用 print()（见❷）是做什么的。

仅使用几行代码，就将全部调查结果显示出来了：

```
Jen's favorite language is Python.
Sarah's favorite language is C.
Edward's favorite language is Ruby.
Phil's favorite language is Python.
```

即便字典存储的是上千乃至上百万人的调查结果，这种循环也管用。

6.3.2　遍历字典中的所有键

在不需要使用字典中的值时，方法 keys()很有用。下面来遍历字典 favorite_languages，并将每个被调查者的名字都打印出来：

```
favorite_languages = {
    'jen': 'python',
    'sarah': 'c',
    'edward': 'ruby',
    'phil': 'python',
    }

❶ for name in favorite_languages.keys():
    print(name.title())
```

❶处的代码行让 Python 提取字典 favorite_languages 中的所有键，并依次将它们赋给变量 name。输出列出了每个被调查者的名字：

```
Jen
Sarah
Edward
Phil
```

遍历字典时，会默认遍历所有的键。因此，如果将上述代码中的：

```
for name in favorite_languages.keys():
```

替换为：

```
for name in favorite_languages:
```

输出将不变。

显式地使用方法 keys()可让代码更容易理解，你可以选择这样做，但是也可以省略它。

在这种循环中，可使用当前键来访问与之相关联的值。下面来打印两条消息，指出两位朋友喜欢的语言。像前面一样遍历字典中的名字，但在名字为指定朋友的名字时，打印一条消息，指出其喜欢的语言：

```
favorite_languages = {
    --snip--
    }

❶ friends = ['phil', 'sarah']
for name in favorite_languages.keys():
    print(f"Hi {name.title()}.")

❷     if name in friends:
❸         language = favorite_languages[name].title()
        print(f"\t{name.title()}, I see you love {language}!")
```

❶处创建了一个列表，其中包含要收到打印消息的朋友。在循环中，打印每个人的名字，并检查当前的名字是否在列表 friends 中（见❷）。如果在，就打印一句特殊的问候语，其中包含这位朋友喜欢的语言。为获悉朋友喜欢的语言，我们使用了字典名，并将变量 name 的当前值作为键（见❸）。

每个人的名字都会被打印，但只对朋友打特殊消息：

```
Hi Jen.
Hi Sarah.
    Sarah, I see you love C!
Hi Edward.
Hi Phil.
    Phil, I see you love Python!
```

还可使用方法 keys()确定某个人是否接受了调查。下面的代码确定 Erin 是否接受了调查：

```
favorite_languages = {
    'jen': 'python',
    'sarah': 'c',
    'edward': 'ruby',
    'phil': 'python',
    }

❶ if 'erin' not in favorite_languages.keys():
    print("Erin, please take our poll!")
```

方法 keys()并非只能用于遍历：实际上，它返回一个列表，其中包含字典中的所有键。因此❶处的代码行只核实'erin'是否包含在这个列表中。因为她并不包含在这个列表中，所以打印一条消息，邀请她参加调查：

```
Erin, please take our poll!
```

6.3.3 按特定顺序遍历字典中的所有键

从 Python 3.7 起，遍历字典时将按插入的顺序返回其中的元素。不过在有些情况下，你可能要按与此不同的顺序遍历字典。

要以特定顺序返回元素，一种办法是在 for 循环中对返回的键进行排序。为此，可使用函数 sorted()来获得按特定顺序排列的键列表的副本：

```
favorite_languages = {
    'jen': 'python',
    'sarah': 'c',
    'edward': 'ruby',
    'phil': 'python',
    }

for name in sorted(favorite_languages.keys()):
    print(f"{name.title()}, thank you for taking the poll.")
```

这条 for 语句类似于其他 for 语句，不同之处是对字典方法 keys()的结果调用了函数 sorted()。这让 Python 列出字典中的所有键，并在遍历前对这个列表进行排序。输出表明，按顺序显示了所有被调查者的名字：

```
Edward, thank you for taking the poll.
Jen, thank you for taking the poll.
Phil, thank you for taking the poll.
Sarah, thank you for taking the poll.
```

6.3.4 遍历字典中的所有值

如果主要对字典包含的值感兴趣，可使用方法 values()来返回一个值列表，不包含任何键。例如，假设我们想获得一个列表，其中只包含被调查者选择的各种语言，而不包含被调查者的名字，可以这样做：

```
favorite_languages = {
    'jen': 'python',
    'sarah': 'c',
    'edward': 'ruby',
    'phil': 'python',
    }

print("The following languages have been mentioned:")
```

```
for language in favorite_languages.values():
    print(language.title())
```

这条 for 语句提取字典中的每个值，并将其依次赋给变量 language。通过打印这些值，就获得了一个包含被调查者所选择语言的列表：

```
The following languages have been mentioned:
Python
C
Ruby
Python
```

这种做法提取字典中所有的值，而没有考虑是否重复。涉及的值很少时，这也许不是问题，但如果被调查者很多，最终的列表可能包含大量重复项。为剔除重复项，可使用集合（set）。**集合**中的每个元素都必须是独一无二的：

6

```
favorite_languages = {
    --snip--
    }

print("The following languages have been mentioned:")
❶ for language in set(favorite_languages.values()):
    print(language.title())
```

通过对包含重复元素的列表调用 set()，可让 Python 找出列表中独一无二的元素，并使用这些元素来创建一个集合。❶处使用 set()来提取 favorite_languages.values()中不同的语言。

结果是一个不重复的列表，其中列出了被调查者提及的所有语言：

```
The following languages have been mentioned:
Python
C
Ruby
```

随着你更深入地学习 Python，经常会发现它内置的功能可帮助你以希望的方式处理数据。

注意 可使用一对花括号直接创建集合，并在其中用逗号分隔元素：

```
>>> languages = {'python', 'ruby', 'python', 'c'}
>>> languages
{'ruby', 'python', 'c'}
```

集合和字典很容易混淆，因为它们都是用一对花括号定义的。当花括号内没有键值对时，定义的很可能是集合。不同于列表和字典，集合不会以特定的顺序存储元素。

动手试一试

练习 6-4：词汇表 2 现在你知道了如何遍历字典，可以整理为完成练习 6-3 而编写的代码，将其中的一系列函数调用 print()替换为一个遍历字典中键和值的循环。确定该循环正确无误后，再在词汇表中添加 5 个 Python 术语。当你再次运行这个程序时，这些新术语及其含义将自动包含在输出中。

练习 6-5：河流 创建一个字典，在其中存储三条重要河流及其流经的国家。例如，一个键值对可能是'nile': 'egypt'。

- 使用循环为每条河流打印一条消息，下面是一个例子。

  The Nile runs through Egypt.
- 使用循环将该字典中每条河流的名字打印出来。
- 使用循环将该字典包含的每个国家的名字打印出来。

练习 6-6：调查 在 6.3.1 节编写的程序 favorite_languages.py 中执行以下操作。

- 创建一个应该会接受调查的人员名单，其中有些人已包含在字典中，而其他人未包含在字典中。
- 遍历这个人员名单。对于已参与调查的人，打印一条消息表示感谢；对于还未参与调查的人，打印一条消息邀请他参加。

6.4 嵌套

有时候，需要将一系列字典存储在列表中，或将列表作为值存储在字典中，这称为**嵌套**。你可以在列表中嵌套字典、在字典中嵌套列表甚至在字典中嵌套字典。正如下面的示例将演示的，嵌套是一项强大的功能。

6.4.1 字典列表

字典 alien_0 包含一个外星人的各种信息，但无法存储第二个外星人的信息，更别说屏幕上全部外星人的信息了。如何管理成群结队的外星人呢？一种办法是创建一个外星人列表，其中每个外星人都是一个字典，包含有关该外星人的各种信息。例如，下面的代码创建一个包含三个外星人的列表：

aliens.py

```
alien_0 = {'color': 'green', 'points': 5}
alien_1 = {'color': 'yellow', 'points': 10}
alien_2 = {'color': 'red', 'points': 15}

❶ aliens = [alien_0, alien_1, alien_2]
```

```
for alien in aliens:
    print(alien)
```

首先创建三个字典，其中每个字典都表示一个外星人。然后在❶处将这些字典都存储到一个名为 aliens 的列表中。最后，遍历这个列表，并将每个外星人都打印出来：

```
{'color': 'green', 'points': 5}
{'color': 'yellow', 'points': 10}
{'color': 'red', 'points': 15}
```

更符合现实的情形是，外星人不止三个，且每个外星人都是使用代码自动生成的。在下面的示例中，使用 range()生成了 30 个外星人：


```
# 创建一个用于存储外星人的空列表。
aliens = []

# 创建 30 个绿色的外星人。
❶ for alien_number in range(30):
❷     new_alien = {'color': 'green', 'points': 5, 'speed': 'slow'}
❸     aliens.append(new_alien)

# 显示前 5 个外星人。
❹ for alien in aliens[:5]:
    print(alien)
print("...")

# 显示创建了多少个外星人。
❺ print(f"Total number of aliens: {len(aliens)}")
```

在本例中，首先创建一个空列表，用于存储接下来将创建的所有外星人。在❶处，range()返回一系列数，其唯一的用途是告诉 Python 要重复这个循环多少次。每次执行这个循环时，都创建一个外星人（见❷），并将其附加到列表 aliens 末尾（见❸）。在❹处，使用一个切片来打印前 5 个外星人。在❺处，打印列表的长度，以证明确实创建了 30 个外星人：

```
{'color': 'green', 'points': 5, 'speed': slow'}
{'color': 'green', 'points': 5, 'speed': slow'}
{'color': 'green', 'points': 5, 'speed': slow'}
{'color': 'green', 'points': 5, 'speed': slow'}
{'color': 'green', 'points': 5, 'speed': slow'}
...

Total number of aliens: 30
```

这些外星人都具有相同的特征，但在 Python 看来，每个外星人都是独立的，这让我们能够独立地修改每个外星人。

在什么情况下需要处理成群结队的外星人呢？想象一下，可能随着游戏的进行，有些外星人会变色且加快移动速度。必要时，可使用 for 循环和 if 语句来修改某些外星人的颜色。例如，要将前三个外星人修改为黄色、速度为中等且值 10 分，可这样做：

```
# 创建一个用于存储外星人的空列表。
aliens = []

# 创建 30 个绿色的外星人。
for alien_number in range (30):
    new_alien = {'color': 'green', 'points': 5, 'speed': 'slow'}
    aliens.append(new_alien)

for alien in aliens[:3]:
    if alien['color'] == 'green':
        alien['color'] = 'yellow'
        alien['speed'] = 'medium'
        alien['points'] = 10

# 显示前 5 个外星人。
for alien in aliens[:5]:
    print(alien)
print("...")
```

鉴于要修改前三个外星人，我们遍历一个只包含这些外星人的切片。当前，所有外星人都是绿色的，但情况并非总是如此，因此编写一条 if 语句来确保只修改绿色外星人。如果外星人是绿色的，就将其颜色改为'yellow'，将其速度改为'medium'，并将其分数改为 10，如下面的输出所示：

```
{'color': 'yellow', 'points': 10, 'speed': 'medium'}
{'color': 'yellow', 'points': 10, 'speed': 'medium'}
{'color': 'yellow', 'points': 10, 'speed': 'medium'}
{'color': 'green', 'points': 5, 'speed': 'slow'}
{'color': 'green', 'points': 5, 'speed': 'slow'}
...
```

可进一步扩展这个循环，在其中添加一个 elif 代码块，将黄色外星人改为移动速度快且值 15 分的红色外星人，如下所示（这里只列出了循环，而没有列出整个程序）：

```
for alien in aliens[0:3]:
    if alien['color'] == 'green':
        alien['color'] = 'yellow'
        alien['speed'] = 'medium'
        alien['points'] = 10
    elif alien['color'] == 'yellow':
        alien['color'] = 'red'
        alien['speed'] = 'fast'
        alien['points'] = 15
```

经常需要在列表中包含大量的字典，而其中每个字典都包含特定对象的众多信息。例如，你可能需要为网站的每个用户创建一个字典（就像 6.3.1 节的 user.py 中那样），并将这些字典存储在一个名为 users 的列表中。在这个列表中，所有字典的结构都相同，因此你可以遍历这个列表，并以相同的方式处理其中的每个字典。

6.4.2 在字典中存储列表

有时候，需要将列表存储在字典中，而不是将字典存储在列表中。例如，你如何描述顾客点的比萨呢？如果使用列表，只能存储要添加的比萨配料；但如果使用字典，就不仅可在其中包含配料列表，还可包含其他有关比萨的描述。

在下面的示例中，存储了比萨的两方面信息：外皮类型和配料列表。配料列表是一个与键'toppings'相关联的值。要访问该列表，我们使用字典名和键'toppings'，就像访问字典中的其他值一样。这将返回一个配料列表，而不是单个值：

6

pizza.py
```
  # 存储所点比萨的信息。
❶ pizza = {
      'crust': 'thick',
      'toppings': ['mushrooms', 'extra cheese'],
      }

  # 概述所点的比萨。
❷ print(f"You ordered a {pizza['crust']}-crust pizza "
      "with the following toppings:")

❸ for topping in pizza['toppings']:
      print("\t" + topping)
```

首先创建一个字典，其中存储了有关顾客所点比萨的信息（见❶）。在这个字典中，一个键是'crust'，与之相关联的值是字符串'thick'；下一个键是'toppings'，与之相关联的值是一个列表，其中存储了顾客要求添加的所有配料。制作前，我们概述了顾客所点的比萨（见❷）。如果函数调用 print()中的字符串很长，可以在合适的位置分行。只需要在每行末尾都加上引号，同时对于除第一行外的其他各行，都在行首加上引号并缩进。这样，Python 将自动合并圆括号内的所有字符串。为打印配料，编写一个 for 循环（见❸）。为访问配料列表，使用键'toppings'，这样 Python 将从字典中提取配料列表。

下面的输出概述了要制作的比萨：

```
You ordered a thick-crust pizza with the following toppings:
    mushrooms
    extra cheese
```

每当需要在字典中将一个键关联到多个值时，都可以在字典中嵌套一个列表。在本章前面有关喜欢的编程语言的示例中，如果将每个人的回答都存储在一个列表中，被调查者就可选择多种喜欢的语言。在这种情况下，当我们遍历字典时，与每个被调查者相关联的都是一个语言列表，而不是一种语言；因此，在遍历该字典的 for 循环中，我们需要再使用一个 for 循环来遍历与被调查者相关联的语言列表：

favorite_languages.py

```
❶ favorite_languages = {
       'jen': ['python', 'ruby'],
       'sarah': ['c'],
       'edward': ['ruby', 'go'],
       'phil': ['python', 'haskell'],
       }

❷ for name, languages in favorite_languages.items():
       print(f"\n{name.title()}'s favorite languages are:")
❸     for language in languages:
           print(f"\t{language.title()}")
```

如你所见，现在与每个名字相关联的值都是一个列表（见❶）。请注意，有些人喜欢的语言只有一种，而有些人有多种。遍历字典时（见❷），使用变量 languages 来依次存储对字典中每个值的引用，因为我们知道这些值都是列表。在遍历字典的主循环中，使用了另一个 for 循环（见❸）来遍历每个人喜欢的语言列表。现在，每个人想列出多少种喜欢的语言都可以：

```
Jen's favorite languages are:
    Python
    Ruby

Sarah's favorite languages are:
    C

Edward's favorite languages are:
    Ruby
    Go

Phil's favorite languages are:
    Python
    Haskell
```

为进一步改进这个程序，可在遍历字典的 for 循环开头添加一条 if 语句，通过查看 len(languages) 的值来确定当前的被调查者喜欢的语言是否有多种。如果他喜欢的语言有多种，就像以前一样显示输出；如果只有一种，就相应修改输出的措辞，如显示 Sarah's favorite language is C。

注意　列表和字典的嵌套层级不应太多。如果嵌套层级比前面的示例多得多，很可能有更简单的解决方案。

6.4.3　在字典中存储字典

可在字典中嵌套字典，但这样做时，代码可能很快复杂起来。例如，如果有多个网站用户，每个都有独特的用户名，可在字典中将用户名作为键，然后将每位用户的信息存储在一个字典中，并将该字典作为与用户名相关联的值。在下面的程序中，存储了每位用户的三项信息：名、姓和居住地。为访问这些信息，我们遍历所有的用户名，并访问与每个用户名相关联的信息字典：

many_users.py

```
users = {
    'aeinstein': {
        'first': 'albert',
        'last': 'einstein',
        'location': 'princeton',
        },

    'mcurie': {
        'first': 'marie',
        'last': 'curie',
        'location': 'paris',
        },

    }

❶ for username, user_info in users.items():
❷     print(f"\nUsername: {username}")
❸     full_name = f"{user_info['first']} {user_info['last']}"
      location = user_info['location']

❹     print(f"\tFull name: {full_name.title()}")
      print(f"\tLocation: {location.title()}")
```

首先定义一个名为 users 的字典，其中包含两个键：用户名'aeinstein'和'mcurie'。与每个键相关联的值都是一个字典，其中包含用户的名、姓和居住地。在❶处，遍历字典 users，让 Python 依次将每个键赋给变量 username，并依次将与当前键相关联的字典赋给变量 user_info。在循环内部的❷处，将用户名打印出来。

在❸处，开始访问内部的字典。变量 user_info 包含用户信息字典，而该字典包含三个键：'first'、'last'和'location'。对于每位用户，都使用这些键来生成整洁的姓名和居住地，然后打印有关用户的简要信息（见❹）：

```
Username: aeinstein
    Full name: Albert Einstein
    Location: Princeton

Username: mcurie
    Full name: Marie Curie
    Location: Paris
```

请注意，表示每位用户的字典都具有相同的结构。虽然 Python 并没有这样的要求，但这使得嵌套的字典处理起来更容易。倘若表示每位用户的字典都包含不同的键，for 循环内部的代码将更复杂。

动手试一试

练习 6-7：人们　在为完成练习 6-1 而编写的程序中，再创建两个表示人的字典，然后将这三个字典都存储在一个名为 people 的列表中。遍历这个列表，将其中每个人的所有信息都打印出来。

练习 6-8：宠物　创建多个表示宠物的字典，每个字典都包含宠物的类型及其主人的名字。将这些字典存储在一个名为 pets 的列表中，再遍历该列表，并将有关每个宠物的所有信息都打印出来。

练习 6-9：喜欢的地方　创建一个名为 favorite_places 的字典。在这个字典中，将三个人的名字用作键，并存储每个人喜欢的 1～3 个地方。为了让这个练习更有趣些，可以让一些朋友说出他们喜欢的几个地方。遍历这个字典，并将其中每个人的名字及其喜欢的地方打印出来。

练习 6-10：喜欢的数 2　修改为完成练习 6-2 而编写的程序，让每个人都可以有多个喜欢的数，然后将每个人的名字及其喜欢的数打印出来。

练习 6-11：城市　创建一个名为 cities 的字典，将三个城市名用作键。对于每座城市，都创建一个字典，并在其中包含该城市所属的国家、人口约数以及一个有关该城市的事实。在表示每座城市的字典中，应包含 country、population 和 fact 等键。将每座城市的名字以及有关信息都打印出来。

练习 6-12：扩展　本章的示例足够复杂，能以很多方式进行扩展。请对本章的一个示例进行扩展：添加键和值、调整程序要解决的问题或改进输出的格式。

6.5　小结

在本章中，你学习了：如何定义字典，以及如何使用存储在字典中的信息；如何访问和修改字典中的元素，以及如何遍历字典中的所有信息；如何遍历字典中所有的键值对、所有的键和所有的值；如何在列表中嵌套字典、在字典中嵌套列表以及在字典中嵌套字典。

在下一章中，你将学习 while 循环以及如何从用户那里获取输入。这是激动人心的一章，让你知道如何将程序变成交互性的：能够对用户输入做出响应。

第 7 章 用户输入和 while 循环

大多数程序旨在解决最终用户的问题，为此通常需要从用户那里获取一些信息。例如，假设有人要判断自己是否到了投票年龄。要编写回答这个问题的程序，就需要知道用户的年龄，才能给出答案。因此，这种程序需要让用户**输入**年龄，再将其与投票年龄进行比较，以判断用户是否到了投票年龄，从而给出结果。

在本章中，你将学习如何接受用户输入，以便程序进行处理。程序需要一个名字时，你需要提示用户输入该名字；程序需要一个名单时，你需要提示用户输入一系列名字。为此，你将使用函数 input()。

你还将学习如何让程序不断地运行，以便用户根据需要输入信息，并在程序中使用这些信息。为此，你将使用 while 循环让程序不断运行，直到指定的条件不满足为止。

通过获取用户输入并学会控制程序的运行时间，你就能编写出交互式程序。

7.1 函数 input()的工作原理

函数 input()让程序暂停运行，等待用户输入一些文本。获取用户输入后，Python 将其赋给一个变量，以方便你使用。

例如，下面的程序让用户输入一些文本，再将这些文本呈现给用户：

parrot.py

```
message = input("Tell me something, and I will repeat it back to you: ")
print(message)
```

函数 input()接受一个参数——要向用户显示的**提示**（prompt）或说明，让用户知道该如何做。在本例中，Python 运行第一行代码时，用户将看到提示 Tell me something, and I will repeat it back to you:。程序等待用户输入，并在用户按回车键后继续运行。输入被赋给变量 message，接下来的 print(message)将输入呈现给用户：

```
Tell me something, and I will repeat it back to you: Hello everyone!
Hello everyone!
```

注意　Sublime Text 等众多编辑器不能运行提示用户输入的程序。你可以使用 Sublime Text 来编写提示用户输入的程序，但必须从终端运行它们。详情请参阅 1.5 节。

7.1.1　编写清晰的程序

每当使用函数 input()时，都应指定清晰易懂的提示，准确地指出希望用户提供什么样的信息——指出用户应该输入何种信息的任何提示都行，如下所示：

greeter.py

```
name = input("Please enter your name: ")
print(f"\nHello, {name}!")
```

通过在提示末尾（这里是冒号后面）包含一个空格，可将提示与用户输入分开，让用户清楚地知道其输入始于何处，如下所示：

```
Please enter your name: Eric
Hello, Eric!
```

有时候，提示可能超过一行。例如，你可能需要指出获取特定输入的原因。在这种情况下，可将提示赋给一个变量，再将该变量传递给函数 input()。这样，即便提示超过一行，input()语句也会非常清晰。

greeter.py

```
prompt = "If you tell us who you are, we can personalize the messages you see."
prompt += "\nWhat is your first name? "

name = input(prompt)
print(f"\nHello, {name}!")
```

本例演示了一种创建多行字符串的方式。第一行将消息的前半部分赋给变量 prompt 中。在第二行中，运算符+=在前面赋给变量 prompt 的字符串末尾附加一个字符串。

最终的提示占据两行，且问号后面有一个空格，这也是为了使其更加清晰：

```
If you tell us who you are, we can personalize the messages you see.
What is your first name? Eric

Hello, Eric!
```

7.1.2　使用 int()来获取数值输入

使用函数 input()时，Python 将用户输入解读为字符串。请看下面让用户输入年龄的解释器会话：

```
>>> age = input("How old are you? ")
How old are you? 21
>>> age
'21'
```

用户输入的是数 21，但我们请求 Python 提供变量 age 的值时，它返回的是'21'——用户输入数值的字符串表示。我们怎么知道 Python 将输入解读成了字符串呢？因为这个数用引号括起了。如果只想打印输入，这一点问题都没有；但如果试图将输入作为数来使用，就会引发错误：

```
>>> age = input("How old are you? ")
How old are you? 21
❶ >>> age >= 18
Traceback (most recent call last):
  File "<stdin>", line 1, in <module>
❷ TypeError: unorderable types: str() >= int()
```

试图将输入用于数值比较时（见❶），Python 会引发错误，因为它无法将字符串和整数进行比较：不能将赋给 age 的字符串'21'与数值 18 进行比较（见❷）。

为解决这个问题，可使用函数 int()，它让 Python 将输入视为数值。函数 int()将数的字符串表示转换为数值表示，如下所示：

```
>>> age = input("How old are you? ")
How old are you? 21
❶ >>> age = int(age)
>>> age >= 18
True
```

在本例中，用户根据提示输入 21 后，Python 将这个数解读为字符串，但随后 int()将这个字符串转换成了数值表示（见❶）。这样 Python 就能运行条件测试了：将变量 age（它现在表示的是数值 21）同 18 进行比较，看它是否大于或等于 18。测试结果为 True。

如何在实际程序中使用函数 int()呢？请看下面的程序，它判断一个人是否满足坐过山车的身高要求：

rollercoaster.py

```
height = input("How tall are you, in inches? ")
height = int(height)

if height >= 48:
    print("\nYou're tall enough to ride!")
else:
    print("\nYou'll be able to ride when you're a little older.")
```

在此程序中，为何可以将 height 同 48 进行比较呢？因为在比较前，height = int(height)将输入转换成了数值表示。如果输入的数大于或等于 48，就指出用户满足身高条件：

```
How tall are you, in inches? 71

You're tall enough to ride!
```

将数值输入用于计算和比较前，务必将其转换为数值表示。

7.1.3　求模运算符

处理数值信息时，**求模运算符**（%）是个很有用的工具，它将两个数相除并返回余数：

```
>>> 4 % 3
1
>>> 5 % 3
2
>>> 6 % 3
0
>>> 7 % 3
1
```

求模运算符不会指出一个数是另一个数的多少倍，只指出余数是多少。

如果一个数可被另一个数整除，余数就为 0，因此求模运算将返回 0。可利用这一点来判断一个数是奇数还是偶数：

even_or_odd.py

```
number = input("Enter a number, and I'll tell you if it's even or odd: ")
number = int(number)

if number % 2 == 0:
    print(f"\nThe number {number} is even.")
else:
    print(f"\nThe number {number} is odd.")
```

偶数都能被 2 整除，因此如果对一个数和 2 执行求模运算的结果为 0，即 `number % 2 == 0`，那么这个数就是偶数；否则就是奇数。

```
Enter a number, and I'll tell you if it's even or odd: 42

The number 42 is even.
```

动手试一试

练习 7-1：汽车租赁　编写一个程序，询问用户要租赁什么样的汽车，并打印一条消息，下面是一个例子。

Let me see if I can find you a Subaru.

> **练习 7-2：餐馆订位** 编写一个程序，询问用户有多少人用餐。如果超过 8 位，就打印一条消息，指出没有空桌；否则指出有空桌。
>
> **练习 7-3：10 的整数倍** 让用户输入一个数，并指出该数是否是 10 的整数倍。

7.2 while 循环简介

for 循环用于针对集合中的每个元素都执行一个代码块，而 while 循环则不断运行，直到指定的条件不满足为止。

7.2.1 使用 while 循环

可使用 while 循环来数数。例如，下面的 while 循环从 1 数到 5：

counting.py

```
current_number = 1
while current_number <= 5:
    print(current_number)
    current_number += 1
```

在第一行，将 1 赋给变量 current_number，从而指定从 1 开始数。将接下来的 while 循环设置成：只要 current_number 小于或等于 5，就接着运行这个循环。循环中的代码打印 current_number 的值，再使用代码 current_number += 1（代码 current_number = current_number + 1 的简写）将其值加 1。

只要满足条件 current_number <= 5，Python 就接着运行这个循环。因为 1 小于 5，所以 Python 打印 1 并将 current_number 加 1，使其为 2；因为 2 小于 5，所以 Python 打印 2 并将 current_number 加 1，使其为 3；依此类推。一旦 current_number 大于 5，循环就将停止，整个程序也将结束：

```
1
2
3
4
5
```

你每天使用的程序很可能就包含 while 循环。例如，游戏使用 while 循环，确保在玩家想玩时不断运行，并在玩家想退出时停止运行。如果程序在用户没有让它停止时停止运行，或者在用户要退出时还继续运行，那就太没有意思了。因此，while 循环很有用。

7.2.2 让用户选择何时退出

可以使用 while 循环让程序在用户愿意时不断运行，如下面的程序 parrot.py 所示。我们在其中定义了一个**退出值**，只要用户输入的不是这个值，程序就将接着运行：

parrot.py

```
❶ prompt = "\nTell me something, and I will repeat it back to you:"
   prompt += "\nEnter 'quit' to end the program. "
❷ message = ""
❸ while message != 'quit':
       message = input(prompt)
       print(message)
```

❶处定义了一条提示消息，告诉用户有两个选择：要么输入一条消息，要么输入退出值（这里为'quit'）。接下来，创建变量 message（见❷），用于记录用户输入的值。我们将变量 message 的初始值设置为空字符串""，让 Python 首次执行 while 代码行时有可供检查的东西。Python 首次执行 while 语句时，需要将 message 的值与'quit'进行比较，但此时用户还没有输入。如果没有可供比较的东西，Python 将无法继续运行程序。为解决这个问题，必须给变量 message 指定初始值。虽然这个初始值只是一个空字符串，但符合要求，能够让 Python 执行 while 循环所需的比较。只要 message 的值不是'quit'，这个循环（见❸）就会不断运行。

首次遇到这个循环时，message 是一个空字符串，因此 Python 进入该循环。执行到代码行 message = input(prompt)时，Python 显示提示消息，并等待用户输入。不管用户输入是什么，都将赋给变量 message 并打印出来。接下来，Python 重新检查 while 语句中的条件。只要用户输入的不是单词'quit'，Python 就会再次显示提示消息并等待用户输入。等到用户终于输入'quit'后，Python 停止执行 while 循环，整个程序也到此结束：

```
Tell me something, and I will repeat it back to you:
Enter 'quit' to end the program. Hello everyone!
Hello everyone!

Tell me something, and I will repeat it back to you:
Enter 'quit' to end the program. Hello again.
Hello again.

Tell me something, and I will repeat it back to you:
Enter 'quit' to end the program. quit
quit
```

这个程序很好，唯一美中不足的是，它将单词'quit'也作为一条消息打印了出来。为修复这种问题，只需使用一个简单的 if 测试：

```
prompt = "\nTell me something, and I will repeat it back to you:"
prompt += "\nEnter 'quit' to end the program. "

message = ""
while message != 'quit':
    message = input(prompt)

    if message != 'quit':
        print(message)
```

现在，程序在显示消息前将做简单的检查，仅在消息不是退出值时才打印它：

```
Tell me something, and I will repeat it back to you:
Enter 'quit' to end the program. Hello everyone!
Hello everyone!

Tell me something, and I will repeat it back to you:
Enter 'quit' to end the program. Hello again.
Hello again.

Tell me something, and I will repeat it back to you:
Enter 'quit' to end the program. quit
```

7.2.3 使用标志

在前一个示例中，我们让程序在满足指定条件时执行特定的任务。但在更复杂的程序中，很多不同的事件会导致程序停止运行。在这种情况下，该怎么办呢？

例如，有多种事件可能导致游戏结束，如玩家失去所有飞船、时间已用完，或者要保护的城市被全部摧毁。导致程序结束的事件有很多时，如果在一条 while 语句中检查所有这些条件，将既复杂又困难。

在要求很多条件都满足才继续运行的程序中，可定义一个变量，用于判断整个程序是否处于活动状态。这个变量称为**标志**（flag），充当程序的交通信号灯。可以让程序在标志为 True 时继续运行，并在任何事件导致标志的值为 False 时让程序停止运行。这样，在 while 语句中就只需检查一个条件：标志的当前值是否为 True。然后将所有其他测试（是否发生了应将标志设置为 False 的事件）都放在其他地方，从而让程序更整洁。

下面在前一节的程序 parrot.py 中添加一个标志。将其命名为 active（你可给它指定任何名称），用于判断程序是否应继续运行：

```
prompt = "\nTell me something, and I will repeat it back to you:"
prompt += "\nEnter 'quit' to end the program. "

❶ active = True
❷ while active:
      message = input(prompt)

❸     if message == 'quit':
          active = False
❹     else:
          print(message)
```

将变量 active 设置为 True（见❶），让程序最初处于活动状态。这样做简化了 while 语句，因为不需要在其中做任何比较——相关的逻辑由程序的其他部分处理。只要变量 active 为 True，循环就将继续运行（见❷）。

在 while 循环中，在用户输入后使用一条 if 语句来检查变量 message 的值。如果用户输入的是'quit'（见❸），就将变量 active 设置为 False。这将导致 while 循环不再继续执行。如果用户输入的不是'quit'（见❹），就将输入作为一条消息打印出来。

这个程序的输出与前一个示例相同。前一个示例将条件测试直接放在了 while 语句中，而这个程序则使用一个标志来指出程序是否处于活动状态。这样，如果要添加测试（如 elif 语句）以检查是否发生了其他导致 active 变为 False 的事件，就会很容易。在复杂的程序（如很多事件会导致程序停止运行的游戏）中，标志很有用：在任意一个事件导致活动标志变成 False 时，主游戏循环将退出，此时可显示一条游戏结束消息，并让用户选择是否要重新玩。

7.2.4　使用 break 退出循环

要立即退出 while 循环，不再运行循环中余下的代码，也不管条件测试的结果如何，可使用 break 语句。break 语句用于控制程序流程，可用来控制哪些代码行将执行、哪些代码行不执行，从而让程序按你的要求执行你要执行的代码。

例如，来看一个让用户指出他到过哪些地方的程序。在这个程序中，可在用户输入'quit'后使用 break 语句立即退出 while 循环：

cities.py

```
prompt = "\nPlease enter the name of a city you have visited:"
prompt += "\n(Enter 'quit' when you are finished.) "

❶ while True:
    city = input(prompt)

    if city == 'quit':
        break
    else:
        print(f"I'd love to go to {city.title()}!")
```

以 while True（见❶）打头的循环将不断运行，直到遇到 break 语句。这个程序中的循环不断让用户输入他到过的城市的名字，直到用户输入'quit'为止。用户输入'quit'后，将执行 break 语句，导致 Python 退出循环：

```
Please enter the name of a city you have visited:
(Enter 'quit' when you are finished.) New York
I'd love to go to New York!

Please enter the name of a city you have visited:
(Enter 'quit' when you are finished.) San Francisco
I'd love to go to San Francisco!

Please enter the name of a city you have visited:
(Enter 'quit' when you are finished.) quit
```

注意 在任何 Python 循环中都可使用 break 语句。例如，可使用 break 语句来退出遍历列表或字典的 for 循环。

7.2.5 在循环中使用 continue

要返回循环开头，并根据条件测试结果决定是否继续执行循环，可使用 continue 语句，它不像 break 语句那样不再执行余下的代码并退出整个循环。例如，来看一个从 1 数到 10 但只打印其中奇数的循环：

counting.py

```
current_number = 0
while current_number < 10:
❶   current_number += 1
    if current_number % 2 == 0:
        continue

    print(current_number)
```

首先将 current_number 设置为 0，由于它小于 10，Python 进入 while 循环。进入循环后，以步长 1 的方式往上数（见❶），因此 current_number 为 1。接下来，if 语句检查 current_number 与 2 的求模运算结果。如果结果为 0（意味着 current_number 可被 2 整除），就执行 continue 语句，让 Python 忽略余下的代码，并返回循环的开头。如果当前的数不能被 2 整除，就执行循环中余下的代码，将这个数打印出来：

```
1
3
5
7
9
```

7.2.6 避免无限循环

每个 while 循环都必须有停止运行的途径，这样才不会没完没了地执行下去。例如，下面的循环从 1 数到 5：

counting.py

```
x = 1
while x <= 5:
    print(x)
    x += 1
```

但如果像下面这样不小心遗漏了代码行 x += 1，这个循环将没完没了地运行：

```
# 这个循环将没完没了地运行!
x = 1
```

```
while x <= 5:
    print(x)
```

在这里，x 的初始值为 1，但根本不会变。因此条件测试 x <= 5 始终为 True，导致 while 循环没完没了地打印 1，如下所示：

```
1
1
1
1
--snip--
```

每个程序员都会偶尔因不小心而编写出无限循环，在循环的退出条件比较微妙时尤其如此。如果程序陷入无限循环，可按 Ctrl + C，也可关闭显示程序输出的终端窗口。

要避免编写无限循环，务必对每个 while 循环进行测试，确保其按预期那样结束。如果你希望程序在用户输入特定值时结束，可运行程序并输入这样的值。如果在这种情况下程序没有结束，请检查程序处理这个值的方式，确认程序至少有一个这样的地方能让循环条件为 False，或者让 break 语句得以执行。

注意 Sublime Text 等一些编辑器内嵌了输出窗口，这可能导致难以结束无限循环，不得不通过关闭编辑器来结束。在这种情况下，可在输出窗口中单击鼠标，再按 Ctrl + C，这样应该能够结束无限循环。

动手试一试

练习 7-4：比萨配料 编写一个循环，提示用户输入一系列比萨配料，并在用户输入'quit'时结束循环。每当用户输入一种配料后，都打印一条消息，指出我们会在比萨中添加这种配料。

练习 7-5：电影票 有家电影院根据观众的年龄收取不同的票价：不到 3 岁的观众免费；3～12 岁的观众收费 10 美元；超过 12 岁的观众收费 15 美元。请编写一个循环，在其中询问用户的年龄，并指出其票价。

练习 7-6：三种出路 以不同的方式完成练习 7-4 或练习 7-5，在程序中采取如下做法。

- 在 while 循环中使用条件测试来结束循环。
- 使用变量 active 来控制循环结束的时机。
- 使用 break 语句在用户输入'quit'时退出循环。

练习 7-7：无限循环 编写一个没完没了的循环，并运行它（要结束该循环，可按 Ctrl + C，也可关闭显示输出的窗口）。

7.3 使用 while 循环处理列表和字典

到目前为止，我们每次都只处理了一项用户信息：获取用户的输入，再将输入打印出来或做出应答；循环再次运行时，获悉另一个输入值并做出响应。然而，要记录大量的用户和信息，需要在 while 循环中使用列表和字典。

for 循环是一种遍历列表的有效方式，但不应在 for 循环中修改列表，否则将导致 Python 难以跟踪其中的元素。要在遍历列表的同时对其进行修改，可使用 while 循环。通过将 while 循环同列表和字典结合起来使用，可收集、存储并组织大量输入，供以后查看和显示。

7.3.1 在列表之间移动元素

假设有一个列表包含新注册但还未验证的网站用户。验证这些用户后，如何将他们移到另一个已验证用户列表中呢？一种办法是使用一个 while 循环，在验证用户的同时将其从未验证用户列表中提取出来，再将其加入另一个已验证用户列表中。代码可能类似于下面这样：

confirmed_users.py

```
# 首先，创建一个待验证用户列表
#   和一个用于存储已验证用户的空列表。
❶ unconfirmed_users = ['alice', 'brian', 'candace']
confirmed_users = []

# 验证每个用户，直到没有未验证用户为止。
#   将每个经过验证的用户都移到已验证用户列表中。
❷ while unconfirmed_users:
❸     current_user = unconfirmed_users.pop()

      print(f"Verifying user: {current_user.title()}")
❹     confirmed_users.append(current_user)

# 显示所有已验证的用户。
print("\nThe following users have been confirmed:")
for confirmed_user in confirmed_users:
    print(confirmed_user.title())
```

首先创建一个未验证用户列表（见❶），其中包含用户 Alice、Brian 和 Candace，还创建了一个空列表，用于存储已验证的用户。❷处的 while 循环将不断运行，直到列表 unconfirmed_users 变成空的。在此循环中，❸处的方法 pop()以每次一个的方式从列表 unconfirmed_users 末尾删除未验证的用户。由于 Candace 位于列表 unconfirmed_users 末尾，其名字将首先被删除、赋给变量 current_user 并加入列表 confirmed_users 中（见❹）。接下来是 Brian，然后是 Alice。

为模拟用户验证过程，我们打印一条验证消息并将用户加入已验证用户列表中。未验证用户列表越来越短，而已验证用户列表越来越长。未验证用户列表为空后结束循环，再打印已验证用户列表：

```
Verifying user: Candace
Verifying user: Brian
Verifying user: Alice

The following users have been confirmed:
Candace
Brian
Alice
```

7.3.2 删除为特定值的所有列表元素

在第 3 章中，我们使用函数 remove()来删除列表中的特定值。这之所以可行，是因为要删除的值只在列表中出现一次。如果要删除列表中所有为特定值的元素，该怎么办呢？

假设你有一个宠物列表，其中包含多个值为'cat'的元素。要删除所有这些元素，可不断运行一个 while 循环，直到列表中不再包含值'cat'，如下所示：

pets.py

```
pets = ['dog', 'cat', 'dog', 'goldfish', 'cat', 'rabbit', 'cat']
print(pets)

while 'cat' in pets:
    pets.remove('cat')

print(pets)
```

首先创建一个列表，其中包含多个值为'cat'的元素。打印这个列表后，Python 进入 while 循环，因为它发现'cat'在列表中至少出现了一次。进入该循环后，Python 删除第一个'cat'并返回到 while 代码行，然后发现'cat'还包含在列表中，因此再次进入循环。它不断删除'cat'，直到这个值不再包含在列表中，然后退出循环并再次打印列表：

```
['dog', 'cat', 'dog', 'goldfish', 'cat', 'rabbit', 'cat']
['dog', 'dog', 'goldfish', 'rabbit']
```

7.3.3 使用用户输入来填充字典

可使用 while 循环提示用户输入任意多的信息。下面创建一个调查程序，其中的循环每次执行时都提示输入被调查者的名字和回答。我们将收集的数据存储在一个字典中，以便将回答同被调查者关联起来：

mountain_poll.py

```
responses = {}

# 设置一个标志，指出调查是否继续。
polling_active = True

while polling_active:
```

```
        # 提示输入被调查者的名字和回答。
❶       name = input("\nWhat is your name? ")
        response = input("Which mountain would you like to climb someday? ")

        # 将回答存储在字典中。
❷       responses[name] = response

        # 看看是否还有人要参与调查。
❸       repeat = input("Would you like to let another person respond? (yes/ no) ")
        if repeat == 'no':
            polling_active = False

    # 调查结束，显示结果。
    print("\n--- Poll Results ---")
❹   for name, response in responses.items():
        print(f"{name} would like to climb {response}.")
```

7

这个程序首先定义了一个空字典（responses），并设置了一个标志（polling_active）用于指出调查是否继续。只要 polling_active 为 True，Python 就运行 while 循环中的代码。

在这个循环中，提示用户输入其名字及其喜欢爬哪座山（见❶）。将这些信息存储在字典 responses 中（见❷），然后询问用户是否继续调查（见❸）。如果用户输入 yes，程序将再次进入 while 循环；如果用户输入 no，标志 polling_active 将被设置为 False，而 while 循环将就此结束。最后一个代码块（见❹）显示调查结果。

如果运行这个程序，并输入一些名字和回答，输出将类似于下面这样：

```
What is your name? Eric
Which mountain would you like to climb someday? Denali
Would you like to let another person respond? (yes/ no) yes

What is your name? Lynn
Which mountain would you like to climb someday? Devil's Thumb
Would you like to let another person respond? (yes/ no) no

--- Poll Results ---
Eric would like to climb Denali.
Lynn would like to climb Devil's Thumb.
```

动手试一试

练习 7-8：熟食店　创建一个名为 sandwich_orders 的列表，在其中包含各种三明治的名字，再创建一个名为 finished_sandwiches 的空列表。遍历列表 sandwich_orders，对于其中的每种三明治，都打印一条消息，如 I made your tuna sandwich，并将其移到列表 finished_sandwiches 中。所有三明治都制作好后，打印一条消息，将这些三明治列出来。

练习 7-9：五香烟熏牛肉卖完了　使用为完成练习 7-8 而创建的列表 sandwich_orders，并确保'pastrami'在其中至少出现了三次。在程序开头附近添加这样的代码：打印一条消息，指出熟食店的五香烟熏牛肉（pastrami）卖完了；再使用一个 while 循环将列表 sandwich_orders 中的'pastrami'都删除。确认最终的列表 finished_sandwiches 未包含'pastrami'。

练习 7-10：梦想的度假胜地　编写一个程序，调查用户梦想的度假胜地。使用类似于下面的提示，并编写一个打印调查结果的代码块。

If you could visit one place in the world, where would you go?

7.4　小结

在本章中，你学习了：如何在程序中使用 input()来让用户提供信息；如何处理文本和数的输入，以及如何使用 while 循环让程序按用户的要求不断运行；多种控制 while 循环流程的方式：设置活动标志、使用 break 语句以及使用 continue 语句；如何使用 while 循环在列表之间移动元素，以及如何从列表中删除所有包含特定值的元素；如何结合使用 while 循环和字典。

在第 8 章中，你将学习**函数**。函数让你能够将程序分成多个很小的部分，每部分都负责完成一项具体任务。你可以根据需要调用同一个函数任意次，还可将函数存储在独立的文件中。使用函数可让你编写的代码效率更高、更容易维护和排除故障，还可在众多不同的程序中重用。

第 8 章

函　　数

在本章中，你将学习编写**函数**。函数是带名字的代码块，用于完成具体的工作。要执行函数定义的特定任务，可**调用**该函数。需要在程序中多次执行同一项任务时，无须反复编写完成该任务的代码，只需要调用执行该任务的函数，让 Python 运行其中的代码即可。你将发现，通过使用函数，程序编写、阅读、测试和修复起来都更加容易。

你还将学习向函数传递信息的方式；学习如何编写主要任务是显示信息的函数，以及旨在处理数据并返回一个或一组值的函数；最后，学习如何将函数存储在称为**模块**的独立文件中，让主程序文件的组织更为有序。

视频讲解

8.1　定义函数

下面是一个打印问候语的简单函数，名为 greet_user()：

greeter.py

```
❶ def greet_user():
❷     """显示简单的问候语。"""
❸     print("Hello!")

❹ greet_user()
```

本例演示了最简单的函数结构。❶处的代码行使用关键字 def 来告诉 Python，你要定义一个函数。这是**函数定义**，向 Python 指出了函数名，还可能在圆括号内指出函数为完成任务需要什么样的信息。在这里，函数名为 greet_user()，它不需要任何信息就能完成工作，因此括号是空的（即便如此，括号也必不可少）。最后，定义以冒号结尾。

紧跟在 def greet_user():后面的所有缩进行构成了函数体。❷处的文本是称为**文档字符串**（docstring）的注释，描述了函数是做什么的。文档字符串用三引号括起，Python 使用它们来生成有关程序中函数的文档。

代码行 print("Hello!")（见❸）是函数体内的唯一一行代码，因此 greet_user()只做一项工作：打印 Hello!。

要使用这个函数，可调用它。**函数调用**让 Python 执行函数的代码。要**调用**函数，可依次指定函数名以及用圆括号括起的必要信息，如❹处所示。由于这个函数不需要任何信息，调用它时只需输入 greet_user()即可。和预期一样，它打印 Hello!：

```
Hello!
```

8.1.1　向函数传递信息

只需稍作修改，就可让函数 greet_user()不仅向用户显示 Hello!，还将用户的名字作为抬头。为此，可在函数定义 def greet_user()的括号内添加 username。通过在这里添加 username，可让函数接受你给 username 指定的任何值。现在，这个函数要求你调用它时给 username 指定一个值。调用 greet_user()时，可将一个名字传递给它，如下所示：

```
def greet_user(username):
    """显示简单的问候语。"""
    print(f"Hello, {username.title()}!")

greet_user('jesse')
```

代码 greet_user('jesse')调用函数 greet_user()，并向它提供执行函数调用 print()所需的信息。这个函数接受你传递给它的名字，并向这个人发出问候：

```
Hello, Jesse!
```

同样，greet_user('sarah')调用函数 greet_user()并向它传递'sarah'，从而打印 Hello, Sarah!。可根据需要调用函数 greet_user()任意次，调用时无论传入什么名字，都将生成相应的输出。

8.1.2　实参和形参

前面定义函数 greet_user()时，要求给变量 username 指定一个值。调用这个函数并提供这种信息（人名）时，它将打印相应的问候语。

在函数 greet_user()的定义中，变量 username 是一个**形参**（parameter），即函数完成工作所需的信息。在代码 greet_user('jesse')中，值'jesse'是一个**实参**（argument），即调用函数时传递给函数的信息。调用函数时，将要让函数使用的信息放在圆括号内。在 greet_user('jesse')中，将实参'jesse'传递给了函数 greet_user()，这个值被赋给了形参 username。

注意 大家有时候会形参、实参不分，因此如果你看到有人将函数定义中的变量称为实参或将函数调用中的变量称为形参，不要大惊小怪。

动手试一试

练习 8-1：消息 编写一个名为 display_message()的函数，它打印一个句子，指出你在本章学的是什么。调用这个函数，确认显示的消息正确无误。

练习 8-2：喜欢的图书 编写一个名为 favorite_book()的函数，其中包含一个名为 title 的形参。这个函数打印一条消息，下面是一个例子。

One of my favorite books is Alice in Wonderland.

调用这个函数，并将一本图书的名称作为实参传递给它。

8

8.2 传递实参

函数定义中可能包含多个形参，因此函数调用中也可能包含多个实参。向函数传递实参的方式很多：可使用**位置实参**，这要求实参的顺序与形参的顺序相同；也可使用**关键字实参**，其中每个实参都由变量名和值组成；还可使用列表和字典。下面依次介绍这些方式。

8.2.1 位置实参

调用函数时，Python 必须将函数调用中的每个实参都关联到函数定义中的一个形参。为此，最简单的关联方式是基于实参的顺序。这种关联方式称为**位置实参**。

为明白其中的工作原理，来看一个显示宠物信息的函数。这个函数指出一个宠物属于哪种动物以及它叫什么名字，如下所示：

pets.py

```
❶ def describe_pet(animal_type, pet_name):
      """显示宠物的信息。"""
      print(f"\nI have a {animal_type}.")
      print(f"My {animal_type}'s name is {pet_name.title()}.")

❷ describe_pet('hamster', 'harry')
```

这个函数的定义表明，它需要一种动物类型和一个名字（见❶）。调用 describe_pet()时，需要按顺序提供一种动物类型和一个名字。例如，在刚才的函数调用中，实参'hamster'被赋给形参 animal_type，而实参'harry'被赋给形参 pet_name（见❷）。在函数体内，使用了这两个形参来显示宠物的信息。

输出描述了一只名为 Harry 的仓鼠：

```
I have a hamster.
My hamster's name is Harry.
```

1. 多次调用函数

可以根据需要调用函数任意次。要再描述一个宠物，只需再次调用 describe_pet()即可：

```
def describe_pet(animal_type, pet_name):
    """显示宠物的信息。"""
    print(f"\nI have a {animal_type}.")
    print(f"My {animal_type}'s name is {pet_name.title()}.")

describe_pet('hamster', 'harry')
describe_pet('dog', 'willie')
```

第二次调用 describe_pet()函数时，向它传递了实参'dog'和'willie'。与第一次调用时一样，Python 将实参'dog'关联到形参 animal_type，并将实参'willie'关联到形参 pet_name。与前面一样，这个函数完成了任务，但打印的是一条名为 Willie 的小狗的信息。至此，有一只名为 Harry 的仓鼠，还有一条名为 Willie 的小狗：

```
I have a hamster.
My hamster's name is Harry.

I have a dog.
My dog's name is Willie.
```

多次调用函数是一种效率极高的工作方式。只需在函数中编写一次描述宠物的代码，然后每当需要描述新宠物时，都调用该函数并向它提供新宠物的信息。即便描述宠物的代码增加到了 10 行，依然只需使用一行调用函数的代码，就可描述一个新宠物。

在函数中，可根据需要使用任意数量的位置实参，Python 将按顺序将函数调用中的实参关联到函数定义中相应的形参。

2. 位置实参的顺序很重要

使用位置实参来调用函数时，如果实参的顺序不正确，结果可能出乎意料：

```
def describe_pet(animal_type, pet_name):
    """显示宠物的信息。"""
    print(f"\nI have a {animal_type}.")
    print(f"My {animal_type}'s name is {pet_name.title()}.")

describe_pet('harry', 'hamster')
```

在这个函数调用中，先指定名字，再指定动物类型。由于实参'harry'在前，这个值将赋给形参 animal_type。同理，'hamster'将赋给形参 pet_name。结果是有一个名为 Hamster 的 harry：

```
I have a harry.
My harry's name is Hamster.
```

如果你得到的结果像上面一样可笑，请确认函数调用中实参的顺序与函数定义中形参的顺序一致。

8.2.2 关键字实参

关键字实参是传递给函数的名称值对。因为直接在实参中将名称和值关联起来，所以向函数传递实参时不会混淆（不会得到名为 Hamster 的 harry 这样的结果）。关键字实参让你无须考虑函数调用中的实参顺序，还清楚地指出了函数调用中各个值的用途。

下面来重新编写 pets.py，在其中使用关键字实参来调用 describe_pet()：

```
def describe_pet(animal_type, pet_name):
    """显示宠物的信息。"""
    print(f"\nI have a {animal_type}.")
    print(f"My {animal_type}'s name is {pet_name.title()}.")

describe_pet(animal_type='hamster', pet_name='harry')
```

函数 describe_pet()还和之前一样，但调用这个函数时，向 Python 明确地指出了各个实参对应的形参。看到这个函数调用时，Python 知道应该将实参'hamster'和'harry'分别赋给形参 animal_type 和 pet_name。输出正确无误，指出有一只名为 Harry 的仓鼠。

关键字实参的顺序无关紧要，因为 Python 知道各个值该赋给哪个形参。下面两个函数调用是等效的：

```
describe_pet(animal_type='hamster', pet_name='harry')
describe_pet(pet_name='harry', animal_type='hamster')
```

注意 使用关键字实参时，务必准确指定函数定义中的形参名。

8.2.3 默认值

编写函数时，可给每个形参指定**默认值**。在调用函数中给形参提供了实参时，Python 将使用指定的实参值；否则，将使用形参的默认值。因此，给形参指定默认值后，可在函数调用中省略相应的实参。使用默认值可简化函数调用，还可清楚地指出函数的典型用法。

例如，如果你发现调用 describe_pet()时，描述的大多是小狗，就可将形参 animal_type 的默认值设置为'dog'。这样，调用 describe_pet()来描述小狗时，就可不提供这种信息：

```
def describe_pet(pet_name, animal_type='dog'):
    """显示宠物的信息。"""
    print(f"\nI have a {animal_type}.")
    print(f"My {animal_type}'s name is {pet_name.title()}.")

describe_pet(pet_name='willie')
```

这里修改了函数 describe_pet()的定义，在其中给形参 animal_type 指定了默认值'dog'。这样，调用这个函数时，如果没有给 animal_type 指定值，Python 就将把这个形参设置为'dog'：

```
I have a dog.
My dog's name is Willie.
```

请注意，在这个函数的定义中，修改了形参的排列顺序。因为给 animal_type 指定了默认值，无须通过实参来指定动物类型，所以在函数调用中只包含一个实参——宠物的名字。然而，Python 依然将这个实参视为位置实参，因此如果函数调用中只包含宠物的名字，这个实参将关联到函数定义中的第一个形参。这就是需要将 pet_name 放在形参列表开头的原因。

现在，使用这个函数的最简单方式是在函数调用中只提供小狗的名字：

```
describe_pet('willie')
```

这个函数调用的输出与前一个示例相同。只提供了一个实参'willie'，这个实参将关联到函数定义中的第一个形参 pet_name。由于没有给 animal_type 提供实参，Python 将使用默认值'dog'。

如果要描述的动物不是小狗，可使用类似于下面的函数调用：

```
describe_pet(pet_name='harry', animal_type='hamster')
```

由于显式地给 animal_type 提供了实参，Python 将忽略这个形参的默认值。

注意　使用默认值时，必须先在形参列表中列出没有默认值的形参，再列出有默认值的实参。这让 Python 依然能够正确地解读位置实参。

8.2.4　等效的函数调用

鉴于可混合使用位置实参、关键字实参和默认值，通常有多种等效的函数调用方式。请看下面对函数 describe_pet()的定义，其中给一个形参提供了默认值：

```
def describe_pet(pet_name, animal_type='dog'):
```

基于这种定义，在任何情况下都必须给 pet_name 提供实参。指定该实参时可采用位置方式，也可采用关键字方式。如果要描述的动物不是小狗，还必须在函数调用中给 animal_type 提供实参。同样，指定该实参时可以采用位置方式，也可采用关键字方式。

下面对这个函数的所有调用都可行：

```
# 一条名为 Willie 的小狗。
describe_pet('willie')
describe_pet(pet_name='willie')

# 一只名为 Harry 的仓鼠。
describe_pet('harry', 'hamster')
describe_pet(pet_name='harry', animal_type='hamster')
describe_pet(animal_type='hamster', pet_name='harry')
```

这些函数调用的输出与前面的示例相同。

注意 使用哪种调用方式无关紧要，只要函数调用能生成你期望的输出就行。使用对你来说最容易理解的调用方式即可。

8.2.5 避免实参错误

等你开始使用函数后，如果遇到实参不匹配错误，不要大惊小怪。你提供的实参多于或少于函数完成工作所需的信息时，将出现实参不匹配错误。例如，如果调用函数 describe_pet()时没有指定任何实参，结果将如何呢？

```
def describe_pet(animal_type, pet_name):
    """显示宠物的信息。"""
    print(f"\nI have a {animal_type}.")
    print(f"My {animal_type}'s name is {pet_name.title()}.")

describe_pet()
```

Python 发现该函数调用缺少必要的信息，traceback 指出了这一点：

```
  Traceback (most recent call last):
❶   File "pets.py", line 6, in <module>
❷     describe_pet()
❸ TypeError: describe_pet() missing 2 required positional arguments: 'animal_
  type' and 'pet_name'
```

在❶处，traceback 指出了问题出在什么地方，让我们能够回过头去找出函数调用中的错误。在❷处，指出了导致问题的函数调用。在❸处，traceback 指出该函数调用少了两个实参，并指出了相应形参的名称。如果这个函数存储在一个独立的文件中，我们也许无须打开这个文件并查看函数的代码，就能重新正确地编写函数调用。

Python 读取函数的代码并指出需要为哪些形参提供实参，这提供了极大的帮助。这也是应该给变量和函数指定描述性名称的另一个原因：如果这样做了，那么无论对于你，还是可能使用你编写的代码的其他任何人来说，Python 提供的错误消息都将更有帮助。

如果提供的实参太多，将出现类似的 traceback，帮助你确保函数调用和函数定义匹配。

动手试一试

练习 8-3：T 恤　编写一个名为 make_shirt()的函数，它接受一个尺码以及要印到 T 恤上的字样。这个函数应打印一个句子，概要地说明 T 恤的尺码和字样。

使用位置实参调用该函数来制作一件 T 恤，再使用关键字实参来调用这个函数。

练习 8-4：大号 T 恤　修改函数 make_shirt()，使其在默认情况下制作一件印有"I love Python"字样的大号 T 恤。调用这个函数来制作：一件印有默认字样的大号 T 恤，一件印有默认字样的中号 T 恤，以及一件印有其他字样的 T 恤（尺码无关紧要）。

练习 8-5：城市　编写一个名为 describe_city()的函数，它接受一座城市的名字以及该城市所属的国家。这个函数应打印一个简单的句子，下面是一个例子。

Reykjavik is in Iceland.

给用于存储国家的形参指定默认值。为三座不同的城市调用这个函数，且其中至少有一座城市不属于默认国家。

8.3　返回值

函数并非总是直接显示输出，它还可以处理一些数据，并返回一个或一组值。函数返回的值称为**返回值**。在函数中，可使用 return 语句将值返回到调用函数的代码行。返回值让你能够将程序的大部分繁重工作移到函数中去完成，从而简化主程序。

8.3.1　返回简单值

下面来看一个函数，它接受名和姓并返回整洁的姓名：

formatted_name.py

```
❶ def get_formatted_name(first_name, last_name):
       """返回整洁的姓名。"""
❷     full_name = f"{first_name} {last_name}"
❸     return full_name.title()
```

```
❹ musician = get_formatted_name('jimi', 'hendrix')
  print(musician)
```

函数 get_formatted_name()的定义通过形参接受名和姓（见❶）。它将姓和名合而为一，在中间加上一个空格，并将结果赋给变量 full_name（见❷）。然后，将 full_name 的值转换为首字母大写格式，并将结果返回到函数调用行（见❸）。

调用返回值的函数时，需要提供一个变量，以便将返回的值赋给它。在这里，将返回值赋给了变量 musician（见❹）。输出为整洁的姓名：

```
Jimi Hendrix
```

原本只需编写下面的代码就可输出整洁的姓名，相比于此，前面做的工作好像太多了：

```
print("Jimi Hendrix")
```

但在需要分别存储大量名和姓的大型程序中，像 get_formatted_name()这样的函数非常有用。可以分别存储名和姓，每当需要显示姓名时都调用这个函数。

8.3.2 让实参变成可选的

有时候，需要让实参变成可选的，这样使用函数的人就能只在必要时提供额外的信息。可使用默认值来让实参变成可选的。

例如，假设要扩展函数 get_formatted_name()，使其同时处理中间名。为此，可将其修改成类似于下面这样：

```
def get_formatted_name(first_name, middle_name, last_name):
    """返回整洁的姓名。"""
    full_name = f"{first_name} {middle_name} {last_name}"
    return full_name.title()

musician = get_formatted_name('john', 'lee', 'hooker')
print(musician)
```

只要同时提供名、中间名和姓，这个函数就能正确运行。它根据这三部分创建一个字符串，在适当的地方加上空格，并将结果转换为首字母大写格式：

```
John Lee Hooker
```

并非所有的人都有中间名，但如果调用这个函数时只提供了名和姓，它将不能正确运行。为了让中间名变成可选的，可给形参 middle_name 指定一个空的默认值，并在用户没有提供中间名时不使用这个形参。为让 get_formatted_name()在没有提供中间名时依然可行，可将形参 middle_name

的默认值设置为空字符串，并将其移到形参列表的末尾：

```
❶ def get_formatted_name(first_name, last_name, middle_name=''):
      """返回整洁的姓名。"""
❷     if middle_name:
          full_name = f"{first_name} {middle_name} {last_name}"
❸     else:
          full_name = f"{first_name} {last_name}"
      return full_name.title()

  musician = get_formatted_name('jimi', 'hendrix')
  print(musician)

❹ musician = get_formatted_name('john', 'hooker', 'lee')
  print(musician)
```

在本例中，姓名是根据三个可能提供的部分创建的。由于人都有名和姓，因此在函数定义中首先列出了这两个形参。中间名是可选的，因此在函数定义中最后列出该形参，并将其默认值设置为空字符串（见❶）。

在函数体中，检查是否提供了中间名。Python 将非空字符串解读为 `True`，因此如果函数调用中提供了中间名，`if middle_name` 将为 `True`（见❷）。如果提供了中间名，就将名、中间名和姓合并为姓名，再将其修改为首字母大写格式，并返回到函数调用行。在函数调用行，将返回的值赋给变量 `musician`，然后这个变量的值被打印出来。如果没有提供中间名，`middle_name` 将为空字符串，导致 `if` 测试未通过，进而执行 `else` 代码块（见❸）：只使用名和姓来生成姓名，并将格式设置好的姓名返回给函数调用行。在函数调用行，将返回的值赋给变量 `musician`，然后这个变量的值被打印出来。

调用这个函数时，如果只想指定名和姓，调用起来将非常简单。如果还要指定中间名，就必须确保它是最后一个实参，这样 Python 才能正确地将位置实参关联到形参（见❹）。

这个修改后的版本不仅适用于只有名和姓的人，而且适用于还有中间名的人：

```
Jimi Hendrix
John Lee Hooker
```

可选值让函数能够处理各种不同的情形，同时确保函数调用尽可能简单。

8.3.3　返回字典

函数可返回任何类型的值，包括列表和字典等较复杂的数据结构。例如，下面的函数接受姓名的组成部分，并返回一个表示人的字典：

person.py

```
def build_person(first_name, last_name):
    """返回一个字典，其中包含有关一个人的信息。"""
```

```
❶     person = {'first': first_name, 'last': last_name}
❷     return person

  musician = build_person('jimi', 'hendrix')
❸ print(musician)
```

函数 build_person()接受名和姓，并将这些值放到字典中（见❶）。存储 first_name 的值时，使用的键为'first'，而存储 last_name 的值时，使用的键为'last'。最后，返回表示人的整个字典（见❷）。在❸处，打印这个返回的值，此时原来的两项文本信息存储在一个字典中：

```
{'first': 'jimi', 'last': 'hendrix'}
```

这个函数接受简单的文本信息，并将其放在一个更合适的数据结构中，让你不仅能打印这些信息，还能以其他方式处理它们。当前，字符串'jimi'和'hendrix'被标记为名和姓。你可以轻松地扩展这个函数，使其接受可选值，如中间名、年龄、职业或其他任何要存储的信息。例如，下面的修改让你能存储年龄：


```
def build_person(first_name, last_name, age=None):
    """返回一个字典，其中包含有关一个人的信息。"""
    person = {'first': first_name, 'last': last_name}
    if age:
        person['age'] = age
    return person

musician = build_person('jimi', 'hendrix', age=27)
print(musician)
```

在函数定义中，新增了一个可选形参 age，并将其默认值设置为特殊值 None（表示变量没有值）。可将 None 视为占位值。在条件测试中，None 相当于 False。如果函数调用中包含形参 age 的值，这个值将被存储到字典中。在任何情况下，这个函数都会存储人的姓名，但可进行修改，使其同时存储有关人的其他信息。

8.3.4 结合使用函数和 while 循环

可将函数同本书前面介绍的任何 Python 结构结合起来使用。例如，下面将结合使用函数 get_formatted_name()和 while 循环，以更正式的方式问候用户。下面尝试使用名和姓跟用户打招呼：

greeter.py

```
def get_formatted_name(first_name, last_name):
    """返回整洁的姓名。"""
    full_name = f"{first_name} {last_name}"
    return full_name.title()

# 这是一个无限循环!
while True:
```

```
❶ print("\nPlease tell me your name:")
    f_name = input("First name: ")
    l_name = input("Last name: ")

    formatted_name = get_formatted_name(f_name, l_name)
    print(f"\nHello, {formatted_name}!")
```

在本例中，使用的是 get_formatted_name()的简单版本，不涉及中间名。while 循环让用户输入姓名：依次提示用户输入名和姓（见❶）。

但这个 while 循环存在一个问题：没有定义退出条件。请用户提供一系列输入时，该在什么地方提供退出途径呢？要让用户能够尽可能容易地退出，因此每次提示用户输入时，都应提供退出途径。每次提示用户输入时，都使用 break 语句提供退出循环的简单途径：

```
def get_formatted_name(first_name, last_name):
    """返回整洁的姓名。"""
    full_name = f"{first_name} {last_name}"
    return full_name.title()

while True:
    print("\nPlease tell me your name:")
    print("(enter 'q' at any time to quit)")

    f_name = input("First name: ")
    if f_name == 'q':
        break

    l_name = input("Last name: ")
    if l_name == 'q':
        break

    formatted_name = get_formatted_name(f_name, l_name)
    print(f"\nHello, {formatted_name}!")
```

我们添加了一条消息来告诉用户如何退出，然后在每次提示用户输入时，都检查他输入的是否是退出值。如果是，就退出循环。现在，这个程序将不断地问候，直到用户输入的姓或名为'q'：

```
Please tell me your name:
(enter 'q' at any time to quit)
First name: eric
Last name: matthes

Hello, Eric Matthes!

Please tell me your name:
(enter 'q' at any time to quit)
First name: q
```

动手试一试

练习 8-6：城市名 编写一个名为 city_country()的函数，它接受城市的名称及其所属的国家。这个函数应返回一个格式类似于下面的字符串：

```
"Santiago, Chile"
```

至少使用三个城市国家对来调用这个函数，并打印它返回的值。

练习 8-7：专辑 编写一个名为 make_album()的函数，它创建一个描述音乐专辑的字典。这个函数应接受歌手的名字和专辑名，并返回一个包含这两项信息的字典。使用这个函数创建三个表示不同专辑的字典，并打印每个返回的值，以核实字典正确地存储了专辑的信息。

给函数 make_album()添加一个默认值为 None 的可选形参，以便存储专辑包含的歌曲数。如果调用这个函数时指定了歌曲数，就将该值添加到表示专辑的字典中。调用这个函数，并至少在一次调用中指定专辑包含的歌曲数。

练习 8-8：用户的专辑 在为完成练习 8-7 编写的程序中，编写一个 while 循环，让用户输入专辑的歌手和名称。获取这些信息后，使用它们来调用函数 make_album()并将创建的字典打印出来。在这个 while 循环中，务必提供退出途径。

8

8.4 传递列表

你经常会发现，向函数传递列表很有用，其中包含的可能是名字、数或更复杂的对象（如字典）。将列表传递给函数后，函数就能直接访问其内容。下面使用函数来提高处理列表的效率。

假设有一个用户列表，我们要问候其中的每位用户。下面的示例将包含名字的列表传递给一个名为 greet_users()的函数，这个函数问候列表中的每个人：

greet_users.py

```
def greet_users(names):
    """向列表中的每位用户发出简单的问候。"""
    for name in names:
        msg = f"Hello, {name.title()}!"
        print(msg)

❶ usernames = ['hannah', 'ty', 'margot']
greet_users(usernames)
```

我们将 greet_users()定义为接受一个名字列表，并将其赋给形参 names。这个函数遍历收到的列表，并对其中的每位用户打印一条问候语。❶处定义了一个用户列表 usernames，然后调用

greet_users()并将该列表传递给它：

```
Hello, Hannah!
Hello, Ty!
Hello, Margot!
```

输出完全符合预期。每位用户都看到了一条个性化的问候语。每当需要问候一组用户时，都可调用这个函数。

8.4.1　在函数中修改列表

将列表传递给函数后，函数就可对其进行修改。在函数中对这个列表所做的任何修改都是永久性的，这让你能够高效地处理大量数据。

来看一家为用户提交的设计制作 3D 打印模型的公司。需要打印的设计存储在一个列表中，打印后将移到另一个列表中。下面是在不使用函数的情况下模拟这个过程的代码：

printing_models.py

```
# 首先创建一个列表，其中包含一些要打印的设计。
unprinted_designs = ['phone case', 'robot pendant', 'dodecahedron']
completed_models = []

# 模拟打印每个设计，直到没有未打印的设计为止。
# 打印每个设计后，都将其移到列表 completed_models 中。
while unprinted_designs:
    current_design = unprinted_designs.pop()
    print(f"Printing model: {current_design}")
    completed_models.append(current_design)

# 显示打印好的所有模型。
print("\nThe following models have been printed:")
for completed_model in completed_models:
    print(completed_model)
```

这个程序首先创建一个需要打印的设计列表，以及一个名为 completed_models 的空列表，每个设计打印后都将移到其中。只要列表 unprinted_designs 中还有设计，while 循环就模拟打印设计的过程：从该列表末尾删除一个设计，将其赋给变量 current_design，并显示一条消息指出正在打印当前的设计，然后将该设计加入到列表 completed_models 中。循环结束后，显示已打印的所有设计：

```
Printing model: dodecahedron
Printing model: robot pendant
Printing model: phone case

The following models have been printed:
dodecahedron
robot pendant
phone case
```

为重新组织这些代码，可编写两个函数，每个都做一件具体的工作。大部分代码与原来相同，只是效率更高。第一个函数负责处理打印设计的工作，第二个概述打印了哪些设计：

```
❶ def print_models(unprinted_designs, completed_models):
      """
      模拟打印每个设计，直到没有未打印的设计为止。
      打印每个设计后，都将其移到列表 completed_models 中。
      """
      while unprinted_designs:
          current_design = unprinted_designs.pop()
          print(f"Printing model: {current_design}")
          completed_models.append(current_design)

❷ def show_completed_models(completed_models):
      """显示打印好的所有模型。"""
      print("\nThe following models have been printed:")
      for completed_model in completed_models:
          print(completed_model)

  unprinted_designs = ['phone case', 'robot pendant', 'dodecahedron']
  completed_models = []

  print_models(unprinted_designs, completed_models)
  show_completed_models(completed_models)
```

❶处定义了函数 print_models()，它包含两个形参：一个需要打印的设计列表和一个打印好的模型列表。给定这两个列表，该函数模拟打印每个设计的过程：将设计逐个从未打印的设计列表中取出，并加入打印好的模型列表中。❷处定义了函数 show_completed_models()，它包含一个形参：打印好的模型列表。给定这个列表，函数 show_completed_models()显示打印出来的每个模型的名称。

这个程序的输出与未使用函数的版本相同，但组织更为有序。完成大部分工作的代码都移到了两个函数中，让主程序更容易理解。只要看看主程序，就会发现这个程序的功能清晰得多：

```
unprinted_designs = ['phone case', 'robot pendant', 'dodecahedron']
completed_models = []

print_models(unprinted_designs, completed_models)
show_completed_models(completed_models)
```

我们创建了一个未打印的设计列表，还创建了一个空列表，用于存储打印好的模型。接下来，由于已经定义了两个函数，只需调用它们并传入正确的实参即可。我们调用 print_models()并向它传递两个列表。像预期一样，print_models()模拟打印设计的过程。接下来，调用 show_completed_models()，并将打印好的模型列表传递给它，让其能够指出打印了哪些模型。描述性的函数名让别人阅读这些代码时也能明白，尽管没有任何注释。

8

相比于没有使用函数的版本，这个程序更容易扩展和维护。如果以后需要打印其他设计，只需再次调用 print_models()即可。如果发现需要对打印代码进行修改，只需修改这些代码一次，就能影响所有调用该函数的地方。与必须分别修改程序的多个地方相比，这种修改的效率更高。

该程序还演示了这样一种理念：每个函数都应只负责一项具体的工作。第一个函数打印每个设计，第二个显示打印好的模型。这优于使用一个函数来完成这两项工作。编写函数时，如果发现它执行的任务太多，请尝试将这些代码划分到两个函数中。别忘了，总是可以在一个函数中调用另一个函数，这有助于将复杂的任务划分成一系列步骤。

8.4.2　禁止函数修改列表

有时候，需要禁止函数修改列表。例如，假设像前一个示例那样，你有一个未打印的设计列表，并编写了一个函数将这些设计移到打印好的模型列表中。你可能会做出这样的决定：即便打印好了所有设计，也要保留原来的未打印的设计列表，以供备案。但由于你将所有的设计都移出了 unprinted_designs，这个列表变成了空的，原来的列表没有了。为解决这个问题，可向函数传递列表的副本而非原件。这样，函数所做的任何修改都只影响副本，而原件丝毫不受影响。

要将列表的副本传递给函数，可以像下面这样做：

```
function_name(list_name[:])
```

切片表示法[:]创建列表的副本。在 printing_models.py 中，如果不想清空未打印的设计列表，可像下面这样调用 print_models()：

```
print_models(unprinted_designs[:], completed_models)
```

这样函数 print_models()依然能够完成工作，因为它获得了所有未打印的设计的名称，但使用的是列表 unprinted_designs 的副本，而不是列表 unprinted_designs 本身。像以前一样，列表 completed_models 也将包含打印好的模型的名称，但函数所做的修改不会影响到列表 unprinted_designs。

虽然向函数传递列表的副本可保留原始列表的内容，但除非有充分的理由，否则还是应该将原始列表传递给函数。这是因为让函数使用现成的列表可避免花时间和内存创建副本，从而提高效率，在处理大型列表时尤其如此。

动手试一试

练习 8-9：消息　创建一个列表，其中包含一系列简短的文本消息。将该列表传递给一个名为 show_messages()的函数，这个函数会打印列表中的每条文本消息。

练习 8-10：发送消息 在你为完成练习 8-9 而编写的程序中，编写一个名为 send_messages()的函数，将每条消息都打印出来并移到一个名为 sent_messages 的列表中。调用函数 send_messages()，再将两个列表都打印出来，确认正确地移动了消息。

练习 8-11：消息归档 修改你为完成练习 8-10 而编写的程序，在调用函数 send_messages()时，向它传递消息列表的副本。调用函数 send_messages()后，将两个列表都打印出来，确认保留了原始列表中的消息。

8.5 传递任意数量的实参

有时候，预先不知道函数需要接受多少个实参，好在 Python 允许函数从调用语句中收集任意数量的实参。

例如，来看一个制作比萨的函数，它需要接受很多配料，但无法预先确定顾客要多少种配料。下面的函数只有一个形参*toppings，但不管调用语句提供了多少实参，这个形参会将它们统统收入囊中：

pizza.py

```
def make_pizza(*toppings):
    """打印顾客点的所有配料。"""
    print(toppings)

make_pizza('pepperoni')
make_pizza('mushrooms', 'green peppers', 'extra cheese')
```

形参名*toppings 中的星号让 Python 创建一个名为 toppings 的空元组，并将收到的所有值都封装到这个元组中。函数体内的函数调用 print()通过生成输出，证明 Python 能够处理使用一个值来调用函数的情形，也能处理使用三个值来调用函数的情形。它以类似的方式处理不同的调用。注意，Python 将实参封装到一个元组中，即便函数只收到一个值：

```
('pepperoni',)
('mushrooms', 'green peppers', 'extra cheese')
```

现在，可以将函数调用 print()替换为一个循环，遍历配料列表并对顾客点的比萨进行描述：

```
def make_pizza(*toppings):
    """概述要制作的比萨。"""
    print("\nMaking a pizza with the following toppings:")
    for topping in toppings:
        print(f"- {topping}")

make_pizza('pepperoni')
make_pizza('mushrooms', 'green peppers', 'extra cheese')
```

不管收到一个值还是三个值，这个函数都能妥善处理：

```
Making a pizza with the following toppings:
- pepperoni

Making a pizza with the following toppings:
- mushrooms
- green peppers
- extra cheese
```

不管函数收到的实参是多少个，这种语法都管用。

8.5.1　结合使用位置实参和任意数量实参

如果要让函数接受不同类型的实参，必须在函数定义中将接纳任意数量实参的形参放在最后。Python 先匹配位置实参和关键字实参，再将余下的实参都收集到最后一个形参中。

例如，如果前面的函数还需要一个表示比萨尺寸的形参，必须将其放在形参*toppings 的前面：

```
def make_pizza(size, *toppings):
    """概述要制作的比萨。"""
    print(f"\nMaking a {size}-inch pizza with the following toppings:")
    for topping in toppings:
        print(f"- {topping}")

make_pizza(16, 'pepperoni')
make_pizza(12, 'mushrooms', 'green peppers', 'extra cheese')
```

基于上述函数定义，Python 将收到的第一个值赋给形参 size，并将其他所有值都存储在元组 toppings 中。在函数调用中，首先指定表示比萨尺寸的实参，再根据需要指定任意数量的配料。

现在，每个比萨都有了尺寸和一系列配料，而且这些信息按正确的顺序打印出来了——首先是尺寸，然后是配料：

```
Making a 16-inch pizza with the following toppings:
- pepperoni

Making a 12-inch pizza with the following toppings:
- mushrooms
- green peppers
- extra cheese
```

注意　你经常会看到通用形参名*args，它也收集任意数量的位置实参。

8.5.2 使用任意数量的关键字实参

有时候，需要接受任意数量的实参，但预先不知道传递给函数的会是什么样的信息。在这种情况下，可将函数编写成能够接受任意数量的键值对——调用语句提供了多少就接受多少。一个这样的示例是创建用户简介：你知道将收到有关用户的信息，但不确定会是什么样的信息。在下面的示例中，函数 build_profile()接受名和姓，还接受任意数量的关键字实参：

user_profile.py

```
def build_profile(first, last, **user_info):
    """创建一个字典，其中包含我们知道的有关用户的一切。"""
❶   user_info['first_name'] = first
    user_info['last_name'] = last
    return user_info

user_profile = build_profile('albert', 'einstein',
                             location='princeton',
                             field='physics')
print(user_profile)
```


函数 build_profile()的定义要求提供名和姓，同时允许根据需要提供任意数量的名称值对。形参**user_info 中的两个星号让 Python 创建一个名为 user_info 的空字典，并将收到的所有名称值对都放到这个字典中。在这个函数中，可以像访问其他字典那样访问 user_info 中的名称值对。

在 build_profile()的函数体内，将名和姓加入了字典 user_info 中（见❶），因为总是会从用户那里收到这两项信息，而这两项信息没有放到这个字典中。接下来，将字典 user_info 返回到函数调用行。

我们调用 build_profile()，向它传递名（'albert'）、姓（'einstein'）和两个键值对（location='princeton'和 field='physics'），并将返回的 user_info 赋给变量 user_profile，再打印该变量：

```
{'location': 'princeton', 'field': 'physics',
'first_name': 'albert', 'last_name': 'einstein'}
```

在这里，返回的字典包含用户的名和姓，还有求学的地方和所学专业。调用这个函数时，不管额外提供多少个键值对，它都能正确地处理。

编写函数时，能以各种方式混合使用位置实参、关键字实参和任意数量的实参。知道这些实参类型大有裨益，因为阅读别人编写的代码时经常会见到它们。要正确地使用这些类型的实参并知道其使用时机，需要经过一定的练习。就目前而言，牢记使用最简单的方法来完成任务就好了。继续往下阅读，你就会知道在各种情况下哪种方法的效率最高。

注意 你经常会看到形参名**kwargs，它用于收集任意数量的关键字实参。

动手试一试

练习 8-12：三明治　编写一个函数，它接受顾客要在三明治中添加的一系列食材。这个函数只有一个形参（它收集函数调用中提供的所有食材），并打印一条消息，对顾客点的三明治进行概述。调用这个函数三次，每次都提供不同数量的实参。

练习 8-13：用户简介　复制前面的程序 user_profile.py，在其中调用 build_profile() 来创建有关你的简介。调用这个函数时，指定你的名和姓，以及三个描述你的键值对。

练习 8-14：汽车　编写一个函数，将一辆汽车的信息存储在字典中。这个函数总是接受制造商和型号，还接受任意数量的关键字实参。这样调用该函数：提供必不可少的信息，以及两个名称值对，如颜色和选装配件。这个函数必须能够像下面这样进行调用：

```
car = make_car('subaru', 'outback', color='blue', tow_package=True)
```

打印返回的字典，确认正确地处理了所有的信息。

8.6　将函数存储在模块中

使用函数的优点之一是可将代码块与主程序分离。通过给函数指定描述性名称，可让主程序容易理解得多。你还可以更进一步，将函数存储在称为**模块**的独立文件中，再将模块**导入**到主程序中。import 语句允许在当前运行的程序文件中使用模块中的代码。

通过将函数存储在独立的文件中，可隐藏程序代码的细节，将重点放在程序的高层逻辑上。这还能让你在众多不同的程序中重用函数。将函数存储在独立文件中后，可与其他程序员共享这些文件而不是整个程序。知道如何导入函数还能让你使用其他程序员编写的函数库。

导入模块的方法有多种，下面对每种进行简要的介绍。

8.6.1　导入整个模块

要让函数是可导入的，得先创建模块。**模块**是扩展名为.py 的文件，包含要导入到程序中的代码。下面来创建一个包含函数 make_pizza()的模块。为此，将文件 pizza.py 中除函数 make_pizza()之外的其他代码删除：

pizza.py

```
def make_pizza(size, *toppings):
    """概述要制作的比萨。"""
    print(f"\nMaking a {size}-inch pizza with the following toppings:")
    for topping in toppings:
        print(f"- {topping}")
```

接下来，在 pizza.py 所在的目录中创建一个名为 making_pizzas.py 的文件。这个文件导入刚创建的模块，再调用 make_pizza()两次：

making_pizzas.py

```
import pizza

❶ pizza.make_pizza(16, 'pepperoni')
pizza.make_pizza(12, 'mushrooms', 'green peppers', 'extra cheese')
```

Python 读取这个文件时，代码行 import pizza 让 Python 打开文件 pizza.py，并将其中的所有函数都复制到这个程序中。你看不到复制的代码，因为在这个程序即将运行时，Python 在幕后复制了这些代码。你只需知道，在 making_pizzas.py 中，可使用 pizza.py 中定义的所有函数。

要调用被导入模块中的函数，可指定被导入模块的名称 pizza 和函数名 make_pizza()，并用句点分隔（见❶）。这些代码的输出与没有导入模块的原始程序相同：

```
Making a 16-inch pizza with the following toppings:
- pepperoni

Making a 12-inch pizza with the following toppings:
- mushrooms
- green peppers
- extra cheese
```

这就是一种导入方法：只需编写一条 import 语句并在其中指定模块名，就可在程序中使用该模块中的所有函数。如果使用这种 import 语句导入了名为 module_name.py 的整个模块，就可使用下面的语法来使用其中任何一个函数：

```
module_name.function_name()
```

8.6.2 导入特定的函数

还可以导入模块中的特定函数，这种导入方法的语法如下：

```
from module_name import function_name
```

通过用逗号分隔函数名，可根据需要从模块中导入任意数量的函数：

```
from module_name import function_0, function_1, function_2
```

对于前面的 making_pizzas.py 示例，如果只想导入要使用的函数，代码将类似于下面这样：

```
from pizza import make_pizza

make_pizza(16, 'pepperoni')
make_pizza(12, 'mushrooms', 'green peppers', 'extra cheese')
```

8

使用这种语法时，调用函数时无须使用句点。由于在 import 语句中显式地导入了函数 make_pizza()，调用时只需指定其名称即可。

8.6.3　使用 as 给函数指定别名

如果要导入函数的名称可能与程序中现有的名称冲突，或者函数的名称太长，可指定简短而独一无二的**别名**：函数的另一个名称，类似于外号。要给函数取这种特殊外号，需要在导入它时指定。

下面给函数 make_pizza()指定了别名 mp()。这是在 import 语句中使用 make_pizza as mp 实现的，关键字 as 将函数重命名为指定的别名：

```
from pizza import make_pizza as mp

mp(16, 'pepperoni')
mp(12, 'mushrooms', 'green peppers', 'extra cheese')
```

上面的 import 语句将函数 make_pizza()重命名为 mp()。在这个程序中，每当需要调用 make_pizza()时，都可简写成 mp()。Python 将运行 make_pizza()中的代码，避免与这个程序可能包含的函数 make_pizza()混淆。

指定别名的通用语法如下：

```
from module_name import function_name as fn
```

8.6.4　使用 as 给模块指定别名

还可以给模块指定别名。通过给模块指定简短的别名（如给模块 pizza 指定别名 p），让你能够更轻松地调用模块中的函数。相比于 pizza.make_pizza()，p.make_pizza()更为简洁：

```
import pizza as p

p.make_pizza(16, 'pepperoni')
p.make_pizza(12, 'mushrooms', 'green peppers', 'extra cheese')
```

上述 import 语句给模块 pizza 指定了别名 p，但该模块中所有函数的名称都没变。要调用函数 make_pizza()，可编写代码 p.make_pizza()而非 pizza.make_pizza()。这样不仅代码更简洁，还让你不用再关注模块名，只专注于描述性的函数名。这些函数名明确指出了函数的功能，对于理解代码而言，比模块名更重要。

给模块指定别名的通用语法如下：

```
import module_name as mn
```

8.6.5 导入模块中的所有函数

使用星号（*）运算符可让Python导入模块中的所有函数：

```
from pizza import *

make_pizza(16, 'pepperoni')
make_pizza(12, 'mushrooms', 'green peppers', 'extra cheese')
```

import语句中的星号让Python将模块pizza中的每个函数都复制到这个程序文件中。由于导入了每个函数，可通过名称来调用每个函数，而无须使用句点表示法。然而，使用并非自己编写的大型模块时，最好不要采用这种导入方法。这是因为如果模块中有函数的名称与当前项目中使用的名称相同，可能导致意想不到的结果：Python可能遇到多个名称相同的函数或变量，进而覆盖函数，而不是分别导入所有的函数。

最佳的做法是，要么只导入需要使用的函数，要么导入整个模块并使用句点表示法。这让代码更清晰，更容易阅读和理解。这里之所以介绍这种导入方法，只是想让你在阅读别人编写的代码时，能够理解类似于下面的import语句：


```
from module_name import *
```

8.7 函数编写指南

编写函数时，需要牢记几个细节。应给函数指定描述性名称，且只在其中使用小写字母和下划线。描述性名称可帮助你和别人明白代码想要做什么。给模块命名时也应遵循上述约定。

每个函数都应包含简要地阐述其功能的注释。该注释应紧跟在函数定义后面，并采用文档字符串格式。文档良好的函数让其他程序员只需阅读文档字符串中的描述就能够使用它。他们完全可以相信代码如描述的那样运行，并且只要知道函数的名称、需要的实参以及返回值的类型，就能在自己的程序中使用它。

给形参指定默认值时，等号两边不要有空格：

```
def function_name(parameter_0, parameter_1='default value')
```

对于函数调用中的关键字实参，也应遵循这种约定：

```
function_name(value_0, parameter_1='value')
```

PEP 8建议代码行的长度不要超过79字符，这样只要编辑器窗口适中，就能看到整行代码。如果形参很多，导致函数定义的长度超过了79字符，可在函数定义中输入左括号后按回车键，并在下一行按两次Tab键，从而将形参列表和只缩进一层的函数体区分开来。

大多数编辑器会自动对齐后续参数列表行，使其缩进程度与你给第一个参数列表行指定的缩进程度相同：

```
def function_name(
        parameter_0, parameter_1, parameter_2,
        parameter_3, parameter_4, parameter_5):
    function body...
```

如果程序或模块包含多个函数，可使用两个空行将相邻的函数分开，这样将更容易知道前一个函数在什么地方结束，下一个函数从什么地方开始。

所有 import 语句都应放在文件开头。唯一例外的情形是，在文件开头使用了注释来描述整个程序。

动手试一试

练习 8-15：打印模型　将示例 printing_models.py 中的函数放在一个名为 printing_functions.py 的文件中。在 printing_models.py 的开头编写一条 import 语句，并修改该文件以使用导入的函数。

练习 8-16：导入　选择一个你编写的且只包含一个函数的程序，将该函数放在另一个文件中。在主程序文件中，使用下述各种方法导入这个函数，再调用它：

```
import module_name
from module_name import function_name
from module_name import function_name as fn
import module_name as mn
from module_name import *
```

练习 8-17：函数编写指南　选择你在本章中编写的三个程序，确保它们遵循了本节介绍的函数编写指南。

8.8　小结

在本章中，你学习了：如何编写函数，以及如何传递实参，让函数能够访问完成其工作所需的信息；如何使用位置实参和关键字实参，以及如何接受任意数量的实参；显示输出的函数和返回值的函数；如何将函数同列表、字典、if 语句和 while 循环结合起来使用；如何将函数存储在称为**模块**的独立文件中，让程序文件更简单、更易于理解。最后，你学习了函数编写指南，遵循这些指南可让程序始终结构良好，并对你和其他人来说易于阅读。

程序员的目标之一是，编写简单的代码来完成任务，而函数有助于你实现这样的目标。它们让你编写好代码块并确定其能够正确运行后，就可置之不理。确定函数能够正确地完成其工作后，你就可以接着投身于下一个编码任务。

函数让你编写代码一次后，想重用它们多少次就重用多少次。需要运行函数中的代码时，只需编写一行函数调用代码，就可让函数完成其工作。需要修改函数的行为时，只需修改一个代码块，而所做的修改将影响调用这个函数的每个地方。

使用函数让程序更容易阅读，而良好的函数名概述了程序各个部分的作用。相对于阅读一系列的代码块，阅读一系列函数调用让你能够更快地明白程序的作用。

函数还让代码更容易测试和调试。如果程序使用一系列的函数来完成其任务，而其中的每个函数都完成一项具体的工作，测试和维护起来将容易得多：可编写分别调用每个函数的程序，并测试每个函数是否在它可能遇到的各种情形下都能正确地运行。经过这样的测试后你就能充满信心，深信每次调用这些函数时，它们都将正确地运行。

在第 9 章，你将学习编写类。类将函数和数据整洁地封装起来，让你能够灵活而高效地使用它们。

第9章 类

面向对象编程是最有效的软件编写方法之一。在面向对象编程中，你编写表示现实世界中的事物和情景的类，并基于这些类来创建对象。编写类时，你定义一大类对象都有的通用行为。基于类创建**对象**时，每个对象都自动具备这种通用行为，然后可根据需要赋予每个对象独特的个性。使用面向对象编程可模拟现实情景，其逼真程度达到了令人惊讶的地步。

根据类来创建对象称为**实例化**，这让你能够使用类的实例。在本章中，你将编写一些类并创建其实例。你将指定可在实例中存储什么信息，定义可对这些实例执行哪些操作。你还将编写一些类来扩展既有类的功能，让相似的类能够高效地共享代码。你将把自己编写的类存储在模块中，并在自己的程序文件中导入其他程序员编写的类。

理解面向对象编程有助于你像程序员那样看世界，还可以帮助你真正明白自己编写的代码：不仅是各行代码的作用，还有代码背后更宏大的概念。了解类背后的概念可培养逻辑思维，让你能够通过编写程序来解决遇到的几乎任何问题。

随着面临的挑战日益严峻，类还能让你以及与你合作的其他程序员的生活更轻松。如果你与其他程序员基于同样的逻辑来编写代码，你们就能明白对方所做的工作。你编写的程序将能被众多合作者所理解，每个人都能事半功倍。

9.1 创建和使用类

视频讲解

使用类几乎可以模拟任何东西。下面来编写一个表示小狗的简单类 Dog，它表示的不是特定的小狗，而是任何小狗。对于大多数宠物狗，我们都知道些什么呢？它们都有名字和年龄。我们还知道，大多数小狗还会蹲下和打滚。由于大多数小狗都具备上述两项信息（名字和年龄）和两种行为（蹲下和打滚），我们的 Dog 类将包含它们。这个类让 Python 知道如何创建表示小狗的对象。编写这个类后，我们将使用它来创建表示特定小狗的实例。

9.1.1 创建 Dog 类

根据 Dog 类创建的每个实例都将存储名字和年龄，我们赋予了每条小狗蹲下（sit()）和打滚（roll_over()）的能力：

dog.py

```
❶ class Dog:
❷     """一次模拟小狗的简单尝试。"""

❸     def __init__(self, name, age):
          """初始化属性 name 和 age。"""
❹         self.name = name
          self.age = age

❺     def sit(self):
          """模拟小狗收到命令时蹲下。"""
          print(f"{self.name} is now sitting.")

      def roll_over(self):
          """模拟小狗收到命令时打滚。"""
          print(f"{self.name} rolled over!")
```


这里需要注意的地方很多，但也不用担心，本章充斥着这样的结构，你有大把的机会熟悉它。❶处定义了一个名为 Dog 的类。根据约定，在 Python 中，首字母大写的名称指的是类。这个类定义中没有圆括号，因为要从空白创建这个类。❷处编写了一个文档字符串，对这个类的功能做了描述。

方法__init__()

类中的函数称为**方法**。你在前面学到的有关函数的一切都适用于方法，就目前而言，唯一重要的差别是调用方法的方式。❸处的方法__init__()是一个特殊方法，每当你根据 Dog 类创建新实例时，Python 都会自动运行它。在这个方法的名称中，开头和末尾各有两个下划线，这是一种约定，旨在避免 Python 默认方法与普通方法发生名称冲突。务必确保__init__()的两边都有两个下划线，否则当你使用类来创建实例时，将不会自动调用这个方法，进而引发难以发现的错误。

我们将方法__init__()定义成包含三个形参：self、name 和 age。在这个方法的定义中，形参 self 必不可少，而且必须位于其他形参的前面。为何必须在方法定义中包含形参 self 呢？因为 Python 调用这个方法来创建 Dog 实例时，将自动传入实参 self。每个与实例相关联的方法调用都自动传递实参 self，它是一个指向实例本身的引用，让实例能够访问类中的属性和方法。创建 Dog 实例时，Python 将调用 Dog 类的方法__init__()。我们将通过实参向 Dog()传递名字和年龄，self 会自动传递，因此不需要传递它。每当根据 Dog 类创建实例时，都只需给最后两个形参（name 和 age）提供值。

❹处定义的两个变量都有前缀 self。以 self 为前缀的变量可供类中的所有方法使用，可以

通过类的任何实例来访问。self.name = name 获取与形参 name 相关联的值，并将其赋给变量 name，然后该变量被关联到当前创建的实例。self.age = age 的作用与此类似。像这样可通过实例访问的变量称为**属性**。

Dog 类还定义了另外两个方法：sit()和 roll_over()（见❺）。这些方法执行时不需要额外的信息，因此它们只有一个形参 self。我们随后将创建的实例能够访问这些方法，换句话说，它们都会蹲下和打滚。当前，sit()和 roll_over()所做的有限，只是打印一条消息，指出小狗正在蹲下或打滚。但可以扩展这些方法以模拟实际情况：如果这个类包含在一个计算机游戏中，这些方法将包含创建小狗蹲下和打滚动画效果的代码；如果这个类是用于控制机器狗的，这些方法将让机器狗做出蹲下和打滚的动作。

9.1.2　根据类创建实例

可将类视为有关如何创建实例的说明。Dog 类是一系列说明，让 Python 知道如何创建表示特定小狗的实例。

下面来创建一个表示特定小狗的实例：

```
class Dog:
    --snip--

❶ my_dog = Dog('Willie', 6)

❷ print(f"My dog's name is {my_dog.name}.")
❸ print(f"My dog is {my_dog.age} years old.")
```

在这里使用的是前一个示例中编写的 Dog 类。在❶处，让 Python 创建一条名字为'Willie'、年龄为 6 的小狗。遇到这行代码时，Python 使用实参'Willie'和 6 调用 Dog 类的方法__init__()。方法__init__()创建一个表示特定小狗的实例，并使用提供的值来设置属性 name 和 age。接下来，Python 返回一个表示这条小狗的实例，而我们将这个实例赋给了变量 my_dog。在这里，命名约定很有用：通常可认为首字母大写的名称（如 Dog）指的是类，而小写的名称（如 my_dog）指的是根据类创建的实例。

1. 访问属性

要访问实例的属性，可使用句点表示法。❷处编写了如下代码来访问 my_dog 的属性 name 的值：

```
my_dog.name
```

句点表示法在 Python 中很常用，这种语法演示了 Python 如何获悉属性的值。在这里，Python 先找到实例 my_dog，再查找与该实例相关联的属性 name。在 Dog 类中引用这个属性时，使用的是 self.name。在❸处，使用同样的方法来获取属性 age 的值。

输出是有关 my_dog 的摘要：

```
My dog's name is Willie.
My dog is 6 years old.
```

2. 调用方法

根据 Dog 类创建实例后，就能使用句点表示法来调用 Dog 类中定义的任何方法了。下面来让小狗蹲下和打滚：

```
class Dog:
    --snip--

my_dog = Dog('Willie', 6)
my_dog.sit()
my_dog.roll_over()
```

要调用方法，可指定实例的名称（这里是 my_dog）和要调用的方法，并用句点分隔。遇到代码 my_dog.sit()时，Python 在类 Dog 中查找方法 sit()并运行其代码。Python 以同样的方式解读代码 my_dog.roll_over()。

Willie 按我们的命令做了：

```
Willie is now sitting.
Willie rolled over!
```

这种语法很有用。如果给属性和方法指定了合适的描述性名称，如 name、age、sit()和 roll_over()，即便是从未见过的代码块，我们也能够轻松地推断出它是做什么的。

3. 创建多个实例

可按需求根据类创建任意数量的实例。下面再创建一个名为 your_dog 的小狗实例：

```
class Dog:
    --snip--

my_dog = Dog('Willie', 6)
your_dog = Dog('Lucy', 3)

print(f"My dog's name is {my_dog.name}.")
print(f"My dog is {my_dog.age} years old.")
my_dog.sit()

print(f"\nYour dog's name is {your_dog.name}.")
print(f"Your dog is {your_dog.age} years old.")
your_dog.sit()
```

在本例中创建了两条小狗，分别名为 Willie 和 Lucy。每条小狗都是一个独立的实例，有自己的一组属性，能够执行相同的操作：

```
My dog's name is Willie.
My dog is 6 years old.
Willie is now sitting.

Your dog's name is Lucy.
Your dog is 3 years old.
Lucy is now sitting.
```

即使给第二条小狗指定同样的名字和年龄，Python 依然会根据 Dog 类创建另一个实例。你可按需求根据一个类创建任意数量的实例，条件是将每个实例都存储在不同的变量中，或者占用列表或字典的不同位置。

动手试一试

练习 9-1：餐馆　创建一个名为 Restaurant 的类，为其方法__init__()设置属性 restaurant_name 和 cuisine_type。创建一个名为 describe_restaurant()的方法和一个名为 open_restaurant()的方法，前者打印前述两项信息，而后者打印一条消息，指出餐馆正在营业。

根据这个类创建一个名为 restaurant 的实例，分别打印其两个属性，再调用前述两个方法。

练习 9-2：三家餐馆　根据为完成练习 9-1 而编写的类创建三个实例，并对每个实例调用方法 describe_restaurant()。

练习 9-3：用户　创建一个名为 User 的类，其中包含属性 first_name 和 last_name，以及用户简介通常会存储的其他几个属性。在类 User 中定义一个名为 describe_user()的方法，用于打印用户信息摘要。再定义一个名为 greet_user()的方法，用于向用户发出个性化的问候。

创建多个表示不同用户的实例，并对每个实例调用上述两个方法。

9.2　使用类和实例

可使用类来模拟现实世界中的很多情景。类编写好后，你的大部分时间将花在根据类创建的实例上。你需要执行的一个重要任务是修改实例的属性。可以直接修改实例的属性，也可以编写方法以特定的方式进行修改。

9.2.1 Car 类

下面来编写一个表示汽车的类。它存储了有关汽车的信息，还有一个汇总这些信息的方法：

car.py
```
class Car:
    """一次模拟汽车的简单尝试。"""

❶   def __init__(self, make, model, year):
        """初始化描述汽车的属性。"""
        self.make = make
        self.model = model
        self.year = year

❷   def get_descriptive_name(self):
        """返回整洁的描述性信息。"""
        long_name = f"{self.year} {self.make} {self.model}"
        return long_name.title()
❸ my_new_car = Car('audi', 'a4', 2019)
print(my_new_car.get_descriptive_name())
```

在❶处，定义了方法__init__()。与前面的 Dog 类中一样，这个方法的第一个形参为 self。该方法还包含另外三个形参：make、model 和 year。方法__init__()接受这些形参的值，并将它们赋给根据这个类创建的实例的属性。创建新的 Car 实例时，需要指定其制造商、型号和生产年份。

9

在❷处，定义了一个名为 get_descriptive_name()的方法。它使用属性 year、make 和 model 创建一个对汽车进行描述的字符串，让我们无须分别打印每个属性的值。为在这个方法中访问属性的值，使用了 self.make、self.model 和 self.year。在❸处，根据 Car 类创建了一个实例，并将其赋给变量 my_new_car。接下来，调用方法 get_descriptive_name()，指出我们拥有一辆什么样的汽车：

```
2019 Audi A4
```

为了让这个类更有趣，下面给它添加一个随时间变化的属性，用于存储汽车的总里程。

9.2.2 给属性指定默认值

创建实例时，有些属性无须通过形参来定义，可在方法__init__()中为其指定默认值。

下面来添加一个名为 odometer_reading 的属性，其初始值总是为 0。我们还添加了一个名为 read_odometer()的方法，用于读取汽车的里程表：

```
class Car:

    def __init__(self, make, model, year):
        """初始化描述汽车的属性。"""
```

```
        self.make = make
        self.model = model
        self.year = year
❶       self.odometer_reading = 0

    def get_descriptive_name(self):
        --snip--

❷   def read_odometer(self):
        """打印一条指出汽车里程的消息。"""
        print(f"This car has {self.odometer_reading} miles on it.")

my_new_car = Car('audi', 'a4', 2019)
print(my_new_car.get_descriptive_name())
my_new_car.read_odometer()
```

现在，当 Python 调用方法__init__()来创建新实例时，将像前一个示例一样以属性的方式存储制造商、型号和生产年份。接下来，Python 将创建一个名为 odometer_reading 的属性，并将其初始值设置为 0（见❶）。在❷处，定义一个名为 read_odometer()的方法，让你能够轻松地获悉汽车的里程①。

一开始汽车的里程为 0：

```
2019 Audi A4
This car has 0 miles on it.
```

出售时里程表读数为 0 的汽车不多，因此需要一种方式来修改该属性的值。

9.2.3　修改属性的值

我们能以三种方式修改属性的值：直接通过实例进行修改，通过方法进行设置，以及通过方法进行递增（增加特定的值）。下面依次介绍这些方式。

1. 直接修改属性的值

要修改属性的值，最简单的方式是通过实例直接访问它。下面的代码直接将里程表读数设置为 23：

```
class Car:
    --snip--

my_new_car = Car('audi', 'a4', 2019)
print(my_new_car.get_descriptive_name())

❶ my_new_car.odometer_reading = 23
my_new_car.read_odometer()
```

① 此处里程的单位为英里（mile），1 英里 ≈ 1.6 千米。——编者注

在❶处，使用句点表示法直接访问并设置汽车的属性 odometer_reading。这行代码让 Python 在实例 my_new_car 中找到属性 odometer_reading，并将其值设置为 23：

```
2019 Audi A4
This car has 23 miles on it.
```

有时候需要像这样直接访问属性，但其他时候需要编写对属性进行更新的方法。

2. 通过方法修改属性的值

如果有方法能替你更新属性，将大有裨益。这样就无须直接访问属性，而可将值传递给方法，由它在内部进行更新。

下面的示例演示了一个名为 update_odometer()的方法：

```
class Car:
    --snip--

❶     def update_odometer(self, mileage):
        """将里程表读数设置为指定的值。"""
        self.odometer_reading = mileage

my_new_car = Car('audi', 'a4', 2019)
print(my_new_car.get_descriptive_name())

❷ my_new_car.update_odometer(23)
my_new_car.read_odometer()
```

对 Car 类所做的唯一修改是在❶处添加了方法 update_odometer()。这个方法接受一个里程值，并将其赋给 self.odometer_reading。在❷处，调用 update_odometer()，并向它提供了实参 23（该实参对应于方法定义中的形参 mileage）。它将里程表读数设置为 23，而方法 read_odometer() 打印该读数：

```
2019 Audi A4
This car has 23 miles on it.
```

可对方法 update_odometer()进行扩展，使其在修改里程表读数时做些额外的工作。下面来添加一些逻辑，禁止任何人将里程表读数往回调：

```
class Car:
    --snip--

    def update_odometer(self, mileage):
        """
        将里程表读数设置为指定的值。
        禁止将里程表读数往回调。
        """
```

9

```
❶         if mileage >= self.odometer_reading:
              self.odometer_reading = mileage
          else:
❷             print("You can't roll back an odometer!")
```

现在，update_odometer()在修改属性前检查指定的读数是否合理。如果新指定的里程（mileage）大于或等于原来的里程（self.odometer_reading），就将里程表读数改为新指定的里程（见❶）；否则发出警告，指出不能将里程表往回调（见❷）。

3. 通过方法对属性的值进行递增

有时候需要将属性值递增特定的量，而不是将其设置为全新的值。假设我们购买了一辆二手车，且从购买到登记期间增加了100英里的里程。下面的方法让我们能够传递这个增量，并相应地增大里程表读数：

```
class Car:
    --snip--

    def update_odometer(self, mileage):
        --snip--

❶   def increment_odometer(self, miles):
        """将里程表读数增加指定的量。"""
        self.odometer_reading += miles

❷ my_used_car = Car('subaru', 'outback', 2015)
print(my_used_car.get_descriptive_name())

❸ my_used_car.update_odometer(23_500)
my_used_car.read_odometer()

❹ my_used_car.increment_odometer(100)
my_used_car.read_odometer()
```

在❶处，新增的方法 increment_odometer()接受一个单位为英里的数，并将其加入 self.odometer_reading 中。在❷处，创建一辆二手车 my_used_car。在❸处，调用方法 update_odometer()并传入 23_500，将这辆二手车的里程表读数设置为 23 500。在❹处，调用 increment_odometer()并传入 100，以增加从购买到登记期间行驶的 100 英里：

```
2015 Subaru Outback
This car has 23500 miles on it.
This car has 23600 miles on it.
```

你可以轻松地修改这个方法，以禁止增量为负值，从而防止有人利用它来回调里程表。

注意 你可以使用类似于上面的方法来控制用户修改属性值（如里程表读数）的方式，但能够访问程序的人都可以通过直接访问属性来将里程表修改为任何值。要确保安全，除了进行类似于前面的基本检查外，还需特别注意细节。

动手试一试

练习 9-4：就餐人数 在为完成练习 9-1 而编写的程序中，添加一个名为 number_served 的属性，并将其默认值设置为 0。根据这个类创建一个名为 restaurant 的实例。打印有多少人在这家餐馆就餐过，然后修改这个值并再次打印它。

添加一个名为 set_number_served()的方法，让你能够设置就餐人数。调用这个方法并向它传递一个值，然后再次打印这个值。

添加一个名为 increment_number_served()的方法，让你能够将就餐人数递增。调用这个方法并向它传递一个这样的值：你认为这家餐馆每天可能接待的就餐人数。

练习 9-5：尝试登录次数 在为完成练习 9-3 而编写的 User 类中，添加一个名为 login_attempts 的属性。编写一个名为 increment_login_attempts()的方法，将属性 login_attempts 的值加 1。再编写一个名为 reset_login_attempts()的方法，将属性 login_attempts 的值重置为 0。

根据 User 类创建一个实例，再调用方法 increment_login_attempts()多次。打印属性 login_attempts 的值，确认它被正确地递增。然后，调用方法 reset_login_attempts()，并再次打印属性 login_attempts 的值，确认它被重置为 0。

9

9.3 继承

编写类时，并非总是要从空白开始。如果要编写的类是另一个现成类的特殊版本，可使用**继承**。一个类**继承**另一个类时，将自动获得另一个类的所有属性和方法。原有的类称为**父类**，而新类称为**子类**。子类继承了父类的所有属性和方法，同时还可以定义自己的属性和方法。

9.3.1 子类的方法__init__()

在既有类的基础上编写新类时，通常要调用父类的方法__init__()。这将初始化在父类__init__()方法中定义的所有属性，从而让子类包含这些属性。

例如，下面来模拟电动汽车。电动汽车是一种特殊的汽车，因此可在前面创建的 Car 类的基础上创建新类 ElectricCar。这样就只需为电动汽车特有的属性和行为编写代码。

下面来创建 ElectricCar 类的一个简单版本，它具备 Car 类的所有功能：

electric_car.py

```
❶ class Car:
      """一次模拟汽车的简单尝试。"""

      def __init__(self, make, model, year):
          self.make = make
          self.model = model
          self.year = year
          self.odometer_reading = 0

      def get_descriptive_name(self):
          long_name = f"{self.year} {self.make} {self.model}"
          return long_name.title()

      def read_odometer(self):
          print(f"This car has {self.odometer_reading} miles on it.")

      def update_odometer(self, mileage):
          if mileage >= self.odometer_reading:
              self.odometer_reading = mileage
          else:
              print("You can't roll back an odometer!")

      def increment_odometer(self, miles):
          self.odometer_reading += miles

❷ class ElectricCar(Car):
      """电动汽车的独特之处。"""

❸     def __init__(self, make, model, year):
          """初始化父类的属性。"""
❹         super().__init__(make, model, year)

❺ my_tesla = ElectricCar('tesla', 'model s', 2019)
  print(my_tesla.get_descriptive_name())
```

首先是 Car 类的代码（见❶）。创建子类时，父类必须包含在当前文件中，且位于子类前面。在❷处，定义了子类 ElectricCar。定义子类时，必须在圆括号内指定父类的名称。方法__init__()接受创建 Car 实例所需的信息（见❸）。

❹处的 super()是一个特殊函数，让你能够调用父类的方法。这行代码让 Python 调用 Car 类的方法__init__()，让 ElectricCar 实例包含这个方法中定义的所有属性。父类也称为**超类**（superclass），名称 super 由此而来。

为测试继承能够正确地发挥作用，我们尝试创建一辆电动汽车，但提供的信息与创建普通汽车时相同。在❺处，创建 ElectricCar 类的一个实例，并将其赋给变量 my_tesla。这行代码调用 ElectricCar 类中定义的方法__init__()，后者让 Python 调用父类 Car 中定义的方法__init__()。我们提供了实参'tesla'、'model s'和 2019。

除方法__init__()外，电动汽车没有其他特有的属性和方法。当前，我们只想确认电动汽车具备普通汽车的行为：

```
2019 Tesla Model S
```

ElectricCar实例的行为与Car实例一样，现在可以开始定义电动汽车特有的属性和方法了。

9.3.2 给子类定义属性和方法

让一个类继承另一个类后，就可以添加区分子类和父类所需的新属性和新方法了。

下面来添加一个电动汽车特有的属性（电瓶），以及一个描述该属性的方法。我们将存储电瓶容量，并编写一个打印电瓶描述的方法：

```
class Car:
    --snip--

class ElectricCar(Car):
    """电动汽车的独特之处。"""

    def __init__(self, make, model, year):
        """
        初始化父类的属性。
        再初始化电动汽车特有的属性。
        """
        super().__init__(make, model, year)
❶       self.battery_size = 75

❷   def describe_battery(self):
        """打印一条描述电瓶容量的消息。"""
        print(f"This car has a {self.battery_size}-kWh battery.")

my_tesla = ElectricCar('tesla', 'model s', 2019)
print(my_tesla.get_descriptive_name())
my_tesla.describe_battery()
```

在❶处，添加了新属性self.battery_size，并设置其初始值（75）。根据ElectricCar类创建的所有实例都将包含该属性，但所有Car实例都不包含它。在❷处，还添加了一个名为describe_battery()的方法，打印有关电瓶的信息。调用这个方法时，将看到一条电动汽车特有的描述：

```
2019 Tesla Model S
This car has a 75-kWh battery.
```

对于ElectricCar类的特殊程度没有任何限制。模拟电动汽车时，可根据所需的准确程度添加任意数量的属性和方法。如果一个属性或方法是任何汽车都有的，而不是电动汽车特有的，就应将其加入到 Car 类而非 ElectricCar 类中。这样，使用 Car 类的人将获得相应的功能，而 ElectricCar 类只包含处理电动汽车特有属性和行为的代码。

9.3.3　重写父类的方法

对于父类的方法，只要它不符合子类模拟的实物的行为，都可以进行重写。为此，可在子类中定义一个与要重写的父类方法同名的方法。这样，Python 将不会考虑这个父类方法，而只关注你在子类中定义的相应方法。

假设 Car 类有一个名为 fill_gas_tank()的方法，它对全电动汽车来说毫无意义，因此你可能想重写它。下面演示了一种重写方式：

```
class ElectricCar(Car):
    --snip--

    def fill_gas_tank(self):
        """电动汽车没有油箱。"""
        print("This car doesn't need a gas tank!")
```

现在，如果有人对电动汽车调用方法 fill_gas_tank()，Python 将忽略 Car 类中的方法 fill_gas_tank()，转而运行上述代码。使用继承时，可让子类保留从父类那里继承而来的精华，并剔除不需要的糟粕。

9.3.4　将实例用作属性

使用代码模拟实物时，你可能会发现自己给类添加的细节越来越多：属性和方法清单以及文件都越来越长。在这种情况下，可能需要将类的一部分提取出来，作为一个独立的类。可以将大型类拆分成多个协同工作的小类。

例如，不断给 ElectricCar 类添加细节时，我们可能发现其中包含很多专门针对汽车电瓶的属性和方法。在这种情况下，可将这些属性和方法提取出来，放到一个名为 Battery 的类中，并将一个 Battery 实例作为 ElectricCar 类的属性：

```
class Car:
    --snip--

❶ class Battery:
    """一次模拟电动汽车电瓶的简单尝试。"""

❷     def __init__(self, battery_size=75):
        """初始化电瓶的属性。"""
        self.battery_size = battery_size

❸     def describe_battery(self):
        """打印一条描述电瓶容量的消息。"""
```

```
        print(f"This car has a {self.battery_size}-kWh battery.")


class ElectricCar(Car):
    """电动汽车的独特之处。"""

    def __init__(self, make, model, year):
        """
        初始化父类的属性。
        再初始化电动汽车特有的属性。
        """
        super().__init__(make, model, year)
❹       self.battery = Battery()


my_tesla = ElectricCar('tesla', 'model s', 2019)

print(my_tesla.get_descriptive_name())
my_tesla.battery.describe_battery()
```

❶处定义一个名为 Battery 的新类，它没有继承任何类。❷处的方法__init__()除 self 外，还有另一个形参 battery_size。这个形参是可选的：如果没有给它提供值，电瓶容量将被设置为 75。方法 describe_battery()也移到了这个类中（见❸）。

在 ElectricCar 类中，添加了一个名为 self.battery 的属性（见❹）。这行代码让 Python 创建一个新的 Battery 实例（因为没有指定容量，所以为默认值 75），并将该实例赋给属性 self.battery。每当方法__init__()被调用时，都将执行该操作，因此现在每个 ElectricCar 实例都包含一个自动创建的 Battery 实例。

我们创建一辆电动汽车，并将其赋给变量 my_tesla。描述电瓶时，需要使用电动汽车的属性 battery：

```
my_tesla.battery.describe_battery()
```

这行代码让 Python 在实例 my_tesla 中查找属性 battery，并对存储在该属性中的 Battery 实例调用方法 describe_battery()。

输出与你在前面看到的相同：

```
2019 Tesla Model S
This car has a 75-kWh battery.
```

这看似做了很多额外的工作，但是现在想多详细地描述电瓶都可以，且不会导致 ElectricCar 类混乱不堪。下面再给 Battery 类添加一个方法，它根据电瓶容量报告汽车的续航里程：

```
class Car:
    --snip--
```

```
class Battery:
    --snip--

❶    def get_range(self):
        """打印一条消息，指出电瓶的续航里程。"""
        if self.battery_size == 75:
            range = 260
        elif self.battery_size == 100:
            range = 315

        print(f"This car can go about {range} miles on a full charge.")

class ElectricCar(Car):
    --snip--

my_tesla = ElectricCar('tesla', 'model s', 2019)
print(my_tesla.get_descriptive_name())
my_tesla.battery.describe_battery()
❷ my_tesla.battery.get_range()
```

❶处新增的方法get_range()做了一些简单的分析：如果电瓶的容量为75 kW·h，就将续航里程设置为260英里；如果容量为100 kW·h，就将续航里程设置为315英里，然后报告这个值。为使用这个方法，也需要通过汽车的属性battery来调用（见❷）。

输出指出了汽车的续航里程（这取决于电瓶的容量）：

```
2019 Tesla Model S
This car has a 75-kWh battery.
This car can go about 260 miles on a full charge.
```

9.3.5　模拟实物

模拟较复杂的物件（如电动汽车）时，需要解决一些有趣的问题。续航里程是电瓶的属性还是汽车的属性呢？如果只描述一辆汽车，将方法get_range()放在Battery类中也许是合适的，但如果要描述一家汽车制造商的整个产品线，也许应该将方法get_range()移到ElectricCar类中。在这种情况下，get_range()依然根据电瓶容量来确定续航里程，但报告的是一款汽车的续航里程。也可以这样做：仍将方法get_range()留在Battery类中，但向它传递一个参数，如car_model。在这种情况下，方法get_range()将根据电瓶容量和汽车型号报告续航里程。

这让你进入了程序员的另一个境界：解决上述问题时，从较高的逻辑层面（而不是语法层面）考虑；考虑的不是Python，而是如何使用代码来表示实物。达到这种境界后，你会经常发现，对现实世界的建模方法没有对错之分。有些方法的效率更高，但要找出效率最高的表示法，需要经过一定的实践。只要代码像你希望的那样运行，就说明你做得很好！即便发现自己不得不多次尝试使用不同的方法来重写类，也不必气馁。要编写出高效、准确的代码，都得经过这样的过程。

动手试一试

练习 9-6：冰激凌小店 冰激凌小店是一种特殊的餐馆。编写一个名为 IceCreamStand 的类，让它继承为完成练习 9-1 或练习 9-4 而编写的 Restaurant 类。这两个版本的 Restaurant 类都可以，挑选你更喜欢的那个即可。添加一个名为 flavors 的属性，用于存储一个由各种口味的冰激凌组成的列表。编写一个显示这些冰激凌的方法。创建一个 IceCreamStand 实例，并调用这个方法。

练习 9-7：管理员 管理员是一种特殊的用户。编写一个名为 Admin 的类，让它继承为完成练习 9-3 或练习 9-5 而编写的 User 类。添加一个名为 privileges 的属性，用于存储一个由字符串（如"can add post"、"can delete post"、"can ban user"等）组成的列表。编写一个名为 show_privileges()的方法，显示管理员的权限。创建一个 Admin 实例，并调用这个方法。

练习 9-8：权限 编写一个名为 Privileges 的类，它只有一个属性 privileges，其中存储了练习 9-7 所述的字符串列表。将方法 show_privileges()移到这个类中。在 Admin 类中，将一个 Privileges 实例用作其属性。创建一个 Admin 实例，并使用方法 show_privileges()来显示其权限。

练习 9-9：电瓶升级 在本节最后一个 electric_car.py 版本中，给 Battery 类添加一个名为 upgrade_battery()的方法。该方法检查电瓶容量，如果不是 100，就将其设置为 100。创建一辆电瓶容量为默认值的电动汽车，调用方法 get_range()，然后对电瓶进行升级，并再次调用 get_range()。你将看到这辆汽车的续航里程增加了。

9.4 导入类

随着不断给类添加功能，文件可能变得很长，即便妥善地使用了继承亦如此。为遵循 Python 的总体理念，应让文件尽可能整洁。Python 在这方面提供了帮助，允许将类存储在模块中，然后在主程序中导入所需的模块。

9.4.1 导入单个类

下面来创建一个只包含 Car 类的模块。这让我们面临一个微妙的命名问题：在本章中已经有一个名为 car.py 的文件，但这个模块也应命名为 car.py，因为它包含表示汽车的代码。我们将这样解决这个命名问题：将 Car 类存储在一个名为 car.py 的模块中，该模块将覆盖前面使用的文件 car.py。从现在开始，使用该模块的程序都必须使用更具体的文件名，如 my_car.py。下面是模块 car.py，其中只包含 Car 类的代码：

car.py

```
❶ """一个可用于表示汽车的类。"""

class Car:
    """一次模拟汽车的简单尝试。"""

    def __init__(self, make, model, year):
        """初始化描述汽车的属性。"""
        self.make = make
        self.model = model
        self.year = year
        self.odometer_reading = 0

    def get_descriptive_name(self):
        """返回整洁的描述性名称。"""
        long_name = f"{self.year} {self.make} {self.model}"
        return long_name.title()

    def read_odometer(self):
        """打印一条消息，指出汽车的里程。"""
        print(f"This car has {self.odometer_reading} miles on it.")

    def update_odometer(self, mileage):
        """
        将里程表读数设置为指定的值。
        拒绝将里程表往回调。
        """
        if mileage >= self.odometer_reading:
            self.odometer_reading = mileage
        else:
            print("You can't roll back an odometer!")

    def increment_odometer(self, miles):
        """将里程表读数增加指定的量。"""
        self.odometer_reading += miles
```

❶处包含一个模块级文档字符串，对该模块的内容做了简要的描述。你应为自己创建的每个模块编写文档字符串。

下面来创建另一个文件 my_car.py，在其中导入 Car 类并创建其实例：

my_car.py

```
❶ from car import Car

my_new_car = Car('audi', 'a4', 2019)
print(my_new_car.get_descriptive_name())

my_new_car.odometer_reading = 23
my_new_car.read_odometer()
```

❶处的 import 语句让 Python 打开模块 car 并导入其中的 Car 类。这样，我们就可以使用 Car 类，就像它是在这个文件中定义的一样。输出与我们在前面看到的一样：

```
2019 Audi A4
This car has 23 miles on it.
```

导入类是一种有效的编程方式。如果这个程序包含整个Class类，它该有多长啊！通过将这个类移到一个模块中并导入该模块，依然可以使用其所有功能，但主程序文件变得整洁而易于阅读了。这还让你能够将大部分逻辑存储在独立的文件中。确定类像你希望的那样工作后，就可以不管这些文件，而专注于主程序的高级逻辑了。

9.4.2 在一个模块中存储多个类

虽然同一个模块中的类之间应存在某种相关性，但可根据需要在一个模块中存储任意数量的类。Battery类和ElectricCar类都可帮助模拟汽车，下面将它们都加入模块car.py中：

car.py

```
"""一组用于表示燃油汽车和电动汽车的类。"""

class Car:
    --snip--

class Battery:
    """一次模拟电动汽车电瓶的简单尝试。"""

    def __init__(self, battery_size=75):
        """初始化电瓶的属性。"""
        self.battery_size = battery_size

    def describe_battery(self):
        """打印一条描述电瓶容量的消息。"""
        print(f"This car has a {self.battery_size}-kWh battery.")

    def get_range(self):
        """打印一条描述电瓶续航里程的消息。"""
        if self.battery_size == 75:
            range = 260
        elif self.battery_size == 100:
            range = 315

        print(f"This car can go about {range} miles on a full charge.")

class ElectricCar(Car):
    """模拟电动汽车的独特之处。"""

    def __init__(self, make, model, year):
        """
        初始化父类的属性。
        再初始化电动汽车特有的属性。
        """
        super().__init__(make, model, year)
        self.battery = Battery()
```

9

现在，可以新建一个名为 my_electric_car.py 的文件，导入 ElectricCar 类，并创建一辆电动汽车了：

my_electric_car.py

```
from car import ElectricCar

my_tesla = ElectricCar('tesla', 'model s', 2019)

print(my_tesla.get_descriptive_name())
my_tesla.battery.describe_battery()
my_tesla.battery.get_range()
```

输出与我们在前面看到的相同，但大部分逻辑隐藏在一个模块中：

```
2019 Tesla Model S
This car has a 75-kWh battery.
This car can go about 260 miles on a full charge.
```

9.4.3　从一个模块中导入多个类

可根据需要在程序文件中导入任意数量的类。如果要在同一个程序中创建普通汽车和电动汽车，就需要将 Car 类和 ElectricCar 类都导入：

my_cars.py

```
❶ from car import Car, ElectricCar

❷ my_beetle = Car('volkswagen', 'beetle', 2019)
  print(my_beetle.get_descriptive_name())

❸ my_tesla = ElectricCar('tesla', 'roadster', 2019)
  print(my_tesla.get_descriptive_name())
```

在❶处从一个模块中导入多个类时，用逗号分隔了各个类。导入必要的类后，就可根据需要创建每个类的任意数量实例。

在本例中，在❷处创建了一辆大众甲壳虫普通汽车，并在❸处创建了一辆特斯拉 Roadster 电动汽车：

```
2019 Volkswagen Beetle
2019 Tesla Roadster
```

9.4.4　导入整个模块

还可以导入整个模块，再使用句点表示法访问需要的类。这种导入方式很简单，代码也易于阅读。因为创建类实例的代码都包含模块名，所以不会与当前文件使用的任何名称发生冲突。

下面的代码导入整个 car 模块，并创建一辆普通汽车和一辆电动汽车：

my_cars.py

```
❶ import car

❷ my_beetle = car.Car('volkswagen', 'beetle', 2019)
  print(my_beetle.get_descriptive_name())

❸ my_tesla = car.ElectricCar('tesla', 'roadster', 2019)
  print(my_tesla.get_descriptive_name())
```

在❶处，导入了整个 car 模块。接下来，使用语法 *module_name.ClassName* 访问需要的类。像前面一样，在❷处创建一辆大众甲壳虫汽车，并在❸处创建一辆特斯拉 Roadster 汽车。

9.4.5 导入模块中的所有类

要导入模块中的每个类，可使用下面的语法：

```
from module_name import *
```

不推荐使用这种导入方式，原因有二。第一，如果只看文件开头的 import 语句，就能清楚地知道程序使用了哪些类，将大有裨益。然而这种导入方式没有明确地指出使用了模块中的哪些类。第二，这种方式还可能引发名称方面的迷惑。如果不小心导入了一个与程序文件中其他东西同名的类，将引发难以诊断的错误。这里之所以介绍这种导入方式，是因为虽然不推荐使用，但你可能在别人编写的代码中见到它。

需要从一个模块中导入很多类时，最好导入整个模块，并使用 *module_name.ClassName* 语法来访问类。这样做时，虽然文件开头并没有列出用到的所有类，但你清楚地知道在程序的哪些地方使用了导入的模块。这也避免了导入模块中的每个类可能引发的名称冲突。

9.4.6 在一个模块中导入另一个模块

有时候，需要将类分散到多个模块中，以免模块太大或在同一个模块中存储不相关的类。将类存储在多个模块中时，你可能会发现一个模块中的类依赖于另一个模块中的类。在这种情况下，可在前一个模块中导入必要的类。

下面将 Car 类存储在一个模块中，并将 ElectricCar 类和 Battery 类存储在另一个模块中。将第二个模块命名为 electric_car.py（这将覆盖前面创建的文件 electric_car.py），并将 Battery 类和 ElectricCar 类复制到这个模块中：

electric_car.py

```
"""一组可用于表示电动汽车的类。"""

❶ from car import Car

class Battery:
    --snip--
```

```
class ElectricCar(Car):
    --snip--
```

ElectricCar 类需要访问其父类 Car，因此在❶处直接将 Car 类导入该模块中。如果忘记了这行代码，Python 将在我们试图创建 ElectricCar 实例时引发错误。还需要更新模块 car，使其只包含 Car 类：

car.py

```
"""一个可用于表示汽车的类。"""

class Car:
    --snip--
```

现在可以分别从每个模块中导入类，以根据需要创建任何类型的汽车了：

my_cars.py

```
❶ from car import Car
  from electric_car import ElectricCar

  my_beetle = Car('volkswagen', 'beetle', 2019)
  print(my_beetle.get_descriptive_name())

  my_tesla = ElectricCar('tesla', 'roadster', 2019)
  print(my_tesla.get_descriptive_name())
```

在❶处，从模块 car 中导入了 Car 类，并从模块 electric_car 中导入 ElectricCar 类。接下来，创建了一辆普通汽车和一辆电动汽车。这两种汽车都被正确地创建出来了：

```
2019 Volkswagen Beetle
2019 Tesla Roadster
```

9.4.7　使用别名

第 8 章说过，使用模块来组织项目代码时，别名大有裨益。导入类时，也可为其指定别名。

例如，要在程序中创建大量电动汽车实例，需要反复输入 ElectricCar，非常烦琐。为避免这种烦恼，可在 import 语句中给 ElectricCar 指定一个别名：

```
from electric_car import ElectricCar as EC
```

现在每当需要创建电动汽车实例时，都可使用这个别名：

```
my_tesla = EC('tesla', 'roadster', 2019)
```

9.4.8　自定义工作流程

如你所见，在组织大型项目的代码方面，Python 提供了很多选项。熟悉所有这些选项很重要，这样你才能确定哪种项目组织方式是最佳的，并能理解别人开发的项目。

一开始应让代码结构尽可能简单。先尽可能在一个文件中完成所有的工作，确定一切都能正确运行后，再将类移到独立的模块中。如果你喜欢模块和文件的交互方式，可在项目开始时就尝试将类存储到模块中。先找出让你能够编写出可行代码的方式，再尝试改进代码。

动手试一试

练习 9-10：导入 Restaurant 类　将最新的 Restaurant 类存储在一个模块中。在另一个文件中，导入 Restaurant 类，创建一个 Restaurant 实例并调用 Restaurant 的一个方法，以确认 import 语句正确无误。

练习 9-11：导入 Admin 类　以为完成练习 9-8 而做的工作为基础。将 User 类、Privileges 类和 Admin 类存储在一个模块中，再创建一个文件，在其中创建一个 Admin 实例并对其调用方法 show_privileges()，以确认一切都能正确运行。

练习 9-12：多个模块　将 User 类存储在一个模块中，并将 Privileges 类和 Admin 类存储在另一个模块中。再创建一个文件，在其中创建一个 Admin 实例并对其调用方法 show_privileges()，以确认一切依然能够正确运行。

9.5　Python 标准库

Python 标准库是一组模块，我们安装的 Python 都包含它。你现在对函数和类的工作原理已有大致的了解，可以开始使用其他程序员编写好的模块了。可以使用标准库中的任何函数和类，只需在程序开头包含一条简单的 import 语句即可。下面来看看模块 random，它在你模拟很多现实情况时很有用。

在这个模块中，一个有趣的函数是 randint()。它将两个整数作为参数，并随机返回一个位于这两个整数之间（含）的整数。下面演示了如何生成一个位于 1 和 6 之间的随机整数：

```
>>> from random import randint
>>> randint(1, 6)
3
```

在模块 random 中，另一个有用的函数是 choice()。它将一个列表或元组作为参数，并随机返回其中的一个元素：

```
>>> from random import choice
>>> players = ['charles', 'martina', 'michael', 'florence', 'eli']
>>> first_up = choice(players)
```

```
>>> first_up
'florence'
```

创建与安全相关的应用程序时，请不要使用模块 random，但该模块可以很好地用于创建众多有趣的项目。

注意　还可以从其他地方下载外部模块。第二部分的每个项目都需要使用外部模块，届时你将看到很多此类示例。

动手试一试

练习 9-13：骰子　创建一个 Die 类，它包含一个名为 sides 的属性，该属性的默认值为 6。编写一个名为 roll_die()的方法，它打印位于 1 和骰子面数之间的随机数。创建一个 6 面的骰子再掷 10 次。

创建一个 10 面的骰子和一个 20 面的骰子，再分别掷 10 次。

练习 9-14：彩票　创建一个列表或元组，其中包含 10 个数和 5 个字母。从这个列表或元组中随机选择 4 个数或字母，并打印一条消息，指出只要彩票上是这 4 个数或字母，就中大奖了。

练习 9-15：彩票分析　可以使用一个循环来明白前述彩票大奖有多难中奖。为此，创建一个名为 my_ticket 的列表或元组，再编写一个循环，不断地随机选择数或字母，直到中大奖为止。请打印一条消息，报告执行循环多少次才中了大奖。

练习 9-16：Python Module of the Week　要了解 Python 标准库，一个很不错的资源是网站 Python Module of the Week。请访问该网站并查看其中的目录，找一个你感兴趣的模块进行探索。从模块 random 开始可能是个不错的选择。

9.6　类编码风格

你必须熟悉有些与类相关的编码风格问题，在编写的程序较复杂时尤其如此。

类名应采用**驼峰命名法**，即将类名中的每个单词的首字母都大写，而不使用下划线。实例名和模块名都采用小写格式，并在单词之间加上下划线。

对于每个类，都应紧跟在类定义后面包含一个文档字符串。这种文档字符串简要地描述类的功能，并遵循编写函数的文档字符串时采用的格式约定。每个模块也都应包含一个文档字符串，对其中的类可用于做什么进行描述。

可使用空行来组织代码，但不要滥用。在类中，可使用一个空行来分隔方法；而在模块中，可使用两个空行来分隔类。

需要同时导入标准库中的模块和你编写的模块时，先编写导入标准库模块的 import 语句，再添加一个空行，然后编写导入你自己编写的模块的 import 语句。在包含多条 import 语句的程序中，这种做法让人更容易明白程序使用的各个模块都来自何处。

9.7 小结

在本章中，你学习了：如何编写类；如何使用属性在类中存储信息，以及如何编写方法，以让类具备所需的行为；如何编写方法__init__()，以便根据类创建包含所需属性的实例。你见识了如何修改实例的属性，包括直接修改以及通过方法进行修改。你还了解了使用继承可简化相关类的创建工作，以及将一个类的实例用作另一个类的属性可让类更简洁。

你了解到，通过将类存储在模块中，并在需要使用这些类的文件中导入它们，可让项目组织有序。你学习了 Python 标准库，并见识了一个使用模块 random 的示例。最后，你学习了编写类时应遵循的 Python 约定。

在第 10 章中，你将学习如何使用文件，这让你能够保存你在程序中所做的工作，以及你让用户做的工作。你还将学习**异常**，这是一种特殊的 Python 类，用于帮助你在发生错误时采取相应的措施。

第 10 章

文件和异常

10

至此，你掌握了编写组织有序、易于使用的程序所需的基本技能，该考虑让程序目标更明确、用途更大了。在本章中，你将学习处理文件，让程序能够快速地分析大量数据；你将学习错误处理，避免程序在面对意外情形时崩溃；你将学习**异常**，它们是 Python 创建的特殊对象，用于管理程序运行时出现的错误；你还将学习模块 json，它让你能够保存用户数据，以免在程序停止运行后丢失。

学习处理文件和保存数据可让你的程序使用起来更容易：用户将能够选择输入什么样的数据，以及在什么时候输入；用户使用你的程序做一些工作后，可将程序关闭，以后再接着往下做。学习处理异常可帮助你应对文件不存在的情形，以及处理其他可能导致程序崩溃的问题。这让你的程序在面对错误的数据时更健壮，不管这些错误数据源自无意的错误，还是源自破坏程序的恶意企图。你在本章学习的技能可提高程序的适用性、可用性和稳定性。

视频讲解

10.1 从文件中读取数据

文本文件可存储的数据量多得难以置信：天气数据、交通数据、社会经济数据、文学作品等。每当需要分析或修改存储在文件中的信息时，读取文件都很有用，对数据分析应用程序来说尤其如此。例如，可以编写一个这样的程序：读取一个文本文件的内容，重新设置这些数据的格式并将其写入文件，让浏览器能够显示这些内容。

要使用文本文件中的信息，首先需要将信息读取到内存中。为此，你可以一次性读取文件的全部内容，也可以以每次一行的方式逐步读取。

10.1.1 读取整个文件

要读取文件，需要一个包含几行文本的文件。下面首先创建一个文件，它包含精确到小数点后 30 位的圆周率值，且在小数点后每 10 位处换行：

pi_digits.txt
```
3.1415926535
  8979323846
  2643383279
```

要动手尝试后续示例，可在编辑器中输入这些数据行，再将文件保存为 pi_digits.txt，也可从本书主页（ituring.cn/book/2784）下载该文件。请将该文件保存到本章程序所在的目录。

下面的程序打开并读取这个文件，再将其内容显示到屏幕上：

file_reader.py
```
with open('pi_digits.txt') as file_object:
    contents = file_object.read()
print(contents)
```

在这个程序中，第一行代码做了大量的工作。我们先来看看函数 open()。要以任何方式使用文件，那怕仅仅是打印其内容，都得先**打开**文件，才能访问它。函数 open()接受一个参数：要打开的文件的名称。Python 在当前执行的文件所在的目录中查找指定的文件。在本例中，当前运行的是 file_reader.py，因此 Python 在 file_reader.py 所在的目录中查找 pi_digits.txt。函数 open()返回一个表示文件的对象。在这里，open('pi_digits.txt')返回一个表示文件 pi_digits.txt 的对象，Python 将该对象赋给 file_object 供以后使用。

10

关键字 with 在不再需要访问文件后将其关闭。在这个程序中，注意到我们调用了 open()，但没有调用 close()。也可以调用 open()和 close()来打开和关闭文件，但这样做时，如果程序存在 bug 导致方法 close()未执行，文件将不会关闭。这看似微不足道，但未妥善关闭文件可能导致数据丢失或受损。如果在程序中过早调用 close()，你会发现需要使用文件时它已**关闭**（无法访问），这会导致更多的错误。并非在任何情况下都能轻松确定关闭文件的恰当时机，但通过使用前面所示的结构，可让 Python 去确定：你只管打开文件，并在需要时使用它，Python 自会在合适的时候自动将其关闭。

有了表示 pi_digits.txt 的文件对象后，使用方法 read()（前述程序的第二行）读取这个文件的全部内容，并将其作为一个长长的字符串赋给变量 contents。这样，通过打印 contents 的值，就可将这个文本文件的全部内容显示出来：

```
3.1415926535
  8979323846
  2643383279

```

相比于原始文件，该输出唯一不同的地方是末尾多了一个空行。为何会多出这个空行呢？因为 read()到达文件末尾时返回一个空字符串，而将这个空字符串显示出来时就是一个空行。要删除多出来的空行，可在函数调用 print()中使用 rstrip()：

```
with open('pi_digits.txt') as file_object:
    contents = file_object.read()

print(contents.rstrip())
```

本书前面说过，Python 方法 rstrip()删除字符串末尾的空白。现在，输出与原始文件的内容完全相同：

```
3.1415926535
  8979323846
  2643383279
```

10.1.2　文件路径

将类似于 pi_digits.txt 的简单文件名传递给函数 open()时，Python 将在当前执行的文件（即.py 程序文件）所在的目录中查找。

根据你组织文件的方式，有时可能要打开不在程序文件所属目录中的文件。例如，你可能将程序文件存储在了文件夹 python_work 中，而该文件夹中有一个名为 text_files 的文件夹用于存储程序文件操作的文本文件。虽然文件夹 text_files 包含在文件夹 python_work 中，但仅向 open()传递位于前者中的文件名称也不可行，因为 Python 只在文件夹 python_work 中查找，而不会在其子文件夹 text_files 中查找。要让 Python 打开不与程序文件位于同一个目录中的文件，需要提供文件路径，让 Python 到系统的特定位置去查找。

由于文件夹 text_files 位于文件夹 python_work 中，可以使用相对文件路径来打开其中的文件。相对文件路径让 Python 到指定的位置去查找，而该位置是相对于当前运行的程序所在目录的。例如，可这样编写代码：

```
with open('text_files/filename.txt') as file_object:
```

这行代码让 Python 到文件夹 python_work 下的文件夹 text_files 中去查找指定的.txt 文件。

注意　显示文件路径时，Windows 系统使用反斜杠（\）而不是斜杠（/），但在代码中依然可以使用斜杠。

还可以将文件在计算机中的准确位置告诉 Python，这样就不用关心当前运行的程序存储在什么地方了。这称为**绝对文件路径**。在相对路径行不通时，可使用绝对路径。例如，如果 text_files 并不在文件夹 python_work 中，而在文件夹 other_files 中，则向 open()传递路径 'text_files/*filename*.txt'行不通，因为 Python 只在文件夹 python_work 中查找该位置。为明确指出希望 Python 到哪里去查找，需要提供完整的路径。

绝对路径通常比相对路径长，因此将其赋给一个变量，再将该变量传递给 open()会有所帮助：

```
file_path = '/home/ehmatthes/other_files/text_files/filename.txt'
with open(file_path) as file_object:
```

通过使用绝对路径，可读取系统中任何地方的文件。就目前而言，最简单的做法是，要么将数据文件存储在程序文件所在的目录，要么将其存储在程序文件所在目录下的一个文件夹（如 text_files）中。

注意 如果在文件路径中直接使用反斜杠，将引发错误，因为反斜杠用于对字符串中的字符进行转义。例如，对于路径"C:\path\to\file.txt"，其中的\t 将被解读为制表符。如果一定要使用反斜杠，可对路径中的每个反斜杠都进行转义，如"C:\\path\\to\\file.txt"。

10.1.3 逐行读取

读取文件时，常常需要检查其中的每一行：可能要在文件中查找特定的信息，或者要以某种方式修改文件中的文本。例如，你可能要遍历一个包含天气数据的文件，并使用天气描述中包含 sunny 字样的行。在新闻报道中，你可能会查找包含标签<headline>的行，并按特定的格式设置它。

10

要以每次一行的方式检查文件，可对文件对象使用 for 循环：

e_reader.py

```
❶ filename = 'pi_digits.txt'

❷ with open(filename) as file_object:
❸     for line in file_object:
          print(line)
```

在❶处，将要读取的文件的名称赋给变量 filename。这是使用文件时的一种常见做法。变量 filename 表示的并非实际文件——它只是一个让 Python 知道到哪里去查找文件的字符串，因此可以轻松地将'pi_digits.txt'替换为要使用的另一个文件的名称。调用 open()后，将一个表示文件及其内容的对象赋给了变量 file_object（见❷）。这里也使用了关键字 with，让 Python 负责妥善地打开和关闭文件。为查看文件的内容，通过对文件对象执行循环来遍历文件中的每一行（见❸）。

打印每一行时，发现空白行更多了：

```
3.1415926535

  8979323846

  2643383279

```

为何会出现这些空白行呢？因为在这个文件中，每行的末尾都有一个看不见的换行符，而函数调用 print()也会加上一个换行符，因此每行末尾都有两个换行符：一个来自文件，另一个来自函数调用 print()。要消除这些多余的空白行，可在函数调用 print()中使用 rstrip()：

```
filename = 'pi_digits.txt'

with open(filename) as file_object:
    for line in file_object:
        print(line.rstrip())
```

现在，输出又与文件内容完全相同了：

```
3.1415926535
  8979323846
  2643383279
```

10.1.4　创建一个包含文件各行内容的列表

使用关键字 with 时，open()返回的文件对象只在 with 代码块内可用。如果要在 with 代码块外访问文件的内容，可在 with 代码块内将文件的各行存储在一个列表中，并在 with 代码块外使用该列表：可以立即处理文件的各个部分，也可以推迟到程序后面再处理。

下面的示例在 with 代码块中将文件 pi_digits.txt 的各行存储在一个列表中，再在 with 代码块外打印：

```
filename = 'pi_digits.txt'

with open(filename) as file_object:
❶    lines = file_object.readlines()

❷ for line in lines:
    print(line.rstrip())
```

❶处的方法 readlines()从文件中读取每一行，并将其存储在一个列表中。接下来，该列表被赋给变量 lines。在 with 代码块外，依然可使用这个变量。在❷处，使用一个简单的 for 循环来打印 lines 中的各行。因为列表 lines 的每个元素都对应于文件中的一行，所以输出与文件内容完全一致。

10.1.5　使用文件的内容

将文件读取到内存中后，就能以任何方式使用这些数据了。下面以简单的方式使用圆周率的值。首先，创建一个字符串，它包含文件中存储的所有数字，且没有任何空格：

pi_string.py

```
filename = 'pi_digits.txt'

with open(filename) as file_object:
    lines = file_object.readlines()

❶ pi_string = ''
❷ for line in lines:
    pi_string += line.rstrip()

❸ print(pi_string)
print(len(pi_string))
```

像前一个示例一样，首先打开文件，并将其中所有的行都存储在一个列表中。在❶处，创建了一个变量 pi_string，用于指向圆周率的值。接下来，使用一个循环将各行加入 pi_string，并删除每行末尾的换行符（见❷）。在❸处，打印这个字符串及其长度：

```
3.1415926535  8979323846  2643383279
36
```

变量 pi_string 指向的字符串包含原来位于每行左边的空格，为删除这些空格，可使用 strip() 而非 rstrip()：

```
--snip--
for line in lines:
    pi_string += line.strip()

print(pi_string)
print(len(pi_string))
```

这样就获得了一个字符串，其中包含准确到 30 位小数的圆周率值。这个字符串长 32 字符，因为它还包含整数部分的 3 和小数点：

```
3.141592653589793238462643383279
32
```

注意　读取文本文件时，Python 将其中的所有文本都解读为字符串。如果读取的是数，并要将其作为数值使用，就必须使用函数 int()将其转换为整数或使用函数 float()将其转换为浮点数。

10.1.6　包含一百万位的大型文件

前面分析的都是一个只有三行的文本文件，但这些代码示例也可处理大得多的文件。如果我们有一个文本文件，其中包含精确到小数点后 1 000 000 位而不是 30 位的圆周率值，也可创建一个包含所有这些数字的字符串。为此，无须对前面的程序做任何修改，只要将这个文件传递给它即可。在这里，只打印到小数点后 50 位，以免终端为显示全部 1 000 000 位而不断滚动：

pi_string.py
```
filename = 'pi_million_digits.txt'

with open(filename) as file_object:
    lines = file_object.readlines()

pi_string = ''
for line in lines:
    pi_string += line.strip()

print(f"{pi_string[:52]}...")
print(len(pi_string))
```

输出表明，创建的字符串确实包含精确到小数点后 1 000 000 位的圆周率值：

```
3.14159265358979323846264338327950288419716939937510...
1000002
```

对于可处理的数据量，Python 没有任何限制。只要系统的内存足够多，你想处理多少数据都可以。

注意　要运行这个程序（以及后面的众多示例），需要从 http://ituring.cn/book/2784 下载相关的资源。

10.1.7　圆周率值中包含你的生日吗

我一直想知道自己的生日是否包含在圆周率值中。下面来扩展刚才编写的程序，以确定某个人的生日是否包含在圆周率值的前 1 000 000 位中。为此，可将生日表示为一个由数字组成的字符串，再检查这个字符串是否包含在 pi_string 中：

```
--snip--
for line in lines:
    pi_string += line.strip()

❶ birthday = input("Enter your birthday, in the form mmddyy: ")
❷ if birthday in pi_string:
    print("Your birthday appears in the first million digits of pi!")
else:
    print("Your birthday does not appear in the first million digits of pi.")
```

在❶处，提示用户输入生日。在❷处，检查这个字符串是否包含在 pi_string 中。下面来运行一下这个程序：

```
Enter your birthdate, in the form mmddyy: 120372
Your birthday appears in the first million digits of pi!
```

我的生日确实出现在了圆周率值中！读取文件的内容后，能以你能想到的任何方式对其进行分析。

动手试一试

练习 10-1：Python 学习笔记 在文本编辑器中新建一个文件，写几句话来总结一下你至此学到的 Python 知识，其中每一行都以“In Python you can”打头。将这个文件命名为 learning_python.txt，并存储到为完成本章练习而编写的程序所在的目录中。编写一个程序，它读取这个文件，并将你所写的内容打印三次：第一次打印时读取整个文件；第二次打印时遍历文件对象；第三次打印时将各行存储在一个列表中，再在 with 代码块外打印它们。

练习 10-2：C 语言学习笔记 可使用方法 replace()将字符串中的特定单词都替换为另一个单词。下面是一个简单的示例，演示了如何将句子中的'dog'替换为'cat'：

```
>>> message = "I really like dogs."
>>> message.replace('dog', 'cat')
'I really like cats.'
```

读取你刚创建的文件 learning_python.txt 中的每一行，将其中的 Python 都替换为另一门语言的名称，比如 C。将修改后的各行都打印到屏幕上。

10

10.2 写入文件

保存数据的最简单的方式之一是将其写入文件中。通过将输出写入文件，即便关闭包含程序输出的终端窗口，这些输出也依然存在：可以在程序结束运行后查看这些输出，可以与别人分享输出文件，还可以编写程序来将这些输出读取到内存中并进行处理。

10.2.1 写入空文件

要将文本写入文件，你在调用 open()时需要提供另一个实参，告诉 Python 你要写入打开的文件。为明白其中的工作原理，我们来将一条简单的消息存储到文件中，而不是将其打印到屏幕上：

write_message.py

```
filename = 'programming.txt'

❶ with open(filename, 'w') as file_object:
❷     file_object.write("I love programming.")
```

在本例中，调用 open()时提供了两个实参（见❶）。第一个实参也是要打开的文件的名称。第二个实参('w')告诉 Python，要以**写入模式**打开这个文件。打开文件时，可指定**读取模式**('r')、**写入模式**('w')、**附加模式**('a')或**读写模式**('r+')。如果省略了模式实参，Python 将以默认的只读模式打开文件。

如果要写入的文件不存在，函数 open()将自动创建它。然而，以写入模式('w')打开文件时千万要小心，因为如果指定的文件已经存在，Python 将在返回文件对象前清空该文件的内容。

在❷处，使用文件对象的方法 write()将一个字符串写入文件。这个程序没有终端输出，但如果打开文件 programming.txt，将看到其中包含如下一行内容：

programming.txt

```
I love programming.
```

相比于计算机中的其他文件，这个文件没有什么不同。你可以打开它、在其中输入新文本、复制其内容、将内容粘贴到其中，等等。

注意　Python 只能将字符串写入文本文件。要将数值数据存储到文本文件中，必须先使用函数 str()将其转换为字符串格式。

10.2.2　写入多行

函数 write()不会在写入的文本末尾添加换行符，因此如果写入多行时没有指定换行符，文件看起来可能不是你希望的那样：

```
filename = 'programming.txt'

with open(filename, 'w') as file_object:
    file_object.write("I love programming.")
    file_object.write("I love creating new games.")
```

如果你打开 programming.txt，将发现两行内容挤在一起：

```
I love programming.I love creating new games.
```

要让每个字符串都单独占一行，需要在方法调用 write()中包含换行符：

```
filename = 'programming.txt'

with open(filename, 'w') as file_object:
    file_object.write("I love programming.\n")
    file_object.write("I love creating new games.\n")
```

现在，输出出现在不同的行中：

```
I love programming.
I love creating new games.
```

像显示到终端的输出一样，还可以使用空格、制表符和空行来设置这些输出的格式。

10.2.3 附加到文件

如果要给文件添加内容，而不是覆盖原有的内容，可以以**附加模式**打开文件。以附加模式打开文件时，Python 不会在返回文件对象前清空文件的内容，而是将写入文件的行添加到文件末尾。如果指定的文件不存在，Python 将为你创建一个空文件。

下面来修改 write_message.py，在既有文件 programming.txt 中再添加一些你酷爱编程的原因：

write_message.py

```
filename = 'programming.txt'

❶ with open(filename, 'a') as file_object:
❷     file_object.write("I also love finding meaning in large datasets.\n")
      file_object.write("I love creating apps that can run in a browser.\n")
```

在❶处，打开文件时指定了实参'a'，以便将内容附加到文件末尾，而不是覆盖文件原来的内容。在❷处，又写入了两行，它们被添加到文件 programming.txt 末尾：

programming.txt

```
I love programming.
I love creating new games.
I also love finding meaning in large datasets.
I love creating apps that can run in a browser.
```

最终的结果是，文件原来的内容还在，后面则是刚添加的内容。

10

动手试一试

练习 10-3：访客 编写一个程序，提示用户输入名字。用户做出响应后，将其名字写入文件 guest.txt 中。

练习 10-4：访客名单 编写一个 while 循环，提示用户输入名字。用户输入名字后，在屏幕上打印一句问候语，并将一条到访记录添加到文件 guest_book.txt 中。确保这个文件中的每条记录都独占一行。

练习 10-5：调查 编写一个 while 循环，询问用户为何喜欢编程。每当用户输入一个原因后，都将其添加到一个存储所有原因的文件中。

10.3　异常

Python 使用称为**异常**的特殊对象来管理程序执行期间发生的错误。每当发生让 Python 不知所措的错误时，它都会创建一个异常对象。如果你编写了处理该异常的代码，程序将继续运行；如果未对异常进行处理，程序将停止并显示 traceback，其中包含有关异常的报告。

异常是使用 try-except 代码块处理的。try-except 代码块让 Python 执行指定的操作，同时告诉 Python 发生异常时怎么办。使用 try-except 代码块时，即便出现异常，程序也将继续运行：显示你编写的友好的错误消息，而不是令用户迷惑的 traceback。

10.3.1　处理 ZeroDivisionError 异常

下面来看一种导致 Python 引发异常的简单错误。你可能知道，不能用数除以 0，但还是让 Python 这样做：

division_calculator.py

```
print(5/0)
```

显然，Python 无法这样做，因此你将看到一个 traceback：

```
Traceback (most recent call last):
  File "division_calculator.py", line 1, in <module>
    print(5/0)
❶ ZeroDivisionError: division by zero
```

在上述 traceback 中，❶处指出的错误 ZeroDivisionError 是个异常对象。Python 无法按你的要求做时，就会创建这种对象。在这种情况下，Python 将停止运行程序，并指出引发了哪种异常，而我们可根据这些信息对程序进行修改。下面来告诉 Python，发生这种错误时怎么办。这样，如果再次发生此类错误，我们就有备无患了。

10.3.2　使用 try-except 代码块

当你认为可能会发生错误时，可编写一个 try-except 代码块来处理可能引发的异常。你让 Python 尝试运行一些代码，并告诉它如果这些代码引发了指定的异常该怎么办。

处理 ZeroDivisionError 异常的 try-except 代码块类似于下面这样：

```
try:
    print(5/0)
except ZeroDivisionError:
    print("You can't divide by zero!")
```

将导致错误的代码行 print(5/0)放在一个 try 代码块中。如果 try 代码块中的代码运行起来没有问题，Python 将跳过 except 代码块；如果 try 代码块中的代码导致了错误，Python 将查找与之匹配的 except 代码块并运行其中的代码。

在本例中，try 代码块中的代码引发了 ZeroDivisionError 异常，因此 Python 查找指出了该怎么办的 except 代码块，并运行其中的代码。这样，用户看到的是一条友好的错误消息，而不是 traceback：

```
You can't divide by zero!
```

如果 try-except 代码块后面还有其他代码，程序将接着运行，因为已经告诉了 Python 如何处理这种错误。下面来看一个捕获错误后程序继续运行的示例。

10.3.3　使用异常避免崩溃

发生错误时，如果程序还有工作尚未完成，妥善地处理错误就尤其重要。这种情况经常会出现在要求用户提供输入的程序中；如果程序能够妥善地处理无效输入，就能再提示用户提供有效输入，而不至于崩溃。

下面来创建一个只执行除法运算的简单计算器：

division_calculator.py

```
print("Give me two numbers, and I'll divide them.")
print("Enter 'q' to quit.")

while True:
❶     first_number = input("\nFirst number: ")
    if first_number == 'q':
        break
❷     second_number = input("Second number: ")
    if second_number == 'q':
        break
❸     answer = int(first_number) / int(second_number)
    print(answer)
```

在❶处，程序提示用户输入一个数，并将其赋给变量 first_number。如果用户输入的不是表示退出的 q，就再提示用户输入一个数，并将其赋给变量 second_number（见❷）。接下来，计算这两个数的商（见❸）。该程序没有采取任何处理错误的措施，因此在执行除数为 0 的除法运算时，它将崩溃：

```
Give me two numbers, and I'll divide them.
Enter 'q' to quit.

First number: 5
Second number: 0
Traceback (most recent call last):
  File "division_calculator.py", line 9, in <module>
    answer = int(first_number) / int(second_number)
ZeroDivisionError: division by zero
```

10

程序崩溃可不好，但让用户看到 traceback 也不是个好主意。不懂技术的用户会被搞糊涂，怀有恶意的用户还会通过 traceback 获悉你不想他知道的信息。例如，他将知道你的程序文件的名称，还将看到部分不能正确运行的代码。有时候，训练有素的攻击者可根据这些信息判断出可对你的代码发起什么样的攻击。

10.3.4　else 代码块

通过将可能引发错误的代码放在 try-except 代码块中，可提高程序抵御错误的能力。错误是执行除法运算的代码行导致的，因此需要将它放到 try-except 代码块中。这个示例还包含一个 else 代码块。依赖 try 代码块成功执行的代码都应放到 else 代码块中：

```
--snip--
while True:
    --snip--
    if second_number == 'q':
        break
❶   try:
        answer = int(first_number) / int(second_number)
❷   except ZeroDivisionError:
        print("You can't divide by 0!")
❸   else:
        print(answer)
```

让 Python 尝试执行 try 代码块中的除法运算（见❶），这个代码块只包含可能导致错误的代码。依赖 try 代码块成功执行的代码都放在 else 代码块中。在本例中，如果除法运算成功，就使用 else 代码块来打印结果（见❸）。

except 代码块告诉 Python，出现 ZeroDivisionError 异常时该如何办（见❷）。如果 try 代码块因除零错误而失败，就打印一条友好的消息，告诉用户如何避免这种错误。程序继续运行，用户根本看不到 traceback：

```
Give me two numbers, and I'll divide them.
Enter 'q' to quit.

First number: 5
Second number: 0
You can't divide by 0!

First number: 5
Second number: 2
2.5

First number: q
```

try-except-else 代码块的工作原理大致如下。Python 尝试执行 try 代码块中的代码，只有可能引发异常的代码才需要放在 try 语句中。有时候，有一些仅在 try 代码块成功执行时才需要运行的代码，这些代码应放在 else 代码块中。except 代码块告诉 Python，如果尝试运行 try 代码块中的代码时引发了指定的异常该怎么办。

通过预测可能发生错误的代码，可编写健壮的程序。它们即便面临无效数据或缺少资源，也能继续运行，从而抵御无意的用户错误和恶意的攻击。

10.3.5 处理 FileNotFoundError 异常

使用文件时，一种常见的问题是找不到文件：查找的文件可能在其他地方，文件名可能不正确，或者这个文件根本就不存在。对于所有这些情形，都可使用 try-except 代码块以直观的方式处理。

我们来尝试读取一个不存在的文件。下面的程序尝试读取文件 alice.txt 的内容，但该文件没有存储在 alice.py 所在的目录中：

alice.py

```
filename = 'alice.txt'

with open(filename, encoding='utf-8') as f:
    contents = f.read()
```


相比于本章前面的文件打开方式，这里有两个不同之处。一是使用变量 f 来表示文件对象，这是一种常见的做法。二是给参数 encoding 指定了值，在系统的默认编码与要读取文件使用的编码不一致时，必须这样做。

Python 无法读取不存在的文件，因此它引发一个异常：

```
Traceback (most recent call last):
  File "alice.py", line 3, in <module>
    with open(filename, encoding='utf-8') as f:
FileNotFoundError: [Errno 2] No such file or directory: 'alice.txt'
```

上述 traceback 的最后一行报告了 FileNotFoundError 异常，这是 Python 找不到要打开的文件时创建的异常。在本例中，这个错误是函数 open()导致的。因此，要处理这个错误，必须将 try 语句放在包含 open()的代码行之前：

```
filename = 'alice.txt'

try:
    with open(filename, encoding='utf-8') as f:
        contents = f.read()
except FileNotFoundError:
    print(f"Sorry, the file {filename} does not exist.")
```

在本例中，try 代码块引发了 FileNotFoundError 异常，因此 Python 找到与该错误匹配的 except 代码块，并运行其中的代码。最终的结果是显示一条友好的错误消息，而不是 traceback：

```
Sorry, the file alice.txt does not exist.
```

如果文件不存在，这个程序就什么都做不了，错误处理代码也意义不大。下面来扩展这个示例，看看在你使用多个文件时，异常处理可提供什么样的帮助。

10.3.6 分析文本

你可以分析包含整本书的文本文件。很多经典文学作品都是简单以文本文件的形式提供的，因为它们不受版权限制。本节使用的文本来自古登堡计划，该计划提供了一系列不受版权限制的文学作品。如果你要在编程项目中使用文学文本，这是一个很不错的资源。

下面来提取童话《爱丽丝漫游奇境记》（*Alice in Wonderland*）的文本，并尝试计算它包含多少个单词。我们将使用方法 split()，它能根据一个字符串创建一个单词列表。下面是对只包含童话名"Alice in Wonderland"的字符串调用方法 split()的结果：

```
>>> title = "Alice in Wonderland"
>>> title.split()
['Alice', 'in', 'Wonderland']
```

方法 split()以空格为分隔符将字符串分拆成多个部分，并将这些部分都存储到一个列表中。结果是一个包含字符串中所有单词的列表，虽然有些单词可能包含标点。为计算《爱丽丝漫游奇境记》包含多少个单词，我们将对整篇小说调用 split()，再计算得到的列表包含多少个元素，从而确定整篇童话大致包含多少个单词：

```
filename = 'alice.txt'

try:
    with open(filename, encoding='utf-8') as f:
        contents = f.read()
except FileNotFoundError:
    print(f"Sorry, the file {filename} does not exist.")
else:
    # 计算该文件大致包含多少个单词。
❶    words = contents.split()
❷    num_words = len(words)
❸    print(f"The file {filename} has about {num_words} words.")
```

我们将文件 alice.txt 移到了正确的目录中，让 try 代码块能够成功执行。在❶处，对变量 contents（它现在是一个长长的字符串，包含童话《爱丽丝漫游奇境记》的全部文本）调用方法 split()，以生成一个列表，其中包含这部童话中的所有单词。使用 len()来确定这个列表的长度时，就能知道原始字符串大致包含多少个单词了（见❷）。在❸处，打印一条消息，指出文件包含多少个单词。这些代码都放在 else 代码块中，因为仅当 try 代码块成功执行时才执行它们。输出指出了文件 alice.txt 包含多少个单词：

```
The file alice.txt has about 29465 words.
```

这个数稍大一点，因为使用的文本文件包含出版商提供的额外信息，但还是成功估算出了童话《爱丽丝漫游奇境记》的篇幅。

10.3.7 使用多个文件

下面多分析几本书。这此之前，先将这个程序的大部分代码移到一个名为 count_words()的函数中。这样，对多本书进行分析时将更容易：

word_count.py

```
def count_words(filename):
❶    """计算一个文件大致包含多少个单词。"""
    try:
        with open(filename, encoding='utf-8') as f:
            contents = f.read()
    except FileNotFoundError:
        print(f"Sorry, the file {filename} does not exist.")
    else:
        words = contents.split()
        num_words = len(words)
        print(f"The file {filename} has about {num_words} words.")

filename = 'alice.txt'
count_words(filename)
```

这些代码大多与原来一样，只是移到了函数 count_words()中，并增加了缩进量。修改程序的同时更新注释是个不错的习惯，因此我们将注释改成文档字符串，并稍微调整了一下措辞（见❶）。

现在可以编写一个简单的循环，计算要分析的任何文本包含多少个单词了。为此，将要分析的文件的名称存储在一个列表中，然后对列表中的每个文件调用 count_words()。我们将尝试计算《爱丽丝漫游奇境记》《悉达多》（*Siddhartha*）、《白鲸》（*Moby Dick*）和《小妇人》（*Little Women*）分别包含多少个单词，它们都不受版权限制。我故意没有将 siddhartha.txt 放到 word_count.py 所在的目录中，从而展示该程序在文件不存在时应对得有多出色：

```
def count_words(filename):
    --snip--

filenames = ['alice.txt', 'siddhartha.txt', 'moby_dick.txt', 'little_women.txt']
for filename in filenames:
    count_words(filename)
```

文件 siddhartha.txt 不存在，但这丝毫不影响该程序处理其他文件：

```
The file alice.txt has about 29465 words.
Sorry, the file siddhartha.txt does not exist.
The file moby_dick.txt has about 215830 words.
The file little_women.txt has about 189079 words.
```

在本例中，使用 try-except 代码块提供了两个重要的优点：避免用户看到 traceback，以及让程序继续分析能够找到的其他文件。如果不捕获因找不到 siddhartha.txt 而引发的 FileNotFoundError 异常，用户将看到完整的 traceback，而程序将在尝试分析《悉达多》后停止运行。它根本不会分析《白鲸》和《小妇人》。

10.3.8　静默失败

在前一个示例中，我们告诉用户有一个文件找不到。但并非每次捕获到异常都需要告诉用户，有时候你希望程序在发生异常时保持静默，就像什么都没有发生一样继续运行。要让程序静默失败，可像通常那样编写 try 代码块，但在 except 代码块中明确地告诉 Python 什么都不要做。Python 有一个 pass 语句，可用于让 Python 在代码块中什么都不要做：

```
def count_words(filename):
    """计算一个文件大致包含多少个单词。"""
    try:
        --snip--
    except FileNotFoundError:
❶        pass
    else:
        --snip--

filenames = ['alice.txt', 'siddhartha.txt', 'moby_dick.txt', 'little_women.txt']
for filename in filenames:
    count_words(filename)
```

相比于前一个程序，这个程序唯一的不同之处是❶处的 pass 语句。现在，出现 FileNotFoundError 异常时，将执行 except 代码块中的代码，但什么都不会发生。这种错误发生时，不会出现 traceback，也没有任何输出。用户将看到存在的每个文件包含多少个单词，但没有任何迹象表明有一个文件未找到：

```
The file alice.txt has about 29465 words.
The file moby_dick.txt has about 215830 words.
The file little_women.txt has about 189079 words.
```

pass 语句还充当了占位符，提醒你在程序的某个地方什么都没有做，并且以后也许要在这里做些什么。例如，在这个程序中，我们可能决定将找不到的文件的名称写入文件 missing_files.txt 中。用户看不到这个文件，但我们可以读取它，进而处理所有找不到文件的问题。

10.3.9 决定报告哪些错误

该在什么情况下向用户报告错误？又该在什么情况下静默失败呢？如果用户知道要分析哪些文件，他们可能希望在有文件却没有分析时出现一条消息来告知原因。如果用户只想看到结果，并不知道要分析哪些文件，可能就无须在有些文件不存在时告知他们。向用户显示他不想看到的信息可能会降低程序的可用性。Python 的错误处理结构让你能够细致地控制与用户分享错误信息的程度，要分享多少信息由你决定。

编写得很好且经过详尽测试的代码不容易出现内部错误，如语法或逻辑错误，但只要程序依赖于外部因素，如用户输入、存在指定的文件、有网络链接，就有可能出现异常。凭借经验可判断该在程序的什么地方包含异常处理块，以及出现错误时该向用户提供多少相关的信息。

动手试一试

练习 10-6：加法运算 提示用户提供数值输入时，常出现的一个问题是，用户提供的是文本而不是数。在此情况下，当你尝试将输入转换为整数时，将引发 ValueError 异常。编写一个程序，提示用户输入两个数，再将其相加并打印结果。在用户输入的任何一个值不是数时都捕获 ValueError 异常，并打印一条友好的错误消息。对你编写的程序进行测试：先输入两个数，再输入一些文本而不是数。

练习 10-7：加法计算器 将为完成练习 10-6 而编写的代码放在一个 while 循环中，让用户犯错（输入的是文本而不是数）后能够继续输入数。

练习 10-8：猫和狗 创建文件 cats.txt 和 dogs.txt，在第一个文件中至少存储三只猫的名字，在第二个文件中至少存储三条狗的名字。编写一个程序，尝试读取这些文件，并将其内容打印到屏幕上。将这些代码放在一个 try-except 代码块中，以便在文件不存在时捕获 FileNotFound 错误，并显示一条友好的消息。将任意一个文件移到另一个地方，并确认 except 代码块中的代码将正确执行。

练习 10-9：静默的猫和狗 修改你在练习 10-8 中编写的 except 代码块，让程序在任意文件不存在时静默失败。

练习 10-10：常见单词 访问古登堡计划，找一些你想分析的图书。下载这些作品的文本文件或将浏览器中的原始文本复制到文本文件中。

可以使用方法 count()来确定特定的单词或短语在字符串中出现了多少次。例如，下面的代码计算'row'在一个字符串中出现了多少次：

```
>>> line = "Row, row, row your boat"
>>> line.count('row')
2
>>> line.lower().count('row')
3
```

10

请注意，通过使用 lower()将字符串转换为小写，可捕捉要查找单词的所有格式，而不管其大小写如何。

编写一个程序，它读取你在古登堡计划中获取的文件，并计算单词'the'在每个文件中分别出现了多少次。这里计算得到的结果并不准确，因为将诸如'then'和'there'等单词也计算在内了。请尝试计算'the '（包含空格）出现的次数，看看结果相差多少。

10.4　存储数据

很多程序都要求用户输入某种信息，如让用户存储游戏首选项或提供要可视化的数据。不管关注点是什么，程序都把用户提供的信息存储在列表和字典等数据结构中。用户关闭程序时，几乎总是要保存他们提供的信息。一种简单的方式是使用模块 json 来存储数据。

模块 json 让你能够将简单的 Python 数据结构转储到文件中，并在程序再次运行时加载该文件中的数据。你还可以使用 json 在 Python 程序之间分享数据。更重要的是，JSON 数据格式并非 Python 专用的，这让你能够将以 JSON 格式存储的数据与使用其他编程语言的人分享。这是一种轻便而有用的格式，也易于学习。

注意　JSON（JavaScript Object Notation）格式最初是为 JavaScript 开发的，但随后成了一种常见格式，被包括 Python 在内的众多语言采用。

10.4.1　使用 json.dump()和 json.load()

我们来编写一个存储一组数的简短程序，再编写一个将这些数读取到内存中的程序。第一个程序将使用 json.dump()来存储这组数，而第二个程序将使用 json.load()。

函数 json.dump()接受两个实参：要存储的数据，以及可用于存储数据的文件对象。下面演示了如何使用 json.dump()来存储数字列表：

number_writer.py

```
import json

numbers = [2, 3, 5, 7, 11, 13]

❶ filename = 'numbers.json'
❷ with open(filename, 'w') as f:
❸     json.dump(numbers, f)
```

先导入模块 json，再创建一个数字列表。在❶处，指定了要将该数字列表存储到哪个文件中。通常使用文件扩展名.json 来指出文件存储的数据为 JSON 格式。接下来，以写入模式打开这个文件，让 json 能够将数据写入其中（见❷）。在❸处，使用函数 json.dump()将数字列表存储到文件 numbers.json 中。

这个程序没有输出，但可以打开文件 numbers.json 来看看内容。数据的存储格式与 Python 中一样：

```
[2, 3, 5, 7, 11, 13]
```

下面再编写一个程序，使用 json.load()将列表读取到内存中：

number_reader.py

```
import json

❶ filename = 'numbers.json'
❷ with open(filename) as f:
❸     numbers = json.load(f)

print(numbers)
```

在❶处，确保读取的是前面写入的文件。这次以读取方式打开该文件，因为 Python 只需要读取它（见❷）。在❸处，使用函数 json.load()加载存储在 numbers.json 中的信息，并将其赋给变量 numbers。最后，打印恢复的数字列表，看看是否与 number_writer.py 中创建的数字列表相同：

10

```
[2, 3, 5, 7, 11, 13]
```

这是一种在程序之间共享数据的简单方式。

10.4.2 保存和读取用户生成的数据

使用 json 保存用户生成的数据大有裨益，因为如果不以某种方式存储，用户的信息会在程序停止运行时丢失。下面来看一个这样的例子：提示用户首次运行程序时输入自己的名字，并在再次运行程序时记住他。

先来存储用户的名字：

remember_me.py

```
import json

❶ username = input("What is your name? ")

filename = 'username.json'
with open(filename, 'w') as f:
❷     json.dump(username, f)
❸     print(f"We'll remember you when you come back, {username}!")
```

在❶处，提示输入用户名并将其赋给一个变量。接下来，调用 json.dump()，并将用户名和一个文件对象传递给它，从而将用户名存储到文件中（见❷）。然后，打印一条消息，指出存储了用户输入的信息（见❸）：

```
What is your name? Eric
We'll remember you when you come back, Eric!
```

现在再编写一个程序，向已存储了名字的用户发出问候：

greet_user.py

```
import json

filename = 'username.json'

with open(filename) as f:
❶    username = json.load(f)
❷    print(f"Welcome back, {username}!")
```

在❶处，使用 json.load()将存储在 username.json 中的信息读取到变量 username 中。恢复用户名后，就可以欢迎用户回来了（见❷）：

```
Welcome back, Eric!
```

需要将这两个程序合并到一个程序（remember_me.py）中。这个程序运行时，将尝试从文件 username.json 中获取用户名。因此，首先编写一个尝试恢复用户名的 try 代码块。如果这个文件不存在，就在 except 代码块中提示用户输入用户名，并将其存储到 username.json 中，以便程序再次运行时能够获取：

remember_me.py

```
import json

# 如果以前存储了用户名，就加载它。
# 否则，提示用户输入用户名并存储它。
filename = 'username.json'
try:
❶    with open(filename) as f:
❷        username = json.load(f)
❸ except FileNotFoundError:
❹    username = input("What is your name? ")
❺    with open(filename, 'w') as f:
         json.dump(username, f)
         print(f"We'll remember you when you come back, {username}!")
else:
    print(f"Welcome back, {username}!")
```

这里没有任何新代码，只是将前两个示例的代码合并到了一个程序中。在❶处，尝试打开文件 username.json。如果该文件存在，就将其中的用户名读取到内存中（见❷），再执行 else 代码块，打印一条欢迎用户回来的消息。用户首次运行该程序时，文件 username.json 不存在，将引发 FileNotFoundError 异常（见❸）。因此 Python 将执行 except 代码块，提示用户输入用户名

（见❹），再使用 json.dump()存储该用户名并打印一句问候语（见❺）。

无论执行的是 except 还是 else 代码块，都将显示用户名和合适的问候语。如果这个程序是首次运行，输出将如下：

```
What is your name? Eric
We'll remember you when you come back, Eric!
```

否则，输出将如下：

```
Welcome back, Eric!
```

这是程序之前至少运行了一次时的输出。

10.4.3 重构

你经常会遇到这样的情况：代码能够正确地运行，但通过将其划分为一系列完成具体工作的函数，还可以改进。这样的过程称为**重构**。重构让代码更清晰、更易于理解、更容易扩展。

要重构 remember_me.py，可将其大部分逻辑放到一个或多个函数中。remember_me.py 的重点是问候用户，因此将其所有代码都放到一个名为 greet_user()的函数中：

remember_me.py

```
import json

def greet_user():
❶   """问候用户，并指出其名字。"""
    filename = 'username.json'
    try:
        with open(filename) as f:
            username = json.load(f)
    except FileNotFoundError:
        username = input("What is your name? ")
        with open(filename, 'w') as f:
            json.dump(username, f)
            print(f"We'll remember you when you come back, {username}!")
    else:
        print(f"Welcome back, {username}!")

greet_user()
```

考虑到现在使用了一个函数，我们删除原注释，转而使用一个文档字符串来指出程序的作用（见❶）。这个程序更加清晰，但函数 greet_user()所做的不仅仅是问候用户，还在存储了用户名时获取它、在没有存储用户名时提示用户输入。

下面来重构 greet_user()，减少其任务。为此，首先将获取已存储用户名的代码移到另一个函数中：

```
import json

def get_stored_username():
❶    """如果存储了用户名，就获取它。"""
    filename = 'username.json'
    try:
        with open(filename) as f:
            username = json.load(f)
    except FileNotFoundError:
❷        return None
    else:
        return username

def greet_user():
    """问候用户，并指出其名字。"""
    username = get_stored_username()
❸    if username:
        print(f"Welcome back, {username}!")
    else:
        username = input("What is your name? ")
        filename = 'username.json'
        with open(filename, 'w') as f:
            json.dump(username, f)
            print(f"We'll remember you when you come back, {username}!")

greet_user()
```

新增的函数 get_stored_username()目标明确，❶处的文档字符串指出了这一点。如果存储了用户名，该函数就获取并返回它；如果文件 username.json 不存在，该函数就返回 None（见❷）。这是一种不错的做法：函数要么返回预期的值，要么返回 None。这让我们能够使用函数的返回值做简单的测试。在❸处，如果成功地获取了用户名，就打印一条欢迎用户回来的消息，否则提示用户输入用户名。

还需要重构 greet_user()中的另一个代码块，将没有存储用户名时提示用户输入的代码放在一个独立的函数中：

```
import json

def get_stored_username():
    """如果存储了用户名，就获取它。"""
    --snip--

def get_new_username():
    """提示用户输入用户名。"""
    username = input("What is your name? ")
    filename = 'username.json'
    with open(filename, 'w') as f:
        json.dump(username, f)
    return username

def greet_user():
    """问候用户，并指出其名字。"""
```

```
    username = get_stored_username()
    if username:
        print(f"Welcome back, {username}!")
    else:
        username = get_new_username()
        print(f"We'll remember you when you come back, {username}!")

greet_user()
```

在 remember_me.py 的这个最终版本中，每个函数都执行单一而清晰的任务。我们调用 greet_user()，它打印一条合适的消息：要么欢迎老用户回来，要么问候新用户。为此，它首先调用 get_stored_username()，该函数只负责获取已存储的用户名（如果存储了的话）。最后在必要时调用 get_new_username()，该函数只负责获取并存储新用户的用户名。要编写出清晰而易于维护和扩展的代码，这种划分必不可少。

动手试一试

练习 10-11：喜欢的数 编写一个程序，提示用户输入喜欢的数，并使用 json.dump() 将这个数存储到文件中。再编写一个程序，从文件中读取这个值，并打印如下所示的消息。

I know your favorite number! It's _____.

练习 10-12：记住喜欢的数 将练习 10-11 中的程序合二为一。如果存储了用户喜欢的数，就向用户显示它，否则提示用户输入喜欢的数并将其存储到文件中。运行这个程序两次，看看它能否像预期的那样工作。

练习 10-13：验证用户 最后一个 remember_me.py 版本假设用户要么已输入用户名，要么是首次运行该程序。我们应该修改这个程序，以防当前用户并非上次运行该程序的用户。

为此，在 greet_user() 中打印欢迎用户回来的消息前，询问他用户名是否正确。如果不对，就调用 get_new_username() 让用户输入正确的用户名。

10.5 小结

在本章中，你学习了：如何使用文件；如何一次性读取整个文件，以及如何以每次一行的方式读取文件的内容；如何写入文件，以及如何将文本附加到文件末尾；什么是异常以及如何处理程序可能引发的异常；如何存储 Python 数据结构，以保存用户提供的信息，避免用户每次运行程序时都需要重新提供。

在第 11 章中，你将学习高效的代码测试方式。这可帮助你确定代码正确无误，以及发现扩展现有程序时可能引入的 bug。

第 11 章

测试代码

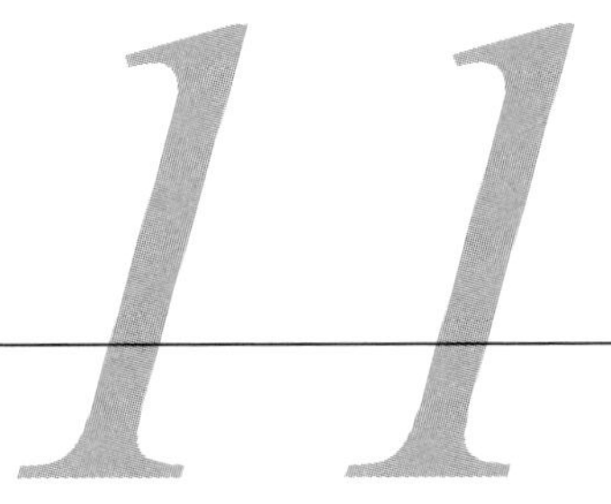

编写函数或类时，还可为其编写测试。通过测试，可确定代码面对各种输入都能够按要求的那样工作。测试让你深信，即便有更多人使用你的程序，它也能正确地工作。在程序中添加新代码时，也可以对其进行测试，确认不会破坏程序既有的行为。程序员都会犯错，因此每个程序员都必须经常测试其代码，在用户发现问题前找出它们。

在本章中，你将学习如何使用 Python 模块 unittest 中的工具来测试代码，还将学习编写测试用例，核实一系列输入都将得到预期的输出。你将看到测试通过了是什么样子，测试未通过又是什么样子，还将知道测试未通过如何有助于改进代码。你将学习如何测试函数和类，并将知道该为项目编写多少个测试。

视频讲解

11.1 测试函数

要学习测试，必须有要测试的代码。下面是一个简单的函数，它接受名和姓并返回整洁的姓名：

name_function.py

```
def get_formatted_name(first, last):
    """生成整洁的姓名。"""
    full_name = f"{first} {last}"
    return full_name.title()
```

函数 get_formatted_name()将名和姓合并成姓名：在名和姓之间加上一个空格并将其首字母大写，再返回结果。为核实 get_formatted_name()像期望的那样工作，我们来编写一个使用该函数的程序。程序 names.py 让用户输入名和姓，并显示整洁的姓名：

names.py

```
from name_function import get_formatted_name

print("Enter 'q' at any time to quit.")
```

```
while True:
    first = input("\nPlease give me a first name: ")
    if first == 'q':
        break
    last = input("Please give me a last name: ")
    if last == 'q':
        break

    formatted_name = get_formatted_name(first, last)
    print(f"\tNeatly formatted name: {formatted_name}.")
```

这个程序从 name_function.py 中导入 get_formatted_name()。用户可输入一系列名和姓，并看到格式整洁的姓名：

```
Enter 'q' at any time to quit.

Please give me a first name: janis
Please give me a last name: joplin
        Neatly formatted name: Janis Joplin.

Please give me a first name: bob
Please give me a last name: dylan
        Neatly formatted name: Bob Dylan.

Please give me a first name: q
```


从上述输出可知，合并得到的姓名正确无误。现在假设要修改 get_formatted_name()，使其还能够处理中间名。这样做时，要确保不破坏这个函数处理只含有名和姓的姓名的方式。为此，可在每次修改 get_formatted_name()后都进行测试：运行程序 names.py，并输入像 Janis Joplin 这样的姓名。不过这太烦琐了。所幸 Python 提供了一种自动测试函数输出的高效方式。倘若对 get_formatted_name()进行自动测试，就能始终确信当提供测试过的姓名时，该函数都能正确工作。

11.1.1 单元测试和测试用例

Python 标准库中的模块 unittest 提供了代码测试工具。**单元测试**用于核实函数的某个方面没有问题。**测试用例**是一组单元测试，它们一道核实函数在各种情形下的行为都符合要求。良好的测试用例考虑到了函数可能收到的各种输入，包含针对所有这些情形的测试。**全覆盖**的测试用例包含一整套单元测试，涵盖了各种可能的函数使用方式。对于大型项目，要进行全覆盖测试可能很难。通常，最初只要针对代码的重要行为编写测试即可，等项目被广泛使用时再考虑全覆盖。

11.1.2 可通过的测试

你需要一段时间才能习惯创建测试用例的语法，但创建测试用例之后，再添加针对函数的单元测试就很简单了。要为函数编写测试用例，可先导入模块 unittest 和要测试的函数，再创建一个继承 unittest.TestCase 的类，并编写一系列方法对函数行为的不同方面进行测试。

下面的测试用例只包含一个方法，它检查函数 get_formatted_name()在给定名和姓时能否正确工作：

test_name_function.py

```
import unittest
from name_function import get_formatted_name

❶ class NamesTestCase(unittest.TestCase):
    """测试 name_function.py。"""

    def test_first_last_name(self):
        """能够正确地处理像 Janis Joplin 这样的姓名吗？"""
❷       formatted_name = get_formatted_name('janis', 'joplin')
❸       self.assertEqual(formatted_name, 'Janis Joplin')

❹ if __name__ == '__main__':
    unittest.main()
```

首先，导入了模块 unittest 和要测试的函数 get_formatted_name()。在❶处，创建了一个名为 NamesTestCase 的类，用于包含一系列针对 get_formatted_name()的单元测试。这个类可以随意命名，但最好让它看起来与要测试的函数相关并包含 Test 字样。这个类必须继承 unittest.TestCase 类，这样 Python 才知道如何运行你编写的测试。

NamesTestCase 只包含一个方法，用于测试 get_formatted_name()的一个方面。将该方法命名为 test_first_last_name()，因为要核实的是只有名和姓的姓名能否被正确格式化。运行 test_name_function.py 时，所有以 test_打头的方法都将自动运行。在这个方法中，调用了要测试的函数。在本例中，使用实参'janis'和'joplin'调用 get_formatted_name()，并将结果赋给变量 formatted_name（见❷）。

在❸处，使用了 unittest 类最有用的功能之一：**断言**方法。断言方法核实得到的结果是否与期望的结果一致。在这里，我们知道 get_formatted_name()应返回名和姓首字母大写且之间有一个空格的姓名，因此期望 formatted_name 的值为 Janis Joplin。为检查是否确实如此，我们调用 unittest 的方法 assertEqual()，并向它传递 formatted_name 和'Janis Joplin'。代码行

```
self.assertEqual(formatted_name, 'Janis Joplin')
```

的意思是："将 formatted_name 的值与字符串'Janis Joplin'比较。如果它们相等，那么万事大吉；如果它们不相等，就告诉我一声！"

我们将直接运行这个文件，但需要指出的是，很多测试框架都会先导入测试文件再运行。导入文件时，解释器将在导入的同时执行它。❹处的 if 代码块检查特殊变量__name__，这个变量是在程序执行时设置的。如果这个文件作为主程序执行，变量__name__将被设置为'__main__'。在

这里，调用 unittest.main()来运行测试用例。如果这个文件被测试框架导入，变量__name__的值将不是'__main__'，因此不会调用 unittest.main()。

运行 test_name_function.py 时，得到的输出如下：

```
.
----------------------------------------------------------------------
Ran 1 test in 0.000s

OK
```

第一行的句点表明有一个测试通过了。接下来的一行指出 Python 运行了一个测试，消耗的时间不到 0.001 秒。最后的 OK 表明该测试用例中的所有单元测试都通过了。

上述输出表明，给定包含名和姓的姓名时，函数 get_formatted_name()总是能正确地处理。修改 get_formatted_name()后，可再次运行这个测试用例。如果它通过了，就表明给定 Janis Joplin 这样的姓名时，该函数依然能够正确地处理。

11.1.3 未通过的测试

测试未通过时结果是什么样的呢？我们来修改 get_formatted_name()，使其能够处理中间名，但同时故意让该函数无法正确处理像 Janis Joplin 这样只有名和姓的姓名。

下面是函数 get_formatted_name()的新版本，它要求通过一个实参指定中间名：

name_function.py

```
def get_formatted_name(first, middle, last):
    """生成整洁的姓名。"""
    full_name = f"{first} {middle} {last}"
    return full_name.title()
```

这个版本应该能够正确处理包含中间名的姓名，但对其进行测试时，我们发现它不再能正确处理只有名和姓的姓名。这次运行程序 test_name_function.py 时，输出如下：

```
❶ E
  ======================================================================
❷ ERROR: test_first_last_name (__main__.NamesTestCase)
  ----------------------------------------------------------------------
❸ Traceback (most recent call last):
    File "test_name_function.py", line 8, in test_first_last_name
      formatted_name = get_formatted_name('janis', 'joplin')
  TypeError: get_formatted_name() missing 1 required positional argument: 'last'

  ----------------------------------------------------------------------
❹ Ran 1 test in 0.000s

❺ FAILED (errors=1)
```

11

里面包含很多信息，因为测试未通过时，需要让你知道的事情可能有很多。第一行输出只有一个字母 E（见❶），指出测试用例中有一个单元测试导致了错误。接下来，我们看到 NamesTestCase 中的 test_first_last_name()导致了错误（见❷）。测试用例包含众多单元测试时，知道哪个测试未通过至关重要。在❸处，我们看到了一个标准的 traceback，指出函数调用 get_formatted_name('janis', 'joplin')有问题，因为缺少一个必不可少的位置实参。

我们还看到运行了一个单元测试（见❹）。最后是一条消息，指出整个测试用例未通过，因为运行该测试用例时发生了一个错误（见❺）。这条消息位于输出末尾，让你一眼就能看到。你可不希望为获悉有多少测试未通过而翻阅长长的输出。

11.1.4　测试未通过时怎么办

测试未通过时怎么办呢？如果你检查的条件没错，测试通过意味着函数的行为是对的，而测试未通过意味着编写的新代码有错。因此，测试未通过时，不要修改测试，而应修复导致测试不能通过的代码：检查刚刚对函数所做的修改，找出导致函数行为不符合预期的修改。

在本例中，get_formatted_name()以前只需要名和姓两个实参，但现在要求提供名、中间名和姓。新增的中间名参数是必不可少的，这导致 get_formatted_name()的行为不符合预期。就这里而言，最佳的选择是让中间名变为可选的。这样做后，使用类似于 Janis Joplin 的姓名进行测试时，测试就又能通过了，而且也可以接受中间名。下面来修改 get_formatted_name()，将中间名设置为可选的，然后再次运行这个测试用例。如果通过了，就接着确认该函数能够妥善地处理中间名。

要将中间名设置为可选的，可在函数定义中将形参 middle 移到形参列表末尾，并将其默认值指定为一个空字符串。还需要添加一个 if 测试，以便根据是否提供了中间名相应地创建姓名：

name_function.py

```
def get_formatted_name(first, last, middle=''):
    """生成整洁的姓名。"""
    if middle:
        full_name = f"{first} {middle} {last}"
    else:
        full_name = f"{first} {last}"
    return full_name.title()
```

在 get_formatted_name()的这个新版本中，中间名是可选的。如果向该函数传递了中间名，姓名将包含名、中间名和姓，否则姓名将只包含名和姓。现在，对于两种不同的姓名，这个函数都应该能够正确地处理。为确定这个函数依然能够正确处理像 Janis Joplin 这样的姓名，我们再次运行 test_name_function.py：

```
.
----------------------------------------------------------------------
Ran 1 test in 0.000s

OK
```

现在，测试用例通过了。太好了，这意味着这个函数又能正确处理像 Janis Joplin 这样的姓名了，而且我们无须手工测试这个函数。这个函数之所以很容易修复，是因为未通过的测试让我们得知新代码破坏了函数原来的行为。

11.1.5 添加新测试

确定 get_formatted_name()又能正确处理简单的姓名后，我们再编写一个测试，用于测试包含中间名的姓名。为此，在 NamesTestCase 类中再添加一个方法：

test_name_function.py

```
--snip--

class NamesTestCase(unittest.TestCase):
    """测试 name_function.py。"""

    def test_first_last_name(self):
        --snip--

    def test_first_last_middle_name(self):
        """能够正确地处理像 Wolfgang Amadeus Mozart 这样的姓名吗？"""
❶       formatted_name = get_formatted_name(
            'wolfgang', 'mozart', 'amadeus')
        self.assertEqual(formatted_name, 'Wolfgang Amadeus Mozart')

if __name__ == '__main__':
    unittest.main()
```

11

将该方法命名为 test_first_last_middle_name()。方法名必须以 test_打头，这样它才会在我们运行 test_name_function.py 时自动运行。这个方法名清楚地指出了它测试的是 get_formatted_name()的哪个行为。这样，如果该测试未通过，我们就能马上知道受影响的是哪种类型的姓名。可以在 TestCase 类中使用很长的方法名，而且这些方法名必须是描述性的，这样你才能看懂测试未通过时的输出。这些方法由 Python 自动调用，你根本不用编写调用它们的代码。

为测试函数 get_formatted_name()，我们使用名、姓和中间名调用它（见❶），再使用 assertEqual()检查返回的姓名是否与预期的姓名（名、中间名和姓）一致。再次运行 test_name_function.py 时，两个测试都通过了：

```
..
----------------------------------------------------------------------
Ran 2 tests in 0.000s

OK
```

太好了！现在我们知道，这个函数又能正确地处理像 Janis Joplin 这样的姓名了，而且深信它也能够正确地处理像 Wolfgang Amadeus Mozart 这样的姓名。

动手试一试

练习 11-1：城市和国家　编写一个函数，它接受两个形参：一个城市名和一个国家名。这个函数返回一个格式为 *City, Country* 的字符串，如 Santiago, Chile。将这个函数存储在一个名为 city_functions.py 的模块中。

创建一个名为 test_cities.py 的程序，对刚才编写的函数进行测试（别忘了，需要导入模块 unittest 和要测试的函数）。编写一个名为 test_city_country()的方法，核实使用类似于'santiago'和'chile'这样的值来调用前述函数时，得到的字符串是正确的。运行 test_cities.py，确认测试 test_city_country()通过了。

练习 11-2：人口数量　修改前面的函数，加上第三个必不可少的形参 population，并返回一个格式为 *City, Country - population xxx* 的字符串，如 Santiago, Chile - population 5000000。运行 test_cities.py，确认测试 test_city_country()未通过。

修改上述函数，将形参 population 设置为可选的。再次运行 test_cities.py，确认测试 test_city_country()又通过了。

再编写一个名为 test_city_country_population()的测试，核实可以使用类似于'santiago'、'chile'和'population=5000000'这样的值来调用这个函数。再次运行 test_cities.py，确认测试 test_city_country_population()通过了。

11.2　测试类

在本章前半部分，你编写了针对单个函数的测试，下面来编写针对类的测试。很多程序中都会用到类，因此证明你的类能够正确工作大有裨益。如果针对类的测试通过了，你就能确信对类所做的改进没有意外地破坏其原有的行为。

11.2.1　各种断言方法

Python 在 unittest.TestCase 类中提供了很多断言方法。前面说过，断言方法检查你认为应该满足的条件是否确实满足。如果该条件确实满足，你对程序行为的假设就得到了确认，可以确信其中没有错误。如果你认为应该满足的条件实际上并不满足，Python 将引发异常。

表 11-1 描述了 6 个常用的断言方法。使用这些方法可核实返回的值等于或不等于预期的值，返回的值为 True 或 False，以及返回的值在列表中或不在列表中。只能在继承 unittest. TestCase 的类中使用这些方法，随后来看看如何在测试类时使用其中之一。

表 11-1 unittest 模块中的断言方法

方法	用途
assertEqual(a, b)	核实 a == b
assertNotEqual(a, b)	核实 a != b
assertTrue(x)	核实 x 为 True
assertFalse(x)	核实 x 为 False
assertIn(*item*, *list*)	核实 *item* 在 *list* 中
assertNotIn(*item*, *list*)	核实 *item* 不在 *list* 中

11.2.2 一个要测试的类

类的测试与函数的测试相似，你所做的大部分工作是测试类中方法的行为。不过还是存在一些不同之处，下面编写一个要测试的类。来看一个帮助管理匿名调查的类：

survey.py

```
class AnonymousSurvey:
    """收集匿名调查问卷的答案。"""

❶   def __init__(self, question):
        """存储一个问题，并为存储答案做准备。"""
        self.question = question
        self.responses = []

❷   def show_question(self):
        """显示调查问卷。"""
        print(self.question)

❸   def store_response(self, new_response):
        """存储单份调查答卷。"""
        self.responses.append(new_response)

❹   def show_results(self):
        """显示收集到的所有答卷。"""
        print("Survey results:")
        for response in self.responses:
            print(f"- {response}")
```

这个类首先存储了一个调查问题（见❶），并创建了一个空列表，用于存储答案。这个类包含打印调查问题的方法（见❷），在答案列表中添加新答案的方法（见❸），以及将存储在列表中的答案都打印出来的方法（见❹）。要创建该类的实例，只需提供一个问题即可。有了表示调查的实例后，就可使用 show_question()来显示其中的问题，使用 store_response()来存储答案并使用 show_results()来显示调查结果。

为证明 AnonymousSurvey 类能够正确工作，编写一个使用它的程序：

language_survey.py

```
from survey import AnonymousSurvey

# 定义一个问题，并创建一个调查。
question = "What language did you first learn to speak?"
my_survey = AnonymousSurvey(question)

# 显示问题并存储答案。
my_survey.show_question()
print("Enter 'q' at any time to quit.\n")
while True:
    response = input("Language: ")
    if response == 'q':
        break
    my_survey.store_response(response)

# 显示调查结果。
print("\nThank you to everyone who participated in the survey!")
my_survey.show_results()
```

这个程序定义了一个问题（"What language did you first learn to speak? "），并使用该问题创建了一个 AnonymousSurvey 对象。接下来，这个程序调用 show_question()来显示问题，并提示用户输入答案。在收到每个答案的同时将其存储起来。用户输入所有答案（输入 q 要求退出）后，调用 show_results()来打印调查结果：

```
What language did you first learn to speak?
Enter 'q' at any time to quit.

Language: English
Language: Spanish
Language: English
Language: Mandarin
Language: q

Thank you to everyone who participated in the survey!
Survey results:
- English
- Spanish
- English
- Mandarin
```

AnonymousSurvey 类可用于进行简单的匿名调查。假设我们将它放在了模块 survey 中，并想进行改进：让每位用户都可输入多个答案；编写一个方法，只列出不同的答案并指出每个答案出现了多少次；再编写一个类，用于管理非匿名调查。

进行上述修改存在风险，可能影响 AnonymousSurvey 类的当前行为。例如，允许每位用户输入多个答案时，可能会不小心修改处理单个答案的方式。要确认在开发这个模块时没有破坏既有行为，可以编写针对这个类的测试。

11.2.3　测试 AnonymousSurvey 类

下面来编写一个测试，对 AnonymousSurvey 类的行为的一个方面进行验证：如果用户面对调查问题只提供一个答案，这个答案也能被妥善地存储。为此，我们将在这个答案被存储后，使用方法 assertIn()来核实它确实在答案列表中：

test_survey.py

```
import unittest
from survey import AnonymousSurvey

❶ class TestAnonymousSurvey(unittest.TestCase):
    """针对 AnonymousSurvey 类的测试。"""
❷     def test_store_single_response(self):
        """测试单个答案会被妥善地存储。"""
        question = "What language did you first learn to speak?"
❸         my_survey = AnonymousSurvey(question)
        my_survey.store_response('English')
❹         self.assertIn('English', my_survey.responses)

if __name__ == '__main__':
    unittest.main()
```

首先导入模块 unittest 和要测试的类 AnonymousSurvey。将测试用例命名为 TestAnonymousSurvey，它也继承了 unittest.TestCase（见❶）。第一个测试方法验证：调查问题的单个答案被存储后，会包含在调查结果列表中。对于这个方法，一个不错的描述性名称是 test_store_single_response()（见❷）。如果这个测试未通过，我们就能通过输出中的方法名得知，在存储单个调查答案方面存在问题。

要测试类的行为，需要创建其实例。在❸处，使用问题"What language did you first learn to speak?"创建一个名为 my_survey 的实例，然后使用方法 store_response()存储单个答案 English。接下来，检查 English 是否包含在列表 my_survey.responses 中，以核实这个答案是否被妥善地存储了（见❹）。

当我们运行 test_survey.py 时，测试通过了：

```
.
----------------------------------------------------------------------
Ran 1 test in 0.001s

OK
```

这很好，但只能收集一个答案的调查用途不大。下面来核实当用户提供三个答案时，它们也将被妥善地存储。为此，在 TestAnonymousSurvey 中再添加一个方法：

```
import unittest
from survey import AnonymousSurvey
```

```
class TestAnonymousSurvey(unittest.TestCase):
    """针对 AnonymousSurvey 类的测试。"""

    def test_store_single_response(self):
        --snip--

    def test_store_three_responses(self):
        """测试三个答案会被妥善地存储。"""
        question = "What language did you first learn to speak?"
        my_survey = AnonymousSurvey(question)
❶       responses = ['English', 'Spanish', 'Mandarin']
        for response in responses:
            my_survey.store_response(response)

❷       for response in responses:
            self.assertIn(response, my_survey.responses)

if __name__ == '__main__':
    unittest.main()
```

我们将该方法命名为 test_store_three_responses()，并像对 test_store_single_response() 所做的一样，在其中创建一个调查对象。定义一个包含三个不同答案的列表（见❶），再对其中每个答案调用 store_response()。存储这些答案后，使用一个循环来确认每个答案都包含在 my_survey.responses 中（见❷）。

再次运行 test_survey.py 时，两个测试（针对单个答案的测试和针对三个答案的测试）都通过了：

```
..
----------------------------------------------------------------------
Ran 2 tests in 0.000s

OK
```

前述做法的效果很好，但这些测试有些重复的地方。下面使用 unittest 的另一项功能来提高其效率。

11.2.4　方法 setUp()

在前面的 test_survey.py 中，我们在每个测试方法中都创建了一个 AnonymousSurvey 实例，并在每个方法中都创建了答案。unittest.TestCase 类包含的方法 setUp()让我们只需创建这些对象一次，就能在每个测试方法中使用。如果在 TestCase 类中包含了方法 setUp()，Python 将先运行它，再运行各个以 test_打头的方法。这样，在你编写的每个测试方法中，都可使用在方法 setUp() 中创建的对象。

下面使用 setUp()来创建一个调查对象和一组答案，供方法 test_store_single_response() 和 test_store_three_responses()使用：

```
import unittest
from survey import AnonymousSurvey

class TestAnonymousSurvey(unittest.TestCase):
    """针对 AnonymousSurvey 类的测试。"""

    def setUp(self):
        """
        创建一个调查对象和一组答案，供使用的测试方法使用。
        """
        question = "What language did you first learn to speak?"
❶       self.my_survey = AnonymousSurvey(question)
❷       self.responses = ['English', 'Spanish', 'Mandarin']

    def test_store_single_response(self):
        """测试单个答案会被妥善地存储。"""
        self.my_survey.store_response(self.responses[0])
        self.assertIn(self.responses[0], self.my_survey.responses)

    def test_store_three_responses(self):
        """测试三个答案会被妥善地存储。"""
        for response in self.responses:
            self.my_survey.store_response(response)
        for response in self.responses:
            self.assertIn(response, self.my_survey.responses)

if __name__ == '__main__':
    unittest.main()
```


方法 setUp()做了两件事情：创建一个调查对象（见❶），以及创建一个答案列表（见❷）。存储这两样东西的变量名包含前缀 self（即存储在属性中），因此可在这个类的任何地方使用。这让两个测试方法都更简单，因为它们都不用创建调查对象和答案了。方法 test_store_single_response()核实 self.responses 中的第一个答案 self.responses[0]被妥善地存储，而方法 test_store_three_response()核实 self.responses 中的全部三个答案都被妥善地存储。

再次运行 test_survey.py 时，这两个测试也都通过了。如果要扩展 AnonymousSurvey，使其允许每位用户输入多个答案，这些测试将很有用。修改代码以接受多个答案后，可运行这些测试，确认存储单个答案或一系列答案的行为未受影响。

测试自己编写的类时，方法 setUp()让测试方法编写起来更容易：可在 setUp()方法中创建一系列实例并设置其属性，再在测试方法中直接使用这些实例。相比于在每个测试方法中都创建实例并设置其属性，这要容易得多。

注意 运行测试用例时，每完成一个单元测试，Python 都打印一个字符：测试通过时打印一个句点，测试引发错误时打印一个 E，而测试导致断言失败时则打印一个 F。这就是你运行测试用例时，在输出的第一行中看到的句点和字符数量各不相同的原因。如果测试用例包含很多单元测试，需要运行很长时间，就可通过观察这些结果来获悉有多少个测试通过了。

动手试一试

练习 11-3：雇员　编写一个名为 Employee 的类，其方法__init__()接受名、姓和年薪，并将它们存储在属性中。编写一个名为 give_raise()的方法，它默认将年薪增加 5000 美元，但也能够接受其他的年薪增加量。

为 Employee 编写一个测试用例，其中包含两个测试方法：test_give_default_raise()和 test_give_custom_raise()。使用方法 setUp()，以免在每个测试方法中都新建雇员实例。运行这个测试用例，确认两个测试都通过了。

11.3　小结

在本章中，你学习了：如何使用模块 unittest 中的工具来为函数和类编写测试；如何编写继承 unittest.TestCase 的类，以及如何编写测试方法，以核实函数和类的行为符合预期；如何使用方法 setUp()来根据类高效地创建实例并设置其属性，以便在类的所有测试方法中使用。

测试是很多初学者不熟悉的主题。作为初学者，并非必须为你尝试的所有项目编写测试。然而参与工作量较大的项目时，你应该对自己所编写函数和类的重要行为进行测试。这样你就能够更加确定自己所做的工作不会破坏项目的其他部分，从而自由地改进既有代码。如果不小心破坏了原来的功能，你马上就会知道，而且能够轻松地修复问题。比起等到不满意的用户报告 bug 后再采取措施，在测试未通过时采取措施要容易得多。

如果你在项目中包含了初步测试，将得到其他程序员的尊敬。他们不仅能够更得心应手地使用你编写的代码，也更愿意与你合作开发项目。如果要跟其他程序员开发的项目共享代码，就必须证明你编写的代码通过了既有测试，通常还需要为你添加的新行为编写测试。

请通过多开展测试来熟悉代码测试过程。对于自己编写的函数和类，请编写针对其重要行为的测试。不过不要在项目早期试图编写全覆盖的测试用例，除非有充分的理由。

Part 2 第二部分

项　目

祝贺你！你现在已经对 Python 有足够的认识，可以开始开发有意思的交互式项目了。通过动手开发项目，你能够学到新技能，并更深入理解第一部分介绍的概念。

第二部分包含三个不同类型的项目，你可以选择完成其中的任意或全部项目，完成的顺序无关紧要。下面简要描述每个项目，帮助你决定先去完成哪个。

外星人入侵：使用 Python 开发游戏

在项目“外星人入侵”（第 12 章 ~ 第 14 章）中，你将使用 Pygame 包来开发一款 2D 游戏。它在玩家每消灭一群向下移动的外星人后，将玩家提高一个等级。等级越高，游戏的节奏越快，难度越大。完成这个项目后，你将获得自己动手使用 Pygame 开发 2D 游戏所需的技能。

数据可视化

“数据可视化”项目始于第 15 章，你将在这一章学习如何使用 Matplotlib 和 Plotly 来生成数据，以及根据这些数据创建实用而漂亮的图表。第 16 章介绍如何从网上获取数据，并将其提供给可视化包以创建天气图和世界地震活动散点图。最后，第 17 章介绍如何编写自动下载数据并对其进行可视化的程序。学习可视化让你能够探索数据挖掘领域，这是当前在全球都非常热门的技能。

Web 应用程序

在“Web 应用程序”项目（第 18 章 ~ 第 20 章）中，你将使用 Django 包来创建一个简单的 Web 应用程序，让用户能够记录任意数量的学习主题。用户将通过指定用户名和密码来创建账户，输入主题，并编写条目来记录学习的内容。你还将学习如何部署应用程序，让任何人都能够访问它。

完成这个项目后，你将能够自己动手创建简单的 Web 应用程序，并能够深入学习其他有关如何使用 Django 开发应用程序的资料。

项目 1　外星人入侵

第 12 章

武装飞船

12

我们来开发一个名为《外星人入侵》的游戏吧！为此将使用 Pygame，这是一组功能强大而有趣的模块，可用于管理图形、动画乃至声音，让你能够更轻松地开发复杂的游戏。通过使用 Pygame 来处理在屏幕上绘制图像等任务，可将重点放在程序的高级逻辑上。

在本章中，你将安装 Pygame，再创建一艘能够根据用户输入左右移动和射击的飞船。在接下来的两章，你将创建一群作为射杀目标的外星人，并改进该游戏：限制可供玩家使用的飞船数，并且添加记分牌。

在开发这款游戏的过程中，你还将学习如何管理包含多个文件的项目。你将重构很多代码并管理文件的内容，以确保项目组织有序以及提高效率。

开发游戏是趣学语言的理想方式。看别人玩你编写的游戏能获得满足感，而编写简单的游戏有助于你明白专业级游戏是怎么编写出来的。在阅读本章的过程中，请动手输入并运行代码，以明白各个代码块对整个游戏所做的贡献，并且尝试不同的值和设置，以对如何改进游戏的交互性有更深入的认识。

注意 游戏《外星人入侵》将包含很多不同的文件，因此请在系统中新建一个名为 alien_invasion 的文件夹，并将该项目的所有文件都存储到该文件夹中，这样相关的 `import` 语句才能正确工作。

另外，如果你熟悉版本控制，可能想将其用于这个项目；如果你没有使用过版本控制，请参阅附录 D 的概述。

12.1 规划项目

开发大型项目时，制定好规划后再动手编写代码很重要。规划可确保你不偏离轨道，从而提高项目成功的可能性。

下面来编写有关游戏《外星人入侵》的描述，其中虽然没有涵盖这款游戏的所有细节，但能让你清楚地知道该如何动手开发。

> 在游戏《外星人入侵》中，玩家控制一艘最初出现在屏幕底部中央的飞船。玩家可以使用箭头键左右移动飞船，还可使用空格键射击。游戏开始时，一群外星人出现在天空中，并向屏幕下方移动。玩家的任务是射杀这些外星人。玩家将所有外星人都消灭干净后，将出现一群新的外星人，其移动速度更快。只要有外星人撞到玩家的飞船或到达屏幕底部，玩家就损失一艘飞船。玩家损失三艘飞船后，游戏结束。

开发的第一个阶段将创建一艘飞船，它可左右移动，并且能在用户按空格键时开火。设置好这种行为后，就可以创建外星人并提高游戏的可玩性了。

12.2　安装 Pygame

开始编码前，先来安装 Pygame。可使用 pip 模块来帮助下载并安装 Python 包。要安装 Pygame，在终端提示符下执行如下命令：

```
$ python -m pip install --user pygame
```

这个命令让 Python 运行 pip 模块，将 pygame 包添加到当前用户的 Python 安装中。如果你运行程序或启动终端会话时使用的命令不是 python，而是 python3，请执行如下命令来安装 Pygame：

```
$ python3 -m pip install --user pygame
```

注意　如果该命令在 macOS 系统中不管用，请尝试在不指定标志--user 的情况下再次执行。

12.3　开始游戏项目

开始开发游戏《外星人入侵》吧。首先要创建一个空的 Pygame 窗口，供之后用来绘制游戏元素，如飞船和外星人。我们还将让这个游戏响应用户输入，设置背景色，以及加载飞船图像。

12.3.1　创建 Pygame 窗口及响应用户输入

下面创建一个表示游戏的类，以创建空的 Pygame 窗口。为此，在文本编辑器中新建一个文件，将其保存为 alien_invasion.py，再在其中输入如下代码：

alien_invasion.py

```
import sys

import pygame
```

```
class AlienInvasion:
    """管理游戏资源和行为的类"""

    def __init__(self):
        """初始化游戏并创建游戏资源。"""
❶       pygame.init()

❷       self.screen = pygame.display.set_mode((1200, 800))
        pygame.display.set_caption("Alien Invasion")

    def run_game(self):
        """开始游戏的主循环"""
❸       while True:
            # 监视键盘和鼠标事件。
❹           for event in pygame.event.get():
❺               if event.type == pygame.QUIT:
                    sys.exit()

            # 让最近绘制的屏幕可见。
❻           pygame.display.flip()

if __name__ == '__main__':
    # 创建游戏实例并运行游戏。
    ai = AlienInvasion()
    ai.run_game()
```

首先，导入模块 sys 和 pygame。模块 pygame 包含开发游戏所需的功能。玩家退出时，我们将使用模块 sys 中的工具来退出游戏。

为开发游戏《外星人入侵》，我们创建了一个表示它的类，名为 AlienInvasion。在这个类的方法__init__()中，调用函数 pygame.init()来初始化背景设置，让 Pygame 能够正确地工作（见❶）。在❷处，调用 pygame.display.set_mode()来创建一个显示窗口，游戏的所有图形元素都将在其中绘制。实参(1200, 800)是一个元组，指定了游戏窗口的尺寸——宽 1200 像素、高 800 像素（你可以根据自己的显示器尺寸调整这些值）。将这个显示窗口赋给属性 self.screen，让这个类中的所有方法都能够使用它。

赋给属性 self.screen 的对象是一个 **surface**。在 Pygame 中，surface 是屏幕的一部分，用于显示游戏元素。在这个游戏中，每个元素（如外星人或飞船）都是一个 surface。display.set_mode()返回的 surface 表示整个游戏窗口。激活游戏的动画循环后，每经过一次循环都将自动重绘这个 surface，将用户输入触发的所有变化都反映出来。

这个游戏由方法 run_game()控制。该方法包含一个不断运行的 while 循环（见❸），而这个循环包含一个事件循环以及管理屏幕更新的代码。**事件**是用户玩游戏时执行的操作，如按键或移动鼠标。为程序响应事件，可编写一个**事件循环**，以**侦听**事件并根据发生的事件类型执行合适的任务。❹处的 for 循环就是一个事件循环。

12

为访问 Pygame 检测到的事件，我们使用了函数 pygame.event.get()。这个函数返回一个列表，其中包含它在上一次被调用后发生的所有事件。所有键盘和鼠标事件都将导致这个 for 循环运行。在这个循环中，我们将编写一系列 if 语句来检测并响应特定的事件。例如，当玩家单击游戏窗口的关闭按钮时，将检测到 pygame.QUIT 事件，进而调用 sys.exit()来退出游戏（见❺）。

❻处调用了 pygame.display.flip()，命令 Pygame 让最近绘制的屏幕可见。在这里，它在每次执行 while 循环时都绘制一个空屏幕，并擦去旧屏幕，使得只有新屏幕可见。我们移动游戏元素时，pygame.display.flip()将不断更新屏幕，以显示元素的新位置，并且在原来的位置隐藏元素，从而营造平滑移动的效果。

在这个文件末尾，创建一个游戏实例并调用 run_game()。这些代码放在一个 if 代码块中，仅当直接运行该文件时，它们才会执行。如果此时运行 alien_invasion.py，将看到一个空的 Pygame 窗口。

12.3.2　设置背景色

Pygame 默认创建一个黑色屏幕，这太乏味了。下面来将背景设置为另一种颜色，这是在方法__init__()末尾进行的：

alien_invasion.py

```
    def __init__(self):
        --snip--
        pygame.display.set_caption("Alien Invasion")

        # 设置背景色。
❶       self.bg_color = (230, 230, 230)

    def run_game(self):
        --snip--
            for event in pygame.event.get():
                if event.type == pygame.QUIT:
                    sys.exit()

            # 每次循环时都重绘屏幕。
❷           self.screen.fill(self.bg_color)

            # 让最近绘制的屏幕可见。
            pygame.display.flip()
```

在 Pygame 中，颜色是以 RGB 值指定的。这种颜色由红色、绿色和蓝色值组成，其中每个值的可能取值范围都是 0 ~ 255。颜色值(255, 0, 0)表示红色，(0, 255, 0)表示绿色，而(0, 0, 255)表示蓝色。通过组合不同的 RGB 值，可创建 1600 万种颜色。在颜色值(230, 230, 230)中，红色、绿色和蓝色的量相同，它生成一种浅灰色。我们将这种颜色赋给了 self.bg_color（见❶）。

在❷处，调用方法 fill()用这种背景色填充屏幕。方法 fill()用于处理 surface，只接受一个实参：一种颜色。

12.3.3　创建设置类

每次给游戏添加新功能时，通常也将引入一些新设置。下面来编写一个名为 settings 的模块，在其中包含一个名为 Settings 的类，用于将所有设置都存储在一个地方，以免在代码中到处添加设置。这样，每当需要访问设置时，只需使用一个设置对象。另外，在项目增大时，这使得修改游戏的外观和行为更容易：要修改游戏，只需修改（接下来将创建的）settings.py 中的一些值，而无须查找散布在项目中的各种设置。

在文件夹 alien_invasion 中，新建一个名为 settings.py 的文件，并在其中添加如下 Settings 类：

settings.py

```
class Settings:
    """存储游戏《外星人入侵》中所有设置的类"""

    def __init__(self):
        """初始化游戏的设置。"""
        # 屏幕设置
        self.screen_width = 1200
        self.screen_height = 800
        self.bg_color = (230, 230, 230)
```

为在项目中创建 Settings 实例并用它来访问设置，需要将 alien_invasion.py 修改成下面这样：

alien_invasion.py

```
--snip--
import pygame

from settings import Settings

class AlienInvasion:
    """管理游戏资源和行为的类"""

    def __init__(self):
        """初始化游戏并创建游戏资源。"""
        pygame.init()
❶       self.settings = Settings()

❷       self.screen = pygame.display.set_mode(
            (self.settings.screen_width, self.settings.screen_height))
        pygame.display.set_caption("Alien Invasion")

    def run_game(self):
            --snip--
            # 每次循环时都重绘屏幕。
❸           self.screen.fill(self.settings.bg_color)

            # 让最近绘制的屏幕可见。
            pygame.display.flip()
--snip--
```

12

在主程序文件中，导入 Settings 类，调用 pygame.init()，再创建一个 Settings 实例并将其赋给 self.settings（见❶）。创建屏幕时（见❷），使用了 self.settings 的属性 screen_width 和 screen_height。接下来填充屏幕时，也使用了 self.settings 来访问背景色（见❸）。

如果此时运行 alien_invasion.py，结果不会有任何不同，因为我们只是将设置移到了不同的地方。现在可以在屏幕上添加新元素了。

12.4　添加飞船图像

下面将飞船加入游戏中。为了在屏幕上绘制玩家的飞船，我们将加载一幅图像，再使用 Pygame 方法 blit()绘制它。

为游戏选择素材时，务必要注意许可。最安全、最不费钱的方式是使用 Pixabay 等网站提供的免费图形，无须授权许可即可使用并修改。

在游戏中几乎可以使用任何类型的图像文件，但使用位图（.bmp）文件最为简单，因为 Pygame 默认加载位图。虽然可配置 Pygame 以使用其他文件类型，但有些文件类型要求你在计算机上安装相应的图像库。大多数图像为.jpg、.png 或.gif 格式，但可使用 Photoshop、GIMP 和 Paint 等工具将其转换为位图。

选择图像时，要特别注意背景色。请尽可能选择背景为透明或纯色的图像，便于使用图像编辑器将其背景替换为任意颜色。图像的背景色与游戏的背景色匹配时，游戏看起来最漂亮。你也可以将游戏的背景色设置成图像的背景色。

就游戏《外星人入侵》而言，可使用文件 ship.bmp（如图 12-1 所示），该文件可在本书源代码文件中找到（chapter_12/adding_ship_image/images/ship.bmp）。这个文件的背景色与项目使用的设置相同。请在项目文件夹（alien_invasion）中新建一个名为 images 的文件夹，并将文件 ship.bmp 保存在其中。

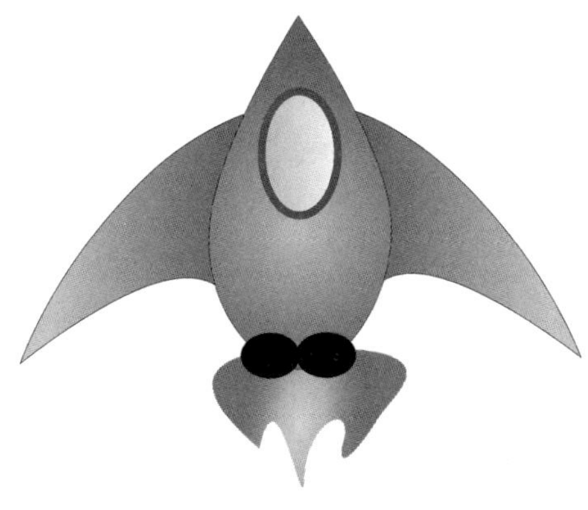

图 12-1　游戏《外星人入侵》中的飞船

12.4.1 创建 Ship 类

选择用于表示飞船的图像后，需要将其显示到屏幕上。我们创建一个名为 ship 的模块，其中包含 Ship 类，负责管理飞船的大部分行为。

ship.py
```
import pygame

class Ship:
    """管理飞船的类"""

    def __init__(self, ai_game):
        """初始化飞船并设置其初始位置。"""
❶       self.screen = ai_game.screen
❷       self.screen_rect = ai_game.screen.get_rect()

        # 加载飞船图像并获取其外接矩形。
❸       self.image = pygame.image.load('images/ship.bmp')
        self.rect = self.image.get_rect()

        # 对于每艘新飞船，都将其放在屏幕底部的中央。
❹       self.rect.midbottom = self.screen_rect.midbottom

❺   def blitme(self):
        """在指定位置绘制飞船。"""
        self.screen.blit(self.image, self.rect)
```

Pygame 之所以高效，是因为它让你能够像处理矩形（rect 对象）一样处理所有的游戏元素，即便其形状并非矩形。像处理矩形一样处理游戏元素之所以高效，是因为矩形是简单的几何形状。例如，通过将游戏元素视为矩形，Pygame 能够更快地判断出它们是否发生了碰撞。这种做法的效果通常很好，游戏玩家几乎注意不到我们处理的并不是游戏元素的实际形状。在这个类中，我们将把飞船和屏幕作为矩形进行处理。

定义这个类之前，导入了模块 pygame。Ship 的方法__init__()接受两个参数：引用 self 和指向当前 AlienInvasion 实例的引用。这让 Ship 能够访问 AlienInvasion 中定义的所有游戏资源。在❶处，将屏幕赋给了 Ship 的一个属性，以便在这个类的所有方法中轻松访问。在❷处，使用方法 get_rect()访问屏幕的属性 rect，并将其赋给了 self.screen_rect，这让我们能够将飞船放到屏幕的正确位置。

调用 pygame.image.load()加载图像，并将飞船图像的位置传递给它（见❸）。该函数返回一个表示飞船的 surface，而我们将这个 surface 赋给了 self.image。加载图像后，使用 get_rect() 获取相应 surface 的属性 rect，以便后面能够使用它来指定飞船的位置。

处理 rect 对象时，可使用矩形四角和中心的 x 坐标和 y 坐标。可通过设置这些值来指定矩形的位置。要让游戏元素居中，可设置相应 rect 对象的属性 center、centerx 或 centery；要让游戏元素与屏幕边缘对齐，可使用属性 top、bottom、left 或 right。除此之外，还有一些组合属性，如 midbottom、midtop、midleft 和 midright。要调整游戏元素的水平或垂直位置，可使用属性 x 和 y，分别是相应矩形左上角的 *x* 坐标和 *y* 坐标。这些属性让你无须做游戏开发人员原本需要手工完成的计算，因此会经常用到。

注意　在 Pygame 中，原点(0, 0)位于屏幕左上角，向右下方移动时，坐标值将增大。在 1200 × 800 的屏幕上，原点位于左上角，而右下角的坐标为(1200, 800)。这些坐标对应的是游戏窗口，而不是物理屏幕。

我们要将飞船放在屏幕底部的中央。为此，将 self.rect.midbottom 设置为表示屏幕的矩形的属性 midbottom（见❹）。Pygame 使用这些 rect 属性来放置飞船图像，使其与屏幕下边缘对齐并水平居中。

在❺处，定义了方法 blitme()，它将图像绘制到 self.rect 指定的位置。

12.4.2　在屏幕上绘制飞船

下面更新 alien_invasion.py，创建一艘飞船并调用其方法 blitme()：

alien_invasion.py

```
--snip--
from settings import Settings
from ship import Ship

class AlienInvasion:
    """管理游戏资源和行为的类"""

    def __init__(self):
        --snip--
        pygame.display.set_caption("Alien Invasion")

❶       self.ship = Ship(self)

    def run_game(self):
            --snip--
            # 每次循环时都重绘屏幕。
            self.screen.fill(self.settings.bg_color)
❷           self.ship.blitme()

            # 让最近绘制的屏幕可见。
            pygame.display.flip()
--snip--
```

导入 Ship 类，并在创建屏幕后创建一个 Ship 实例（见❶）。调用 Ship()时，必须提供一个参数：一个 AlienInvasion 实例。在这里，self 指向的是当前 AlienInvasion 实例。这个参数让 Ship 能够访问游戏资源，如对象 screen。我们将这个 Ship 实例赋给了 self.ship。

填充背景后，调用 ship.blitme()将飞船绘制到屏幕上，确保它出现在背景前面（见❷）。

现在如果运行 alien_invasion.py，将看到飞船位于空游戏屏幕底部的中央，如图 12-2 所示。

图 12-2 游戏《外星人入侵》屏幕底部的中央有一艘飞船

12.5 重构：方法_check_events()和_update_screen()

在大型项目中，经常需要在添加新代码前重构既有代码。重构旨在简化既有代码的结构，使其更容易扩展。本节将把越来越长的方法 run_game()拆分成两个辅助方法（helper method）。**辅助方法**在类中执行任务，但并非是通过实例调用的。在 Python 中，辅助方法的名称以单个下划线打头。

12.5.1 方法_check_events()

我们将把管理事件的代码移到一个名为_check_events()的方法中，以简化 run_game()并隔离事件管理循环。通过隔离事件循环，可将事件管理与游戏的其他方面（如更新屏幕）分离。

下面是新增方法_check_events()后的 AlienInvasion 类，只有 run_game()的代码受到影响：

alien_invasion.py

```
    def run_game(self):
        """开始游戏主循环。"""
        while True:
❶           self._check_events()
            # 每次循环时都重绘屏幕。
            --snip--
```

```
❷  def _check_events(self):
        """响应按键和鼠标事件。"""
        for event in pygame.event.get():
            if event.type == pygame.QUIT:
                sys.exit()
```

新增方法_check_events()（见❷），并将检查玩家是否单击了关闭窗口按钮的代码移到该方法中。

要调用当前类的方法，可使用句点表示法，并指定变量名 self 和要调用的方法的名称（见❶）。我们在 run_game()的 while 循环中调用这个新增的方法。

12.5.2　方法_update_screen()

为进一步简化 run_game()，将更新屏幕的代码移到一个名为_update_screen()的方法中：

alien_invasion.py

```
    def run_game(self):
        """开始游戏主循环。"""
        while True:
            self._check_events()
            self._update_screen()

    def _check_events(self):
        --snip--

    def _update_screen(self):
        """更新屏幕上的图像，并切换到新屏幕。"""
        self.screen.fill(self.settings.bg_color)
        self.ship.blitme()

        pygame.display.flip()
```

我们将绘制背景和飞船以及切换屏幕的代码移到了方法_update_screen()中。现在，run_game()中的主循环简单多了，很容易看出在每次循环中都检测了新发生的事件并更新了屏幕。

如果你开发过大量的游戏，可能早就开始像这样将代码放到不同的方法中了。不过如果你从未开发过这样的项目，可能不知道如何组织代码。这里采用的做法是，先编写可行的代码，等代码越来越复杂时再进行重构，以向你展示真正的开发过程：先编写尽可能简单的代码，等项目越来越复杂后对其进行重构。

对代码进行重构使其更容易扩展后，可以开始处理游戏的动态方面了！

> **动手试一试**
>
> **练习 12-1：蓝色天空** 创建一个背景为蓝色的 Pygame 窗口。
>
> **练习 12-2：游戏角色** 找一幅你喜欢的游戏角色位图图像或将一幅图像转换为位图。创建一个类，将该角色绘制到屏幕中央，并将该图像的背景色设置为屏幕背景色，或者将屏幕背景色设置为该图像的背景色。

12.6 驾驶飞船

下面来让玩家能够左右移动飞船。我们将编写代码，在用户按左或右箭头键时做出响应。我们将首先专注于向右移动，再使用同样的原理来控制向左移动。通过这样做，你将学会如何控制屏幕图像的移动。

12.6.1 响应按键

每当用户按键时，都将在 Pygame 中注册一个事件。事件都是通过方法 pygame.event.get() 获取的，因此需要在方法_check_events()中指定要检查哪些类型的事件。每次按键都被注册为一个 KEYDOWN 事件。

Pygame 检测到 KEYDOWN 事件时，需要检查按下的是否是触发行动的键。例如，如果玩家按下的是右箭头键，就增大飞船的 rect.centerx 值，将飞船向右移动：

12

alien_invasion.py

```
    def _check_events(self):
        """响应按键和鼠标事件。"""
        for event in pygame.event.get():
            if event.type == pygame.QUIT:
                sys.exit()
❶           elif event.type == pygame.KEYDOWN:
❷               if event.key == pygame.K_RIGHT:
                    # 向右移动飞船。
❸                   self.ship.rect.x += 1
```

在方法_check_events()中，为事件循环添加一个 elif 代码块，以便在 Pygame 检测到 KEYDOWN 事件时做出响应（见❶）。我们检查按下键（event.key）是否是右箭头键（pygame.K_RIGHT）（见❷）。如果是，就将 self.ship.rect.centerx 的值加 1，从而将飞船向右移动（见❸）。

如果现在运行 alien_invasion.py，则每按右箭头键一次，飞船都将向右移动 1 像素。这是一个开端，但并非控制飞船的高效方式。下面来改进控制方式，允许持续移动。

12.6.2 允许持续移动

玩家按住右箭头键不放时，我们希望飞船不断向右移动，直到玩家松开为止。我们将让游戏检测 pygame.KEYUP 事件，以便知道玩家何时松开右箭头键。然后，结合使用 KEYDOWN 和 KEYUP 事件以及一个名为 moving_right 的标志来实现持续移动。

当标志 moving_right 为 False 时，飞船不会移动。玩家按下右箭头键时，我们将该标志设置为 True，在玩家松开时将该标志重新设置为 False。

飞船的属性都由 Ship 类控制，因此要给这个类添加一个名为 moving_right 的属性和一个名为 update()的方法。方法 update()检查标志 moving_right 的状态。如果该标志为 True，就调整飞船的位置。我们将在 while 循环中调用这个方法，以调整飞船的位置。

下面是对 Ship 类所做的修改：

ship.py

```
class Ship:
    """管理飞船的类"""

    def __init__(self, ai_game):
        --snip--
        # 对于每艘新飞船，都将其放在屏幕底部的中央。
        self.rect.midbottom = self.screen_rect.midbottom

        # 移动标志。
❶       self.moving_right = False

❷   def update(self):
        """根据移动标志调整飞船的位置。"""
        if self.moving_right:
            self.rect.x += 1

    def blitme(self):
        --snip--
```

在方法__init__()中，添加属性 self.moving_right，并将其初始值设置为 False（见❶）。接下来，添加方法 update()，在前述标志为 True 时向右移动飞船（见❷）。方法 update()将通过 Ship 实例来调用，因此不是辅助方法。

接下来，需要修改_check_events()，使其在玩家按下右箭头键时将 moving_right 设置为 True，并在玩家松开时将 moving_right 设置为 False：

alien_invasion.py

```
    def _check_events(self):
        """响应按键和鼠标事件。"""
        for event in pygame.event.get():
            --snip--
            elif event.type == pygame.KEYDOWN:
                if event.key == pygame.K_RIGHT:
❶                   self.ship.moving_right = True
```

```
❷         elif event.type == pygame.KEYUP:
              if event.key == pygame.K_RIGHT:
                  self.ship.moving_right = False
```

在❶处，修改游戏在玩家按下右箭头键时响应的方式：不直接调整飞船的位置，而只是将 moving_right 设置为 True。在❷处，添加一个新的 elif 代码块，用于响应 KEYUP 事件：玩家松开右箭头键（K_RIGHT）时，将 moving_right 设置为 False。

最后，需要修改 run_game()中的 while 循环，以便每次执行循环时都调用飞船的方法 update()：

alien_invasion.py

```
    def run_game(self):
        """开始游戏主循环。"""
        while True:
            self._check_events()
            self.ship.update()
            self._update_screen()
```

飞船的位置将在检测到键盘事件后（但在更新屏幕前）更新。这样，玩家输入时，飞船的位置将更新，从而确保使用更新后的位置将飞船绘制到屏幕上。

如果现在运行 alien_invasion.py 并按住右箭头键，飞船将持续向右移动，直到松开为止。

12.6.3 左右移动

现在飞船能够持续向右移动了，添加向左移动的逻辑也很容易。我们将再次修改 Ship 类和方法_check_events()。下面显示了对 Ship 类的方法__init__()和 update()所做的相关修改：

ship.py

```
    def __init__(self, ai_game):
        --snip--
        # 移动标志
        self.moving_right = False
        self.moving_left = False

    def update(self):
        """根据移动标志调整飞船的位置。"""
        if self.moving_right:
            self.rect.x += 1
        if self.moving_left:
            self.rect.x -= 1
```

在方法__init__()中，添加标志 self.moving_left。在方法 update()中，添加一个 if 代码块而不是 elif 代码块，这样如果玩家同时按下了左右箭头键，将先增加再减少飞船的 rect.x 值，即飞船的位置保持不变。如果使用一个 elif 代码块来处理向左移动的情况，右箭头键将始终处于优先地位。从向左移动切换到向右移动时，玩家可能同时按住左右箭头键，此时前面的做法让移动更准确。

12

还需对_check_events()做两方面的调整：

alien_invasion.py

```
    def _check_events(self):
        """响应按键和鼠标事件。"""
        for event in pygame.event.get():
            --snip--
            elif event.type == pygame.KEYDOWN:
                if event.key == pygame.K_RIGHT:
                    self.ship.moving_right = True
                elif event.key == pygame.K_LEFT:
                    self.ship.moving_left = True

            elif event.type == pygame.KEYUP:
                if event.key == pygame.K_RIGHT:
                    self.ship.moving_right = False
                elif event.key == pygame.K_LEFT:
                    self.ship.moving_left = False
```

如果因玩家按下 K_LEFT 键而触发了 KEYDOWN 事件，就将 moving_left 设置为 True。如果因玩家松开 K_LEFT 而触发了 KEYUP 事件，就将 moving_left 设置为 False。这里之所以可以使用 elif 代码块，是因为每个事件都只与一个键相关联。如果玩家同时按下左右箭头键，将检测到两个不同的事件。

如果此时运行 alien_invasion.py，将能够持续左右移动飞船。如果同时按下左右箭头键，飞船将纹丝不动。

下面来进一步优化飞船的移动方式：调整飞船的速度，以及限制飞船的移动距离，以免其消失在屏幕之外。

12.6.4　调整飞船的速度

当前，每次执行 while 循环时，飞船最多移动 1 像素，但可在 Settings 类中添加属性 ship_speed，用于控制飞船的速度。我们将根据这个属性决定飞船在每次循环时最多移动多远。下面演示了如何在 settings.py 中添加这个新属性：

settings.py

```
class Settings:
    """存储游戏《外星人入侵》中所有设置的类。"""

    def __init__(self):
        --snip--

        # 飞船设置
        self.ship_speed = 1.5
```

将 ship_speed 的初始值设置为 1.5。现在需要移动飞船时，每次循环将移动 1.5 像素而不是 1 像素。

通过将速度设置指定为小数值，可在后面加快游戏节奏时更细致地控制飞船的速度。然而，rect 的 x 等属性只能存储整数值，因此需要对 Ship 类做些修改：

ship.py

```
class Ship:
    """管理飞船的类"""

❶    def __init__(self, ai_game):
        """初始化飞船并设置其初始位置。"""
        self.screen = ai_game.screen
        self.settings = ai_game.settings
        --snip--

        # 对于每艘新飞船，都将其放在屏幕底部的中央。
        --snip--

        # 在飞船的属性 x 中存储小数值。
❷        self.x = float(self.rect.x)

        # 移动标志
        self.moving_right = False
        self.moving_left = False

    def update(self):
        """根据移动标志调整飞船的位置。"""
        # 更新飞船而不是 rect 对象的 x 值。
        if self.moving_right:
❸            self.x += self.settings.ship_speed
        if self.moving_left:
            self.x -= self.settings.ship_speed

        # 根据 self.x 更新 rect 对象。
❹        self.rect.x = self.x

    def blitme(self):
        --snip--
```

在❶处，给 Ship 类添加属性 settings，以便能够在 update()中使用它。鉴于现在调整飞船的位置时，将增减一个单位为像素的小数值，因此需要将位置赋给一个能够存储小数值的变量。可使用小数来设置 rect 的属性，但 rect 将只存储这个值的整数部分。为准确存储飞船的位置，定义一个可存储小数值的新属性 self.x（见❷）。使用函数 float()将 self.rect.x 的值转换为小数，并将结果赋给 self.x。

现在在 update()中调整飞船的位置时，将 self.x 的值增减 settings.ship_speed 的值（见❸）。更新 self.x 后，再根据它来更新控制飞船位置的 self.rect.x（见❹）。self.rect.x 只存储 self.x 的整数部分，但对显示飞船而言，这问题不大。

现在可以修改 ship_speed 的值了。只要它的值大于 1，飞船的移动速度就会比以前更快。这有助于让飞船的反应速度足够快，以便射杀外星人，还让我们能够随着游戏的进行加快游戏的节奏。

注意　如果你使用的是 macOS，可能发现即便 ship_speed 的值很大，飞船的移动速度还是很慢。要修复这种问题，可在全屏模式下运行游戏，我们稍后就将实现这种功能。

12.6.5　限制飞船的活动范围

当前，如果玩家按住箭头键的时间足够长，飞船将飞到屏幕之外，消失得无影无踪。下面来修复这种问题，让飞船到达屏幕边缘后停止移动。为此，将修改 Ship 类的方法 update()：

ship.py

```
    def update(self):
        """根据移动标志调整飞船的位置。"""
        # 更新飞船而不是 rect 对象的 x 值。
❶       if self.moving_right and self.rect.right < self.screen_rect.right:
            self.x += self.settings.ship_speed
❷       if self.moving_left and self.rect.left > 0:
            self.x -= self.settings.ship_speed

        # 根据 self.x 更新 rect 对象。
        self.rect.x = self.x
```

上述代码在修改 self.x 的值之前检查飞船的位置。self.rect.right 返回飞船外接矩形右边缘的 *x* 坐标。如果这个值小于 self.screen_rect.right 的值，就说明飞船未触及屏幕右边缘（见❶）。左边缘的情况与此类似：如果 rect 左边缘的 *x* 坐标大于零，就说明飞船未触及屏幕左边缘（见❷）。这确保仅当飞船在屏幕内时，才调整 self.x 的值。

如果此时运行 alien_invasion.py，飞船将在触及屏幕左边缘或右边缘后停止移动。真是太神奇了！只在 if 语句中添加一个条件测试，就让飞船在到达屏幕左右边缘时像被墙挡住了一样。

12.6.6　重构_check_events()

随着游戏的开发，方法_check_events()将越来越长。因此将其部分代码放在两个方法中，其中一个处理 KEYDOWN 事件，另一个处理 KEYUP 事件：

alien_invasion.py

```
    def _check_events(self):
        """响应鼠标和按键事件。"""
        for event in pygame.event.get():
            if event.type == pygame.QUIT:
                sys.exit()
            elif event.type == pygame.KEYDOWN:
                self._check_keydown_events(event)
            elif event.type == pygame.KEYUP:
                self._check_keyup_events(event)

    def _check_keydown_events(self, event):
        """响应按键。"""
        if event.key == pygame.K_RIGHT:
            self.ship.moving_right = True
        elif event.key == pygame.K_LEFT:
```

```
            self.ship.moving_left = True

    def _check_keyup_events(self, event):
        """响应松开。"""
        if event.key == pygame.K_RIGHT:
            self.ship.moving_right = False
        elif event.key == pygame.K_LEFT:
            self.ship.moving_left = False
```

我们创建了两个新的辅助方法：_check_keydown_events()和_check_keyup_events()。它们都包含形参 self 和 event。这两个方法的代码是从_check_events()中复制而来的，因此将方法_check_events()中相应的代码替换成了对这两个新方法的调用。现在，方法_check_events()更简单，代码结构也更清晰，在其中响应玩家输入时将更容易。

12.6.7 按 Q 键退出

能够高效地响应按键后，我们来添加另一种退出游戏的方式。当前，每次测试新功能时，都需要单击游戏窗口顶部的 X 按钮来结束游戏，实在是太麻烦了。因此，我们来添加一个结束游戏的键盘快捷键—— Q 键：

alien_invasion.py

```
    def _check_keydown_events(self, event):
        --snip--
        elif event.key == pygame.K_LEFT:
            self.ship.moving_left = True
        elif event.key == pygame.K_q:
            sys.exit()
```

在_check_keydown_events()中，添加一个代码块，用于在玩家按 Q 键时结束游戏。现在测试该游戏时，你可按 Q 键来结束游戏，而无须使用鼠标将窗口关闭。

12.6.8 在全屏模式下运行游戏

Pygame 支持全屏模式，你可能会更喜欢在这种模式下而非常规窗口中运行游戏。有些游戏在全屏模式下看起来更舒服，而在 macOS 系统中用全屏模式运行会提升性能。

要在全屏模式下运行该游戏，可在__init__()中做如下修改：

alien_invasion.py

```
    def __init__(self):
        """初始化游戏并创建游戏资源。"""
        pygame.init()
        self.settings = Settings()

❶       self.screen = pygame.display.set_mode((0, 0), pygame.FULLSCREEN)
❷       self.settings.screen_width = self.screen.get_rect().width
        self.settings.screen_height = self.screen.get_rect().height
        pygame.display.set_caption("Alien Invasion")
```

创建屏幕时，传入了尺寸(0, 0)以及参数 pygame.FULLSCREEN（见❶）。这让 Pygame 生成一个覆盖整个显示器的屏幕。由于无法预先知道屏幕的宽度和高度，要在创建屏幕后更新这些设置（见❷）：使用屏幕的 rect 的属性 width 和 height 来更新对象 settings。

如果你喜欢这款游戏在全屏模式下的外观和行为，请保留这些设置。如果你更喜欢这款游戏在独立的窗口中运行，可恢复到原来采用的方法——将屏幕尺寸设置为特定的值。

注意　在全屏模式下运行这款游戏之前，请确认能够按 Q 键退出，因为 Pygame 默认不提供在全屏模式下退出游戏的方式。

12.7　简单回顾

下一节将添加射击功能，为此需要新增一个名为 bullet.py 的文件，并修改一些既有文件。当前有三个文件，其中包含很多类和方法。添加其他功能之前，先来回顾一下这些文件，让你清楚这个项目的组织结构。

12.7.1　alien_invasion.py

主文件 alien_invasion.py 包含 AlienInvasion 类。这个类创建一系列贯穿整个游戏都要用到的属性：赋给 self.settings 的设置，赋给 screen 中的主显示 surface，以及一个飞船实例。这个模块还包含游戏的主循环，即一个调用_check_events()、ship.update()和_update_ screen()的 while 循环。

方法_check_events()检测相关的事件（如按下和松开键盘），并通过调用方法_check_keydown_events()和_check_keyup_events()处理这些事件。当前，这些方法负责管理飞船的移动。AlienInvasion 类还包含方法_update_screen()，该方法在每次主循环中重绘屏幕。

要玩游戏《外星人入侵》，只需运行文件 alien_invasion.py，其他文件（settings.py 和 ship.py）包含的代码会被导入这个文件中。

12.7.2　settings.py

文件 settings.py 包含 Settings 类，这个类只包含方法__init__()，用于初始化控制游戏外观和飞船速度的属性。

12.7.3　ship.py

文件 ship.py 包含 Ship 类，这个类包含方法__init__()、管理飞船位置的方法 update()和在屏幕上绘制飞船的方法 blitme()。表示飞船的图像存储在文件夹 images 下的文件 ship.bmp 中。

动手试一试

练习 12-3：Pygame 文档 你在编写游戏的道路上走了很远，可能想看看 Pygame 文档。目前，只需大致浏览一下文档即可。在完成本章项目的过程中，不需要参阅这些文档，但如果你想修改游戏《外星人入侵》或编写自己的游戏，这些文档将会有所帮助。

练习 12-4：火箭 编写一个游戏，它在屏幕中央显示一个火箭，而玩家可使用四个方向键上下左右移动火箭。请务必确保火箭不会移到屏幕外面。

练习 12-5：按键 创建一个程序，它显示一个空屏幕。在事件循环中，每当检测到 `pygame.KEYDOWN` 事件时都打印属性 `event.key`。运行这个程序并按各种键，看看 Pygame 如何响应。

12.8 射击

下面来添加射击功能。我们将编写在玩家按空格键时发射子弹（用小矩形表示）的代码。子弹将在屏幕中向上飞行，抵达屏幕上边缘后消失。

12.8.1 添加子弹设置

首先，更新 settings.py，在方法`__init__()`末尾存储新类 `Bullet` 所需的值：

settings.py

```
    def __init__(self):
        --snip--
        # 子弹设置
        self.bullet_speed = 1.0
        self.bullet_width = 3
        self.bullet_height = 15
        self.bullet_color = (60, 60, 60)
```

这些设置创建宽 3 像素、高 15 像素的深灰色子弹。子弹的速度比飞船稍低。

12.8.2 创建 Bullet 类

下面来创建存储 `Bullet` 类的文件 bullet.py，其前半部分如下：

bullet.py

```
import pygame
from pygame.sprite import Sprite

class Bullet(Sprite):
    """管理飞船所发射子弹的类"""

    def __init__(self, ai_game):
        """在飞船当前位置创建一个子弹对象。"""
        super().__init__()
```

12

```
        self.screen = ai_game.screen
        self.settings = ai_game.settings
        self.color = self.settings.bullet_color

        # 在(0,0)处创建一个表示子弹的矩形，再设置正确的位置。
❶       self.rect = pygame.Rect(0, 0, self.settings.bullet_width,
            self.settings.bullet_height)
❷       self.rect.midtop = ai_game.ship.rect.midtop

        # 存储用小数表示的子弹位置。
❸       self.y = float(self.rect.y)
```

Bullet 类继承了从模块 pygame.sprite 导入的 Sprite 类。通过使用精灵（sprite），可将游戏中相关的元素编组，进而同时操作编组中的所有元素。为创建子弹实例，__init__()需要当前的 AlienInvasion 实例，我们还调用了 super()来继承 Sprite。另外，我们还定义了用于存储屏幕以及设置对象和子弹颜色的属性。

在❶处，创建子弹的属性 rect。子弹并非基于图像，因此必须使用 pygame.Rect()类从头开始创建一个矩形。创建这个类的实例时，必须提供矩形左上角的 x 坐标和 y 坐标，以及矩形的宽度和高度。我们在(0, 0)处创建这个矩形，但下一行代码将其移到了正确的位置，因为子弹的初始位置取决于飞船当前的位置。子弹的宽度和高度是从 self.settings 中获取的。

在❷处，将子弹的 rect.midtop 设置为飞船的 rect.midtop。这样子弹将从飞船顶部出发，看起来像是从飞船中射出的。我们将子弹的 y 坐标存储为小数值，以便能够微调子弹的速度（见❸）。

下面是 bullet.py 的第二部分，包括方法 update()和 draw_bullet()：

bullet.py

```
    def update(self):
        """向上移动子弹。"""
        # 更新表示子弹位置的小数值。
❶       self.y -= self.settings.bullet_speed
        # 更新表示子弹的 rect 的位置。
❷       self.rect.y = self.y

    def draw_bullet(self):
        """在屏幕上绘制子弹。"""
❸       pygame.draw.rect(self.screen, self.color, self.rect)
```

方法 update()管理子弹的位置。发射出去后，子弹向上移动，意味着其 y 坐标将不断减小。为更新子弹的位置，从 self.y 中减去 settings .bullet_speed 的值（见❶）。接下来，将 self.rect.y 设置为 self.y 的值（见❷）。

属性 bullet_speed 让我们能够随着游戏的进行或根据需要提高子弹的速度，以调整游戏的行为。子弹发射后，其 x 坐标始终不变，因此子弹将沿直线垂直向上飞行。

需要绘制子弹时，我们调用 draw_bullet()。draw.rect()函数使用存储在 self.color 中的颜色填充表示子弹的 rect 占据的屏幕部分（见❸）。

12.8.3 将子弹存储到编组中

定义 Bullet 类和必要的设置后，便可编写代码在玩家每次按空格键时都射出一发子弹了。我们将在 AlienInvasion 中创建一个编组（group），用于存储所有有效的子弹，以便管理发射出去的所有子弹。这个编组是 pygame.sprite.Group 类的一个实例。pygame.sprite.Group 类似于列表，但提供了有助于开发游戏的额外功能。在主循环中，将使用这个编组在屏幕上绘制子弹以及更新每颗子弹的位置。

首先，在__init__()中创建用于存储子弹的编组：

lien_invasion.py

```
    def __init__(self):
        --snip--
        self.ship = Ship(self)
        self.bullets = pygame.sprite.Group()
```

然后在 while 循环中更新子弹的位置：

lien_invasion.py

```
    def run_game(self):
        """开始游戏主循环。"""
        while True:
            self._check_events()
            self.ship.update()
❶           self.bullets.update()
            self._update_screen()
```

对编组调用 update()时（见❶），编组自动对其中的每个精灵调用 update()。因此代码行 bullets.update()将为编组 bullets 中的每颗子弹调用 bullet.update()。

12

12.8.4 开火

在 AlienInvasion 中，需要修改_check_keydown_events()，以便在玩家按空格键时发射一颗子弹。无须修改_check_keyup_events()，因为玩家松开空格键时什么都不会发生。还需要修改_update_screen()，确保在调用 flip()前在屏幕上重绘每颗子弹。

为发射子弹，需要做的工作不少，因此编写一个新方法_fire_bullet()来完成这项任务：

lien_invasion.py

```
--snip--
from ship import Ship
❶ from bullet import Bullet

class AlienInvasion:
    --snip--
    def _check_keydown_events(self, event):
        --snip--
        elif event.key == pygame.K_q:
            sys.exit()
```

```
❷         elif event.key == pygame.K_SPACE:
              self._fire_bullet()

      def _check_keyup_events(self, event):
          --snip--

      def _fire_bullet(self):
          """创建一颗子弹，并将其加入编组 bullets 中。"""
❸         new_bullet = Bullet(self)
❹         self.bullets.add(new_bullet)

      def _update_screen(self):
          """更新屏幕上的图像，并切换到新屏幕。"""
          self.screen.fill(self.settings.bg_color)
          self.ship.blitme()
❺         for bullet in self.bullets.sprites():
              bullet.draw_bullet()
          pygame.display.flip()
  --snip--
```

首先导入 Bullet 类（见❶），再在玩家按空格键时调用_fire_bullet()（见❷）。在_fire_bullet()中，创建一个 Bullet 实例并将其赋给 new_bullet（见❸），再使用方法 add()将其加入编组 bullets 中（见❹）。方法 add()类似于 append()，不过是专门为 Pygame 编组编写的。

方法 bullets.sprites()返回一个列表，其中包含编组 bullets 中的所有精灵。为在屏幕上绘制发射的所有子弹，遍历编组 bullets 中的精灵，并对每个精灵调用 draw_bullet()（见❺）。

如果此时运行 alien_invasion.py，将能够左右移动飞船，并发射任意数量的子弹。子弹在屏幕上向上飞行，抵达屏幕顶部后消失得无影无踪，如图 12-3 所示。你可在 settings.py 中修改子弹的尺寸、颜色和速度。

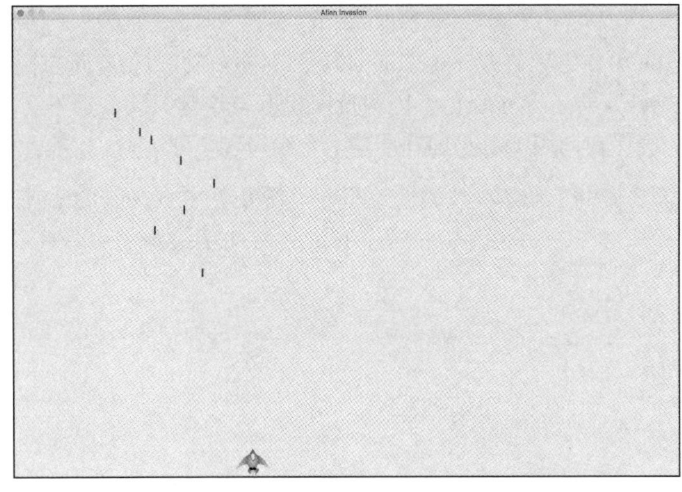

图 12-3　飞船发射一系列子弹后的《外星人入侵》游戏

12.8.5 删除消失的子弹

当前，子弹在抵达屏幕顶端后消失，但这仅仅是因为 Pygame 无法在屏幕外面绘制它们。这些子弹实际上依然存在，其 y 坐标为负数且越来越小。这是个问题，因为它们将继续消耗内存和处理能力。

需要将这些消失的子弹删除，否则游戏所做的无谓工作将越来越多，进而变得越来越慢。为此，需要检测表示子弹的 rect 的 bottom 属性是否为零。如果是，则表明子弹已飞过屏幕顶端：

alien_invasion.py

```
    def run_game(self):
        """开始游戏主循环。"""
        while True:
            self._check_events()
            self.ship.update()
            self.bullets.update()

            # 删除消失的子弹。
❶           for bullet in self.bullets.copy():
❷               if bullet.rect.bottom <= 0:
❸                    self.bullets.remove(bullet)
❹           print(len(self.bullets))

            self._update_screen()
```

使用 for 循环遍历列表（或 Pygame 编组）时，Python 要求该列表的长度在整个循环中保持不变。因为不能从 for 循环遍历的列表或编组中删除元素，所以必须遍历编组的副本。我们使用方法 copy()来设置 for 循环（见❶），从而能够在循环中修改 bullets。我们检查每颗子弹，看看它是否从屏幕顶端消失（见❷）。如果是，就将其从 bullets 中删除（见❸）。在❹处，使用函数调用 print()显示当前还有多少颗子弹，以核实确实删除了消失的子弹。

如果这些代码没有问题，我们发射子弹后查看终端窗口时，将发现随着子弹一颗颗地在屏幕顶端消失，子弹数将逐渐降为零。运行该游戏并确认子弹被正确删除后，请将这个函数调用 print()删除。如果不删除，游戏的速度将大大降低，因为将输出写入终端花费的时间比将图形绘制到游戏窗口花费的时间还要多。

12.8.6 限制子弹数量

很多射击游戏对可同时出现在屏幕上的子弹数量进行了限制，以鼓励玩家有目标地射击。下面在游戏《外星人入侵》中做这样的限制。

首先，在 settings.py 中存储最大子弹数：

settings.py

```
        # 子弹设置
        --snip--
        self.bullet_color = (60, 60, 60)
        self.bullets_allowed = 3
```

12

这将未消失的子弹数限制为三颗。在 AlienInvasion 的_fire_bullet()中，在创建新子弹前检查未消失的子弹数是否小于该设置：

alien_invasion.py

```
def _fire_bullet(self):
    """创建新子弹并将其加入编组 bullets 中。"""
    if len(self.bullets) < self.settings.bullets_allowed:
        new_bullet = Bullet(self)
        self.bullets.add(new_bullet)
```

玩家按空格键时，我们检查 bullets 的长度。如果 len(bullets)小于 3，就创建一颗新子弹；但如果有三颗未消失的子弹，则玩家按空格键时什么都不会发生。如果现在运行这个游戏，屏幕上最多只能有三颗子弹。

12.8.7 创建方法_update_bullets()

编写并检查子弹管理代码后，可将其移到一个独立的方法中，确保 AlienInvasion 类组织有序。为此，创建一个名为_update_bullets()的新方法，并将其放在_update_screen()前面：

alien_invasion.py

```
def _update_bullets(self):
    """更新子弹的位置并删除消失的子弹。"""
    # 更新子弹的位置。
    self.bullets.update()

    # 删除消失的子弹。
    for bullet in self.bullets.copy():
        if bullet.rect.bottom <= 0:
            self.bullets.remove(bullet)
```

_update_bullets()的代码是从 run_game()剪切并粘贴而来的，这里只是让注释更清晰了。

run_game()中的 while 循环又变得简单了：

alien_invasion.py

```
while True:
    self._check_events()
    self.ship.update()
    self._update_bullets()
    self._update_screen()
```

我们让主循环包含尽可能少的代码，这样只要看方法名就能迅速知道游戏中发生的情况。主循环检查玩家的输入，并更新飞船的位置和所有未消失子弹的位置。然后，使用更新后的位置来绘制新屏幕。

请再次运行 alien_invasion.py，确认发射子弹时没有错误。

动手试一试

练习 12-6：侧面射击 编写一个游戏，将一艘飞船放在屏幕左侧，并允许玩家上下移动飞船。在玩家按空格键时，让飞船发射一颗在屏幕中向右飞行的子弹，并在子弹从屏幕中消失后将其删除。

12.9 小结

在本章中，你学习了：游戏开发计划的制定，以及使用 Pygame 编写的游戏的基本结构；如何设置背景色，以及如何将设置存储在独立的类中，以便轻松调整；如何在屏幕上绘制图像，以及如何让玩家控制游戏元素的移动；创建自动移动的元素，如在屏幕中向上飞行的子弹，以及删除不再需要的对象；如何定期重构项目的代码，为后续开发提供便利。

在第 13 章中，我们将在游戏《外星人入侵》中添加外星人。到第 13 章结束时，你将能够击落外星人——但愿是在其撞到飞船之前！

第 13 章

外星人来了

13

本章将在游戏《外星人入侵》中添加外星人。我们将首先在屏幕上边缘附近添加一个外星人，再生成一群外星人。然后让这群外星人向两边和下面移动，并删除被子弹击中的外星人。最后，显示玩家拥有的飞船数量，并在玩家的飞船用完后结束游戏。

通过阅读本章，你将更深入地了解 Pygame 和大型项目管理，还将学习如何检测游戏对象之间的碰撞，如子弹和外星人之间的碰撞。检测碰撞有助于定义游戏元素之间的交互。例如，可以将角色限定在迷宫墙壁之内，或者在两个角色之间传球。我们将不时查看游戏开发计划，确保编程工作不偏离轨道。

着手编写在屏幕上添加一群外星人的代码前，先来回顾一下这个项目，并更新开发计划。

13.1 项目回顾

开发大型项目时，要在进入每个开发阶段之前回顾一下开发计划，搞清楚接下来要通过编写代码来完成哪些任务。本章涉及以下内容。

- 研究既有代码，确定实现新功能前是否要重构。
- 在屏幕左上角添加一个外星人，并指定合适的边距。
- 根据第一个外星人的边距和屏幕尺寸计算屏幕上可容纳多少个外星人。编写一个循环来创建一系列外星人，使其填满屏幕的上半部分。
- 让外星人群向两边和下方移动，直到外星人被全部击落、有外星人撞到飞船或有外星人抵达屏幕底端。如果整群外星人都被击落，将再创建一群外星人。如果有外星人撞到了飞船或抵达屏幕底端，将销毁飞船并再创建一群外星人。
- 限制玩家可用的飞船数量。当配给的飞船用完之后，游戏将结束。

我们将在实现功能的同时完善这个计划，但就目前而言，该计划已足够详尽。

在项目中添加新功能前，还应审核既有代码。每进入一个新阶段，项目通常会更复杂，因此最好对混乱或低效的代码进行清理。我们一直在不断重构，因此当前没有需要重构的代码。

13.2 创建第一个外星人

在屏幕上放置外星人与放置飞船类似。每个外星人的行为都由 Alien 类控制，我们将像创建 Ship 类那样创建这个类。出于简化考虑，也将使用位图来表示外星人。你可以自己寻找表示外星人的图像，也可以使用如图 13-1 所示的图像，它可在本书源代码文件中找到（chapter_13/creating_first_alien/images/alien.bmp）。这幅图像的背景为灰色，与屏幕背景色一致。请务必将选择的图像文件保存到文件夹 images 中。

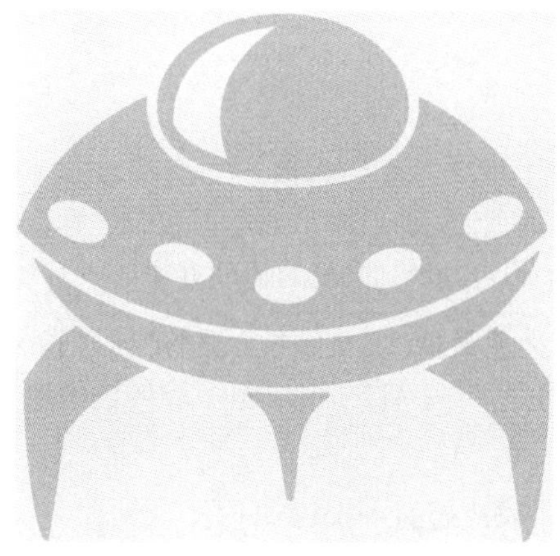

图 13-1 用来创建外星人群的外星人图像

13.2.1 创建 Alien 类

下面来编写 Alien 类并将其保存为文件 alien.py：

alien.py

```
import pygame
from pygame.sprite import Sprite

class Alien(Sprite):
    """表示单个外星人的类。"""

    def __init__(self, ai_game):
        """初始化外星人并设置其起始位置。"""
        super().__init__()
        self.screen = ai_game.screen

        # 加载外星人图像并设置其 rect 属性。
```

```
        self.image = pygame.image.load('images/alien.bmp')
        self.rect = self.image.get_rect()

        # 每个外星人最初都在屏幕左上角附近。
❶       self.rect.x = self.rect.width
        self.rect.y = self.rect.height

        # 存储外星人的精确水平位置。
❷       self.x = float(self.rect.x)
```

除位置不同外，这个类的大部分代码与 Ship 类相似。每个外星人最初都位于屏幕左上角附近。将每个外星人的左边距都设置为外星人的宽度，并将上边距设置为外星人的高度（见❶），这样更容易看清。我们主要关心的是外星人的水平速度，因此精确地记录了每个外星人的水平位置（见❷）。

Alien 类不需要一个在屏幕上绘制外星人的方法，因为我们将使用一个 Pygame 编组方法，自动在屏幕上绘制编组中的所有元素。

13.2.2　创建 Alien 实例

要让第一个外星人在屏幕上现身，需要创建一个 Alien 实例。这属于设置工作，因此将把这些代码放在 AlienInvasion 类的方法__init__()末尾。我们最终会创建一群外星人，涉及的工作量不少，因此将新建一个名为_create_fleet()的辅助方法。

在类中，方法的排列顺序无关紧要，只要按统一的标准排列就行。我们将把_create_fleet()放在_update_screen()前面，不过放在 AlienInvasion 类的任何地方其实都可行。首先，需要导入 Alien 类。

下面是 alien_invasion.py 中修改后的 import 语句：

alien_invasion.py

```
--snip--
from bullet import Bullet
from alien import Alien
```

下面是修改后的方法__init__()：

alien_invasion.py

```
    def __init__(self):
        --snip--
        self.ship = Ship(self)
        self.bullets = pygame.sprite.Group()
        self.aliens = pygame.sprite.Group()

        self._create_fleet()
```

创建了一个用于存储外星人群的编组，还调用了接下来将编写的方法_create_fleet()。

下面是新编写的方法_create_fleet()：

alien_invasion.py

```
    def _create_fleet(self):
        """创建外星人群。"""
        # 创建一个外星人。
        alien = Alien(self)
        self.aliens.add(alien)
```

在这个方法中，创建了一个 Alien 实例，再将其添加到用于存储外星人群的编组中。外星人默认放在屏幕左上角附近，对第一个外星人来说，这样的位置非常合适。

要让外星人现身，需要在_update_screen()中对外星人编组调用方法 draw()：

alien_invasion.py

```
    def _update_screen(self):
        --snip--
        for bullet in self.bullets.sprites():
            bullet.draw_bullet()
        self.aliens.draw(self.screen)

        pygame.display.flip()
```

对编组调用 draw()时，Pygame 将把编组中的每个元素绘制到属性 rect 指定的位置。方法 draw()接受一个参数，这个参数指定了要将编组中的元素绘制到哪个 surface 上。图 13-2 显示了在屏幕上现身的第一个外星人。

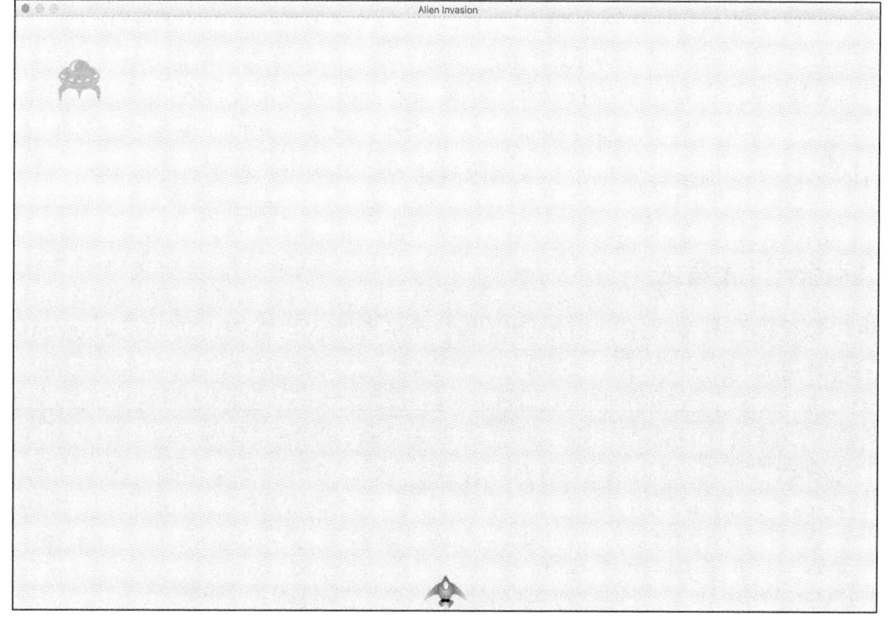

图 13-2 第一个外星人现身

第一个外星人正确地现身了，下面来编写绘制一群外星人的代码。

13.3 创建一群外星人

要绘制一群外星人，需要确定一行能容纳多少个外星人以及要绘制多少行。我们将首先计算外星人的水平间距并创建一行外星人，再确定可用的垂直空间并创建整群外星人。

13.3.1 确定一行可容纳多少个外星人

为确定一行可容纳多少个外星人，来看看可用的水平空间有多大。屏幕宽度存储在 settings.screen_width 中，但需要在屏幕两边都留下一定的边距（将其设置为外星人的宽度）。因为有两个边距，所以可用于放置外星人的水平空间为屏幕宽度减去外星人宽度的两倍：

```
available_space_x = settings.screen_width - (2 * alien_width)
```

还需要在外星人之间留出一定的空间，不妨将其定为外星人的宽度。因此，显示一个外星人所需的水平空间为外星人宽度的两倍：一个宽度用于放置外星人，另一个宽度为外星人右边的空白区域。为确定一行可容纳多少个外星人，将可用空间除以外星人宽度的两倍。我们使用**整除**（floor division）运算符//，它将两个数相除并丢弃余数，让我们得到一个表示外星人个数的整数。

```
number_aliens_x = available_space_x // (2 * alien_width)
```

我们将在创建外星人群时使用这些公式。

注意　令人欣慰的是，在程序中执行计算时，无须在一开始确定公式是正确的，而是可以尝试运行程序，看看结果是否符合预期。即便是在最坏的情况下，也只是屏幕上显示的外星人太多或太少。随后可根据在屏幕上看到的情况调整计算公式。

13.3.2 创建一行外星人

现在可以创建整行外星人了。由于创建单个外星人的代码管用，我们重写_create_fleet()使其创建一行外星人：

alien_ invasion.py

```
    def _create_fleet(self):
        """创建外星人群。"""
        # 创建一个外星人并计算一行可容纳多少个外星人。
        # 外星人的间距为外星人宽度。
❶       alien = Alien(self)
❷       alien_width = alien.rect.width
❸       available_space_x = self.settings.screen_width - (2 * alien_width)
        number_aliens_x = available_space_x // (2 * alien_width)

        # 创建第一行外星人。
❹       for alien_number in range(number_aliens_x):
```

```
            # 创建一个外星人并将其加入当前行。
            alien = Alien(self)
❺           alien.x = alien_width + 2 * alien_width * alien_number
            alien.rect.x = alien.x
            self.aliens.add(alien)
```

这些代码大多在前面详细介绍过。为放置外星人，需要知道外星人的宽度和高度，因此在执行计算前，创建一个外星人（见❶）。这个外星人不是外星人群的成员，因此没有将其加入编组 aliens 中。在❷处，从外星人的 rect 属性中获取外星人宽度，并将这个值存储到 alien_width 中，以免反复访问属性 rect。在❸处，计算可用于放置外星人的水平空间以及其中可容纳多少个外星人。

接下来，编写一个循环，从零数到要创建的外星人数（见❹）。在这个循环中，创建一个新的外星人，并通过设置 *x* 坐标将其加入当前行（见❺）。将每个外星人都往右推一个外星人宽度。接下来，将外星人宽度乘以 2，得到每个外星人占据的空间（其中包括右边的空白区域），再据此计算当前外星人在当前行的位置。我们使用外星人的属性 x 来设置其 rect 的位置。最后，将每个新创建的外星人都添加到编组 aliens 中。

如果现在运行这个游戏，将看到第一行外星人，如图 13-3 所示。

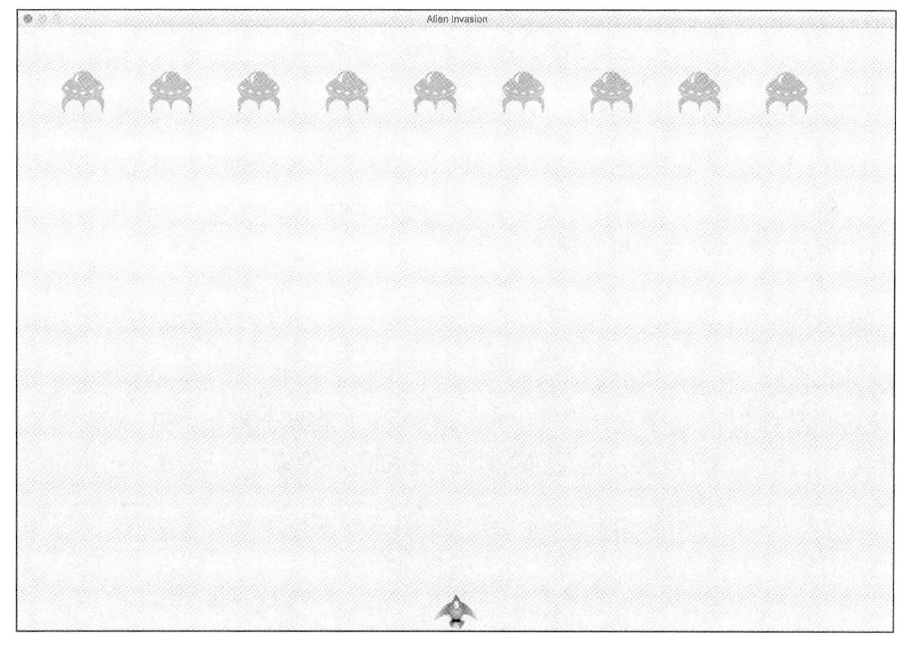

图 13-3 第一行外星人

这行外星人在屏幕上稍微偏向了左边，这实际上是有好处的，因为后面将让外星人群往右移，触及屏幕边缘后稍微往下移，再往左移，依此类推。就像经典游戏《太空人侵者》，相比于只往下移，这种移动方式更为有趣。我们将让外星人群不断这样移动，直到所有外星人都被击落，或者有外星人撞上飞船或抵达屏幕底端。

注意　根据所选择的屏幕宽度，在你的系统中，第一个外星人的位置可能稍有不同。

13.3.3　重构_create_fleet()

倘若只需使用前面的代码就能创建外星人群，也许应该让_create_fleet()保持原样，但鉴于创建外星人群的工作还未完成，我们稍微整理一下这个方法。为此，添加辅助方法_create_alien()，并在_create_fleet()中调用它：

alien_invasion.py

```
    def _create_fleet(self):
        --snip--
        # 创建第一行外星人。
        for alien_number in range(number_aliens_x):
            self._create_alien(alien_number)

    def _create_alien(self, alien_number):
        """创建一个外星人并将其放在当前行。"""
        alien = Alien(self)
        alien_width = alien.rect.width
        alien.x = alien_width + 2 * alien_width * alien_number
        alien.rect.x = alien.x
        self.aliens.add(alien)
```

除 self 外，方法_create_alien()还接受另一个参数，即要创建的外星人的编号。该方法的代码与_create_fleet()相同，但在内部获取外星人宽度，而不是将其作为参数传入。这样重构后，添加新行进而创建整群外星人将更容易。

13.3.4　添加行

要创建外星人群，需要计算屏幕可容纳多少行，并将创建一行外星人的循环重复执行相应的次数。为计算可容纳的行数，要先计算可用的垂直空间：用屏幕高度减去第一行外星人的上边距（外星人高度）、飞船的高度以及外星人群最初与飞船之间的距离（外星人高度的两倍）：

```
available_space_y = settings.screen_height - (3 * alien_height) - ship_height
```

这将在飞船上方留出一定的空白区域，给玩家留出射杀外星人的时间。

每行下方都要留出一定的空白区域，不妨将其设置为外星人的高度。为计算可容纳的行数，将可用的垂直空间除以外星人高度的两倍。我们使用整除，因为行数只能是整数。（同样，如果这样的计算不对，我们马上就能发现，继而将间距调整为合理的值。）

```
number_rows = available_space_y // (2 * alien_height)
```

知道可容纳多少行之后，便可重复执行创建一行外星人的代码了：

alien_invasion.py

```
    def _create_fleet(self):
        --snip--
        alien = Alien(self)
❶       alien_width, alien_height = alien.rect.size
        available_space_x = self.settings.screen_width - (2 * alien_width)
        number_aliens_x = available_space_x // (2 * alien_width)

        # 计算屏幕可容纳多少行外星人。
        ship_height = self.ship.rect.height
❷       available_space_y = (self.settings.screen_height -
                                (3 * alien_height) - ship_height)
        number_rows = available_space_y // (2 * alien_height)

        # 创建外星人群。
❸       for row_number in range(number_rows):
            for alien_number in range(number_aliens_x):
                self._create_alien(alien_number, row_number)

    def _create_alien(self, alien_number, row_number):
        """创建一个外星人，并将其放在当前行。"""
        alien = Alien(self)
        alien_width, alien_height = alien.rect.size
        alien.x = alien_width + 2 * alien_width * alien_number
        alien.rect.x = alien.x
❹       alien.rect.y = alien.rect.height + 2 * alien.rect.height * row_number
        self.aliens.add(alien)
```

需要知道外星人的宽度和高度，因此在❶处使用了属性 size。该属性是一个元组，包含 rect 对象的宽度和高度。为计算屏幕可容纳多少行外星人，在计算 available_space_x 的代码后面添加了计算 available_space_y 的代码（见❷）。此处将计算公式用圆括号括起来，以便将代码分成两行，遵循每行不超过 79 字符的建议。

为创建多行外星人，使用了两个嵌套在一起的循环：一个外部循环和一个内部循环（见❸）。内部循环创建一行外星人，而外部循环从零数到要创建的外星人行数：Python 将重复执行创建单行外星人的代码，重复次数为 number_rows。

为嵌套循环，编写了一个新的 for 循环，并缩进了要重复执行的代码。（在大多数文本编辑器中，缩进代码块和取消缩进都很容易，详情请参阅附录 B）。现在调用_create_alien()时，传递了一个表示行号的实参，将每行都沿屏幕依次向下放置。

在_create_alien()的定义中，需要一个用于存储行号的形参。在_create_alien()中，修改外星人的 y 坐标（见❹）并在第一行外星人上方留出与外星人等高的空白区域。相邻外星人行的 y 坐标相差外星人高度的两倍，因此将外星人高度乘以 2，再乘以行号。第一行的行号为 0，因此第一行的垂直位置不变，而其他行都沿屏幕依次向下放置。

如果现在运行这个游戏，将看到一群外星人，如图 13-4 所示。

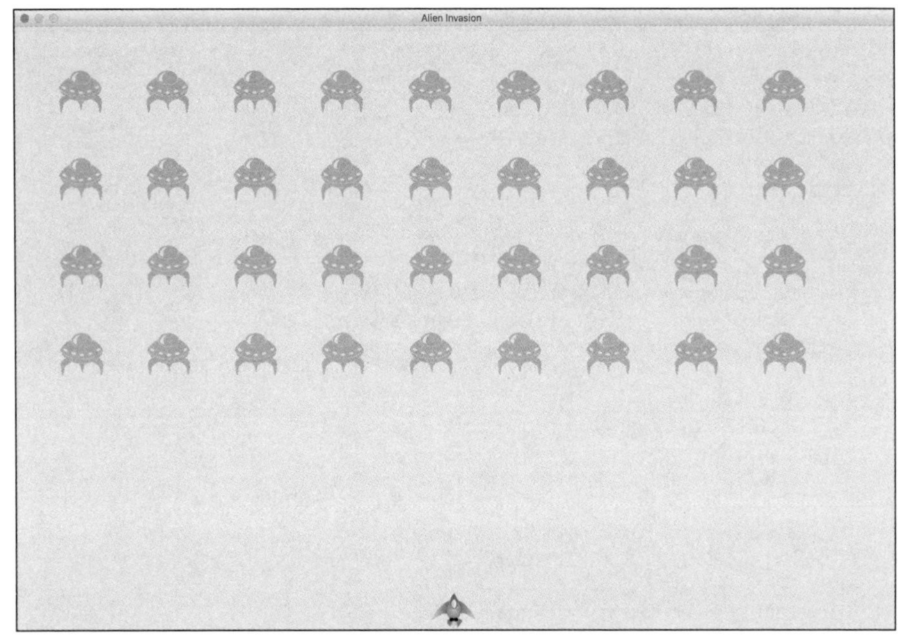

图 13-4 整群外星人都现身了

下一节将让外星人群动起来！

动手试一试

练习 13-1：星星 找一幅星星图像，并在屏幕上显示一系列整齐排列的星星。

练习 13-2：更逼真的星星 为让星星的分布更逼真，可随机地放置星星。本书前面说过，可像下面这样来生成随机数：

```
from random import randint
random_number = randint(-10, 10)
```

上述代码返回一个−10 和 10 之间的随机整数。在为完成练习 13-1 而编写的程序中，随机地调整每颗星星的位置。

13.4 让外星人群移动

下面来让外星人群在屏幕上向右移动，撞到屏幕边缘后下移一定的量，再沿相反的方向移动。我们将不断移动所有的外星人，直到外星人被全部消灭，或者有外星人撞上飞船或抵达屏幕底端。下面先让外星人向右移动。

13.4.1 向右移动外星人群

为移动外星人群，将使用 alien.py 中的方法 update()。对于外星人群中的每个外星人，都要调用它。首先，添加一个控制外星人速度的设置：

settings.py

```
    def __init__(self):
        --snip--
        # 外星人设置
        self.alien_speed = 1.0
```

再使用这个设置来实现 update()：

alien.py

```
    def __init__(self, ai_game):
        """初始化外星人并设置其初始位置。"""
        super().__init__()
        self.screen = ai_game.screen
        self.settings = ai_game.settings
        --snip--

    def update(self):
        """向右移动外星人。"""
❶       self.x += self.settings.alien_speed
❷       self.rect.x = self.x
```

在__init__()中添加了属性 settings，以便能够在 update()中访问外星人的速度。每次更新外星人时，都将它向右移动，移动量为 alien_speed 的值。我们使用属性 self.x 跟踪每个外星人的准确位置，该属性可存储小数值（见❶）。然后，使用 self.x 的值来更新外星人的 rect 的位置（见❷）。

主 while 循环中已调用了更新飞船和子弹的方法，现在还需更调用更新每个外星人位置的方法：

alien_invasion.py

```
        while True:
            self._check_events()
            self.ship.update()
            self._update_bullets()
            self._update_aliens()
            self._update_screen()
```

需要编写一些代码来管理外星人群的移动，因此新建一个名为_update_aliens()的方法。我们在更新子弹后再更新外星人的位置，因为稍后要检查是否有子弹击中了外星人。

13

将这个方法放在模块的什么地方都无关紧要，但为确保代码组织有序，我将它放在方法_update_bullets()的后面，以便与 while 循环中的调用顺序一致。下面是_update_aliens()的第一版：

alien_invasion.py

```
    def _update_aliens(self):
        """更新外星人群中所有外星人的位置。"""
        self.aliens.update()
```

对编组调用方法 update()，这将自动对每个外星人调用方法 update()。如果现在运行这个游戏，你将看到外星人群向右移动，并在屏幕右边缘消失。

13.4.2 创建表示外星人移动方向的设置

下面来创建让外星人撞到屏幕右边缘后向下移动、再向左移动的设置。实现这种行为的代码如下：

settings.py

```
        # 外星人设置
        self.alien_speed = 1.0
        self.fleet_drop_speed = 10
        # fleet_direction 为 1 表示向右移，为-1 表示向左移。
        self.fleet_direction = 1
```

设置 fleet_drop_speed 指定有外星人撞到屏幕边缘时，外星人群向下移动的速度。将这个速度与水平速度分开是有好处的，便于分别调整这两个速度。

要实现设置 fleet_direction，可将其设置为文本值，如'left'或'right'，但这样就必须编写 if-elif 语句来检查外星人群的移动方向。鉴于只有两个可能的方向，我们使用值 1 和–1 来表示，并在外星人群改变方向时在这两个值之间切换。（向右移时需要增大每个外星人的 *x* 坐标，而向左移时需要减小每个外星人的 *x* 坐标，因此使用数字来表示方向十分合理。）

13.4.3 检查外星人是否撞到了屏幕边缘

现在需要编写一个方法来检查外星人是否撞到了屏幕边缘，还需修改 update()让每个外星人都沿正确的方向移动。这些代码位于 Alien 类中：

alien.py

```
    def check_edges(self):
        """如果外星人位于屏幕边缘，就返回 True。"""
        screen_rect = self.screen.get_rect()
❶       if self.rect.right >= screen_rect.right or self.rect.left <= 0:
            return True

    def update(self):
        """向左或向右移动外星人。"""
❷       self.x += (self.settings.alien_speed *
```

```
                self.settings.fleet_direction)
        self.rect.x = self.x
```

可对任意外星人调用新方法 check_edges()，看其是否位于屏幕左边缘或右边缘。如果外星人的 rect 的属性 right 大于或等于屏幕的 rect 的 right 属性，就说明外星人位于屏幕右边缘；如果外星人的 rect 的 left 属性小于或等于 0，就说明外星人位于屏幕左边缘（见❶）。

我们修改方法 update()，将移动量设置为外星人速度和 fleet_direction 的乘积，让外星人向左或向右移动（见❷）。如果 fleet_direction 为 1，就将外星人的当前 x 坐标增大 alien_speed，从而将外星人向右移；如果 fleet_direction 为-1，就将外星人的当前 x 坐标减去 alien_speed，从而将外星人向左移。

13.4.4 向下移动外星人群并改变移动方向

有外星人到达屏幕边缘时，需要将整群外行星下移，并改变它们的移动方向。为此，需要在 AlienInvasion 中添加一些代码，因为要在这里检查是否有外星人到达了左边缘或右边缘。我们编写方法_check_fleet_edges()和_change_fleet_direction()，并且修改_update_aliens()。这些新方法将放在_create_alien()后面，但其实放在 AlienInvasion 类中的什么位置都无关紧要：

ien_invasion.py

```
    def _check_fleet_edges(self):
        """有外星人到达边缘时采取相应的措施。"""
❶       for alien in self.aliens.sprites():
            if alien.check_edges():
❷               self._change_fleet_direction()
                break

    def _change_fleet_direction(self):
        """将整群外星人下移，并改变它们的方向。"""
        for alien in self.aliens.sprites():
❸           alien.rect.y += self.settings.fleet_drop_speed
        self.settings.fleet_direction *= -1
```

在_check_fleet_edges()中，遍历外星人群并对其中的每个外星人调用 check_edges()（见❶）。如果 check_edges()返回 True，就表明相应的外星人位于屏幕边缘，需要改变外星人群的方向，因此调用_change_fleet_direction()并退出循环（见❷）。在_change_fleet_ direction()中，遍历所有外星人，将每个外星人下移设置 fleet_drop_speed 的值（见❸）。然后，将 fleet_direction 的值改为其当前值与-1 的乘积。调整外星人群移动方向的代码行没有包含在 for 循环中，因为我们要调整每个外星人的垂直位置，但只想调整外星人群移动方向一次。

下面显示了对_update_aliens()所做的修改：

en_invasion.py

```
    def _update_aliens(self):
        """
        检查是否有外星人位于屏幕边缘，
```

```
        并更新整群外星人的位置。
        """
        self._check_fleet_edges()
        self.aliens.update()
```

我们将方法_update_aliens()修改成了先调用_check_fleet_edges()，再更新每个外星人的位置。

如果现在运行这个游戏，外星人群将在屏幕上来回移动，并在抵达屏幕边缘后向下移动。现在可以开始射杀外星人，并检查是否有外星人撞到飞船或抵达了屏幕底端。

动手试一试

练习 13-3：雨滴　寻找一幅雨滴图像，并创建一系列整齐排列的雨滴。让这些雨滴往下落，直到到达屏幕底端后消失。

练习 13-4：连绵细雨　修改为完成练习 11-3 而编写的代码，使得一行雨滴消失在屏幕底端后，屏幕顶端又出现一行新雨滴并开始往下落。

13.5　射杀外星人

我们创建了飞船和外星人群，但子弹击中外星人时将穿过外星人，因为还没有检查碰撞。在游戏编程中，**碰撞**指的是游戏元素重叠在一起。要让子弹能够击落外星人，我们将使用sprite.groupcollide()检测两个编组的成员之间的碰撞。

13.5.1　检测子弹与外星人的碰撞

子弹击中外星人时，我们需要马上知道，以便碰撞发生后让子弹立即消失。为此，我们将在更新子弹的位置后立即检测碰撞。

函数 sprite.groupcollide()将一个编组中每个元素的 rect 同另一个编组中每个元素的 rect 进行比较。在这里，是将每颗子弹的 rect 同每个外星人的 rect 进行比较，并返回一个字典，其中包含发生了碰撞的子弹和外星人。在这个字典中，每个键都是一颗子弹，而关联的值是被该子弹击中的外星人（第 14 章实现记分系统时，也将使用该字典）。

在方法_update_bullets()末尾，添加如下检查子弹和外星人碰撞的代码：

alien_invasion.py

```
    def _update_bullets(self):
        """更新子弹的位置，并删除消失的子弹。"""
        --snip--
```

```
        # 检查是否有子弹击中了外星人。
        #   如果是，就删除相应的子弹和外星人。
        collisions = pygame.sprite.groupcollide(
                self.bullets, self.aliens, True, True)
```

这些新增的代码将 self.bullets 中所有的子弹都与 self.aliens 中所有的外星人进行比较，看它们是否重叠在一起。每当有子弹和外星人的 rect 重叠时，groupcollide()就在它返回的字典中添加一个键值对。两个实参 True 让 Pygame 删除发生碰撞的子弹和外星人。（要模拟能够飞行到屏幕顶端、消灭击中的每个外星人的高能子弹，可将第一个布尔实参设置为 False，并保留第二个布尔参数为 True。这样被击中的外星人将消失，但所有的子弹都始终有效，直到抵达屏幕顶端后消失。）

如果此时运行这个游戏，被击中的外星人将消失。如图 13-5 所示，有些外星人被射杀了。

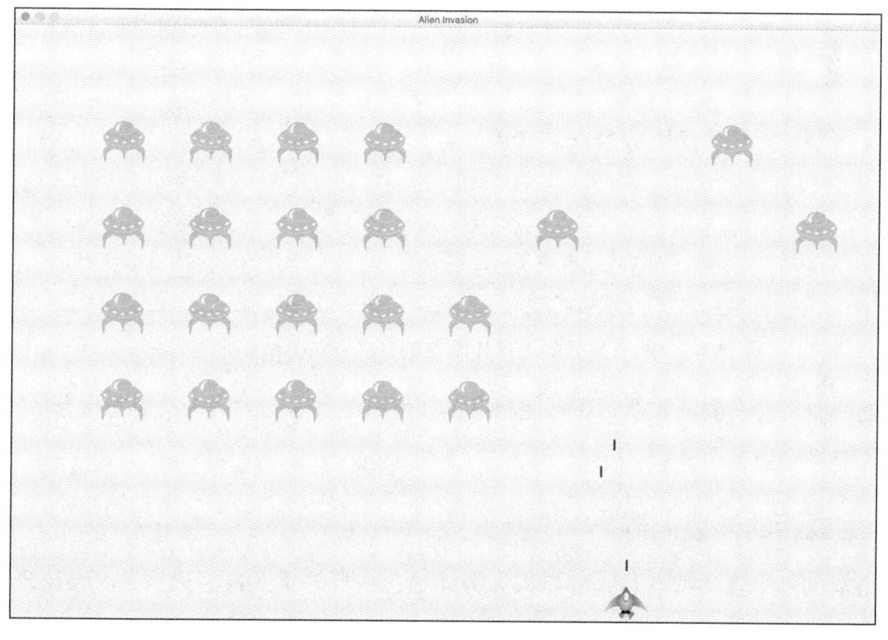

图 13-5　可以射杀外星人了

13.5.2　为测试创建大子弹

只需运行这个游戏就可测试很多功能，但有些功能在正常情况下测试起来比较烦琐。例如，要测试代码能否正确处理外星人编组为空的情形，需要花很长时间将屏幕上的外星人全部射杀。

测试有些功能时，可以修改游戏的某些设置，以便能够专注于游戏的特定方面。例如，可以缩小屏幕以减少需要射杀的外星人数量，也可以提高子弹的速度，以便能够在单位时间内发射大量子弹。

13

测试这个游戏时，我喜欢做的一项修改是，增大子弹的尺寸并使其在击中外星人后依然有效，如图 13-6 所示。请尝试将 bullet_width 设置为 300 乃至 3000，看看将所有外星人全部射杀有多快！

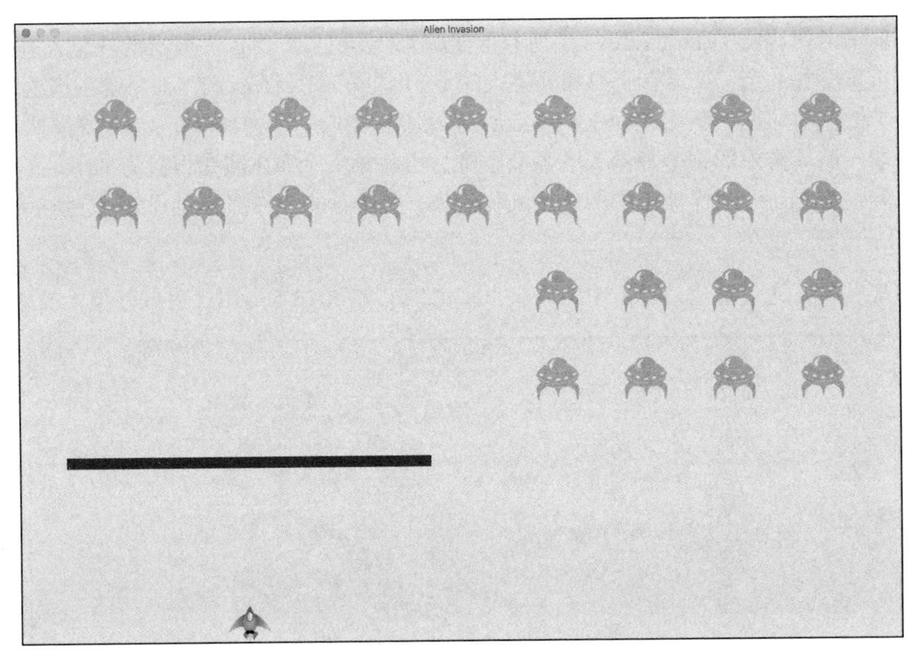

图 13-6　威力超强的子弹让游戏的有些方法测试起来更容易

这样的修改可提高测试效率，还可能激发出如何赋予玩家更大威力的思想火花。（完成测试后，别忘了将设置恢复正常。）

13.5.3　生成新的外星人群

这个游戏的一个重要特点是，外星人无穷无尽：一群外星人被消灭后，又会出现另一群外星人。

要在一群外星人被消灭后再显示一群外星人，首先需要检查编组 aliens 是否为空。如果是，就调用_create_fleet()。我们将在_update_bullets()末尾执行这项任务，因为外星人都是在这里被消灭的：

alien_invasion.py

```
    def _update_bullets(self):
        --snip--
❶       if not self.aliens:
            # 删除现有的子弹并新建一群外星人。
❷           self.bullets.empty()
            self._create_fleet()
```

在❶处，检查编组 aliens 是否为空。空编组相当于 False，因此这是一种检查编组是否为空的简单方式。如果编组 aliens 为空，就使用方法 empty()删除编组中余下的所有精灵，从而删除现有的所有子弹（见❷）。我们还调用了_create_fleet()，在屏幕上重新显示一群外星人。

现在，当前这群外星人被消灭干净后，将立刻出现一群新的外星人。

13.5.4 提高子弹的速度

如果现在尝试在游戏中射杀外星人，可能会发现子弹的速度不太合适（有点快或有点慢），游戏感不好。当前，可通过修改设置让这款游戏更有意思、更好玩。

要修改子弹的速度，可调整 settings.py 中 bullet_speed 的值。在我的系统中，我把 bullet_speed 的值调整到 1.5，让子弹的速度快些：

settings.py

```
        # 子弹设置
        self.bullet_speed = 1.5
        self.bullet_width = 3
        --snip--
```

这项设置的最佳值取决于你使用的系统的速度，请找出适合自己的值。你也可以调整其他设置。

13.5.5 重构_update_bullets()

下面来重构_update_bullets()，使其不再执行那么多任务。为此，将处理子弹和外星人碰撞的代码移到一个独立的方法中：

en_invasion.py

```
    def _update_bullets(self):
        --snip--
        # 删除消失的子弹。
        for bullet in self.bullets.copy():
            if bullet.rect.bottom <= 0:
                self.bullets.remove(bullet)

        self._check_bullet_alien_collisions()

    def _check_bullet_alien_collisions(self):
        """响应子弹和外星人碰撞。"""
        # 删除发生碰撞的子弹和外星人。

        collisions = pygame.sprite.groupcollide(
                self.bullets, self.aliens, True, True)

        if not self.aliens:
            # 删除现有的所有子弹，并创建一群新的外星人。
            self.bullets.empty()
            self._create_fleet()
```

13

我们创建了一个新方法_check_bullet_alien_collisions()，用于检测子弹和外星人之间的碰撞，并在整群外星人被消灭干净时采取相应的措施。这能避免_update_bullets()过长，简化了后续开发工作。

动手试一试

练习 13-5：侧面射击 2　完成练习 12-6 之后，我们给游戏《外星人入侵》添加了很多功能。在本练习中，请尝试让练习 12-6 中飞船的功能与当前《外星人入侵》中的类似。在屏幕右侧添加一群外星人（或让外星人的位置随机），并让其向飞船移动。另外，编写代码让被子弹击中的外星人消失。

13.6　结束游戏

如果玩家根本不会输，游戏还有什么趣味和挑战性可言？如果玩家没能在足够短的时间内将整群外星人消灭干净，导致有外星人撞到了飞船或抵达屏幕底端，飞船将被摧毁。与此同时，限制玩家可使用的飞船数，在玩家用光所有的飞船后，游戏将结束。

13.6.1　检测外星人和飞船碰撞

首先检查外星人和飞船之间的碰撞，以便在外星人撞上飞船时做出合适的响应。为此，在 AlienInvasion 中更新每个外星人的位置后，立即检测外星人和飞船之间的碰撞：

alien_invasion.py

```
    def _update_aliens(self):
        --snip--
        self.aliens.update()

        # 检测外星人和飞船之间的碰撞。
❶       if pygame.sprite.spritecollideany(self.ship, self.aliens):
❷           print("Ship hit!!!")
```

函数 spritecollideany()接受两个实参：一个精灵和一个编组。它检查编组是否有成员与精灵发生了碰撞，并在找到与精灵发生碰撞的成员后停止遍历编组。在这里，它遍历编组 aliens，并返回找到的第一个与飞船发生碰撞的外星人。

如果没有发生碰撞，spritecollideany()将返回 None，因此❶处的 if 代码块不会执行。如果找到了与飞船发生碰撞的外星人，它就返回这个外星人，因此 if 代码块将执行：打印“Ship hit!!!”（见❷）。有外星人撞到飞船时，需要执行很多任务：删除余下的外星人和子弹，让飞船重新居中，以及创建一群新的外星人。编写完成这些任务的代码之前，需要确定检测外星人和飞船碰撞的方法是否可行。为此，最简单的方式就是调用函数 print()。

现在如果运行这个游戏，则每当有外星人撞到飞船时，终端窗口都将显示“Ship hit!!!”。测试这项功能时，请将 alien_drop_speed 设置为较大的值，如 50 或 100，这样外星人将更快地撞到飞船。

13.6.2 响应外星人和飞船碰撞

现在需要确定当外星人与飞船发生碰撞时该做些什么。我们不销毁 Ship 实例并创建新的，而是通过跟踪游戏的统计信息来记录飞船被撞了多少次（跟踪统计信息还有助于记分）。

下面来编写一个用于跟踪游戏统计信息的新类 GameStats，并将其保存为文件 game_ stats.py：

game_stats.py

```
class GameStats:
    """跟踪游戏的统计信息。"""

    def __init__(self, ai_game):
        """初始化统计信息。"""
        self.settings = ai_game.settings
        self.reset_stats()

    def reset_stats(self):
        """初始化在游戏运行期间可能变化的统计信息。"""
        self.ships_left = self.settings.ship_limit
```

在游戏运行期间，只创建一个 GameStats 实例，但每当玩家开始新游戏时，需要重置一些统计信息。为此，在方法 reset_stats()中初始化大部分统计信息，而不是在__init__()中直接初始化。我们在__init__()中调用这个方法，这样创建 GameStats 实例时将妥善地设置这些统计信息，在玩家开始新游戏时也能调用 reset_stats()。

当前，只有一项统计信息 ships_left，其值在游戏运行期间不断变化。一开始玩家拥有的飞船数存储在 settings.py 的 ship_limit 中：

settings.py

```
        # 飞船设置
        self.ship_speed = 1.5
        self.ship_limit = 3
```

还需对 alien_invasion.py 做些修改，以创建一个 GameStats 实例。首先，更新这个文件开头的 import 语句：

alien_invasion.py

```
import sys
from time import sleep

import pygame

from settings import Settings
from game_stats import GameStats
from ship import Ship
--snip--
```

13

从 Python 标准库的模块 time 中导入函数 sleep()，以便在飞船被外星人撞到后让游戏暂停片刻。我们还导入了 GameStats。

接下来，在__init__()中创建一个 GameStats 实例：

alien_invasion.py

```
    def __init__(self):
        --snip--
        self.screen = pygame.display.set_mode(
            (self.settings.screen_width, self.settings.screen_height))
        pygame.display.set_caption("Alien Invasion")

        # 创建一个用于存储游戏统计信息的实例。
        self.stats = GameStats(self)

        self.ship = Ship(self)
        --snip--
```

在创建游戏窗口后、定义诸如飞船等其他游戏元素前，创建一个 GameStats 实例。

有外星人撞到飞船时，将余下的飞船数减 1，创建一群新的外星人，并将飞船重新放到屏幕底端的中央。另外，让游戏暂停片刻，让玩家在新外星人群出现前注意到发生了碰撞并将重新创建外星人群。

下面将实现这些功能的大部分代码放到新方法_ship_hit()中。在_update_aliens()中，将在有外星人撞到飞船时调用这个方法：

alien_invasion.py

```
    def _ship_hit(self):
        """响应飞船被外星人撞到。"""

        # 将 ships_left 减 1。
❶       self.stats.ships_left -= 1

        # 清空余下的外星人和子弹。
❷       self.aliens.empty()
        self.bullets.empty()

        # 创建一群新的外星人，并将飞船放到屏幕底端的中央。
❸       self._create_fleet()
        self.ship.center_ship()

        # 暂停。
❹       sleep(0.5)
```

新方法_ship_hit()在飞船被外星人撞到时做出响应。在这个方法中，将余下的飞船数减 1（见❶），再清空编组 aliens 和 bullets（见❷）。

接下来，创建一群新的外星人，并将飞船居中（见❸）。（稍后将在 Ship 类中添加方法 center_ship()。）最后，在更新所有元素后（但在将修改显示到屏幕前）暂停，让玩家知道飞船被撞到了（见❹）。这里的函数调用 sleep()让游戏暂停半秒钟，让玩家能够看到外星人撞到了飞船。函数 sleep()执行完毕后，将接着执行方法_update_screen()，将新的外星人群绘制到屏幕上。

在_update_aliens()中，当有外星人撞到飞船时，不调用函数 print()，而调用_ship_hit()：

lien_invasion.py

```
    def _update_aliens(self):
        --snip--
        if pygame.sprite.spritecollideany(self.ship, self.aliens):
            self._ship_hit()
```

下面是新方法 center_ship()，请将其添加到 ship.py 的末尾：

ship.py

```
    def center_ship(self):
        """让飞船在屏幕底端居中。"""
        self.rect.midbottom = self.screen_rect.midbottom
        self.x = float(self.rect.x)
```

这里像__init__()中那样让飞船在屏幕底端居中。让飞船在屏幕底端居中后，重置用于跟踪飞船确切位置的属性 self.x。

注意 我们根本没有创建多艘飞船。在整个游戏运行期间，只创建了一个飞船实例，并在该飞船被撞到时将其居中。统计信息 ships_left 指出玩家是否用完了所有的飞船。

请运行这个游戏，射杀几个外星人，并让一个外星人撞到飞船。游戏暂停片刻后，将出现一群新的外星人，而飞船将在屏幕底端居中。

13.6.3 有外星人到达屏幕底端

如果有外星人到达屏幕底端，我们将像有外星人撞到飞船那样做出响应。为检测这种情况，在 alien_invasion.py 中添加一个新方法：

ien_invasion.py

```
    def _check_aliens_bottom(self):
        """检查是否有外星人到达了屏幕底端。"""
        screen_rect = self.screen.get_rect()
        for alien in self.aliens.sprites():
❶           if alien.rect.bottom >= screen_rect.bottom:
                # 像飞船被撞到一样处理。
                self._ship_hit()
                break
```

方法_check_aliens_bottom()检查是否有外星人到达了屏幕底端。到达屏幕底端后，外星人的属性 rect.bottom 大于或等于屏幕的属性 rect.bottom（见❶）。如果有外星人到达屏幕底端，就调用_ship_hit()。只要检测到一个外星人到达屏幕底端，就无须检查其他外星人了，因此在调用_ship_hit()后退出循环。

我们在_update_aliens()中调用_check_aliens_bottom()：

alien_invasion.py

```
def _update_aliens(self):
    --snip--
    # 检查是否有外星人撞到飞船。
    if pygame.sprite.spritecollideany(self.ship, self.aliens):
        self._ship_hit()

    # 检查是否有外星人到达了屏幕底端。
    self._check_aliens_bottom()
```

在更新所有外星人的位置并检测是否有外星人和飞船发生碰撞后调用_check_aliens_bottom()。现在，每当有外星人撞到飞船或抵达屏幕底端时，都将出现一群新的外星人。

13.6.4　游戏结束

现在这个游戏看起来更完整了，但它永远都不会结束，只是 ships_left 不断变成越来越小的负数。下面在 GameStats 中添加一个作为标志的属性 game_active，以便在玩家的飞船用完后结束游戏。首先，在 GameStats 类的方法__init__()末尾设置这个标志：

game_stats.py

```
def __init__(self, ai_game):
    --snip--
    # 游戏刚启动时处于活动状态。
    self.game_active = True
```

接下来在_ship_hit()中添加代码，在玩家的飞船用完后将 game_active 设置为 False：

alien_invasion.py

```
def _ship_hit(self):
    """响应飞船被外星人撞到。"""
    if self.stats.ships_left > 0:
        # 将 ships_left 减 1。
        self.stats.ships_left -= 1
      --snip--
        # 暂停。
        sleep(0.5)
    else:
        self.stats.game_active = False
```

_ship_hit()的大部分代码没有变。我们将原来的代码都移到了一个 if 语句块中，它检查玩家是否至少还有一艘飞船。如果是，就创建一群新的外星人，暂停片刻，再接着往下执行。如果玩家没有了飞船，就将 game_active 设置为 False。

13.7　确定应运行游戏的哪些部分

我们需要确定游戏的哪些部分在任何情况下都应运行，哪些部分仅在游戏处于活动状态时才运行：

alien_invasion.py

```
    def run_game(self):
        """开始游戏主循环。"""
        while True:
            self._check_events()

            if self.stats.game_active:
                self.ship.update()
                self._update_bullets()
                self._update_aliens()

            self._update_screen()
```

在主循环中，在任何情况下都需要调用_check_events()，即便游戏处于非活动状态。例如，我们需要知道玩家是否按了 Q 键以退出游戏，或者是否单击了关闭窗口的按钮。我们还需要不断更新屏幕，以便在等待玩家是否选择开始新游戏时修改屏幕。其他的函数仅在游戏处于活动状态时才需要调用，因为游戏处于非活动状态时，不用更新游戏元素的位置。

现在运行这个游戏，它将在飞船用完后停止不动。

动手试一试

练习 13-6：游戏结束　在为完成练习 13-5 而编写的游戏中，记录飞船被撞到了多少次以及有多少外星人被射杀。确定合适的游戏结束条件，并在满足该条件后结束游戏。

13.8　小结

在本章中，你学习了：如何在游戏中添加大量相同的元素，如创建一群外星人；如何使用嵌套循环来创建元素网格，还通过调用每个元素的方法 update()移动了大量元素；如何控制对象在屏幕上移动的方向，以及如何响应事件，如有外星人到达屏幕边缘；如何检测和响应子弹和外星人碰撞以及外星人和飞船碰撞；如何在游戏中跟踪统计信息，以及如何使用标志 game_active 来判断游戏是否结束。

在与这个项目相关的最后一章中，我们将添加一个 Play 按钮，让玩家能够开始游戏，以及在游戏结束后重玩。每当玩家消灭一群外星人后，我们都将加快游戏的节奏，并添加一个记分系统，得到一个极具可玩性的游戏！

第 14 章 记　分

14

本章将结束游戏《外星人入侵》的开发。我们会添加一个 Play 按钮，用于根据需要启动游戏以及在游戏结束后重启游戏，还会修改这个游戏，使其随玩家等级提高而加快节奏，并实现一个记分系统。阅读本章后，你将掌握足够多的知识，能够开始编写随玩家等级提高而加大难度以及显示得分的游戏。

14.1 添加 Play 按钮

本节将添加一个 Play 按钮，它在游戏开始前出现，并在游戏结束后再次出现，让玩家能够开始新游戏。

当前，这个游戏在玩家运行 alien_invasion.py 时就开始了。下面让游戏一开始处于非活动状态，并提示玩家单击 Play 按钮来开始游戏。为此，像下面这样修改 GameStats 类的方法__init__()：

game_stats.py

```
    def __init__(self, ai_game):
        """初始化统计信息。"""
        self.settings = ai_game.settings
        self.reset_stats()

        # 让游戏一开始处于非活动状态。
        self.game_active = False
```

现在，游戏一开始将处于非活动状态，待创建 Play 按钮后，玩家才能开始游戏。

14.1.1 创建 Button 类

由于 Pygame 没有内置创建按钮的方法，我们将编写一个 Button 类，用于创建带标签的实心矩形。你可在游戏中使用这些代码来创建任何按钮。下面是 Button 类的第一部分，请将这个类保存为文件 button.py：

button.py
```
import pygame.font

class Button:

❶    def __init__(self, ai_game, msg):
        """初始化按钮的属性。"""
        self.screen = ai_game.screen
        self.screen_rect = self.screen.get_rect()

        # 设置按钮的尺寸和其他属性。
❷        self.width, self.height = 200, 50
        self.button_color = (0, 255, 0)
        self.text_color = (255, 255, 255)
❸        self.font = pygame.font.SysFont(None, 48)

        # 创建按钮的 rect 对象，并使其居中。
❹        self.rect = pygame.Rect(0, 0, self.width, self.height)
        self.rect.center = self.screen_rect.center

        # 按钮的标签只需创建一次。
❺        self._prep_msg(msg)
```

首先，导入模块 pygame.font，它让 Pygame 能够将文本渲染到屏幕上。方法__init__()接受参数 self、对象 ai_game 和 msg，其中 msg 是要在按钮中显示的文本（见❶）。设置按钮的尺寸（见❷），再通过设置 button_color，让按钮的 rect 对象为亮绿色，并通过设置 text_color 让文本为白色。

在❸处，指定使用什么字体来渲染文本。实参 None 让 Pygame 使用默认字体，而 48 指定了文本的字号。为让按钮在屏幕上居中，创建一个表示按钮的 rect 对象（见❹），并将其 center 属性设置为屏幕的 center 属性。

Pygame 处理文本的方式是，将要显示的字符串渲染为图像。在❺处，调用了_prep_msg()来处理这样的渲染。

_prep_msg()的代码如下：

button.py
```
    def _prep_msg(self, msg):
        """将 msg 渲染为图像，并使其在按钮上居中。"""
❶        self.msg_image = self.font.render(msg, True, self.text_color,
                self.button_color)
❷        self.msg_image_rect = self.msg_image.get_rect()
        self.msg_image_rect.center = self.rect.center
```

方法_prep_msg()接受实参 self 以及要渲染为图像的文本（msg）。调用 font.render()将存储在 msg 中的文本转换为图像，再将该图像存储在 self.msg_image 中（见❶）。方法 font.render()还接受一个布尔实参，该实参指定开启还是关闭反锯齿功能（反锯齿让文本的边缘更平滑）。余

14

下的两个实参分别是文本颜色和背景色。我们启用了反锯齿功能，并将文本的背景色设置为按钮的颜色。（如果没有指定背景色，Pygame 渲染文本时将使用透明背景。）

在❷处，让文本图像在按钮上居中：根据文本图像创建一个 rect，并将其 center 属性设置为按钮的 center 属性。

最后，创建方法 draw_button()，用于将这个按钮显示到屏幕上：

button.py

```
    def draw_button(self):
        # 绘制一个用颜色填充的按钮，再绘制文本。
        self.screen.fill(self.button_color, self.rect)
        self.screen.blit(self.msg_image, self.msg_image_rect)
```

我们调用 screen.fill()来绘制表示按钮的矩形，再调用 screen.blit()并向它传递一幅图像以及与该图像相关联的 rect，从而在屏幕上绘制文本图像。至此，Button 类便创建好了。

14.1.2　在屏幕上绘制按钮

我们将在 AlienInvasion 中使用 Button 类来创建一个 Play 按钮。首先，更新 import 语句：

alien_invasion.py

```
--snip--
from game_stats import GameStats
from button import Button
```

只需要一个 Play 按钮，因此在 AlienInvasion 类的方法__init__()中创建它。可将这些代码放在方法__init__()的末尾：

alien_invasion.py

```
    def __init__(self):
        --snip--
        self._create_fleet()

        # 创建 Play 按钮。
        self.play_button = Button(self, "Play")
```

这些代码创建一个标签为 Play 的 Button 实例，但没有将它显示到屏幕上。为显示该按钮，在_update_screen()对其调用方法 draw_button()：

alien_invasion.py

```
    def _update_screen(self):
        --snip--
        self.aliens.draw(self.screen)

        # 如果游戏处于非活动状态，就绘制 Play 按钮。
        if not self.stats.game_active:
            self.play_button.draw_button()

        pygame.display.flip()
```

为让 Play 按钮位于其他所有屏幕元素上面，在绘制其他所有游戏元素后再绘制这个按钮，然后切换到新屏幕。将这些代码放在一个 if 代码块中，让按钮仅在游戏出于非活动状态时才出现。

如果现在运行这个游戏，将在屏幕中央看到一个 Play 按钮，如图 14-1 所示。

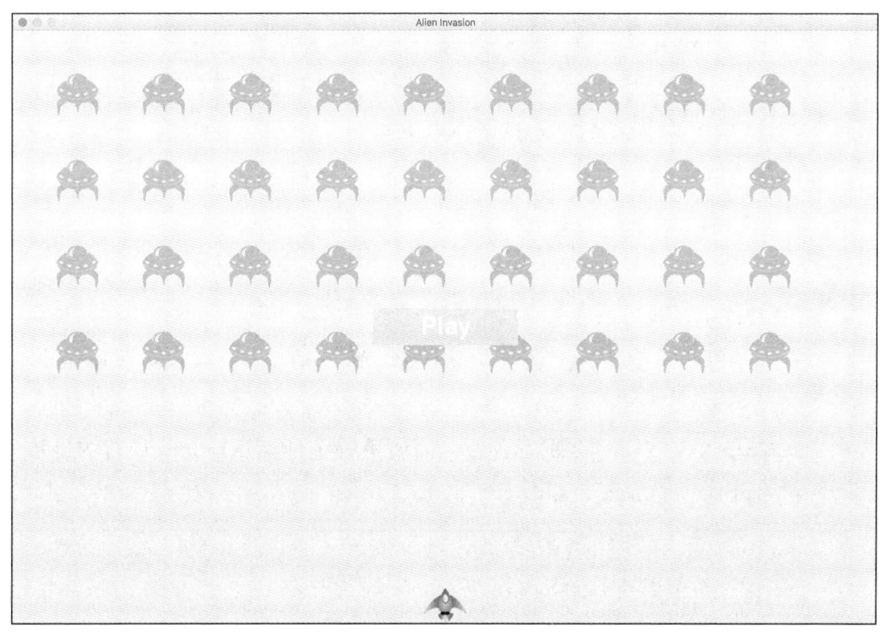

图 14-1　游戏处于非活动状态时出现的 Play 按钮

14.1.3　开始游戏

为在玩家单击 Play 按钮时开始新游戏，在_check_events()末尾添加如下 elif 代码块，以监视与该按钮相关的鼠标事件：

alien_invasion.py

```
    def _check_events(self):
        """响应按键和鼠标事件。"""
        for event in pygame.event.get():
            if event.type == pygame.QUIT:
                --snip--
❶           elif event.type == pygame.MOUSEBUTTONDOWN:
❷               mouse_pos = pygame.mouse.get_pos()
❸               self._check_play_button(mouse_pos)
```

无论玩家单击屏幕的什么地方，Pygame 都将检测到一个 MOUSEBUTTONDOWN 事件（见❶），但我们只想让这个游戏在玩家用鼠标单击 Play 按钮时做出响应。为此，使用了 pygame.mouse.get_pos()，它返回一个元组，其中包含玩家单击时鼠标的 *x* 坐标和 *y* 坐标（见❷）。我们将这些值传递给新方法_check_play_button()（见❸）。

方法_check_play_button()的代码如下，将它放在_check_events()后面：

alien_invasion.py

```
    def _check_play_button(self, mouse_pos):
        """在玩家单击 Play 按钮时开始新游戏。"""
❶       if self.play_button.rect.collidepoint(mouse_pos):
            self.stats.game_active = True
```

这里使用了 rect 的方法 collidepoint()检查鼠标单击位置是否在 Play 按钮的 rect 内(见❶)。如果是，就将 game_active 设置为 True，让游戏开始！

至此，现在应该能够开始这个游戏了。游戏结束时，应将 game_active 设置为 False，并重新显示 Play 按钮。

14.1.4 重置游戏

前面编写的代码只处理了玩家第一次单击 Play 按钮的情况，而没有处理游戏结束的情况，因为没有重置导致游戏结束的条件。

为在玩家每次单击 Play 按钮时都重置游戏，需要重置统计信息、删除现有的外星人和子弹、创建一群新的外星人并让飞船居中，如下所示：

alien_invasion.py

```
    def _check_play_button(self, mouse_pos):
        """在玩家单击 Play 按钮时开始新游戏。"""
        if self.play_button.rect.collidepoint(mouse_pos):
            # 重置游戏统计信息。
❶           self.stats.reset_stats()
            self.stats.game_active = True

            # 清空余下的外星人和子弹。
❷           self.aliens.empty()
            self.bullets.empty()

            # 创建一群新的外星人并让飞船居中。
❸           self._create_fleet()
            self.ship.center_ship()
```

在❶处，重置游戏统计信息，给玩家提供三艘新飞船。接下来，将 game_active 设置为 True。这样，这个方法的代码执行完毕后，游戏就将开始。清空编组 aliens 和 bullets（见❷），然后创建一群新的外星人并将飞船居中（见❸）。

现在，每当玩家单击 Play 按钮时，这个游戏都将正确地重置，让玩家想玩多少次就玩多少次！

14.1.5 将 Play 按钮切换到非活动状态

当前存在一个问题：即便 Play 按钮不可见，玩家单击其所在的区域时，游戏依然会做出响应。游戏开始后，如果玩家不小心单击了 Play 按钮所处的区域，游戏将重新开始！

为修复这个问题，可让游戏仅在 game_active 为 False 时才开始：

alien_invasion.py

```
    def _check_play_button(self, mouse_pos):
        """玩家单击 Play 按钮时开始新游戏。"""
❶       button_clicked = self.play_button.rect.collidepoint(mouse_pos)
❷       if button_clicked and not self.stats.game_active:
            # 重置游戏统计信息。
            self.stats.reset_stats()
            --snip--
```

标志 button_clicked 的值为 True 或 False（见❶）。仅当玩家单击了 Play 按钮且游戏当前处于非活动状态时，游戏才重新开始（见❷）。要测试这种行为，可开始新游戏，并不断单击 Play 按钮所在的区域。如果一切都像预期的那样工作，单击 Play 按钮所处的区域应该没有任何影响。

14.1.6 隐藏鼠标光标

为让玩家能够开始游戏，要让鼠标光标可见，但游戏开始后，光标只会添乱。为修复这种问题，需要在游戏处于活动状态时让光标不可见。可在方法_check_play_button()末尾的 if 代码块中完成这项任务：

alien_invasion.py

```
    def _check_play_button(self, mouse_pos):
        """在玩家单击 Play 按钮时开始新游戏。"""
        button_clicked = self.play_button.rect.collidepoint(mouse_pos)
        if button_clicked and not self.stats.game_active:
            --snip--
            # 隐藏鼠标光标。
            pygame.mouse.set_visible(False)
```

通过向 set_visible()传递 False，让 Pygame 在光标位于游戏窗口内时将其隐藏起来。

游戏结束后，将重新显示光标，让玩家能够单击 Play 按钮来开始新游戏。相关的代码如下：

alien_invasion.py

```
    def _ship_hit(self):
        """响应飞船被外星人撞到。"""
        if self.stats.ships_left > 0:
            --snip--
        else:
            self.stats.game_active = False
            pygame.mouse.set_visible(True)
```

在_ship_hit()中，在游戏进入非活动状态后，立即让光标可见。关注这样的细节让游戏显得更专业，也让玩家能够专注于玩游戏而不是去费力理解用户界面。

14

动手试一试

练习 14-1：按 P 键开始新游戏　鉴于游戏《外星人入侵》使用键盘来控制飞船，最好也能够让玩家通过按键来开始游戏。请添加在玩家按 P 键时开始游戏的代码。也许这样做会有所帮助：将_check_play_button()的一些代码提取出来，放到一个名为_start_game()的方法中，并在_check_play_button()和_check_keydown_events()中调用这个方法。

练习 14-2：射击练习　创建一个矩形，让它在屏幕右边缘以固定的速度上下移动。然后，在屏幕左边缘创建一艘飞船，玩家可上下移动它来射击前述矩形标靶。添加一个用于开始游戏的 Play 按钮，在玩家三次未击中目标时结束游戏，并重新显示 Play 按钮，让玩家能够单击该按钮来重新开始游戏。

14.2　提高等级

当前，将整群外星人消灭干净后，玩家将提高一个等级，但游戏的难度没变。下面来增加一点趣味性：每当玩家将屏幕上的外星人消灭干净后，都加快游戏的节奏，让游戏玩起来更难。

14.2.1　修改速度设置

首先重新组织 Settings 类，将游戏设置划分成静态和动态两组。对于随着游戏进行而变化的设置，还要确保在开始新游戏时进行重置。settings.py 的方法__init__()如下：

settings.py

```
def __init__(self):
    """初始化游戏的静态设置。"""
    #屏幕设置
    self.screen_width = 1200
    self.screen_height = 800
    self.bg_color = (230, 230, 230)

    # 飞船设置
    self.ship_limit = 3

    # 子弹设置
    self.bullet_width = 3
    self.bullet_height = 15
    self.bullet_color = 60, 60, 60
    self.bullets_allowed = 3

    # 外星人设置
    self.fleet_drop_speed = 10
```

```
        # 加快游戏节奏的速度。
❶       self.speedup_scale = 1.1

❷       self.initialize_dynamic_settings()
```

依然在__init__()中初始化静态设置。在❶处，添加设置 speedup_scale，用于控制游戏节奏的加快速度：2 表示玩家每提高一个等级，游戏的节奏就翻一倍；1 表示游戏节奏始终不变。将其设置为 1.1 能够将游戏节奏提高到足够快，让游戏既有难度又并非不可完成。最后，调用 initialize_dynamic_settings()初始化随游戏进行而变化的属性（见❷）。

initialize_dynamic_settings()的代码如下：

settings.py

```
    def initialize_dynamic_settings(self):
        """初始化随游戏进行而变化的设置。"""
        self.ship_speed = 1.5
        self.bullet_speed = 3.0
        self.alien_speed = 1.0

        # fleet_direction 为 1 表示向右，为-1 表示向左。
        self.fleet_direction = 1
```

这个方法设置飞船、子弹和外星人的初始速度。随着游戏的进行，将提高这些速度。每当玩家开始新游戏时，都将重置这些速度。在这个方法中，还设置了 fleet_direction，使得游戏刚开始时，外星人总是向右移动。不需要增大 fleet_drop_speed 的值，因为外星人移动的速度越快，到达屏幕底端所需的时间越短。

为在玩家的等级提高时提高飞船、子弹和外星人的速度，编写一个名为 increase_speed()的新方法：

settings.py

```
    def increase_speed(self):
        """提高速度设置"""
        self.ship_speed *= self.speedup_scale
        self.bullet_speed *= self.speedup_scale
        self.alien_speed *= self.speedup_scale
```

14

为提高这些游戏元素的速度，将每个速度设置都乘以 speedup_scale 的值。

在_check_bullet_alien_collisions()中，在整群外星人都被消灭后调用 increase_speed()来加快游戏的节奏：

alien_invasion.py

```
    def _check_bullet_alien_collisions(self):
        --snip--
        if not self.aliens:
            # 删除现有的子弹并创建一群新的外星人。
            self.bullets.empty()
            self._create_fleet()
            self.settings.increase_speed()
```

通过修改速度设置 ship_speed、alien_speed 和 bullet_speed 的值，足以加快整个游戏的节奏！

14.2.2　重置速度

每当玩家开始新游戏时，都需要将发生了变化的设置重置为初始值，否则新游戏开始时，速度设置将为前一次提高后的值：

alien_invasion.py

```
    def _check_play_button(self, mouse_pos):
        """在玩家单击Play按钮时开始新游戏。"""
        button_clicked = self.play_button.rect.collidepoint(mouse_pos)
        if button_clicked and not self.stats.game_active:
            # 重置游戏设置。
            self.settings.initialize_dynamic_settings()
            --snip--
```

现在，游戏《外星人入侵》玩起来更有趣，也更有挑战性了。每当玩家将屏幕上的外星人消灭干净后，游戏都将加快节奏，因此难度更大。如果游戏的难度提高得太快，可降低 settings.speedup_scale 的值；如果游戏的挑战性不足，可稍微提高这个设置的值。找出这个设置的最佳值，让难度的提高速度相对合理：一开始的几群外星人很容易消灭干净，接下来的几群消灭起来有一定难度，但也不是不可能，而要将之后的外星人群消灭干净几乎不可能。

动手试一试

练习 14-3：有一定难度的射击练习　以你为完成练习 14-2 而做的工作为基础，让标靶的移动速度随游戏进行而加快，并在玩家单击 Play 按钮时将其重置为初始值。

练习 14-4：难度等级　在游戏《外星人入侵》中创建一组按钮，让玩家选择起始难度等级。每个按钮都给 Settings 中的属性指定合适的值，以实现相应的难度等级。

14.3　记分

下面来实现一个记分系统，以实时跟踪玩家的得分，并显示最高得分、等级和余下的飞船数。

得分是游戏的一项统计信息，因此在 GameStats 中添加一个 score 属性：

game_stats.py

```
class GameStats:
    --snip--
    def reset_stats(self):
        """初始化随游戏进行可能变化的统计信息。"""
        self.ships_left = self.settings.ship_limit
        self.score = 0
```

为在每次开始游戏时都重置得分，我们在 reset_stats()而不是__init__()中初始化 score。

14.3.1 显示得分

为在屏幕上显示得分，首先创建一个新类 Scoreboard。当前，这个类只显示当前得分，但后面也将使用它来显示最高得分、等级和余下的飞船数。下面是这个类的前半部分，被保存为文件 scoreboard.py：

scoreboard.py

```
import pygame.font

class Scoreboard:
    """显示得分信息的类。"""

❶   def __init__(self, ai_game):
        """初始化显示得分涉及的属性。"""
        self.screen = ai_game.screen
        self.screen_rect = self.screen.get_rect()
        self.settings = ai_game.settings
        self.stats = ai_game.stats

        # 显示得分信息时使用的字体设置。
❷       self.text_color = (30, 30, 30)
❸       self.font = pygame.font.SysFont(None, 48)
        # 准备初始得分图像。
❹       self.prep_score()
```

由于 Scoreboard 在屏幕上显示文本，首先导入模块 pygame.font。接下来，在__init__()中包含形参 ai_game，以便访问报告跟踪的值所需的对象 settings、screen 和 stats（见❶）。然后，设置文本颜色（见❷）并实例化一个字体对象（见❸）。

为将要显示的文本转换为图像，调用 prep_score()（见❹），其定义如下：

scoreboard.py

```
    def prep_score(self):
        """将得分转换为一幅渲染的图像。"""
❶       score_str = str(self.stats.score)
❷       self.score_image = self.font.render(score_str, True,
                self.text_color, self.settings.bg_color)

        # 在屏幕右上角显示得分。
❸       self.score_rect = self.score_image.get_rect()
❹       self.score_rect.right = self.screen_rect.right - 20
❺       self.score_rect.top = 20
```

在 prep_score()中，将数值 stats.score 转换为字符串（见❶），再将这个字符串传递给创建图像的 render()（见❷）。为在屏幕上清晰地显示得分，向 render()传递屏幕背景色和文本颜色。

将得分放在屏幕右上角，并在得分增大导致数变宽时让其向左延伸。为确保得分始终锚定在屏幕右边，创建一个名为 score_rect 的 rect（见❸），让其右边缘与屏幕右边缘相距 20 像素（见❹），并让其上边缘与屏幕上边缘也相距 20 像素（见❺）。

接下来，创建方法 show_score()，用于显示渲染好的得分图像：

scoreboard.py

```
    def show_score(self):
        """在屏幕上显示得分。"""
        self.screen.blit(self.score_image, self.score_rect)
```

这个方法在屏幕上显示得分图像，并将其放在 score_rect 指定的位置。

14.3.2　创建记分牌

为显示得分，在 AlienInvasion 中创建一个 Scoreboard 实例。先来更新 import 语句：

alien_invasion.py

```
--snip--
from game_stats import GameStats
from scoreboard import Scoreboard
--snip--
```

接下来，在方法__init__()中创建一个 Scoreboard 实例：

alien_invasion.py

```
    def __init__(self):
        --snip--
        pygame.display.set_caption("Alien Invasion")

        # 创建存储游戏统计信息的实例，
        #   并创建记分牌。
        self.stats = GameStats(self)
        self.sb = Scoreboard(self)
        --snip--
```

然后，在_update_screen()中将记分牌绘制到屏幕上：

alien_invasion.py

```
    def _update_screen(self):
        --snip--
        self.aliens.draw(self.screen)

        # 显示得分。
        self.sb.show_score()

        # 如果游戏处于非活动状态，就显示 Play 按钮。
        --snip--
```

在显示 Play 按钮前调用 show_score()。

如果现在运行这个游戏，将在屏幕右上角看到 0。（当前，我们只想在进一步开发记分系统前确认得分出现在正确的地方。）图 14-2 显示了游戏开始前的得分。

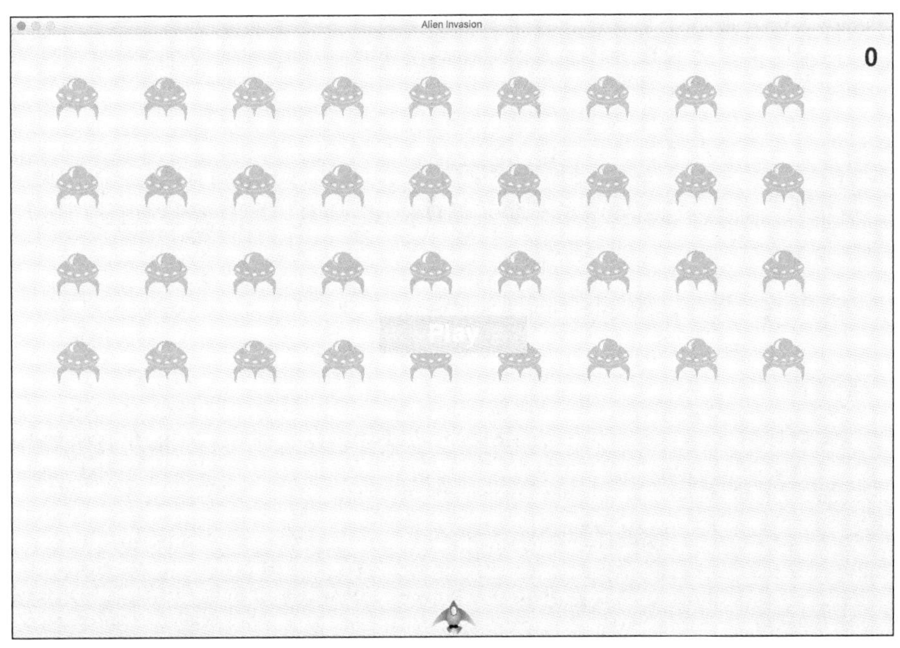

图 14-2 得分出现在屏幕右上角

下面来指定每个外星人值多少分！

14.3.3 在外星人被消灭时更新得分

为在屏幕上实时显示得分，每当有外星人被击中时，都更新 stats.score 的值，再调用 prep_score()更新得分图像。但在此之前，需要指定玩家每击落一个外星人将得到多少分：

settings.py

```
    def initialize_dynamic_settings(self):
        --snip--

        # 记分
        self.alien_points = 50
```

14

随着游戏的进行，将提高每个外星人的分数。为确保每次开始新游戏时这个值都会被重置，我们在 initialize_dynamic_settings()中设置它。

在_check_bullet_alien_collisions()中，每当有外星人被击落时，都更新得分：

alien_invasion.py

```
    def _check_bullet_alien_collisions(self):
        """响应子弹和外星人发生碰撞。"""
        # 删除彼此碰撞的子弹和外星人。
        collisions = pygame.sprite.groupcollide(
                self.bullets, self.aliens, True, True)
```

```
        if collisions:
❶           self.stats.score += self.settings.alien_points
            self.sb.prep_score()
        --snip--
```

有子弹击中外星人时，Pygame 返回一个字典（collisions）。我们检查这个字典是否存在，如果存在，就将得分加上一个外星人的分数（见❶）。接下来，调用 prep_score()来创建一幅包含最新得分的新图像。

如果现在运行这个游戏，得分将不断增加！

14.3.4　重置得分

当前，仅在有外星人被射杀之后生成得分。这在大多数情况下可行，但从开始新游戏到有外星人被射杀之间，显示的是上一次的得分。

为修复这个问题，可在开始新游戏时生成得分：

alien_invasion.py

```
    def _check_play_button(self, mouse_pos):
        --snip--
        if button_clicked and not self.stats.game_active:
            --snip--
            # 重置游戏统计信息。
            self.stats.reset_stats()
            self.stats.game_active = True
            self.sb.prep_score()
            --snip--
```

开始新游戏时，我们重置游戏统计信息再调用 prep_score()。此时生成的记分牌上显示的得分为零。

14.3.5　将消灭的每个外星人都计入得分

当前的代码可能会遗漏一些被消灭的外星人。例如，如果在一次循环中，有两颗子弹击中了外星人，或者因子弹较宽而同时击中了多个外星人，玩家将只能得到一个外星人的分数。为修复这种问题，我们来调整检测子弹和外星人碰撞的方式。

在_check_bullet_alien_collisions()中，与外星人碰撞的子弹都是字典 collisions 中的一个键，而与每颗子弹相关的值都是一个列表，其中包含该子弹击中的外星人。我们遍历字典 collisions，确保将消灭的每个外星人都计入得分：

alien_invasion.py

```
def _check_bullet_alien_collisions(self):
    --snip--
    if collisions:
        for aliens in collisions.values():
            self.stats.score += self.settings.alien_points * len(aliens)
```

```
        self.sb.prep_score()
    --snip--
```

如果字典 collisions 存在，就遍历其中的所有值。别忘了，每个值都是一个列表，包含被同一颗子弹击中的所有外星人。对于每个列表，都将其包含的外星人数量乘以一个外星人的分数，并将结果加入当前得分。为测试这一点，请将子弹宽度改为 300 像素，并核实得到了其击中的每个外星人的分数，再将子弹宽度恢复正常值。

14.3.6 提高分数

鉴于玩家每提高一个等级，游戏都变得更难，因此处于较高的等级时，外星人的分数应更高。为实现这种功能，需要编写在游戏节奏加快时提高分数的代码：

settings.py

```
class Settings:
    """存储游戏《外星人入侵》的所有设置的类。"""

    def __init__(self):
        --snip--
        # 加快游戏节奏的速度。
        self.speedup_scale = 1.1
        # 外星人分数的提高速度。
❶       self.score_scale = 1.5

        self.initialize_dynamic_settings()

    def initialize_dynamic_settings(self):
        --snip--

    def increase_speed(self):
        """提高速度设置和外星人分数。"""
        self.ship_speed *= self.speedup_scale
        self.bullet_speed *= self.speedup_scale
        self.alien_speed *= self.speedup_scale

❷       self.alien_points = int(self.alien_points * self.score_scale)
```

我们定义了分数的提高速度，并称之为 score_scale（见❶）。较低的节奏加快速度（1.1）让游戏很快变得极具挑战性，但为了让记分发生显著的变化，需要将分数的提高速度设置为更大的值（1.5）。现在，在加快游戏节奏的同时，提高了每个外星人的分数（见❷）。为让分数为整数，使用了函数 int()。

为显示外星人的分数，在 Settings 的方法 increase_speed()中调用函数 print()：

settings.py

```
    def increase_speed(self):
        --snip--
        self.alien_points = int(self.alien_points * self.score_scale)
        print(self.alien_points)
```

现在每当提高一个等级时，你都将在终端窗口看到新的分数值。

注意　确认分数在不断增加后，一定要删除调用函数 print()的代码，否则可能影响游戏的性能，分散玩家的注意力。

14.3.7　舍入得分

大多数街机风格的射击游戏将得分显示为 10 的整数倍，下面让记分系统遵循这个原则。我们还将设置得分的格式，在大数中添加用逗号表示的千位分隔符。在 Scoreboard 中执行这种修改：

scoreboard.py

```
    def prep_score(self):
        """将得分转换为渲染的图像。"""
❶       rounded_score = round(self.stats.score, -1)
❷       score_str = "{:,}".format(rounded_score)
        self.score_image = self.font.render(score_str, True,
                self.text_color, self.settings.bg_color)
        --snip--
```

函数 round()通常让小数精确到小数点后某一位，其中小数位数是由第二个实参指定的。然而，如果将第二个实参指定为负数，round()将舍入到最近的 10 的整数倍，如 10、100、1000 等。❶处的代码让 Python 将 stats.score 的值舍入到最近的 10 的整数倍，并将结果存储到 rounded_score 中。

在❷处，使用一个字符串格式设置指令，让 Python 将数值转换为字符串时在其中插入逗号。例如，输出为 1,000,000 而不是 1000000。如果现在运行这个游戏，看到的得分将是 10 的整数倍，即便得分很高亦如此，如图 14-3 所示。

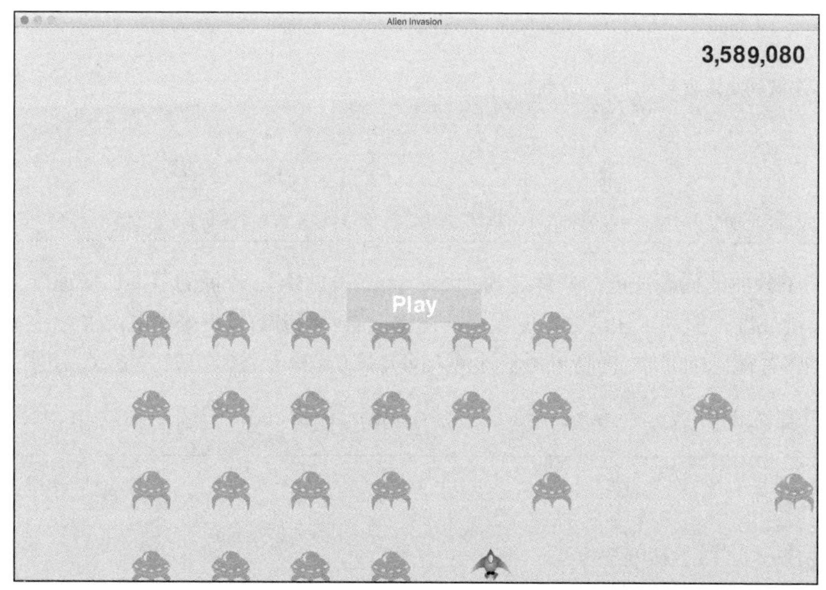

图 14-3　得分为 10 的整数倍，并将逗号用作千分位分隔符

14.3.8 最高得分

每个玩家都想超过游戏的最高得分纪录。下面来跟踪并显示最高得分，给玩家提供要超越的目标。我们将最高得分存储在 GameStats 中：

game_stats.py

```
def __init__(self, ai_game):
    --snip--
    # 任何情况下都不应重置最高得分。
    self.high_score = 0
```

因为在任何情况下都不会重置最高得分，所以在__init__()而不是 reset_stats()中初始化 high_score。

下面来修改 Scoreboard 以显示最高得分。先来修改方法__init__()：

scoreboard.py

```
def __init__(self, ai_game):
    --snip--
    # 准备包含最高得分和当前得分的图像。
    self.prep_score()
❶   self.prep_high_score()
```

最高得分将与当前得分分开显示，因此需要编写一个新方法 prep_high_score()，用于准备包含最高得分的图像（见❶）。

方法 prep_high_score()的代码如下：

scoreboard.py

```
def prep_high_score(self):
    """将最高得分转换为渲染的图像。"""
❶   high_score = round(self.stats.high_score, -1)
    high_score_str = "{:,}".format(high_score)
❷   self.high_score_image = self.font.render(high_score_str, True,
            self.text_color, self.settings.bg_color)

    # 将最高得分放在屏幕顶部中央。
    self.high_score_rect = self.high_score_image.get_rect()
❸   self.high_score_rect.centerx = self.screen_rect.centerx
❹   self.high_score_rect.top = self.score_rect.top
```

将最高得分舍入到最近的 10 的整数倍，并添加用逗号表示的千分位分隔符（见❶）。然后，根据最高得分生成一幅图像（见❷），使其水平居中（见❸），并将其 top 属性设置为当前得分图像的 top 属性（见❹）。

现在，方法 show_score()需要在屏幕右上角显示当前得分，并在屏幕顶部中央显示最高得分：

scoreboard.py

```
def show_score(self):
    """在屏幕上显示得分。"""
    self.screen.blit(self.score_image, self.score_rect)
    self.screen.blit(self.high_score_image, self.high_score_rect)
```

为检查是否诞生了新的最高得分，在 Scoreboard 中添加一个新方法 check_high_ score()：

scoreboard.py

```
def check_high_score(self):
    """检查是否诞生了新的最高得分。"""
    if self.stats.score > self.stats.high_score:
        self.stats.high_score = self.stats.score
        self.prep_high_score()
```

方法 check_high_score()比较当前得分和最高得分。如果当前得分更高，就更新 high_score 的值，并调用 prep_high_score()来更新包含最高得分的图像。

在_check_bullet_alien_collisions()中，每当有外星人被消灭时，都需要在更新得分后调用 check_high_score()：

alien_invasion.py

```
def _check_bullet_alien_collisions(self):
    --snip--
    if collisions:
        for aliens in collisions.values():
            self.stats.score += self.settings.alien_points * len(aliens)
        self.sb.prep_score()
        self.sb.check_high_score()
    --snip--
```

如果字典 collisions 存在，就根据消灭了多少外星人更新得分，再调用 check_high_ score()。

第一次玩这个游戏时，当前得分就是最高得分，因此两个地方显示的都是当前得分。但再次开始该游戏时，最高得分会出现在中央，而当前得分则出现在右边，如图 14-4 所示。

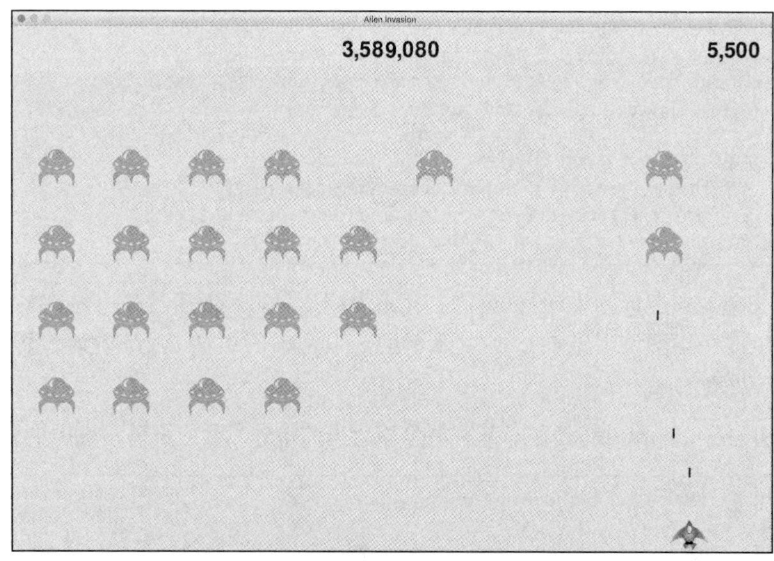

图 14-4　最高得分显示在屏幕顶部中央

14.3.9 显示等级

为在游戏中显示玩家的等级，首先需要在 GameStats 中添加一个表示当前等级的属性。为确保每次开始新游戏时都重置等级，在 reset_stats()中初始化它：

game_stats.py

```
    def reset_stats(self):
        """初始化随游戏进行可能变化的统计信息。"""
        self.ships_left = self.settings.ship_limit
        self.score = 0
        self.level = 1
```

为了让 Scoreboard 显示当前等级，在__init__()中调用一个新方法 prep_level()：

scoreboard.py

```
    def __init__(self, ai_game):
        --snip--
        self.prep_high_score()
        self.prep_level()
```

prep_level()的代码如下：

scoreboard.py

```
    def prep_level(self):
        """将等级转换为渲染的图像。"""
        level_str = str(self.stats.level)
❶       self.level_image = self.font.render(level_str, True,
                self.text_color, self.settings.bg_color)

        # 将等级放在得分下方。
        self.level_rect = self.level_image.get_rect()
❷       self.level_rect.right = self.score_rect.right
❸       self.level_rect.top = self.score_rect.bottom + 10
```

方法 prep_level()根据存储在 stats.level 中的值创建一幅图像（见❶），并将其 right 属性设置为得分的 right 属性（见❷）。然后，将 top 属性设置为比得分图像的 bottom 属性大 10 像素，以便在得分和等级之间留出一定的空间（见❸）。

还需要更新 show_score()：

scoreboard.py

```
    def show_score(self):
        """在屏幕上显示得分和等级。"""
        self.screen.blit(self.score_image, self.score_rect)
        self.screen.blit(self.high_score_image, self.high_score_rect)
        self.screen.blit(self.level_image, self.level_rect)
```

新增的代码行在屏幕上显示等级图像。

我们在_check_bullet_alien_collisions()中提高等级并更新等级图像：

14

alien_invasion.py

```
    def _check_bullet_alien_collisions(self):
        --snip--
        if not self.aliens:
            # 删除现有的子弹并新建一群外星人。
            self.bullets.empty()
            self._create_fleet()
            self.settings.increase_speed()

            # 提高等级。
            self.stats.level += 1
            self.sb.prep_level()
```

如果整群外星人都被消灭，就将 stats.level 的值加 1，并调用 prep_level()确保正确地显示了新等级。

为确保在开始新游戏时更新等级图像，还需在玩家单击按钮 Play 时调用 prep_level()：

alien_invasion.py

```
    def _check_play_button(self, mouse_pos):
        --snip--
         if button_clicked and not self.stats.game_active:
            --snip--
            self.sb.prep_score()
            self.sb.prep_level()
            --snip--
```

这里在调用 prep_score()后立即调用 prep_level()。

现在可以知道到了多少级，如图 14-5 所示。

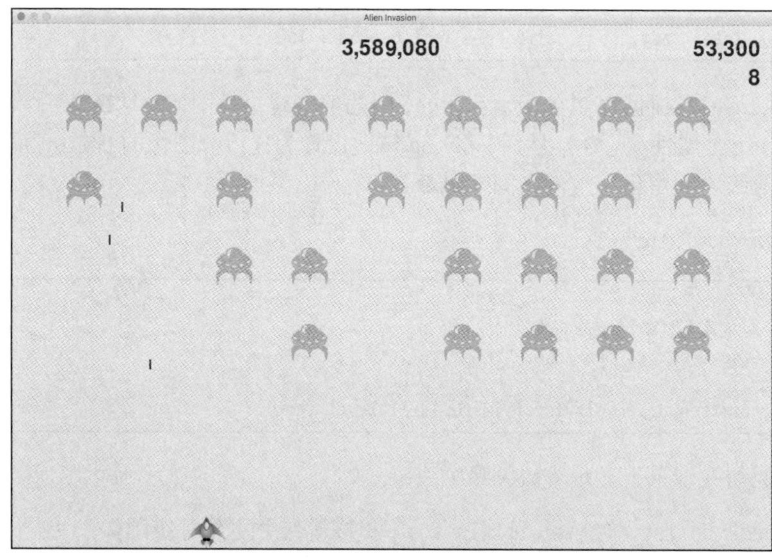

图 14-5 当前等级显示在当前得分的正下方

注意 在一些经典游戏中，得分带有标签，如 Score、High Score 和 Level。这里没有显示这些标签，游戏开始后，每个数的含义将一目了然。要包含这些标签，只需在 Scoreboard 中调用 font.render()前，将它们添加到得分字符串中。

14.3.10 显示余下的飞船数

最后来显示玩家还有多少艘飞船，但使用图形而不是数字。为此，在屏幕左上角绘制飞船图像来指出还余下多少艘飞船，就像众多经典的街机游戏中那样。

首先，需要让 Ship 继承 Sprite，以便创建飞船编组：

ship.py

```
import pygame
from pygame.sprite import Sprite

❶ class Ship(Sprite):
    """管理飞船的类。"""

    def __init__(self, ai_game):
        """初始化飞船并设置其起始位置。"""
❷         super().__init__()
        --snip--
```

这里导入了 Sprite，让 Ship 继承 Sprite（见❶），并在__init__()的开头调用 super()（见❷）。

接下来，需要修改 Scoreboard，以创建可供显示的飞船编组。下面是其中的 import 语句：

scoreboard.py

```
import pygame.font
from pygame.sprite import Group

from ship import Ship
```

鉴于需要创建飞船编组，导入 Group 和 Ship 类。

下面是方法__init__()：

scoreboard.py

```
    def __init__(self, ai_game):
        """初始化记录得分的属性。"""
        self.ai_game = ai_game
        self.screen = ai_game.screen
        --snip--
        self.prep_level()
        self.prep_ships()
```

我们将游戏实例赋给一个属性，因为创建飞船时需要用到它。在调用 prep_level()后调用了 prep_ships()。

prep_ships()的代码如下：

scoreboard.py

```
    def prep_ships(self):
        """显示还余下多少艘飞船。"""
❶       self.ships = Group()
❷       for ship_number in range(self.stats.ships_left):
            ship = Ship(self.ai_game)
❸           ship.rect.x = 10 + ship_number * ship.rect.width
❹           ship.rect.y = 10
❺           self.ships.add(ship)
```

方法 prep_ships()创建一个空编组 self.ships，用于存储飞船实例（见❶）。为填充这个编组，根据玩家还有多少艘飞船以相应的次数运行一个循环（见❷）。在这个循环中，创建新飞船并设置其 *x* 坐标，让整个飞船编组都位于屏幕左边，且每艘飞船的左边距都为 10 像素（见❸）。还将 *y* 坐标设置为离屏幕上边缘 10 像素，让所有飞船都出现在屏幕左上角（见❹）。最后，将每艘新飞船都添加到编组 ships 中（见❺）。

现在需要在屏幕上绘制飞船了：

scoreboard.py

```
    def show_score(self):
        """在屏幕上绘制得分、等级和余下的飞船数。"""
        self.screen.blit(self.score_image, self.score_rect)
        self.screen.blit(self.high_score_image, self.high_score_rect)
        self.screen.blit(self.level_image, self.level_rect)
        self.ships.draw(self.screen)
```

为在屏幕上显示飞船，对编组调用 draw()。Pygame 将绘制每艘飞船。

为在游戏开始时让玩家知道自己有多少艘飞船，在开始新游戏时调用 prep_ships()。这是在 AlienInvasion 的_check_play_button()中进行的：

alien_invasion.py

```
    def _check_play_button(self, mouse_pos):
        --snip--
      if button_clicked and not self.stats.game_active:
          --snip--
          self.sb.prep_score()
          self.sb.prep_level()
          self.sb.prep_ships()
          --snip--
```

还要在飞船被外星人撞到时调用 prep_ships()，从而在玩家损失飞船时更新飞船图像：

alien_invasion.py

```
    def _ship_hit(self):
        """响应飞船被外星人撞到。"""
        if self.stats.ships_left > 0:
            # 将 ships_left 减 1 并更新记分牌。
            self.stats.ships_left -= 1
            self.sb.prep_ships()
            --snip--
```

这里在将 ships_left 的值减 1 后调用 prep_ships()。这样每次损失飞船后，显示的飞船数都是正确的。

图 14-6 显示了完整的记分系统，它在屏幕左上角指出还余下多少艘飞船。

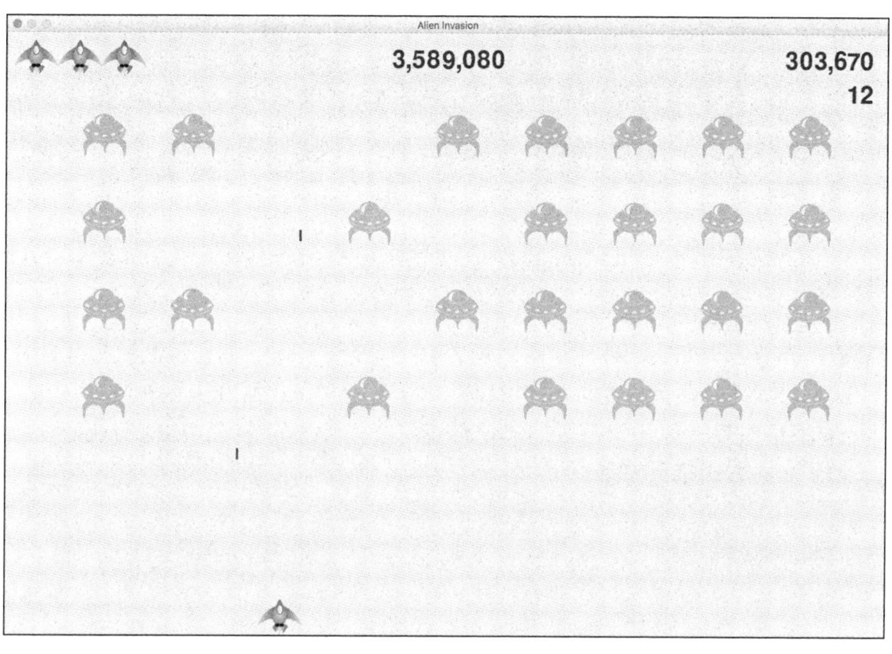

图 14-6　游戏《外星人入侵》的完整记分系统

动手试一试

练习 14-5：空前的最高分　每当玩家关闭并重新开始游戏《外星人入侵》时，最高分都将被重置。请这样修复该问题：调用 sys.exit()前将最高分写入文件，并在 GameStats 中初始化最高分时从文件中读取它。

练习 14-6：重构　找出执行多项任务的方法，对其进行重构，让代码高效而有序。例如，对于_check_bullet_alien_collisions()，将在外星人群被消灭干净时开始新等级的代码移到一个名为 start_new_level()的方法中。再例如，对于 Scoreboard 的方法__init__()，将其中调用四个不同方法的代码移到一个名为 prep_images()的方法中，以缩短方法__init__()。如果你重构了_check_play_button()，方法 prep_images()也可简化_check_play_button()和_start_game()。

注意　重构项目前，请阅读附录 D，了解如果重构时引入了 bug，如何将项目恢复到可正确运行的状态。

14

练习 14-7：扩展游戏《外星人入侵》 想想如何扩展游戏《外星人入侵》。例如，可以让外星人也能够向飞船射击，也可以为飞船添加盾牌，使得只有从两边射来的子弹才能摧毁飞船。另外，还可以使用像 pygame.mixer 这样的模块来添加声音效果，如爆炸声和射击声。

练习 14-8：终极版侧面射击 模仿项目“外星人入侵”继续开发“侧面射击”。添加一个 Play 按钮，在适合的情况下加快游戏的节奏，并开发一个记分系统。在开发过程中，务必重构代码，并寻找机会以本章没有介绍的方式定制该游戏。

14.4　小结

在本章中，你学习了如何创建用于开始新游戏的 Play 按钮，如何检测鼠标事件，以及在游戏处于活动状态时如何隐藏鼠标光标。你可以利用学到的知识在游戏中创建其他按钮，如用于显示玩法说明的 Help 按钮。你还学习了如何随游戏的进行调整其节奏，如何实现记分系统，以及如何以文本和非文本方式显示信息。

项目 2　数据可视化

第 15 章 生成数据

数据可视化指的是通过可视化表示来探索数据。它与**数据分析**紧密相关，而数据分析指的是使用代码来探索数据集的规律和关联。数据集可以是用一行代码就能表示的小型数字列表，也可以是数千兆字节的数据。

漂亮地呈现数据并非仅仅关乎漂亮的图片。通过以引人注目的简单方式呈现数据，能让观看者明白其含义：发现数据集中原本未知的规律和意义。

所幸即便没有超级计算机，你也能够可视化复杂的数据。鉴于 Python 的高效性，使用它在笔记本电脑上就能快速地探索由数百万个数据点组成的数据集。数据点并非必须是数。利用本书前半部分介绍的基本知识，也可对非数值数据进行分析。

在基因研究、天气研究、政治经济分析等众多领域，人们常常使用 Python 来完成数据密集型工作。数据科学家使用 Python 编写了一系列优秀的可视化和分析工具，其中很多可供你使用。最流行的工具之一是 Matplotlib，它是一个数学绘图库，我们将使用它来制作简单的图表，如折线图和散点图。然后，我们将基于随机漫步概念生成一个更有趣的数据集——根据一系列随机决策生成的图表。

本章还将使用 Plotly 包，它生成的图表非常适合在数字设备上显示。Plotly 生成的图表可根据显示设备的尺寸自动调整大小，还具备众多交互特性，如在用户将鼠标指向图表的不同部分时突出数据集的特定方面。本章将使用 Plotly 来分析掷骰子的结果。

15.1 安装 Matplotlib

本章将首先使用 Matplotlib 来生成几个图表，为此需要使用 pip 来安装它。pip 是一个可用于下载并安装 Python 包的模块。请在终端提示符下执行如下命令：

```
$ python -m pip install --user matplotlib
```

这个命令让 Python 运行模块 pip，并将 matplotlib 包添加到当前用户的 Python 安装中。在你的系统中，如果运行程序或启动终端会话时使用的命令不是 python，而是 python3，应使用类似于下面的命令：

```
$ python3 -m pip install --user matplotlib
```

注意 在 macOS 系统中，如果这样不管用，请尝试在不指定标志--user 的情况下再次执行该命令。

要查看使用 Matplotlib 可制作的各种图表，请访问其官方网站，浏览示例画廊。通过单击画廊中的图表，可查看生成它们的代码。

15.2 绘制简单的折线图

下面使用 Matplotlib 绘制一个简单的折线图，再对其进行定制，以实现信息更丰富的数据可视化效果。我们将使用平方数序列 1、4、9、16 和 25 来绘制这个图表。

只需提供如下的数，Matplotlib 将完成其他工作：

mpl_squares.py

```
import matplotlib.pyplot as plt

squares = [1, 4, 9, 16, 25]
❶ fig, ax = plt.subplots()
ax.plot(squares)

plt.show()
```

首先导入模块 pyplot，并为其指定别名 plt，以免反复输入 pyplot。（在线示例大多这样做，这里也不例外。）模块 pyplot 包含很多用于生成图表的函数。

我们创建了一个名为 squares 的列表，在其中存储要用来制作图表的数据。然后，采取了另一种常见的 Matplotlib 做法——调用函数 subplots()（见❶）。这个函数可在一张图片中绘制一个或多个图表。变量 fig 表示整张图片。变量 ax 表示图片中的各个图表，大多数情况下要使用它。

接下来调用方法 plot()，它尝试根据给定的数据以有意义的方式绘制图表。函数 plt.show() 打开 Matplotlib 查看器并显示绘制的图表，如图 15-1 所示。在查看器中，你可缩放和导航图形，还可单击磁盘图标将图表保存起来。

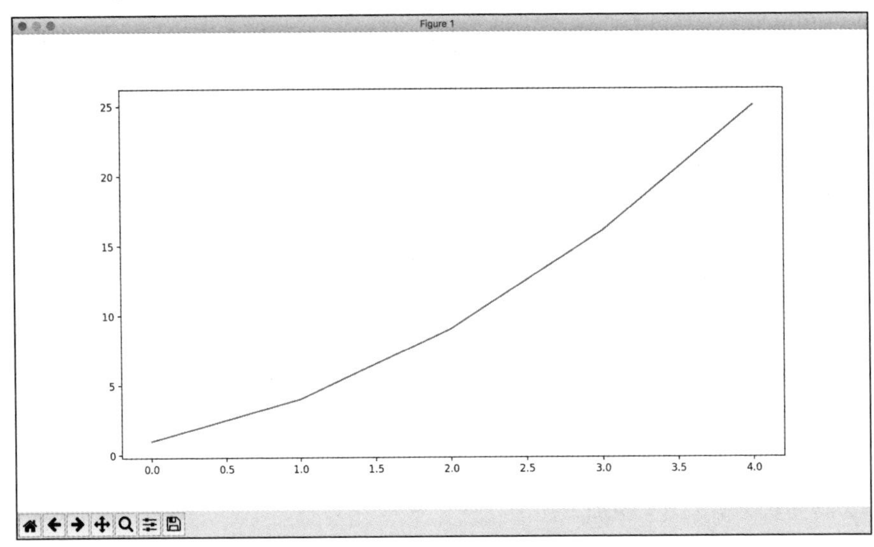

图 15-1　使用 Matplotlib 可制作的最简单的图表

15.2.1　修改标签文字和线条粗细

如图 15-1 所示的图形表明数是越来越大的，但标签文字太小、线条太细，难以看清楚。所幸 Matplotlib 让你能够调整可视化的各个方面。

下面通过一些定制来改善这个图表的可读性，如下所示：

mpl_squares.py

```
  import matplotlib.pyplot as plt

  squares = [1, 4, 9, 16, 25]

  fig, ax = plt.subplots()
❶ ax.plot(squares, linewidth=3)

  # 设置图表标题并给坐标轴加上标签①。
❷ ax.set_title("平方数", fontsize=24)
❸ ax.set_xlabel("值", fontsize=14)
  ax.set_ylabel("值的平方", fontsize=14)

  # 设置刻度标记的大小。
❹ ax.tick_params(axis='both', labelsize=14)

  plt.show()
```

参数 linewidth（见❶）决定了 plot()绘制的线条粗细。方法 set_title()（见❷）给图表指定标题。在上述代码中，出现多次的参数 fontsize 指定图表中各种文字的大小。

① 标签最好使用英文，以防出现文字显示问题。——编者注

方法 set_xlabel()和 set_ylabel()让你能够为每条轴设置标题（见❸）。方法 tick_params()设置刻度的样式（见❹），其中指定的实参将影响 x 轴和 y 轴上的刻度（axes='both'），并将刻度标记的字号设置为 14（labelsize=14）。

最终的图表阅读起来容易得多，如图 15-2 所示：标签文字更大，线条也更粗了。通常，需要尝试不同的值，才能确定什么样的设置生成的图表最合适。

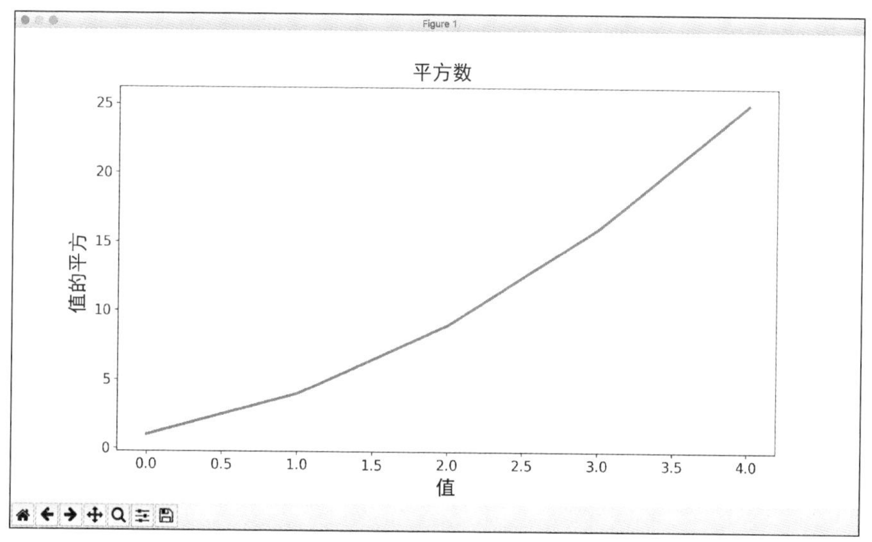

图 15-2 现在图表阅读起来容易得多

15.2.2 校正图形

图形更容易看清后，我们发现没有正确地绘制数据：折线图的终点指出 4.0 的平方为 25！下面来修复这个问题。

向 plot()提供一系列数时，它假设第一个数据点对应的 x 坐标值为 0，但这里第一个点对应的 x 值为 1。为改变这种默认行为，可向 plot()同时提供输入值和输出值：

mpl_squares.py

```
import matplotlib.pyplot as plt

input_values = [1, 2, 3, 4, 5]
squares = [1, 4, 9, 16, 25]

fig, ax = plt.subplots()
ax.plot(input_values, squares, linewidth=3)

# 设置图表标题并给坐标轴加上标签。
--snip--
```

现在 plot()将正确地绘制数据，因为同时提供了输入值和输出值，plot()无须对输出值的生成方式做出假设。最终的图形是正确的，如图 15-3 所示。

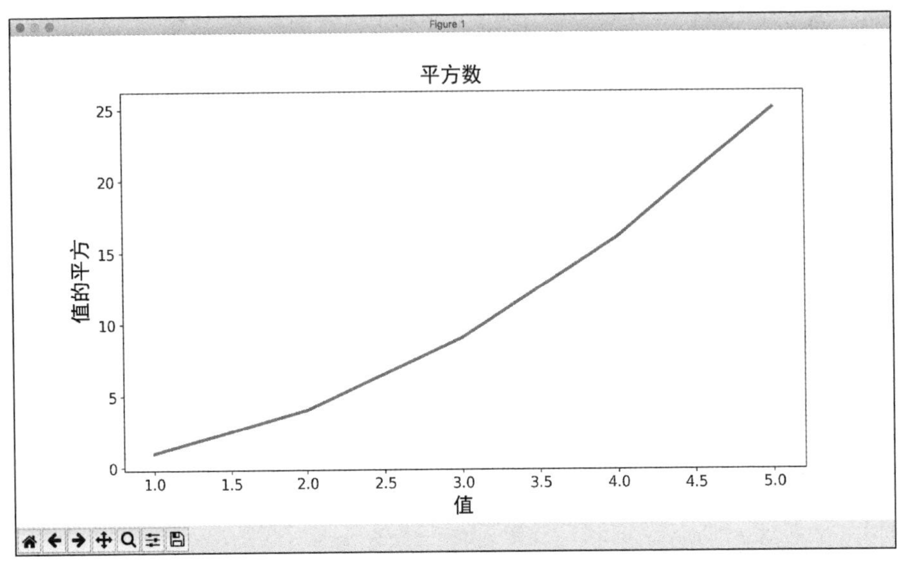

图 15-3　根据数据正确地绘制了图形

使用 plot()时可指定各种实参，还可使用众多函数对图形进行定制。本章后面处理更有趣的数据集时，将继续探索这些定制函数。

15.2.3　使用内置样式

Matplotlib 提供了很多已经定义好的样式，它们使用的背景色、网格线、线条粗细、字体、字号等设置很不错，让你无须做太多定制就可生成引人瞩目的可视化效果。要获悉在你的系统中可使用哪些样式，可在终端会话中执行如下命令：

```
>>> import matplotlib.pyplot as plt
>>> plt.style.available
['seaborn-dark', 'seaborn-darkgrid', 'seaborn-ticks', 'fivethirtyeight',
--snip--
```

要使用这些样式，可在生成图表的代码前添加如下代码行：

mpl_squares.py

```
import matplotlib.pyplot as plt

input_values = [1, 2, 3, 4, 5]
squares = [1, 4, 9, 16, 25]

plt.style.use('seaborn')
fig, ax = plt.subplots()
--snip--
```

这些代码生成的图表如图 15-4 所示。可供使用的内置样式有很多，请尝试使用它们，找出你喜欢的。

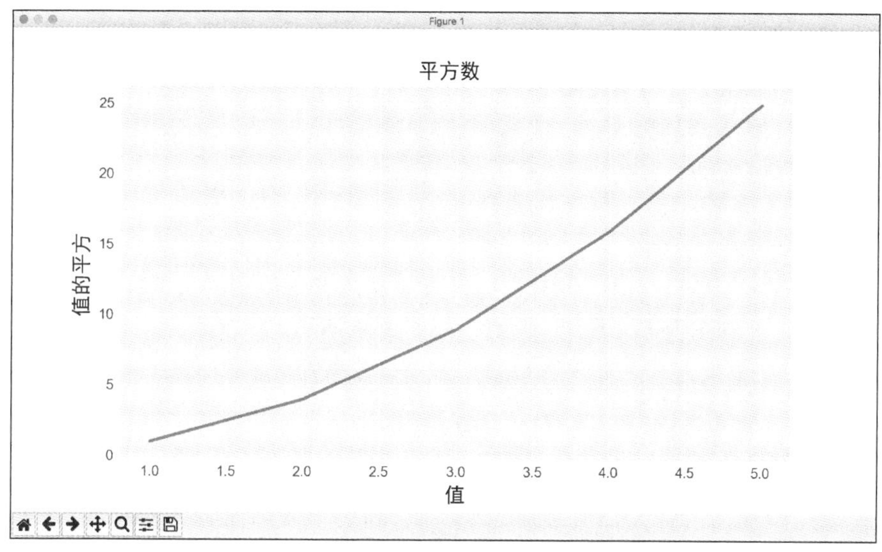

图 15-4　内置样式 seaborn

15.2.4　使用 scatter()绘制散点图并设置样式

有时候，绘制散点图并设置各个数据点的样式很有用。例如，你可能想以一种颜色显示较小的值，用另一种颜色显示较大的值。绘制大型数据集时，还可对每个点都设置同样的样式，再使用不同的样式选项重新绘制某些点以示突出。

要绘制单个点，可使用方法 scatter()。向它传递一对 x 坐标和 y 坐标，它将在指定位置绘制一个点：

scatter_squares.py

```
import matplotlib.pyplot as plt

plt.style.use('seaborn')
fig, ax = plt.subplots()
ax.scatter(2, 4)

plt.show()
```

下面来设置图表的样式，使其更有趣。我们将添加标题，给坐标轴加上标签，并且确保所有文本都大到能够看清：

```
import matplotlib.pyplot as plt

plt.style.use('seaborn')
```

15

```
fig, ax = plt.subplots()
❶ ax.scatter(2, 4, s=200)

# 设置图表标题并给坐标轴加上标签。
ax.set_title("平方数", fontsize=24)
ax.set_xlabel("值", fontsize=14)
ax.set_ylabel("值的平方", fontsize=14)

# 设置刻度标记的大小。
ax.tick_params(axis='both', which='major', labelsize=14)

plt.show()
```

在❶处，调用 scatter()并使用参数 s 设置绘制图形时使用的点的尺寸。如果此时运行 scatter_squares.py，将在图表中央看到一个点，如图 15-5 所示。

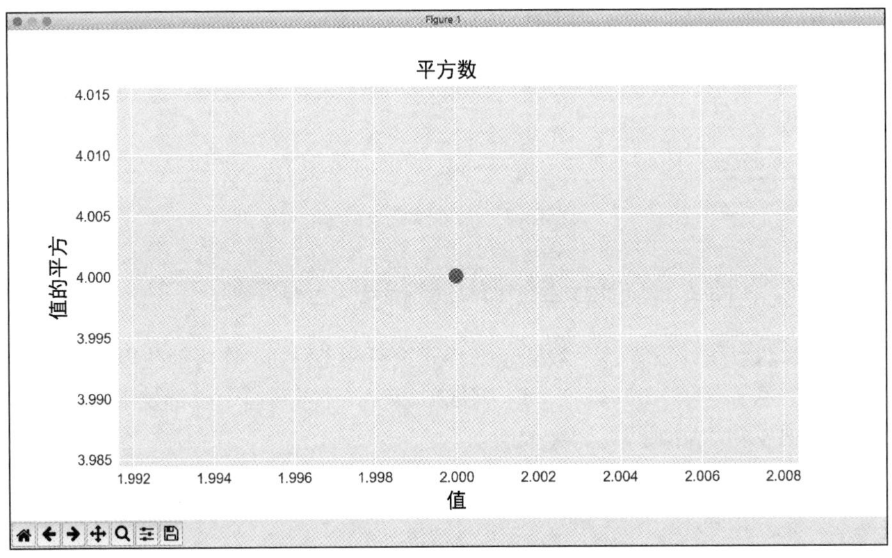

图 15-5　绘制单个点

15.2.5　使用 scatter()绘制一系列点

要绘制一系列的点，可向 scatter()传递两个分别包含 x 值和 y 值的列表，如下所示：

scatter_squares.py

```
import matplotlib.pyplot as plt

x_values = [1, 2, 3, 4, 5]
y_values = [1, 4, 9, 16, 25]

plt.style.use('seaborn')
fig, ax = plt.subplots()
ax.scatter(x_values, y_values, s=100)
```

```
# 设置图表标题并给坐标轴指定标签。
--snip--
```

列表 x_values 包含要计算平方值的数，列表 y_values 包含前述数的平方值。将这些列表传递给 scatter()时，Matplotlib 依次从每个列表中读取一个值来绘制一个点。要绘制的点的坐标分别为 (1, 1)、(2, 4)、(3, 9)、(4, 16)和(5, 25)，最终的结果如图 15-6 所示。

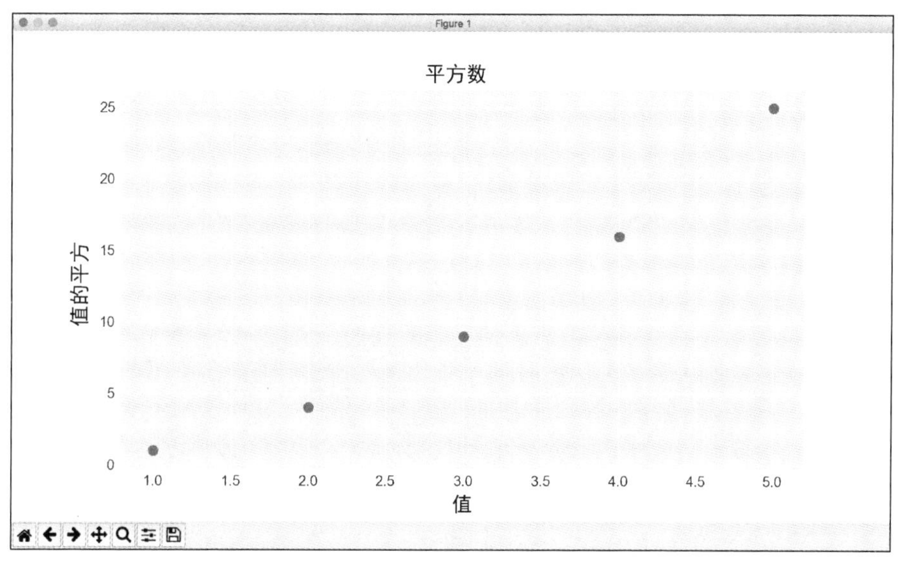

图 15-6 由多个点组成的散点图

15.2.6 自动计算数据

手工计算列表要包含的值可能效率低下，需要绘制的点很多时尤其如此。我们不必手工计算包含点坐标的列表，可以用 Python 循环来完成。

下面是绘制 1000 个点的代码：

atter_squares.py

```
import matplotlib.pyplot as plt

❶ x_values = range(1, 1001)
y_values = [x**2 for x in x_values]

plt.style.use('seaborn')
fig, ax = plt.subplots()
❷ ax.scatter(x_values, y_values, s=10)

# 设置图表标题并给坐标轴加上标签。
--snip--
```

```
    # 设置每个坐标轴的取值范围。
❸ ax.axis([0, 1100, 0, 1100000])

    plt.show()
```

首先创建了一个包含 *x* 值的列表，其中包含数 1 ~ 1000（见❶）。接下来，是一个生成 *y* 值的列表解析，它遍历 *x* 值（for x in x_values），计算其平方值（x**2），并将结果存储到列表 y_values 中。然后，将输入列表和输出列表传递给 scatter()（见❷）。这个数据集较大，因此将点设置得较小。

在❸处，使用方法 axis()指定了每个坐标轴的取值范围。方法 axis()要求提供 4 个值：*x* 和 *y* 坐标轴的最小值和最大值。这里将 *x* 坐标轴的取值范围设置为 0 ~ 1100，并将 *y* 坐标轴的取值范围设置为 0 ~ 1 100 000。结果如图 15-7 所示。

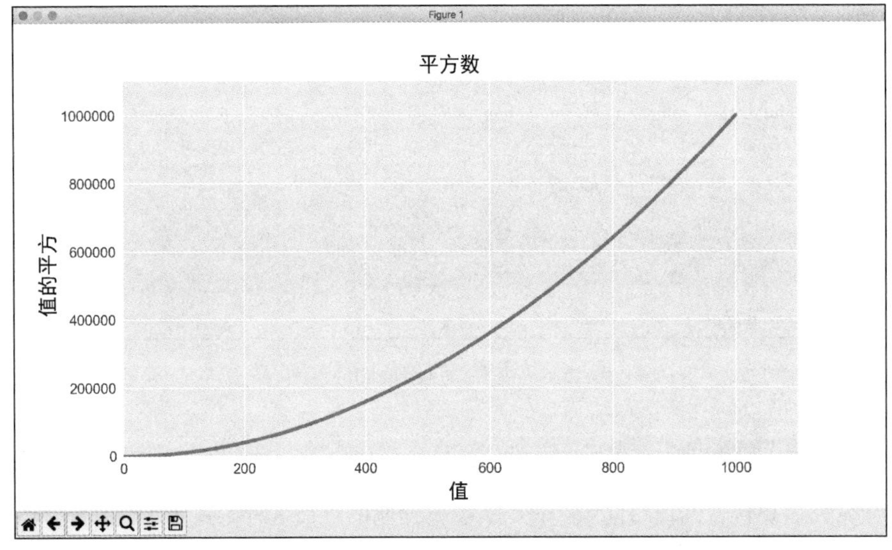

图 15-7　对 Python 来说，绘制 1000 个点与绘制 5 个点一样容易

15.2.7　自定义颜色

要修改数据点的颜色，可向 scatter()传递参数 c，并将其设置为要使用的颜色的名称（放在引号内），如下所示：

```
ax.scatter(x_values, y_values, c='red', s=10)
```

还可使用 RGB 颜色模式自定义颜色。要指定自定义颜色，可传递参数 c，并将其设置为一个元组，其中包含三个 0 ~ 1 的小数值，分别表示红色、绿色和蓝色的分量。例如，下面的代码行创建一个由淡绿色点组成的散点图：

```
ax.scatter(x_values, y_values, c=(0, 0.8, 0), s=10)
```

值越接近 0，指定的颜色越深；值越接近 1，指定的颜色越浅。

15.2.8 使用颜色映射

颜色映射（colormap）是一系列颜色，从起始颜色渐变到结束颜色。在可视化中，颜色映射用于突出数据的规律。例如，你可能用较浅的颜色来显示较小的值，并使用较深的颜色来显示较大的值。

模块 pyplot 内置了一组颜色映射。要使用这些颜色映射，需要告诉 pyplot 该如何设置数据集中每个点的颜色。下面演示了如何根据每个点的 *y* 值来设置其颜色：

scatter_squares.py

```
import matplotlib.pyplot as plt

x_values = range(1, 1001)
y_values = [x**2 for x in x_values]

ax.scatter(x_values, y_values, c=y_values, cmap=plt.cm.Blues, s=10)

# 设置图表标题并给坐标轴加上标签。
--snip--
```

我们将参数 c 设置成了一个 *y* 值列表，并使用参数 cmap 告诉 pyplot 使用哪个颜色映射。这些代码将 *y* 值较小的点显示为浅蓝色，并将 *y* 值较大的点显示为深蓝色，结果如图 15-8 所示。

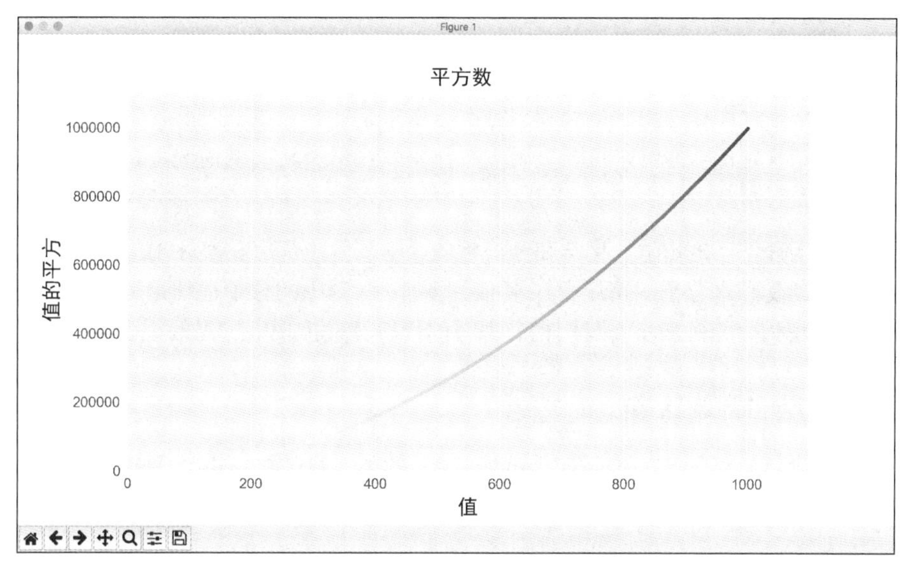

图 15-8 使用颜色映射 Blues 的图表

15

注意　要了解 pyplot 中所有的颜色映射，请访问 Matplotlib 网站主页，单击 Examples，向下滚动到 Color，再单击 Colormaps reference。

15.2.9　自动保存图表

要让程序自动将图表保存到文件中，可将调用 plt.show()替换为调用 plt.savefig()：

```
plt.savefig('squares_plot.png', bbox_inches='tight')
```

第一个实参指定要以什么文件名保存图表，这个文件将存储到 scatter_squares.py 所在的目录。第二个实参指定将图表多余的空白区域裁剪掉。如果要保留图表周围多余的空白区域，只需省略这个实参即可。

动手试一试

练习 15-1：立方　数的三次方称为**立方**。请绘制一个图形，显示前 5 个整数的立方值。再绘制一个图形，显示前 5000 个整数的立方值。

练习 15-2：彩色立方　给前面绘制的立方图指定颜色映射。

15.3　随机漫步

本节将使用 Python 来生成随机漫步数据，再使用 Matplotlib 以引人瞩目的方式将这些数据呈现出来。**随机漫步**是这样行走得到的路径：每次行走都是完全随机的、没有明确的方向，结果是由一系列随机决策决定的。你可以将随机漫步看作蚂蚁在晕头转向的情况下，每次都沿随机的方向前行所经过的路径。

在自然界、物理学、生物学、化学和经济领域，随机漫步都有其实际用途。例如，漂浮在水滴上的花粉因不断受到水分子的挤压而在水面上移动。水滴中的分子运动是随机的，因此花粉在水面上的运动路径犹如随机漫步。我们稍后编写的代码将模拟现实世界的很多情形。

15.3.1　创建 RandomWalk 类

为模拟随机漫步，将创建一个名为 RandomWalk 的类，它随机地选择前进方向。这个类需要三个属性：一个是存储随机漫步次数的变量，其他两个是列表，分别存储随机漫步经过的每个点的 x 坐标和 y 坐标。

RandomWalk 类只包含两个方法：方法__init__()和 fill_walk()，后者计算随机漫步经过的所有点。先来看看__init__()，如下所示：

dom_walk.py

```
❶ from random import choice

  class RandomWalk:
      """一个生成随机漫步数据的类。"""

❷     def __init__(self, num_points=5000):
          """初始化随机漫步的属性。"""
          self.num_points = num_points

          # 所有随机漫步都始于(0, 0)。
❸         self.x_values = [0]
          self.y_values = [0]
```

为做出随机决策，将所有可能的选择都存储在一个列表中，并在每次决策时都使用模块 random 中的 choice()来决定使用哪种选择（见❶）。接下来，将随机漫步包含的默认点数设置为 5000。这个数大到足以生成有趣的模式，又小到可确保能够快速地模拟随机漫步（见❷）。然后，在❸处创建两个用于存储 x 值和 y 值的列表，并让每次漫步都从点(0, 0)出发。

15.3.2 选择方向

我们将使用方法 fill_walk()来生成漫步包含的点并决定每次漫步的方向，如下所示。请将这个方法添加到 random_walk.py 中：

random_walk.py

```
      def fill_walk(self):
          """计算随机漫步包含的所有点。"""

          # 不断漫步，直到列表达到指定的长度。
❶         while len(self.x_values) < self.num_points:

              # 决定前进方向以及沿这个方向前进的距离。
❷             x_direction = choice([1, -1])
              x_distance = choice([0, 1, 2, 3, 4])
❸             x_step = x_direction * x_distance

              y_direction = choice([1, -1])
              y_distance = choice([0, 1, 2, 3, 4])
❹             y_step = y_direction * y_distance

              # 拒绝原地踏步。
❺             if x_step == 0 and y_step == 0:
                  continue

              # 计算下一个点的 x 值和 y 值。
❻             x = self.x_values[-1] + x_step
```

15

```
            y = self.y_values[-1] + y_step

            self.x_values.append(x)
            self.y_values.append(y)
```

❶处建立了一个循环，它不断运行，直到漫步包含所需的点数。方法 fill_walk()的主要部分告诉 Python 如何模拟四种漫步决定：向右走还是向左走？沿指定的方向走多远？向上走还是向下走？沿选定的方向走多远？

使用 choice([1, -1])给 x_direction 选择一个值，结果要么是表示向右走的 1，要么是表示向左走的−1（见❷）。接下来，choice([0, 1, 2, 3, 4])随机地选择一个 0~4 的整数，告诉 Python 沿指定的方向走多远（x_distance）。通过包含 0，不仅能够同时沿两个轴移动，还能够只沿一个轴移动。

在❸和❹处，将移动方向乘以移动距离，确定沿 x 轴和 y 轴移动的距离。如果 x_step 为正将向右移动，为负将向左移动，为零将垂直移动；如果 y_step 为正将向上移动，为负将向下移动，为零将水平移动。如果 x_step 和 y_step 都为零，则意味着原地踏步。我们拒绝这样的情况，接着执行下一次循环（见❺）。

为获取漫步中下一个点的 x 值，将 x_step 与 x_values 中的最后一个值相加（见❻），对 y 值也做相同的处理。获得下一个点的 x 值和 y 值后，将它们分别附加到列表 x_values 和 y_values 的末尾。

15.3.3　绘制随机漫步图

下面的代码将随机漫步的所有点都绘制出来：

rw_visual.py

```
  import matplotlib.pyplot as plt

  from random_walk import RandomWalk

  # 创建一个 RandomWalk 实例。
❶ rw = RandomWalk()
  rw.fill_walk()
  # 将所有的点都绘制出来。
  plt.style.use('classic')
  fig, ax = plt.subplots()
❷ ax.scatter(rw.x_values, rw.y_values, s=15)
  plt.show()
```

首先导入模块 pyplot 和 RandomWalk 类，再创建一个 RandomWalk 实例并将其存储到 rw 中（见❶），并且调用 fill_walk()。在❷处，将随机漫步包含的 x 值和 y 值传递给 scatter()，并选择合适的点尺寸。图 15-9 显示了包含 5000 个点的随机漫步图。（本节的示意图未包含 Matplotlib 查看器的界面，但你运行 rw_visual.py 时会看到。）

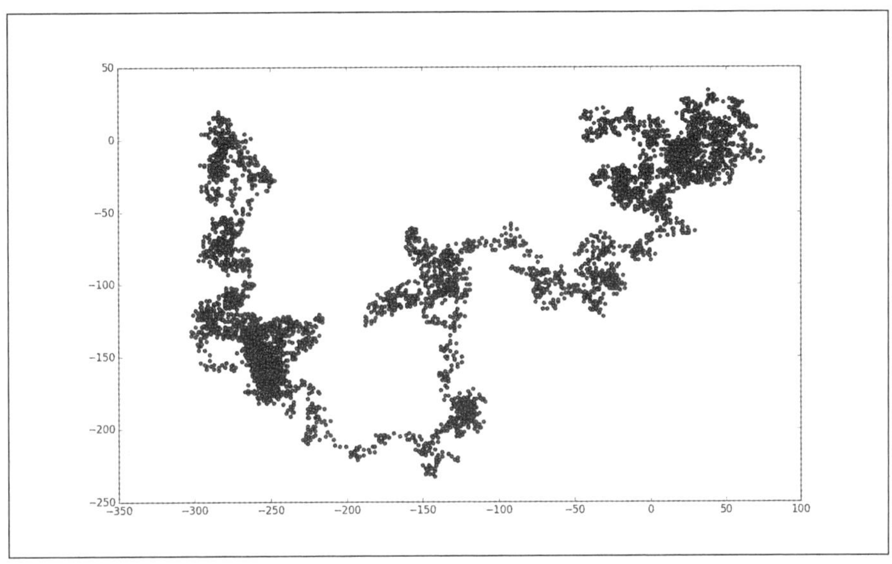

图 15-9　包含 5000 个点的随机漫步

15.3.4　模拟多次随机漫步

每次随机漫步都不同，因此探索可能生成的各种模式很有趣。要在不多次运行程序的情况下使用前面的代码模拟多次随机漫步，一种办法是将这些代码放在一个 while 循环中，如下所示：

rw_visual.py

```
import matplotlib.pyplot as plt

from random_walk import RandomWalk

# 只要程序处于活动状态，就不断地模拟随机漫步。
while True:
    # 创建一个 RandomWalk 实例。
    rw = RandomWalk()
    rw.fill_walk()

    # 将所有的点都绘制出来。
    plt.style.use('classic')
    fig, ax = plt.subplots()
    ax.scatter(rw.x_values, rw.y_values, s=15)
    plt.show()

    keep_running = input("Make another walk? (y/n): ")
    if keep_running == 'n':
        break
```

这些代码模拟一次随机漫步，在 Matplotlib 查看器中显示结果，再在不关闭查看器的情况下暂停。如果关闭查看器，程序将询问是否要再模拟一次随机漫步。如果输入 **y**，可模拟在起点附近进行的随机漫步、大多沿特定方向偏离起点的随机漫步、漫步点分布不均匀的随机漫步，等等。要结束程序，请输入 **n**。

15.3.5　设置随机漫步图的样式

本节将定制图表，以突出每次漫步的重要特征，并让分散注意力的元素不那么显眼。为此，我们确定要突出的元素，如漫步的起点、终点和经过的路径。接下来确定要使其不那么显眼的元素，如刻度标记和标签。最终的结果是简单的可视化表示，清楚地指出了每次漫步经过的路径。

1. 给点着色

我们将使用颜色映射来指出漫步中各点的先后顺序，并删除每个点的黑色轮廓，让其颜色更为明显。为根据漫步中各点的先后顺序来着色，传递参数 c，并将其设置为一个列表，其中包含各点的先后顺序。这些点是按顺序绘制的，因此给参数 c 指定的列表只需包含数 0 ~ 4999，如下所示：

rw_visual.py

```
--snip--
while True:
    # 创建一个 RandomWalk 实例。
    rw = RandomWalk()
    rw.fill_walk()

    # 将所有的点都绘制出来。
    plt.style.use('classic')
    fig, ax = plt.subplots()
❶   point_numbers = range(rw.num_points)
    ax.scatter(rw.x_values, rw.y_values, c=point_numbers, cmap=plt.cm.Blues,
        edgecolors='none', s=15)
    plt.show()

    keep_running = input("Make another walk? (y/n): ")
    --snip--
```

在❶处，使用 range()生成了一个数字列表，其中包含的数与漫步包含的点数量相同。接下来，将这个列表存储在 point_numbers 中，以便后面使用它来设置每个漫步点的颜色。将参数 c 设置为 point_numbers，指定使用颜色映射 Blues，并传递实参 edgecolors='none'以删除每个点周围的轮廓。最终的随机漫步图从浅蓝色渐变为深蓝色，如图 15-10 所示。

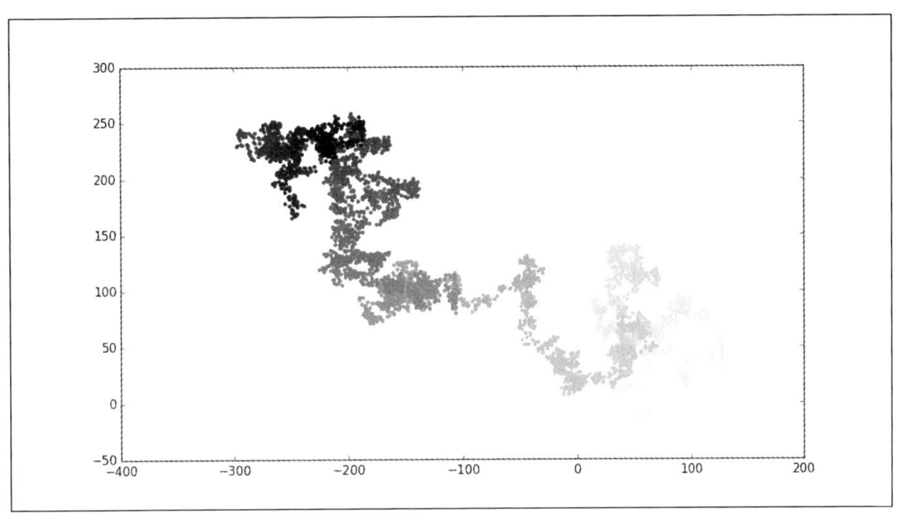

图 15-10　使用颜色映射 Blues 着色的随机漫步图

2. 重新绘制起点和终点

除了给随机漫步的各个点着色，以指出其先后顺序外，如果还能呈现随机漫步的起点和终点就好了。为此，可在绘制随机漫步图后重新绘制起点和终点。这里让起点和终点更大并显示为不同的颜色，以示突出，如下所示：

rw_visual.py

```
--snip--
while True:
    --snip--
    ax.scatter(rw.x_values, rw.y_values, c=point_numbers, cmap=plt.cm.Blues,
        edgecolors='none', s=15)

    # 突出起点和终点。
    ax.scatter(0, 0, c='green', edgecolors='none', s=100)
    ax.scatter(rw.x_values[-1], rw.y_values[-1], c='red', edgecolors='none',
        s=100)

    plt.show()
    --snip--
```

为突出起点，使用绿色绘制点(0, 0)，并使其比其他点大（s=100）。为突出终点，在漫步包含的最后一个 x 值和 y 值处绘制一个点，将其颜色设置为红色，并将尺寸设置为 100。务必将这些代码放在调用 plt.show()的代码前面，确保在其他点之上绘制起点和终点。

如果现在运行这些代码，将能准确地知道每次随机漫步的起点和终点。（如果起点和终点不明显，请调整颜色和大小，直到明显为止。）

15

3. 隐藏坐标轴

下面来隐藏这个图表的坐标轴，以免分散观察者对随机漫步路径的注意力。要隐藏坐标轴，可使用如下代码：

rw_visual.py

```
--snip--
while True:
    --snip--
    ax.scatter(rw.x_values[-1], rw.y_values[-1], c='red', edgecolors='none',
        s=100)

    # 隐藏坐标轴。
❶   ax.get_xaxis().set_visible(False)
    ax.get_yaxis().set_visible(False)

    plt.show()
    --snip--
```

为修改坐标轴，使用方法 ax.get_xaxis() 和 ax.get_yaxis()（见❶）将每条坐标轴的可见性都设置为 False。随着对数据可视化的不断学习和实践，你会经常看到这种串接方法的方式。

如果现在运行 rw_visual.py，你将看到一系列图形，但看不到坐标轴。

4. 增加点数

下面来增加点数，以提供更多数据。为此，在创建 RandomWalk 实例时增大 num_points 的值，并在绘图时调整每个点的大小，如下所示：

rw_visual.py

```
--snip--
while True:
    # 创建一个 RandomWalk 实例。
    rw = RandomWalk(50_000)
    rw.fill_walk()

    # 将所有的点都绘制出来。
    plt.style.use('classic')
    fig, ax = plt.subplots()
    point_numbers = range(rw.num_points)
    ax.scatter(rw.x_values, rw.y_values, c=point_numbers, cmap=plt.cm.Blues,
        edgecolor='none', s=1)
    --snip--
```

这个示例模拟了一次包含 50 000 个点的随机漫步（以模拟现实情况），并将每个点的大小都设置为 1。最终的随机漫步图更稀疏，犹如云朵，如图 15-11 所示。如你所见，我们使用简单的散点图制作出了一件艺术品！

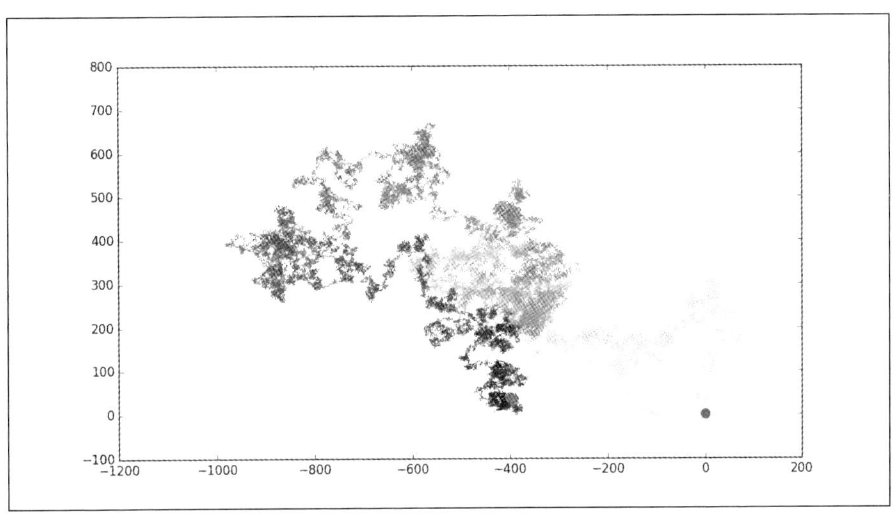

图 15-11 包含 50 000 个点的随机漫步

请尝试修改上述代码，看看将漫步包含的点数增加到多少后，程序的运行速度变得极其缓慢或绘制出的图形变得很难看。

5. 调整尺寸以适合屏幕

图表适合屏幕大小时，更能有效地将数据中的规律呈现出来。为让绘图窗口更适合屏幕大小，可以像下面这样调整 Matplotlib 输出的尺寸：

rw_visual.py

```
--snip--
while True:
    # 创建一个 RandomWalk 实例。
    rw = RandomWalk(50_000)
    rw.fill_walk()

    # 将所有的点都绘制出来。
    plt.style.use('classic')
    fig, ax = plt.subplots(figsize=(15, 9))
    --snip--
```

创建图表时，可传递参数 figsize 以指定生成的图形的尺寸。需要给参数 figsize 指定一个元组，向 Matplotlib 指出绘图窗口的尺寸，单位为英寸[①]。

Matplotlib 假定屏幕分辨率为 100 像素/英寸。如果上述代码指定的图表尺寸不合适，可根据需要调整数字。如果知道当前系统的分辨率，可通过参数 dpi 向 plt.subplots()传递该分辨率，以有效利用可用的屏幕空间，如下所示：

① 1 英寸 ≈ 2.54 厘米。——编者注

15

```
fig, ax = plt.subplots(figsize=(10, 6), dpi=128)
```

动手试一试

练习 15-3：分子运动　修改 rw_visual.py，将其中的 ax.scatter()替换为 ax.plot()。为模拟花粉在水滴表面的运动路径，向 plt.plot()传递 rw.x_values 和 rw.y_values，并指定实参 linewidth。请使用 5000 个点而不是 50 000 个点。

练习 15-4：改进的随机漫步　在类 RandomWalk 中，x_step 和 y_step 是根据相同的条件生成的：从列表[1, -1]中随机选择方向，并从列表[0, 1, 2, 3, 4]中随机选择距离。请修改这些列表中的值，看看对随机漫步路径有何影响。尝试使用更长的距离选择列表（如 0~8），或者将-1 从 *x* 或 *y* 方向列表中删除。

练习 15-5：重构　方法 fill_walk()很长。请新建一个名为 get_step()的方法，用于确定每次漫步的距离和方向，并计算每一步。然后，在 fill_walk()中调用 get_step()两次：

```
x_step = self.get_step()
y_step = self.get_step()
```

通过这样的重构，可缩小方法 fill_walk()，让它阅读和理解起来更容易。

15.4　使用 Plotly 模拟掷骰子

本节将使用 Python 包 Plotly 来生成交互式图表。需要创建在浏览器中显示的图表时，Plotly 很有用，因为它生成的图表将自动缩放以适合观看者的屏幕。Plotly 生成的图表还是交互式的：用户将鼠标指向特定元素时，将突出显示有关该元素的信息。

在这个项目中，我们将对掷骰子的结果进行分析。抛掷一个 6 面的常规骰子时，可能出现的结果为 1 ~ 6 点，且出现每种结果的可能性相同。然而，如果同时掷两个骰子，某些点数出现的可能性将比其他点数大。为确定哪些点数出现的可能性最大，将生成一个表示掷骰子结果的数据集，并根据结果绘制一个图形。

在数学领域，掷骰子常被用来解释各种数据分析类型，而它在赌场和其他博弈场景中也有实际应用，在游戏《大富翁》以及众多角色扮演游戏中亦如此。

15.4.1　安装 Plotly

要安装 Plotly，可像本章前面安装 Matplotlib 那样使用 pip：

```
$ python -m pip install --user plotly
```

在前面安装 Matplotlib 时，如果使用了 **python3** 之类的命令，这里也要使用同样的命令。

要了解使用 Plotly 可创建什么样的图表，请在其官方网站查看图表类型画廊。每个示例都包含源代码，让你知道这些图表是如何生成的。

15.4.2 创建 Die 类

为模拟掷一个骰子的情况，我们创建下面的类：

die.py

```
from random import randint

class Die:
    """表示一个骰子的类。"""

❶   def __init__(self, num_sides=6):
        """骰子默认为 6 面。"""
        self.num_sides = num_sides

    def roll(self):
        """返回一个位于 1 和骰子面数之间的随机值。"""
❷       return randint(1, self.num_sides)
```

方法__init__()接受一个可选参数。创建这个类的实例时，如果没有指定任何实参，面数默认为 6；如果指定了实参，这个值将用于设置骰子的面数（见❶）。骰子是根据面数命名的，6 面的骰子名为 D6，8 面的骰子名为 D8，依此类推。

方法 roll()使用函数 randint()来返回一个 1 和面数之间的随机数（见❷）。这个函数可能返回起始值 1、终止值 num_sides 或这两个值之间的任何整数。

15.4.3 掷骰子

使用这个类来创建图表前，先来掷 D6，将结果打印出来，并确认结果是合理的：

die_visual.py

```
from die import Die

# 创建一个 D6。
❶ die = Die()

# 掷几次骰子并将结果存储在一个列表中。
results = []
❷ for roll_num in range(100):
    result = die.roll()
    results.append(result)

print(results)
```

15

在❶处，创建一个 Die 实例，其面数为默认值 6。在❷处，掷骰子 100 次，并将每次的结果都存储在列表 results 中。下面是一个示例结果集：

```
[4, 6, 5, 6, 1, 5, 6, 3, 5, 3, 5, 3, 2, 2, 1, 3, 1, 5, 3, 6, 3, 6, 5, 4,
 1, 1, 4, 2, 3, 6, 4, 2, 6, 4, 1, 3, 2, 5, 6, 3, 6, 2, 1, 1, 3, 4, 1, 4,
 3, 5, 1, 4, 5, 5, 2, 3, 3, 1, 2, 3, 5, 6, 2, 5, 6, 1, 3, 2, 1, 1, 1, 6,
 5, 5, 2, 2, 6, 4, 1, 4, 5, 1, 1, 1, 4, 5, 3, 3, 1, 3, 5, 4, 5, 6, 5, 4,
 1, 5, 1, 2]
```

通过快速浏览这些结果可知，Die 类似乎没有问题。我们见到了值 1 和 6，表明返回了最大和最小的可能值；没有见到 0 或 7，表明结果都在正确的范围内；还看到了 1 ~ 6 的所有数字，表明所有可能的结果都出现了。下面来确定各个点数都出现了多少次。

15.4.4　分析结果

为分析掷一个 D6 的结果，计算每个点数出现的次数：

die_visual.py

```
--snip--
# 掷几次骰子并将结果存储在一个列表中。
results = []
❶ for roll_num in range(1000):
    result = die.roll()
    results.append(result)

# 分析结果。
frequencies = []
❷ for value in range(1, die.num_sides+1):
❸     frequency = results.count(value)
❹     frequencies.append(frequency)

print(frequencies)
```

由于将使用 Plotly 来分析，而不是将结果打印出来，因此可将模拟掷骰子的次数增加到 1000（见❶）。为分析结果，我们创建空列表 frequencies，用于存储每种点数出现的次数。在❷处，遍历可能的点数（这里为 1 ~ 6），计算每种点数在 results 中出现了多少次（见❸），并将这个值附加到列表 frequencies 的末尾（见❹）。接下来，在可视化之前将这个列表打印出来：

```
[155, 167, 168, 170, 159, 181]
```

结果看起来是合理的：有 6 个值，对应掷 D6 时可能出现的每个点数；另外，没有任何点数出现的频率比其他点数高很多。下面来可视化这些结果。

15.4.5　绘制直方图

有了频率列表，就可以绘制一个表示结果的直方图了。**直方图**是一种条形图，指出了各种结果出现的频率。创建这种直方图的代码如下：

die_visual.py

```
from plotly.graph_objs import Bar, Layout
from plotly import offline

from die import Die
--snip--

# 分析结果。
frequencies = []
for value in range(1, die.num_sides+1):
    frequency = results.count(value)
    frequencies.append(frequency)

# 对结果进行可视化。
❶ x_values = list(range(1, die.num_sides+1))
❷ data = [Bar(x=x_values, y=frequencies)]

❸ x_axis_config = {'title': '结果'}
y_axis_config = {'title': '结果的频率'}
❹ my_layout = Layout(title='掷一个 D6 1000 次的结果',
        xaxis=x_axis_config, yaxis=y_axis_config)
❺ offline.plot({'data': data, 'layout': my_layout}, filename='d6.html')
```

为创建直方图，需要为每个可能出现的点数生成一个条形。我们将可能出现的点数（1 到骰子的面数）存储在一个名为 x_values 的列表中（见❶）。Plotly 不能直接接受函数 range()的结果，因此需要使用函数 list()将其转换为列表。Plotly 类 Bar()表示用于绘制条形图的数据集（见❷），需要一个存储 *x* 值的列表和一个存储 *y* 值的列表。这个类必须放在方括号内，因为数据集可能包含多个元素。

每个坐标轴都能以不同的方式进行配置，而每个配置选项都是一个字典元素。这里只设置了坐标轴标签（见❸）。类 Layout()返回一个指定图表布局和配置的对象（见❹）。这里设置了图表名称，并传入了 *x* 轴和 *y* 轴的配置字典。

为生成图表，我们调用了函数 offline.plot()（见❺）。这个函数需要一个包含数据和布局对象的字典，还接受一个文件名，指定要将图表保存到哪里。这里将输出存储到文件 d6.html。

15

运行程序 die_visual.py 时，可能打开浏览器并显示文件 d6.html。如果没有自动显示 d6.html，可在任意 Web 浏览器中新建一个标签页，再在其中打开文件 d6.html（它位于 die_visual.py 所在的文件夹中）。你将看到一个类似于图 15-12 所示的图表。（为方便印刷，我稍微修改了这个图表。在默认情况下，Plotly 所生成图表的文本比图 15-12 所示的要小。）

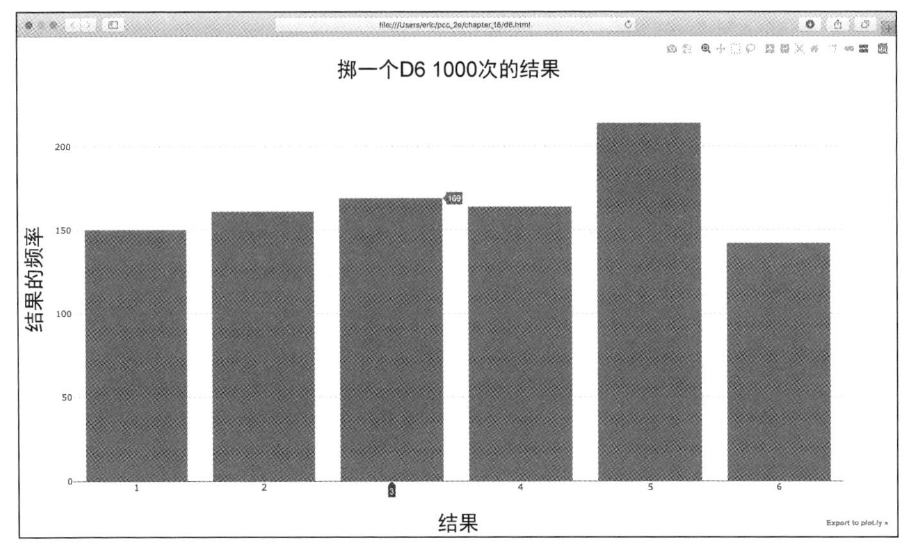

图 15-12　使用 Plotly 创建的简单条形图

注意，Plotly 让这个图表具有交互性：如果将鼠标指向其中的任意条形，就能看到与之相关联的数据。在同一个图表中绘制多个数据集时，这项功能特别有用。另外，注意到右上角有一些图标，让你能够平移和缩放图表以及将其保存为图像。

15.4.6　同时掷两个骰子

同时掷两个骰子时，得到的点数更多，结果分布情况也不同。下面来修改前面的代码，创建两个 D6 以模拟同时掷两个骰子的情况。每次掷两个骰子时，都将两个骰子的点数相加，并将结果存储在 results 中。请复制 die_visual.py 并将其保存为 dice_visual.py，再做如下修改：

dice_visual.py

```
from plotly.graph_objs import Bar, Layout
from plotly import offline

from die import Die

# 创建两个 D6。
die_1 = Die()
die_2 = Die()

# 掷几次骰子并将结果存储在一个列表中。
results = []
for roll_num in range(1000):
❶     result = die_1.roll() + die_2.roll()
    results.append(result)

# 分析结果。
frequencies = []
```

```
❷ max_result = die_1.num_sides + die_2.num_sides
❸ for value in range(2, max_result+1):
      frequency = results.count(value)
      frequencies.append(frequency)

  # 可视化结果。
  x_values = list(range(2, max_result+1))
  data = [Bar(x=x_values, y=frequencies)]

❹ x_axis_config = {'title': '结果', 'dtick': 1}
  y_axis_config = {'title': '结果的频率'}
  my_layout = Layout(title='掷两个 D6 1000 次的结果',
          xaxis=x_axis_config, yaxis=y_axis_config)
  offline.plot({'data': data, 'layout': my_layout}, filename='d6_d6.html')
```

创建两个 Die 实例后，掷骰子多次，并计算每次的总点数（见❶）。可能出现的最大点数为两个骰子的最大可能点数之和（12），这个值存储在 max_result 中（见❷）。可能出现的最小总点数为两个骰子的最小可能点数之和（2）。分析结果时，计算 2 到 max_result 的各种点数出现的次数（见❸）。（我们原本可以使用 range(2, 13)，但这只适用于两个 D6。模拟现实世界的情形时，最好编写可轻松模拟各种情形的代码。前面的代码让我们能够模拟掷任意两个骰子的情形，不管这些骰子有多少面。）

创建图表时，在字典 x_axis_config 中使用了 dtick 键（见❹）。这项设置指定了 x 轴显示的刻度间距。这里绘制的直方图包含的条形更多，Plotly 默认只显示某些刻度值，而设置 'dtick': 1 让 Plotly 显示每个刻度值。另外，我们还修改了图表名称及输出文件名。

运行这些代码后，你将看到如图 15-13 所示的图表。

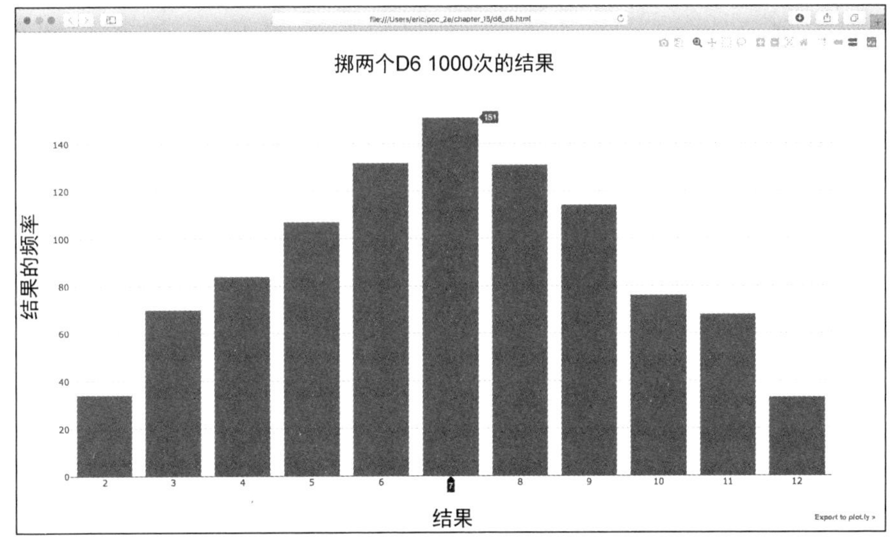

图 15-13 模拟同时掷两个 6 面骰子 1000 次的结果

这个图表显示了掷两个 D6 时得到的大致结果。如你所见，总点数为 2 或 12 的可能性最小，而总点数为 7 的可能性最大。这是因为在下面 6 种情况下得到的总点数都为 7：1 和 6、2 和 5、3 和 4、4 和 3、5 和 2 以及 6 和 1。

15.4.7 同时掷两个面数不同的骰子

下面来创建一个 6 面骰子和一个 10 面骰子，看看同时掷这两个骰子 50 000 次的结果如何：

dice_visual.py

```
from plotly.graph_objs import Bar, Layout
from plotly import offline

from die import Die

# 创建一个 D6 和一个 D10。
die_1 = Die()
❶ die_2 = Die(10)

# 掷几次骰子并将结果存储在一个列表中。
results = []
for roll_num in range(50_000):
    result = die_1.roll() + die_2.roll()
    results.append(result)

# 分析结果。
--snip--

# 可视化结果。
x_values = list(range(2, max_result+1))
data = [Bar(x=x_values, y=frequencies)]

x_axis_config = {'title': '结果', 'dtick': 1}
y_axis_config = {'title': '结果的频率'}
❷ my_layout = Layout(title='掷一个 D6 和一个 D10 50 000 次的结果',
    xaxis=x_axis_config, yaxis=y_axis_config)
offline.plot({'data': data, 'layout': my_layout}, filename='d6_d10.html')
```

为创建 D10，我们在创建第二个 Die 实例时传递了实参 10（见❶）；修改了第一个循环，以模拟掷骰子 50 000 而不是 1000 次；还修改了图表名称和输出文件名（见❷）。

图 15-14 显示了最终的图表。可能性最大的点数不止一个，而是有 5 个。这是因为导致出现最小点数和最大点数的组合都只有一种（1 和 1 以及 6 和 10），但面数较小的骰子限制了得到中间点数的组合数：得到总点数 7、8、9、10 和 11 的组合数都是 6 种。因此，这些总点数是最常见的结果，它们出现的可能性相同。

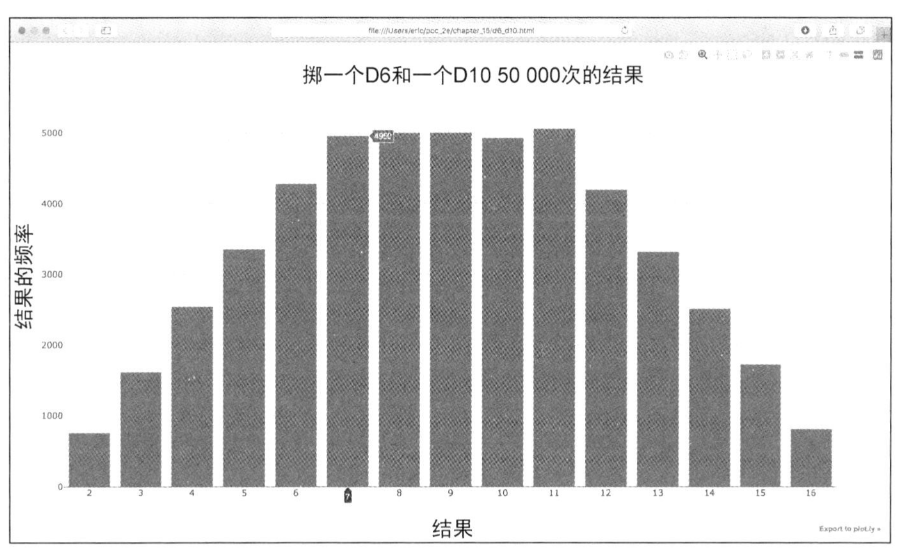

图 15-14 同时掷 6 面骰子和 10 面骰子 50 000 次的结果

通过使用 Plotly 模拟掷骰子的结果，我们能够非常自由地探索这种现象。只需几分钟，就可模拟掷各种骰子很多次。

动手试一试

练习 15-6：两个 D8 编写一个程序，模拟同时掷两个 8 面骰子 1000 次的结果。先想象一下结果会是什么样的，再运行这个程序，看看你的直觉准不准。逐渐增加掷骰子的次数，直到系统不堪重负为止。

练习 15-7：同时掷三个骰子 同时掷三个 D6 时，可能得到的最小点数为 3，最大点数为 18。请通过可视化展示同时掷三个 D6 的结果。

练习 15-8：将点数相乘 同时掷两个骰子时，通常将其点数相加。请通过可视化展示将两个骰子的点数相乘的结果。

练习 15-9：改用列表解析 为清晰起见，本节模拟掷骰子的结果时，使用的是较长的 for 循环。如果你熟悉列表解析，尝试将这些程序中的一个或两个 for 循环改为列表解析。

练习 15-10：使用两个库 尝试使用 Matplotlib 通过可视化来模拟掷骰子的情况，并尝试使用 Plotly 通过可视化来模拟随机漫步的情况。要完成这个练习，需要查看这些库的文档。

15

15.5 小结

在本章中，你学习了：如何生成数据集以及如何对其进行可视化；如何使用 Matplotlib 创建简单的图表，以及如何使用散点图来探索随机漫步过程；如何使用 Plotly 来创建直方图，以及如何使用直方图来探索同时掷两个面数不同的骰子的结果。

使用代码生成数据集是一种有趣而强大的方式，可用于模拟和探索现实世界的各种情形。完成后面的数据可视化项目时，请注意可使用代码模拟哪些情形。请研究新闻媒体中的可视化，看看其中是否有图表是以你在这些项目中学到的类似方式生成的。

在第 16 章中，我们将从网上下载数据，并继续使用 Matplotlib 和 Plotly 来探索这些数据。

第 16 章

下载数据

本章将从网上下载数据，并对其进行可视化。网上的数据多得令人难以置信，大多未经仔细检查。如果能够对这些数据进行分析，就能发现别人没有发现的规律和关联。

本章将访问并可视化的数据以两种常见格式存储：CSV和JSON。我们将使用 Python 模块 csv 来处理以 CSV 格式存储的天气数据，找出两个地区在一段时间内的最高温度和最低温度。然后，使用 Matplotlib 根据下载的数据创建一个图表，展示两个不同地区的温度变化：阿拉斯加州锡特卡和加利福尼亚州死亡谷。然后，使用模块 json 访问以 JSON 格式存储的地震数据，并使用 Plotly 绘制一幅散点图，展示这些地震的位置和震级。

阅读本章后，你将能够处理各种类型和格式的数据集，并对如何创建复杂的图表有深入的认识。要处理各种真实的数据集，必须能够访问并可视化各种类型和格式的在线数据。

16.1 CSV 文件格式

要在文本文件中存储数据，一个简单方式是将数据作为一系列**以逗号分隔的值**（comma-separated values）写入文件。这样的文件称为 CSV 文件。例如，下面是一行 CSV 格式的天气数据：


```
"USW00025333","SITKA AIRPORT, AK US","2018-01-01","0.45",,"48","38"
```

这是阿拉斯加州锡特卡 2018 年 1 月 1 日的天气数据，其中包含当天的最高温度和最低温度，还有众多其他的数据。CSV 文件对人来说阅读起来比较麻烦，但程序可轻松提取并处理其中的值，有助于加快数据分析过程。

我们将首先处理少量 CSV 格式的锡特卡天气数据，这些数据可在本书的配套资源（ituring.cn/book/2784）中找到。请将文件 sitka_weather_07-2018_simple.csv 复制到存储本章程序的文件夹中。

（下载本书的配套资源后，就有了这个项目所需的所有文件。）

注意 该项目使用的天气数据来自美国国家海洋与大气管理局（National Oceanic and Atmospheric Administration，NOAA）。

16.1.1 分析 CSV 文件头

csv 模块包含在 Python 标准库中，可用于分析 CSV 文件中的数据行，让我们能够快速提取感兴趣的值。先来查看这个文件的第一行，其中的一系列文件头指出了后续各行包含的是什么样的信息：

sitka_highs.py

```
import csv

filename = 'data/sitka_weather_07-2018_simple.csv'
❶ with open(filename) as f:
❷     reader = csv.reader(f)
❸     header_row = next(reader)
      print(header_row)
```

导入模块 csv 后，将要使用的文件的名称赋给 filename。接下来，打开这个文件，并将返回的文件对象赋给 f（见❶）。然后，调用 csv.reader()并将前面存储的文件对象作为实参传递给它，从而创建一个与该文件相关联的阅读器对象（见❷）。这个阅读器对象被赋给了 reader。

模块 csv 包含函数 next()，调用它并传入阅读器对象时，它将返回文件中的下一行。在上述代码中，只调用了 next()一次，因此得到的是文件的第一行，其中包含文件头（见❸）。将返回的数据存储到 header_row 中。如你所见，header_row 包含与天气相关的文件头，指出了每行都包含哪些数据：

```
['STATION', 'NAME', 'DATE', 'PRCP', 'TAVG', 'TMAX', 'TMIN']
```

reader 处理文件中以逗号分隔的第一行数据，并将每项数据都作为一个元素存储在列表中。文件头 STATION 表示记录数据的气象站的编码。这个文件头的位置表明，每行的第一个值都是气象站编码。文件头 NAME 指出每行的第二个值都是记录数据的气象站的名称。其他文件头则指出记录了哪些信息。当前，我们最关心的是日期（DATE）、最高温度（TMAX）和最低温度（TMIN）。这是一个简单的数据集，只包含降水量以及与温度相关的数据。你自己下载天气数据时，可选择涵盖众多测量值，如风速、风向以及详细的降水量数据。

16.1.2 打印文件头及其位置

为了让文件头数据更容易理解，将列表中的每个文件头及其位置打印出来：

sitka_highs.py

```
--snip--
with open(filename) as f:
    reader = csv.reader(f)
    header_row = next(reader)

❶   for index, column_header in enumerate(header_row):
        print(index, column_header)
```

在循环中，对列表调用了 enumerate()（见❶）来获取每个元素的索引及其值。（请注意，我们删除了代码行 print(header_row)，转而显示这个更详细的版本。）

输出如下，指出了每个文件头的索引：

```
0 STATION
1 NAME
2 DATE
3 PRCP
4 TAVG
5 TMAX
6 TMIN
```

从中可知，日期和最高温度分别存储在第三列和第六列。为研究这些数据，我们将处理 sitka_weather_07-2018_simple.csv 中的每行数据，并提取其中索引为 2 和 5 的值。

16.1.3 提取并读取数据

知道需要哪些列中的数据后，我们来读取一些数据。首先，读取每天的最高温度：

sitka_highs.py

```
--snip--
with open(filename) as f:
    reader = csv.reader(f)
    header_row = next(reader)

    # 从文件中获取最高温度。
❶   highs = []
❷   for row in reader:
❸       high = int(row[5])
        highs.append(high)

print(highs)
```

创建一个名为 highs 的空列表（见❶），再遍历文件中余下的各行（见❷）。阅读器对象从其停留的地方继续往下读取 CSV 文件，每次都自动返回当前所处位置的下一行。由于已经读取了文件头行，这个循环将从第二行开始——从这行开始包含的是实际数据。每次执行循环时，都将索引 5 处（TMAX 列）的数据附加到 highs 末尾（见❸）。在文件中，这项数据是以字符串格式存储的，因此在附加到 highs 末尾前，使用函数 int()将其转换为数值格式，以便使用。

highs 现在存储的数据如下：

```
[62, 58, 70, 70, 67, 59, 58, 62, 66, 59, 56, 63, 65, 58, 56, 59, 64, 60, 60,
 61, 65, 65, 63, 59, 64, 65, 68, 66, 64, 67, 65]
```

提取每天的最高温度并将其存储到列表中之后，就可以可视化这些数据了。

16.1.4　绘制温度图表

为可视化这些温度数据，首先使用 Matplotlib 创建一个显示每日最高温度的简单图形，如下所示：

sitka_highs.py

```
import csv

import matplotlib.pyplot as plt

filename = 'data/sitka_weather_07-2018_simple.csv'
with open(filename) as f:
    --snip--

# 根据最高温度绘制图形。
plt.style.use('seaborn')
fig, ax = plt.subplots()
❶ ax.plot(highs, c='red')

# 设置图形的格式。
❷ ax.set_title("2018 年 7 月每日最高温度", fontsize=24)
❸ ax.set_xlabel('', fontsize=16)
ax.set_ylabel("温度 (F)", fontsize=16)
ax.tick_params(axis='both', which='major', labelsize=16)

plt.show()
```

将最高温度列表传给 plot()（见❶），并传递 c='red'以便将数据点绘制为红色。（这里使用红色显示最高温度，用蓝色显示最低温度。）接下来，设置了一些其他的格式，如名称和字号（见❷），这些都在第 15 章介绍过。鉴于还没有添加日期，因此没有给 x 轴添加标签，但 ax.set_xlabel() 确实修改了字号，让默认标签更容易看清（见❸）。图 16-1 显示了绘制的图表：一个简单的折线图，显示了阿拉斯加州锡特卡 2018 年 7 月的每日最高温度。

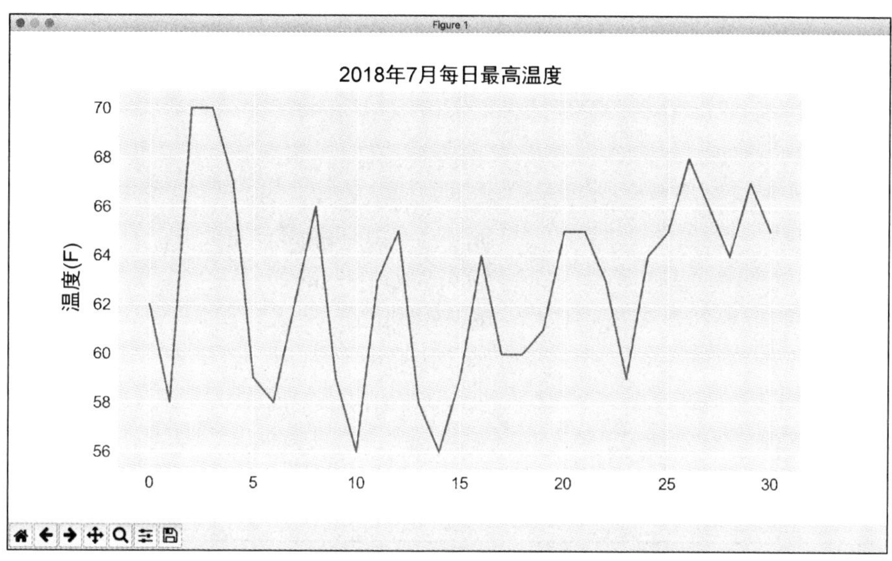

图 16-1 阿拉斯加州锡特卡 2018 年 7 月每日最高温度折线图

16.1.5 模块 datetime

下面在图表中添加日期，使其更有用。在天气数据文件中，第一个日期在第二行：

```
"USW00025333","SITKA AIRPORT, AK US","2018-07-01","0.25",,"62","50"
```

读取该数据时，获得的是一个字符串，因此需要想办法将字符串"2018-7-1"转换为一个表示相应日期的对象。为创建一个表示 2018 年 7 月 1 日的对象，可使用模块 datetime 中的方法 strptime()。我们在终端会话中看看 strptime()的工作原理：

```
>>> from datetime import datetime
>>> first_date = datetime.strptime('2018-07-01', '%Y-%m-%d')
>>> print(first_date)
2018-07-01 00:00:00
```


首先导入模块 datetime 中的 datetime 类，再调用方法 strptime()，并将包含所需日期的字符串作为第一个实参。第二个实参告诉 Python 如何设置日期的格式。在这里，'%Y-'让 Python 将字符串中第一个连字符前面的部分视为四位的年份，'%m-'让 Python 将第二个连字符前面的部分视为表示月份的数，'%d'让 Python 将字符串的最后一部分视为月份中的一天（1 ~ 31）。

方法 strptime()可接受各种实参，并根据它们来决定如何解读日期。表 16-1 列出了这样的一些实参。

表 16-1　模块 datetime 中设置日期和时间格式的实参

实　参	含　义
%A	星期几，如 Monday
%B	月份名，如 January
%m	用数表示的月份（01 ~ 12）
%d	用数表示的月份中的一天（01 ~ 31）
%Y	四位的年份，如 2019
%y	两位的年份，如 19
%H	24 小时制的小时数（00 ~ 23）
%I	12 小时制的小时数（01 ~ 12）
%p	am 或 pm
%M	分钟数（00 ~ 59）
%S	秒数（00 ~ 61）

16.1.6　在图表中添加日期

现在，可以通过提取日期和最高温度并将其传递给 plot()，对温度图形进行改进，如下所示：

sitka_highs.py

```
import csv
from datetime import datetime

import matplotlib.pyplot as plt

filename = 'data/sitka_weather_07-2018_simple.csv'
with open(filename) as f:
    reader = csv.reader(f)
    header_row = next(reader)

    # 从文件中获取日期和最高温度。
❶   dates, highs = [], []
    for row in reader:
❷       current_date = datetime.strptime(row[2], '%Y-%m-%d')
        high = int(row[5])
        dates.append(current_date)
        highs.append(high)

# 根据最高温度绘制图形。
plt.style.use('seaborn')
fig, ax = plt.subplots()
❸ ax.plot(dates, highs, c='red')

# 设置图形的格式。
ax.set_title("2018 年 7 月每日最高温度", fontsize=24)
ax.set_xlabel('', fontsize=16)
```

```
❹ fig.autofmt_xdate()
  ax.set_ylabel("温度 (F)", fontsize=16)
  ax.tick_params(axis='both', which='major', labelsize=16)

  plt.show()
```

我们创建了两个空列表，用于存储从文件中提取的日期和最高温度（见❶）。然后，将包含日期信息的数据（row[2]）转换为 datetime 对象（见❷），并将其附加到列表 dates 末尾。在❸处，将日期和最高温度值传递给 plot()。在❹处，调用 fig.autofmt_xdate()来绘制倾斜的日期标签，以免其彼此重叠。图 16-2 显示了改进后的图表。

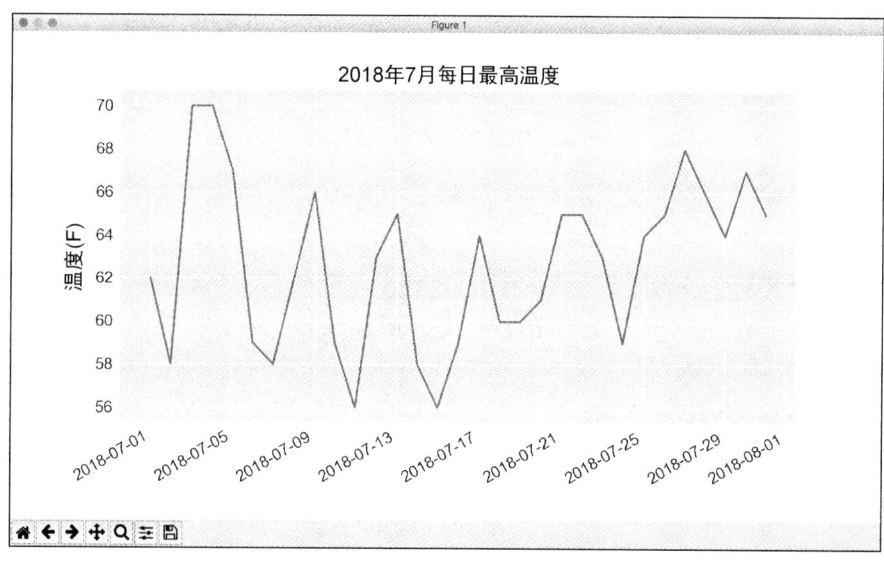

图 16-2 现在图表的 x 轴上有日期，含义更丰富

16.1.7 涵盖更长的时间

设置好图表后，我们来添加更多的数据，生成一幅更复杂的锡特卡天气图。请将文件 sitka_weather_2018_simple.csv 复制到本章程序所在的文件夹，该文件包含整年的锡特卡天气数据。

16

现在可创建覆盖整年的天气图了：

sitka_highs.py

```
  --snip--
❶ filename = 'data/sitka_weather_2018_simple.csv'
  with open(filename) as f:
  --snip--
  # 设置图形的格式。
❷ ax.set_title("2018 年每日最高温度", fontsize=24)
  ax.set_xlabel('', fontsize=16)
  --snip--
```

这里修改了文件名，以使用数据文件 sitka_weather_2018_simple.csv（见❶），还修改了图表的标题，以反映其内容的变化（见❷）。图 16-3 显示了生成的图形。

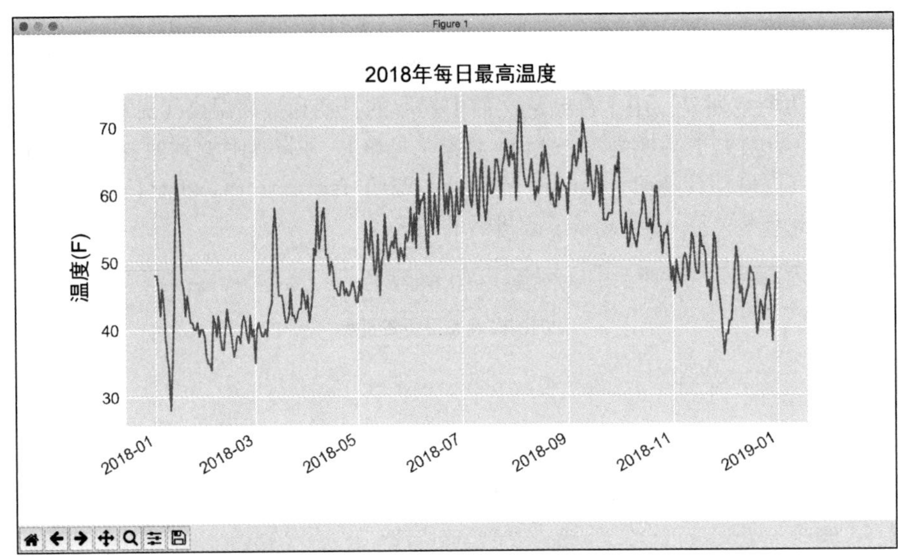

图 16-3　一年的天气数据

16.1.8　再绘制一个数据系列

虽然改进后的图表已经显示了丰富的数据，但是还能再添加最低温度数据，使其更有用。为此，需要从数据文件中提取最低温度，并将它们添加到图表中，如下所示：

sitka_highs_lows.py

```
--snip--
filename = 'sitka_weather_2018_simple.csv'
with open(filename) as f:
    reader = csv.reader(f)
    header_row = next(reader)

    # 从文件中获取日期、最高温度和最低温度。
❶   dates, highs, lows = [], [], []
    for row in reader:
        current_date = datetime.strptime(row[2], '%Y-%m-%d')
        high = int(row[5])
❷       low = int(row[6])
        dates.append(current_date)
        highs.append(high)
        lows.append(low)

# 根据最高温度和最低温度绘制图形。
plt.style.use('seaborn')
fig, ax = plt.subplots()
```

```
    ax.plot(dates, highs, c='red')
❸ ax.plot(dates, lows, c='blue')

    # 设置图形的格式。
❹ ax.set_title("2018 年每日最高温度", fontsize=24)
    --snip--
```

在❶处，添加空列表 lows，用于存储最低温度。接下来，从每行的第七列（row[6]）提取最低温度并存储（见❷）。在❸处，添加调用 plot()的代码，以使用蓝色绘制最低温度。最后，修改标题（见❹）。图 16-4 显示了这样绘制出来的图表。

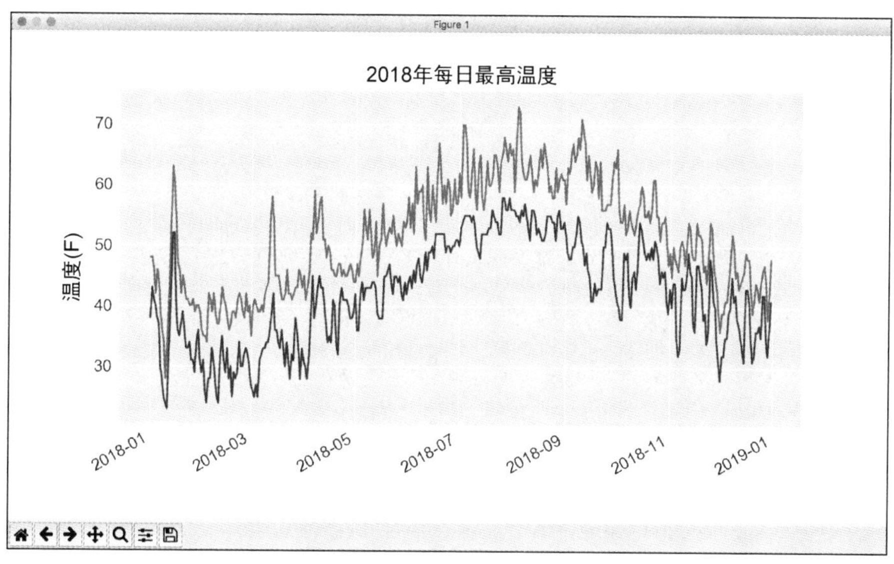

图 16-4　在一个图表中包含两个数据系列

16.1.9　给图表区域着色

添加两个数据系列后，就可以知道每天的温度范围了。下面来给这个图表做最后的修饰，通过着色来呈现每天的温度范围。为此，将使用方法 fill_between()。它接受一个 *x* 值系列和两个 *y* 值系列，并填充两个 *y* 值系列之间的空间：

16

sitka_highs_lows.py

```
    --snip--
    # 根据最低温度和最高温度绘制图形。
    plt.style.use('seaborn')
    fig, ax = plt.subplots()
❶ ax.plot(dates, highs, c='red', alpha=0.5)
    ax.plot(dates, lows, c='blue', alpha=0.5)
❷ ax.fill_between(dates, highs, lows, facecolor='blue', alpha=0.1)
    --snip--
```

❶处的实参 alpha 指定颜色的透明度。alpha 值为 0 表示完全透明，为 1（默认设置）表示完全不透明。通过将 alpha 设置为 0.5，可让红色和蓝色折线的颜色看起来更浅。

在❷处，向 fill_between()传递一个 x 值系列（列表 dates），以及两个 y 值系列（highs 和 lows）。实参 facecolor 指定填充区域的颜色，还将 alpha 设置成了较小的值 0.1，让填充区域将两个数据系列连接起来的同时不分散观察者的注意力。图 16-5 显示了最高温度和最低温度之间的区域被填充后的图表。

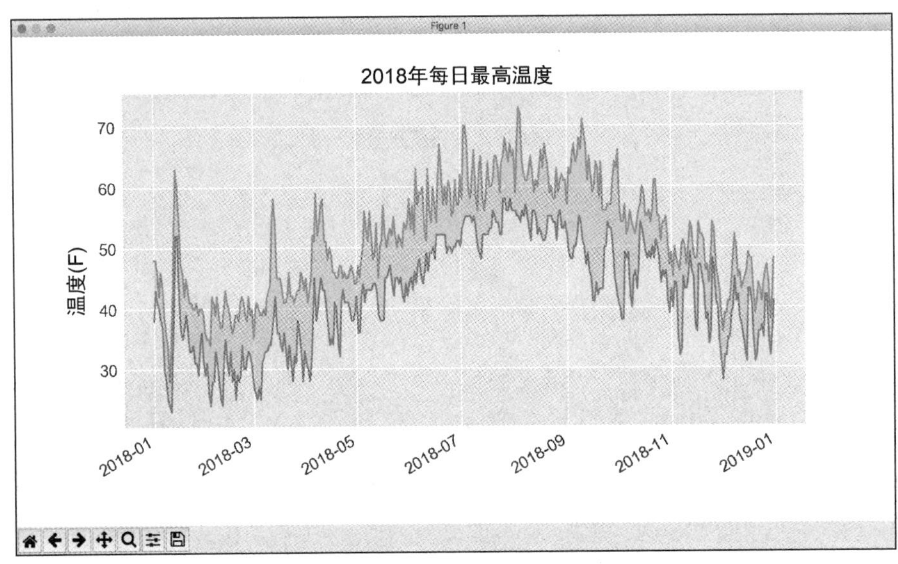

图 16-5　给两个数据集之间的区域着色

着色让两个数据集之间的区域变得更显眼了。

16.1.10　错误检查

我们应该能够使用任何地方的天气数据来运行 sitka_highs_lows.py 中的代码，但有些气象站收集的数据种类不同，有些气象站会偶尔出现故障，未能收集部分或全部应收集的数据。缺失数据可能引发异常，如果不妥善处理，可能导致程序崩溃。

例如，来看看生成加利福尼亚州死亡谷的温度图时出现的情况。请将文件 death_valley_2018_simple.csv 复制到本章程序所在的文件夹。

首先通过编写代码来查看这个数据文件包含的文件头：

death_valley_highs_lows.py

```
import csv

filename = 'data/death_valley_2018_simple.csv'
with open(filename) as f:
```

```
    reader = csv.reader(f)
    header_row = next(reader)

    for index, column_header in enumerate(header_row):
        print(index, column_header)
```

输出如下：

```
0 STATION
1 NAME
2 DATE
3 PRCP
4 TMAX
5 TMIN
6 TOBS
```

与前面一样，日期也在索引 2 处，但最高温度和最低温度分别在索引 4 和索引 5 处，因此需要修改代码中的索引，以反映这一点。另外，这个气象站没有记录平均温度，而记录了 TOBS，即特定时点的温度。

为演示缺失数据时将出现的状况，我故意从这个文件中删除了一项温度数据。下面来修改 sitka_highs_lows.py，使用前面所说的索引来生成死亡谷的天气图，看看将出现什么状况：

death_valley_highs_lows.py

```
--snip--
filename = 'data/death_valley_2018_simple.csv'
with open(filename) as f:
    --snip--
    # 从文件中获取日期、最高温度和最低温度。
    dates, highs, lows = [], [], []
    for row in reader:
        current_date = datetime.strptime(row[2], '%Y-%m-%d')
❶        high = int(row[4])
        low = int(row[5])
        dates.append(current_date)
--snip--
```

在❶处，修改索引，使其对应于这个文件中 TMAX 和 TMIN 的位置。

运行这个程序时出现了错误，如下述输出的最后一行所示：

```
Traceback (most recent call last):
  File "death_valley_highs_lows.py", line 15, in <module>
    high = int(row[4])
ValueError: invalid literal for int() with base 10: ''
```

该 traceback 指出，Python 无法处理其中一天的最高温度，因为无法将空字符串（''）转换为整数。我们只要看一下文件 death_valley_2018_simple.csv，就知道缺失了哪项数据，但这里不这样做，而是直接对缺失数据的情形进行处理。

为此，在从 CSV 文件中读取值时执行错误检查代码，对可能出现的异常进行处理，如下所示：

death_valley_highs_lows.py

```
--snip--
filename = 'data/death_valley_2018_simple.csv'
with open(filename) as f:
    --snip--
    for row in reader:
        current_date = datetime.strptime(row[2], '%Y-%m-%d')
❶       try:
            high = int(row[4])
            low = int(row[5])
        except ValueError:
❷           print(f"Missing data for {current_date}")
❸       else:
            dates.append(current_date)
            highs.append(high)
            lows.append(low)

# 根据最高温度和最低温度绘制图形。
--snip--

# 设置图形的格式。
❹ title = "2018 年每日最高温度和最低温度\n 美国加利福尼亚州死亡谷"
ax.set_title(title, fontsize=20)
ax.set_xlabel('', fontsize=16)
--snip--
```

对于每一行，都尝试从中提取日期、最高温度和最低温度（见❶）。只要缺失其中一项数据，Python 就会引发 ValueError 异常。我们这样进行处理：打印一条错误消息，指出缺失数据的日期（见❷）。打印错误消息后，循环将接着处理下一行。如果获取特定日期的所有数据时没有发生错误，就运行 else 代码块，将数据附加到相应列表的末尾（见❸）。这里绘图时使用的是有关另一个地方的信息，因此修改标题以指出这个地方。因为标题更长，所以我们缩小了字号（见❹）。

如果现在运行 death_valley_highs_lows.py，将发现缺失数据的日期只有一个：

```
Missing data for 2018-02-18 00:00:00
```

妥善地处理错误后，代码能够生成图形并忽略缺失数据的那天。图 16-6 显示了绘制出的图形。

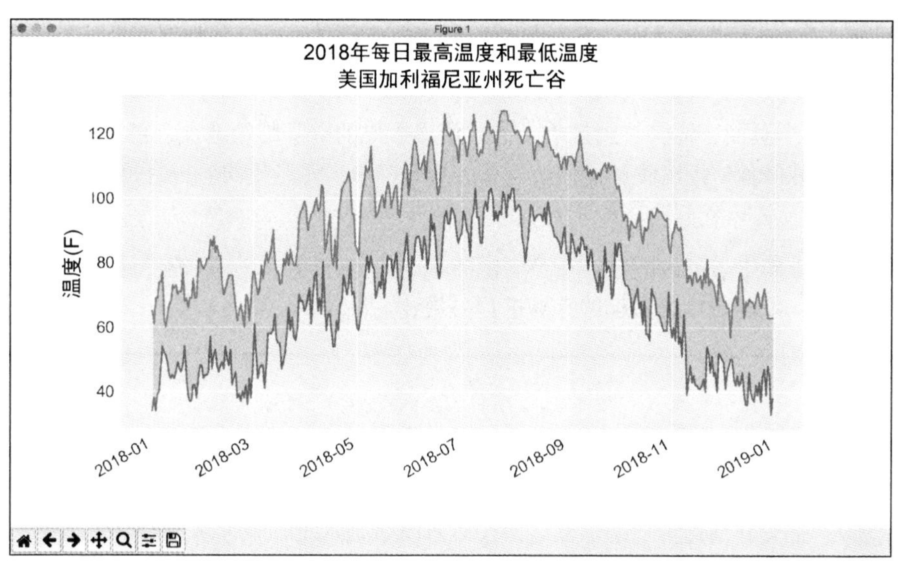

图 16-6　死亡谷每天的最高温度和最低温度

将这个图表与锡特卡的图表进行比较可知，总体而言，死亡谷比阿拉斯加东南部暖和，这符合预期。同时，死亡谷沙漠中每天的温差也更大——从着色区域的高度可以看出这一点。

你使用的很多数据集都可能缺失数据、格式不正确或数据本身不正确。对于这样的情形，可使用本书前半部分介绍的工具来处理。在这里，使用了一个 `try-except-else` 代码块来处理数据缺失的问题。在有些情况下，需要使用 `continue` 来跳过一些数据，或者使用 `remove()`或 `del` 将已提取的数据删除。只要能进行精确而有意义的可视化，采用任何管用的方法都是可以的。

16.1.11　自己动手下载数据

如果你想自己下载天气数据，可采取如下步骤。

(1) 访问网站 NOAA Climate Data Online。在 Discover Data By 部分，单击 Search Tool。在下拉列表 Select a Dataset 中，选择 Daily Summaries。

(2) 选择一个日期范围，在 Search For 下拉列表中 ZIP Codes，输入你感兴趣地区的邮政编码，再单击 Search 按钮。

(3) 在下一个页面中，你将看到指定地区的地图和相关信息。单击地区名下方的 View Full Details 或单击地图再单击 Full Details。

(4) 向下滚动并单击 Station List，以显示该地区的气象站，再选择一个气象站并单击 Add to Cart。虽然这个网站使用了购物车图标，但提供的数据是免费的。单击右上角的购物车。

(5) 在 Select the Output 中选择 Custom GHCN-Daily CSV。确认日期范围无误后单击 Continue。

(6) 在下一个页面中，可选择要下载的数据类型。可以只下载一种数据（如气温），也可以下载该气象站提供的所有数据。做出选择后单击 Continue。

(7) 在最后一个页面，你将看到订单小结。请输入你的电子邮箱地址，再单击 Submit Order。你将收到一封确认邮件，指出收到了你的订单。几分钟后，你将收到另一封邮件，其中包含用于下载数据的链接。

你下载的数据与本节处理的数据有类似的结构，但包含的文件头可能不同。然而，只要按本节介绍的步骤做，就能对你感兴趣的数据进行可视化。

动手试一试

练习 16-1：锡特卡的降雨量　锡特卡属于温带雨林，降水量非常丰富。在数据文件 sitka_weather_2018_simple.csv 中，文件头 PRCP 表示的是每日降水量。请对这列数据进行可视化。如果你想知道沙漠的降水量有多低，可针对死亡谷完成同样的练习。

练习 16-2：比较锡特卡和死亡谷的温度　在有关锡特卡和死亡谷的图表中，温度刻度反映了数据范围的不同。为准确比较锡特卡和死亡谷的温度范围，需要在 y 轴上使用相同的刻度。为此，请修改图 16-5 和图 16-6 所示图表的 y 轴设置，对锡特卡和死亡谷的温度范围进行直接比较（也可对任何两个地方的温度范围进行比较）。

练习 16-3：旧金山　旧金山的温度更接近锡特卡还是死亡谷呢？为进行比较，可下载一些有关旧金山的温度数据，并据此生成包含最高温度和最低温度的图表。

练习 16-4：自动索引　本节以硬编码的方式指定了 TMIN 和 TMAX 列的索引。请根据文件头行确定这些列的索引，让程序同时适用于锡特卡和死亡谷。另外，请根据气象站的名称自动生成图表的标题。

练习 16-5：探索　生成一些图表，对你好奇的任何地方的其他天气数据进行研究。

16.2　制作全球地震散点图：JSON 格式

在本节中[①]，你将下载一个数据集，其中记录了一个月内全球发生的所有地震，再制作一幅散点图来展示这些地震的位置和震级。这些数据是以 JSON 格式存储的，因此要使用模块 json 来处理。Plotly 提供了根据位置数据绘制地图的工具，适合初学者使用。你将使用它来进行可视化并指出全球的地震分布情况。

① 本节为陶俊杰根据原作编写。——编者注

16.2.1 地震数据

请将文件 eq_data_1_day_m1.json 复制到存储本章程序的文件夹中。地震是以里氏震级度量的，而该文件记录了（截至写作本节时）最近 24 小时内全球发生的所有不低于 1 级的地震。

16.2.2 查看 JSON 数据

如果打开文件 eq_data_1_day_m1.json，你将发现其内容密密麻麻，难以阅读：

```
{"type":"FeatureCollection","metadata":{"generated":1550361461000,...
{"type":"Feature","properties":{"mag":1.2,"place":"11km NNE of Nor...
{"type":"Feature","properties":{"mag":4.3,"place":"69km NNW of Ayn...
{"type":"Feature","properties":{"mag":3.6,"place":"126km SSE of Co...
{"type":"Feature","properties":{"mag":2.1,"place":"21km NNW of Teh...
{"type":"Feature","properties":{"mag":4,"place":"57km SSW of Kakto...
--snip--
```

这些数据适合机器而不是人来读取。不过可以看到，这个文件包含一些字典，还有一些我们感兴趣的信息，如震级和位置。

模块 json 提供了各种探索和处理 JSON 数据的工具，其中一些有助于重新设置这个文件的格式，让我们能够更清楚地查看原始数据，继而决定如何以编程的方式来处理。

我们先加载这些数据并将其以易于阅读的方式显示出来。这个数据文件很长，因此不打印出来，而是将数据写入另一个文件，再打开该文件并轻松地在数据中导航：

eq_explore_data.py

```
import json

# 探索数据的结构。
filename = 'data/eq_data_1_day_m1.json'
with open(filename) as f:
❶    all_eq_data = json.load(f)

❷ readable_file = 'data/readable_eq_data.json'
with open(readable_file, 'w') as f:
❸    json.dump(all_eq_data, f, indent=4)
```

首先导入模块 json，以便恰当地加载文件中的数据，并将其存储到 all_eq_data 中（见❶）。函数 json.load()将数据转换为 Python 能够处理的格式，这里是一个庞大的字典。在❷处，创建一个文件，以便将这些数据以易于阅读的方式写入其中。函数 json.dump()接受一个 JSON 数据对象和一个文件对象，并将数据写入这个文件中（见❸）。参数 indent=4 让 dump()使用与数据结构匹配的缩进量来设置数据的格式。

16

如果你现在查看目录 data 并打开其中的文件 readable_eq_data.json，将发现其开头部分像下面这样：

readable_eq_data.json

```
  {
      "type": "FeatureCollection",
❶     "metadata": {
          "generated": 1550361461000,
          "url": "https://earthquake.usgs.gov/earthquakes/.../1.0_day.geojson",
          "title": "USGS Magnitude 1.0+ Earthquakes, Past Day",
          "status": 200,
          "api": "1.7.0",
          "count": 158
      },
❷     "features": [
      --snip--
```

这个文件的开头是一个键为"metadata"的片段（见❶），指出了这个数据文件是什么时候生成的，以及能够在网上的什么地方找到。它还包含适合人类阅读的标题以及文件中记录了多少次地震：在过去的 24 小时内，发生了 158 次地震。

这个 geoJSON 文件的结构适合存储基于位置的数据。数据存储在一个与键"features"相关联的列表中（见❷）。这个文件包含的是地震数据，因此列表的每个元素都对应一次地震。这种结构可能有点令人迷惑，但很有用，让地质学家能够将有关每次地震的任意数量信息存储在一个字典中，再将这些字典放在一个大型列表中。

我们来看看表示特定地震的字典：

readable_eq_data.json

```
  --snip--
      {
          "type": "Feature",
❶         "properties": {
              "mag": 0.96,
              --snip--
❷             "title": "M 1.0 - 8km NE of Aguanga, CA"
          },
❸         "geometry": {
              "type": "Point",
              "coordinates": [
❹                 -116.7941667,
❺                 33.4863333,
                  3.22
              ]
          },
          "id": "ci37532978"
      },
```

键"properties"关联到了与特定地震相关的大量信息（见❶）。我们关心的主要是与键"mag"相关联的地震震级以及地震的标题，因为后者很好地概述了地震的震级和位置（见❷）。

键"geometry"指出了地震发生在什么地方（见❸），我们需要根据这项信息将地震在散点图上标出来。在与键"coordinates"相关联的列表中，可找到地震发生位置的经度（见❹）和纬度（见❺）。

这个文件的嵌套层级比我们编写的代码多。如果这让你感到迷惑，也不用担心，Python 将替你处理大部分复杂的工作。我们每次只会处理一两个嵌套层级。我们将首先提取过去 24 小时内发生的每次地震对应的字典。

注意 说到位置时，我们通常先说纬度、再说经度，这种习惯形成的原因可能是人类先发现了纬度，很久后才有经度的概念。然而，很多地质学框架都先列出经度、后列出纬度，因为这与数学约定(x, y)一致。geoJSON 格式遵循(经度, 纬度)的约定，但在使用其他框架时，获悉其遵循的约定很重要。

16.2.3 创建地震列表

首先，创建一个列表，其中包含所有地震的各种信息：

eq_explore_data.py

```
import json

# 探索数据的结构。
filename = 'data/eq_data_1_day_m1.json'
with open(filename) as f:
    all_eq_data = json.load(f)

all_eq_dicts = all_eq_data['features']
print(len(all_eq_dicts))
```

我们提取与键'features'相关联的数据，并将其存储到 all_eq_dicts 中。我们知道，这个文件记录了 158 次地震。下面的输出表明，我们提取了这个文件记录的所有地震：

```
158
```

注意，我们编写的代码很短。格式良好的文件 readable_eq_data.json 包含超过 6000 行内容，但只需几行代码，就可读取所有的数据并将其存储到一个 Python 列表中。下面将提取所有地震的震级。

16.2.4 提取震级

有了包含所有地震数据的列表后，就可遍历这个列表，从中提取所需的数据。下面来提取每次地震的震级：

eq_explore_data.py

```
--snip--
all_eq_dicts = all_eq_data['features']

❶ mags = []
  for eq_dict in all_eq_dicts:
❷     mag = eq_dict['properties']['mag']
      mags.append(mag)

  print(mags[:10])
```

我们创建了一个空列表，用于存储地震震级，再遍历列表 all_eq_dicts（见❶）。每次地震的震级都存储在相应字典的'properties'部分的'mag'键下（见❷）。我们依次将地震震级赋给变量 mag，再将这个变量附加到列表 mags 末尾。

为确定提取的数据是否正确，打印前 10 次地震的震级：

```
[0.96, 1.2, 4.3, 3.6, 2.1, 4, 1.06, 2.3, 4.9, 1.8]
```

接下来，我们将提取每次地震的位置信息，然后就可以绘制地震散点图了。

16.2.5　提取位置数据

位置数据存储在"geometry"键下。在"geometry"键关联的字典中，有一个"coordinates"键，它关联到一个列表，而列表中的前两个值为经度和纬度。下面演示了如何提取位置数据：

eq_explore_data.py

```
--snip--
all_eq_dicts = all_eq_data['features']

mags, titles, lons, lats = [], [], [], []
for eq_dict in all_eq_dicts:
    mag = eq_dict['properties']['mag']
❶   title = eq_dict['properties']['title']
❷   lon = eq_dict['geometry']['coordinates'][0]
    lat = eq_dict['geometry']['coordinates'][1]
    mags.append(mag)
    titles.append(title)
    lons.append(lon)
    lats.append(lat)

print(mags[:10])
print(titles[:2])
print(lons[:5])
print(lats[:5])
```

我们创建了用于存储位置标题的列表 titles，来提取字典'properties'里'title'键对应的值（见❶），以及用于存储经度和纬度的列表。代码 eq_dict['geometry']访问与"geometry"键相关联的字典（见❷）。第二个键（'coordinates'）提取与"coordinates"相关联的列表，而索引 0 提取该列表中的第一个值，即地震发生位置的经度。

打印前 5 个经度和纬度时，输出表明提取的数据是正确的：

```
[0.96, 1.2, 4.3, 3.6, 2.1, 4, 1.06, 2.3, 4.9, 1.8]
['M 1.0 - 8km NE of Aguanga, CA', 'M 1.2 - 11km NNE of North Nenana, Alaska']
[-116.7941667, -148.9865, -74.2343, -161.6801, -118.5316667]
[33.4863333, 64.6673, -12.1025, 54.2232, 35.3098333]
```

有了这些数据，就可以绘制地震散点图了。

16.2.6 绘制震级散点图

有了前面提取的数据，就可以绘制可视化图了。首先要实现一个简单的震级散点图，在确保显示的信息正确无误之后，我们再将注意力转向样式和外观方面。绘制初始散点图的代码如下：

eq_world_map.py

```
❶ import plotly.express as px

  fig = px.scatter(
      x=lons,
      y=lats,
      labels={'x': '经度', 'y': '纬度'},
      range_x=[-200, 200],
      range_y=[-90, 90],
      width=800,
      height=800,
      title='全球地震散点图',
❷ )
❸ fig.write_html('global_earthquakes.html')
❹ fig.show()
```

首先，导入 `plotly.express`，用别名 `px` 表示。Plotly Express 是 Plotly 的高级接口，简单易用，语法与 Matplotlib 类似（见❶）。然后，调用 `px.scatter` 函数配置参数创建一个 `fig` 实例，分别设置 *x* 轴为经度［范围是`[-200, 200]`（扩大空间，以便完整显示东西经 180°附近的地震散点）］、*y* 轴为纬度（范围是`[-90, 90]`），设置散点图显示的宽度和高度均为 800 像素，并设置标题为“全球地震散点图”（见❷）。

只用 14 行代码，简单的散点图就配置完成了，这返回了一个 `fig` 对象。`fig.write_html` 方法可以将可视化图保存为 html 文件。在文件夹中找到 global_earthquakes.html 文件，用浏览器打开即可（见❸）。另外，如果使用 Jupyter Notebook，可以直接使用 `fig.show` 方法直接在 notebook 单元格显示散点图（见❹）。

局部效果如图 16-7 所示。

16

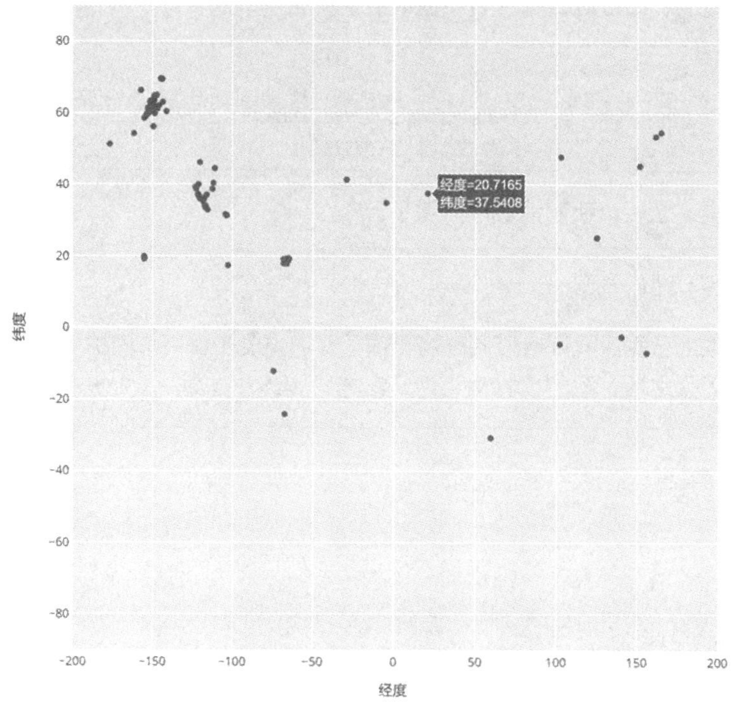

图 16-7　显示 24 小时内所有地震的简单散点图

可对这幅散点图做大量修改，使其更有意义、更好懂。下面就来做些这样的修改。

16.2.7　另一种指定图表数据的方式

配置这个图表前，先来看看另一种稍微不同的指定 Plotly 图表数据的方式。当前，经纬度数据是手动配置的：

```
--snip--
    x=lons,
    y=lats,
    labels={'x': '经度', 'y': '纬度'},
--snip--
```

这是在 Plotly Express 中给图表定义数据的最简单方式之一，但在数据处理中并不是最佳的。下面是另一种给图表定义数据的等效方式，需要使用 pandas 数据分析工具。首先创建一个 `DataFrame`，将需要的数据封装起来：

```
import pandas as pd

data = pd.DataFrame(
    data=zip(lons, lats, titles, mags), columns=['经度', '纬度', '位置', '震级']
)
data.head()
```

然后，参数配置方式可以变更为：

```
--snip--
    data,
    x='经度',
    y='纬度',
--snip--
```

在这种方式中，所有有关数据的信息都以键值对的形式放在一个字典中。如果在 eq_plot.py 中使用这些代码，生成的图表是一样的。相比于前一种格式，这种格式让我们能够无缝衔接数据分析，并且更轻松地进行定制。

16.2.8 定制标记的尺寸

确定如何改进散点图的样式时，应着重于让要传达的信息更清晰。当前的散点图显示了每次地震的位置，但没有指出震级。我们要让观察者迅速获悉最严重的地震发生在什么地方。

为此，根据地震的震级设置其标记的尺寸：

eq_world_map.py

```
fig = px.scatter(
    data,
    x='经度',
    y='纬度',
    range_x=[-200, 200],
    range_y=[-90, 90],
    width=800,
    height=800,
    title='全球地震散点图',
❶   size='震级',
❷   size_max=10,
)
fig.write_html('global_earthquakes.html')
fig.show()
```

Plotly Express 支持对数据系列进行定制，这些定制都以参数表示。这里使用了 size 参数来指定散点图中每个标记的尺寸，我们只需要将前面 data 中的"震级"字段提供给 size 参数即可（见❶）。另外，标记尺寸默认为 20 像素，还可以通过 size_max=10 将最大显示尺寸缩放到 10（见❷）。

如果运行这些代码，将看到类似于图 16-8 所示的散点图。这比前面的散点图好多了，但还有很大的改进空间。

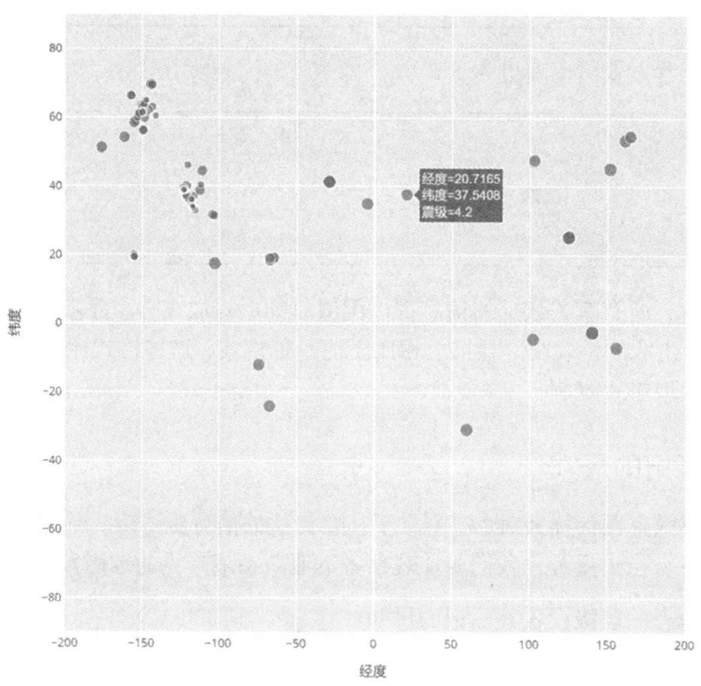

图 16-8　现在散点图显示了地震的震级

16.2.9　定制标记的颜色

我们还可以定制标记的颜色，以呈现地震的严重程度。执行这些修改前，将文件 eq_data_30_day_m1.json 复制到你的数据目录中，它包含 30 天内的地震数据。通过使用这个更大的数据集，绘制出来的地震散点图将有趣得多。

下面演示了如何使用渐变来呈现地震震级：

eq_world_map.py

```
❶ filename = 'data/eq_data_30_day_m1.json'
--snip--
fig = px.scatter(
    data,
    x='经度',
    y='纬度',
    range_x=[-200, 200],
    range_y=[-90, 90],
```

```
        width=800,
        height=800,
        title='全球地震散点图',
        size='震级',
        size_max=10,
❷       color='震级',
    )
    --snip--
```

首先修改文件名，以使用 30 天的数据集（见❶）。为了让标记的震级按照不同的颜色显示，只需要配置 color='震级'即可。默认的视觉映射图例渐变色范围是从蓝到红再到黄，数值越小则标记越蓝，而数值越大则标记越黄（见❷）。

如果现在运行这个程序，你看到的散点图将漂亮得多。如图 16-9 所示，渐变的颜色指出了地震的严重程度。通过在散点图上显示大量的地震，可将板块边界大致呈现出来！

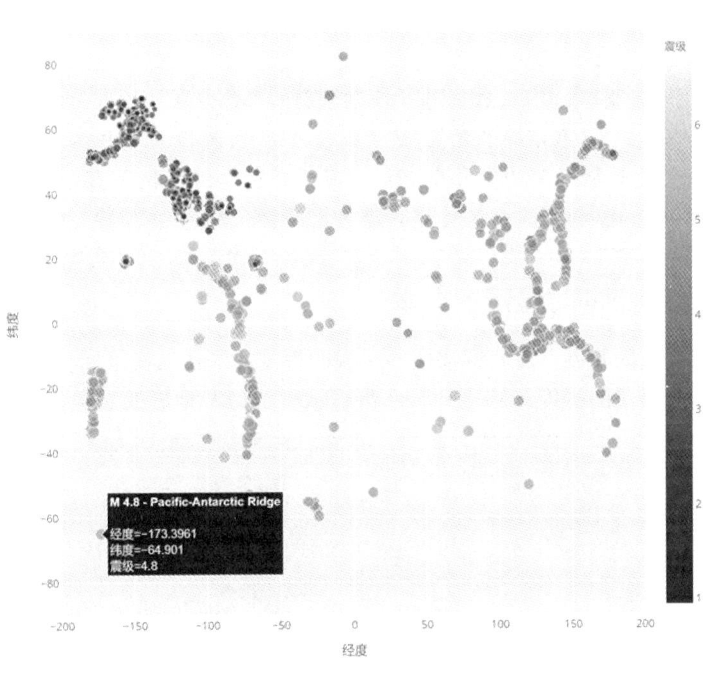

图 16-9　使用颜色和尺寸呈现震级的 30 天地震散点图

16.2.10 其他渐变

Plotly Express 有大量的渐变可供选择。要获悉有哪些渐变可供使用，请使用文件名 show_color_scales.py 保存下面这个简短的程序：

show_color_scales.py

```
import plotly.express as px

for key in px.colors.named_colorscales():
    print(key)
```

Plotly Express 将渐变存储在模块 colors 中。这些渐变是在列表 px.colors.named_colorscales()中定义的。下面的输出列出了可供你使用的所有渐变：

```
--snip--
greys
hot
inferno
jet
magenta
magma
--snip--
```

这些渐变其实映射到一个个配色列表，使用 px.colors.diverging.RdYlGn[::-1]可以将对应颜色的配色列表反转。

注意　Plotly 除了有 px.colors.diverging 表示连续变量的配色方案，还有 px.colors.sequential 和 px.colors.qualitative 表示离散变量。随便挑一种配色，例如 px.colors.qualitative.Alphabet，你将看到渐变是如何定义的。每个渐变都有起始色和终止色，有些渐变还定义了一个或多个中间色。Plotly 会在这些定义好的颜色之间插入颜色。

16.2.11　添加鼠标指向时显示的文本

为完成这幅散点图的绘制，我们将添加一些说明性文本，在你将鼠标指向表示地震的标记时显示出来。除了默认显示的经度和纬度外，还将显示震级以及地震的大致位置：

eq_world_map.py

```
fig = px.scatter(
    data,
    x='经度',
    y='纬度',
    range_x=[-200, 200],
    range_y=[-90, 90],
    width=800,
    height=800,
    title='全球地震散点图',
    size='震级',
    size_max=10,
    color='震级',
    hover_name='位置',
)
fig.write_html('global_earthquakes.html')
fig.show()
--snip--
```

Plotly Express 的操作非常简单，只需要将 hover_name 参数配置为 data 的"位置"字段即可。

太令人震惊了！通过编写大约 40 行代码，我们就绘制了一幅漂亮的全球地震活动散点图，并通过 30 天地震数据大致展示了地球的板块结构。Plotly Express 提供了众多定制可视化外观和行为的方式。使用它提供的众多选项，可让图表和散点图准确地显示你所需的信息。

动手试一试

练习 16-6：重构 在从 all_eq_dicts 中提取数据的循环中，使用了变量来指向震级、经度、纬度和标题，再将这些值分别附加到相应列表的末尾。这旨在清晰地演示如何从 JSON 文件中提取数据，但并非必须这样做。你也可以不使用这些临时变量，而是直接从 eq_dict 中提取这些值，并将其附加到相应的列表末尾。这样做将缩短这个循环的循环体，使其只包含 4 行代码。

练习 16-7：自动生成标题 本节定义 my_layout 时以手工方式指定标题，这意味着每次变更源文件时，都需要修改标题。你可以不这样做，而是使用 JSON 文件中元数据（metadata）部分的数据集标题。为此，可提取这个值，将其赋给一个变量，并在定义 my_layout 时使用这个变量来指定散点图的标题。

练习 16-8：最近发生的地震 请在本书配套资源中找到关于最近 1 小时、1 天、7 天和 30 天内地震信息的数据文件（截至本书出版时，参见文件夹 chapter_16/Excercise16-8）。请使用其中一个数据集，绘制一幅散点图来展示最近发生的地震。

练习 16-9：全球火灾 在本章的配套资源中，有一个名为 world_fires_1_day.csv 的文件。它包含了有关全球各地发生的火灾信息，包括经度、纬度和火灾强度（brightness）。使用 16.1 节介绍的数据处理技术以及 16.2 节介绍的散点图绘制技术，绘制一幅散点图来展示全球哪些地方发生了火灾。

16.3 小结

在本章中，你学习了：如何使用现实世界中的数据集；如何处理 CSV 和 JSON 文件，以及如何提取感兴趣的数据；如何使用 Matplotlib 来处理以往的天气数据，包括如何使用模块 datetime 和如何在同一个图表中绘制多个数据系列；如何使用 Plotly 绘制呈现地质数据的散点图；以及如何设置 Plotly 散点图和图表的样式。

有了使用 CSV 和 JSON 文件的经验后，你将能够处理几乎任何要分析的数据。大多数在线数据集能以这两种格式中的一种或两种下载。熟悉了这两种格式，再学习使用其他格式的数据就会更简单。

在下一章，你将编写自动从网上采集数据并对其进行可视化的程序。如果你只是将编程作为业余爱好，学会这些技能可以增加乐趣；如果你有志于成为专业程序员，就必须掌握这些技能。

第 17 章

使用 API

本章介绍如何编写独立的程序，对获取的数据进行可视化。这个程序将使用 Web **应用程序编程接口**（API）自动请求网站的特定信息而不是整个网页，再对这些信息进行可视化。由于这样编写的程序始终使用最新的数据进行可视化，即便数据瞬息万变，它呈现的信息也是最新的。

17.1 使用 Web API

Web API 是网站的一部分，用于与使用具体 URL 请求特定信息的程序交互。这种请求称为 **API 调用**。请求的数据将以易于处理的格式（如 JSON 或 CSV）返回。依赖于外部数据源的大多数应用程序依赖于 API 调用，如集成社交媒体网站的应用程序。

17.1.1 Git 和 GitHub

本章的可视化基于来自 GitHub 的信息，这是一个让程序员能够协作开发项目的网站。我们将使用 GitHub 的 API 来请求有关该网站中 Python 项目的信息，再使用 Plotly 生成交互式可视化图表，呈现这些项目的受欢迎程度。

GitHub 的名字源自 Git，后者是一个分布式版本控制系统，帮助人们管理为项目所做的工作，避免一个人所做的修改影响其他人所做的修改。在项目中实现新功能时，Git 跟踪你对每个文件所做的修改。确定代码可行后，你提交所做的修改，而 Git 将记录项目最新的状态。如果犯了错，想撤销所做的修改，你可以轻松地返回到以前的任何可行状态。（要更深入地了解如何使用 Git 进行版本控制，请参阅附录 D。）GitHub 上的项目都存储在仓库中，后者包含与项目相关联的一切：代码、项目参与者的信息、问题或 bug 报告，等等。

GitHub 用户可以给喜欢的项目加星（star）以表示支持，还可以跟踪自己可能想使用的项目。在本章中，我们将编写一个程序，自动下载 GitHub 上星级最高的 Python 项目的信息，并对这些信息进行可视化。

17.1.2 使用 API 调用请求数据

GitHub 的 API 让你能够通过 API 调用来请求各种信息。要知道 API 调用是什么样的，请在浏览器的地址栏中输入如下地址并按回车键：

```
https://api.github.com/search/repositories?q=language:python&sort=stars
```

这个调用返回 GitHub 当前托管了多少个 Python 项目，以及有关最受欢迎的 Python 仓库的信息。下面来仔细研究这个调用。开头的 `https://api.github.com/`将请求发送到 GitHub 网站中响应 API 调用的部分，接下来的 `search/repositories` 让 API 搜索 GitHub 上的所有仓库。

`repositories` 后面的问号指出需要传递一个实参。`q` 表示查询，而等号（`=`）让我们能够开始指定查询。我们使用 `language:python` 指出只想获取主要语言为 Python 的仓库的信息。最后的 `&sort=stars` 指定将项目按星级排序。

下面显示了响应的前几行。

```
{
❶   "total_count": 3494012,
❷   "incomplete_results": false,
❸   "items": [
      {
        "id": 21289110,
        "node_id": "MDEwOlJlcG9zaXRvcnkyMTI4OTExMA==",
        "name": "awesome-python",
        "full_name": "vinta/awesome-python",
        --snip--
```

从响应可知，该 URL 并不适合人工输入，因为它采用了适合程序处理的格式。本书编写期间，GitHub 总共有 3 494 012 个 Python 项目（见❶）。`"incomplete_results"`的值为 `false`（见❷），由此知道请求是成功的（并非不完整的）。倘若 GitHub 无法处理该 API，此处返回的值将为 `true`。接下来的列表中显示了返回的`"items"`，其中包含 GitHub 上最受欢迎的 Python 项目的详细信息（见❸）。

17

17.1.3 安装 Requests

Requests 包让 Python 程序能够轻松地向网站请求信息并检查返回的响应。要安装 Requests，可使用 `pip`：

```
$ python -m pip install --user requests
```

这个命令让 Python 运行模块 pip，并在当前用户的 Python 安装中添加 Requests 包。如果你运行程序或安装包时使用的是命令 **python3** 或其他命令，请务必在这里使用同样的命令。

注意　如果该命令在 macOS 系统上不管用，可以尝试删除标志--user 再次运行。

17.1.4　处理 API 响应

下面来编写一个程序，它自动执行 API 调用并处理结果，以找出 GitHub 上星级最高的 Python 项目：

python_repos.py

```
❶ import requests

  # 执行 API 调用并存储响应。
❷ url = 'https://api.github.com/search/repositories?q=language:python&sort=stars'
❸ headers = {'Accept': 'application/vnd.github.v3+json'}
❹ r = requests.get(url, headers=headers)
❺ print(f"Status code: {r.status_code}")
  # 将 API 响应赋给一个变量。
❻ response_dict = r.json()

  # 处理结果。
  print(response_dict.keys())
```

在❶处，导入模块 requests。在❷处，存储 API 调用的 URL。最新的 GitHub API 版本为第 3 版，因此通过指定 headers 显式地要求使用这个版本的 API（见❸），再使用 requests 调用 API（见❹）。

我们调用 get()并将 URL 传递给它，再将响应对象赋给变量 r。响应对象包含一个名为 status_code 的属性，指出了请求是否成功（状态码 200 表示请求成功）。在❺处，打印 status_code，核实调用是否成功。

这个 API 返回 JSON 格式的信息，因此使用方法 json()将这些信息转换为一个 Python 字典（见❻），并将结果存储在 response_dict 中。

最后，打印 response_dict 中的键，输出如下：

```
Status code: 200
dict_keys(['total_count', 'incomplete_results', 'items'])
```

状态码为 200，由此知道请求成功了。响应字典只包含三个键：'total_count'、'incomplete_results'和'items'。下面来看看响应字典内部是什么样的。

注意　像这样简单的调用应该会返回完整的结果集，因此完全可以忽略与'incomplete_results'关联的值。但在执行更复杂的 API 调用时，应检查这个值。

17.1.5　处理响应字典

将 API 调用返回的信息存储到字典后，就可处理其中的数据了。我们来生成一些概述这些信息的输出。这是一种不错的方式，可确认收到了期望的信息，进而开始研究感兴趣的信息：

python_repos.py

```
import requests

# 执行API调用并存储响应。
--snip--

# 将API响应赋给一个变量。
response_dict = r.json()
❶ print(f"Total repositories: {response_dict['total_count']}")

# 探索有关仓库的信息。
❷ repo_dicts = response_dict['items']
print(f"Repositories returned: {len(repo_dicts)}")

# 研究第一个仓库。
❸ repo_dict = repo_dicts[0]
❹ print(f"\nKeys: {len(repo_dict)}")
❺ for key in sorted(repo_dict.keys()):
    print(key)
```

在❶处，打印与'total_count'相关联的值，它指出了 GitHub 总共包含多少个 Python 仓库。

与'items'关联的值是个列表，其中包含很多字典，而每个字典都包含有关一个 Python 仓库的信息。在❷处，将这个字典列表存储在 repo_dicts 中。接下来，打印 repo_dicts 的长度，以获悉获得了多少个仓库的信息。

为更深入地了解每个仓库的信息，提取 repo_dicts 中的第一个字典，并将其存储在 repo_dict 中（见❸）。接下来，打印这个字典包含的键数，看看其中有多少信息（见❹）。在❺处，打印这个字典的所有键，看看其中包含哪些信息。

输出让我们对实际包含的数据有了更清晰的认识：

```
Status code: 200
Total repositories: 3494030
Repositories returned: 30

❶ Keys: 73
archive_url
archived
assignees_url
--snip--
url
watchers
watchers_count
```

17

GitHub 的 API 返回有关仓库的大量信息：repo_dict 包含 73 个键（见❶）。通过仔细查看这些键，可大致知道可提取有关项目的哪些信息。（要准确地获悉 API 将返回哪些信息，要么阅读文档，要么像这里一样使用代码来查看。）

下面来提取 repo_dict 中与一些键相关联的值：

python_repos.py

```
--snip--
# 研究有关仓库的信息。
repo_dicts = response_dict['items']
print(f"Repositories returned: {len(repo_dicts)}")

# 研究第一个仓库。
repo_dict = repo_dicts[0]

print("\nSelected information about first repository:")
❶ print(f"Name: {repo_dict['name']}")
❷ print(f"Owner: {repo_dict['owner']['login']}")
❸ print(f"Stars: {repo_dict['stargazers_count']}")
print(f"Repository: {repo_dict['html_url']}")
❹ print(f"Created: {repo_dict['created_at']}")
❺ print(f"Updated: {repo_dict['updated_at']}")
print(f"Description: {repo_dict['description']}")
```

这里打印的值对应于表示第一个仓库的字典中的很多键。在❶处，打印了项目的名称。项目所有者是由一个字典表示的，因此❷处使用键 owner 来访问表示所有者的字典，再使用键 key 来获取所有者的登录名。在❸处，打印项目获得了多少个星的评级，以及该项目 GitHub 仓库的 URL。接下来，显示项目的创建时间（见❹）和最后一次更新的时间（见❺）。最后，打印仓库的描述。输出类似于下面这样：

```
Status code: 200
Total repositories: 3494032
Repositories returned: 30

Selected information about first repository:
Name: awesome-python
Owner: vinta
Stars: 61549
Repository: https://github.com/vinta/awesome-python
Created: 2014-06-27T21:00:06Z
Updated: 2019-02-17T04:30:00Z
Description: A curated list of awesome Python frameworks, libraries, software
    and resources
```

从上述输出可知，在本书编写期间，GitHub 上星级最高的 Python 项目为 awesome-python，其所有者为用户 vinta，有 60 000 多位 GitHub 用户给这项目加星了。我们可以看到这个项目仓库的 URL，其创建时间为 2014 年 6 月，且最近更新了。最后，描述指出项目 awesome-python 包含一系列深受欢迎的 Python 资源。

17.1.6 概述最受欢迎的仓库

对这些数据进行可视化时，我们想涵盖多个仓库。下面就来编写一个循环，打印 API 调用返回的每个仓库的特定信息，以便能够在可视化中包含所有这些信息：

python_repos.py

```
--snip--
# 研究有关仓库的信息。
repo_dicts = response_dict['items']
print(f"Repositories returned: {len(repo_dicts)}")

❶ print("\nSelected information about each repository:")
❷ for repo_dict in repo_dicts:
    print(f"\nName: {repo_dict['name']}")
    print(f"Owner: {repo_dict['owner']['login']}")
    print(f"Stars: {repo_dict['stargazers_count']}")
    print(f"Repository: {repo_dict['html_url']}")
    print(f"Description: {repo_dict['description']}")
```

在❶处，打印了一条说明性消息。在❷处，遍历 repo_dicts 中的所有字典。在这个循环中，打印每个项目的名称、所有者、星级、在 GitHub 上的 URL 以及描述：

```
Status code: 200
Total repositories: 3494040
Repositories returned: 30

Selected information about each repository:

Name: awesome-python
Owner: vinta
Stars: 61549
Repository: https://github.com/vinta/awesome-python
Description: A curated list of awesome Python frameworks, libraries, software
  and resources

Name: system-design-primer
Owner: donnemartin
Stars: 57256
Repository: https://github.com/donnemartin/system-design-primer
Description: Learn how to design large-scale systems. Prep for the system
  design interview. Includes Anki flashcards.
--snip--

Name: python-patterns
Owner: faif
Stars: 19058
Repository: https://github.com/faif/python-patterns
Description: A collection of design patterns/idioms in Python
```

在上述输出中，有些有趣的项目可能值得一看。但不要在这上面花费太多时间，因为即将创建的可视化图表能让你更容易地看清结果。

17

17.1.7 监视 API 的速率限制

大多数 API 存在速率限制，也就是说，在特定时间内可执行的请求数存在限制。要获悉是否接近了 GitHub 的限制，请在浏览器中输入 https://api.github.com/rate_limit，你将看到类似于下面的响应：

```
{
  "resources": {
    "core": {
      "limit": 60,
      "remaining": 58,
      "reset": 1550385312
    },
❶    "search": {
❷      "limit": 10,
❸      "remaining": 8,
❹      "reset": 1550381772
    },
    --snip--
```

我们关心的信息是搜索 API 的速率限制（见❶）。从❷处可知，极限为每分钟 10 个请求，而在当前分钟内，还可执行 8 个请求（见❸）。reset 值指的是配额将重置的 **Unix 时间或新纪元时间**（1970 年 1 月 1 日午夜后多少秒）（见❹）。用完配额后，你将收到一条简单的响应，由此知道已到达 API 极限。到达极限后，必须等待配额重置。

注意　很多 API 要求注册获得 API 密钥后才能执行 API 调用。本书编写期间，GitHub 没有这样的要求，但获得 API 密钥后，配额将高得多。

17.2 使用 Plotly 可视化仓库

有了一些有趣的数据后，我们来进行可视化，呈现 GitHub 上 Python 项目的受欢迎程度。我们将创建一个交互式条形图：条形的高度表示项目获得了多少颗星。单击条形将带你进入项目在 GitHub 上的主页。请复制前面编写的 python_repos.py，并将副本修改成下面这样：

python_repos_visual.py

```
import requests

❶ from plotly.graph_objs import Bar
from plotly import offline

❷ # 执行API调用并存储响应。
url = 'https://api.github.com/search/repositories?q=language:python&sort=stars'
headers = {'Accept': 'application/vnd.github.v3+json'}
r = requests.get(url, headers=headers)
print(f"Status code: {r.status_code}")
```

```
    # 处理结果。
    response_dict = r.json()
    repo_dicts = response_dict['items']
❸  repo_names, stars = [], []
    for repo_dict in repo_dicts:
        repo_names.append(repo_dict['name'])
        stars.append(repo_dict['stargazers_count'])

    # 可视化。
❹  data = [{
        'type': 'bar',
        'x': repo_names,
        'y': stars,
    }]
❺  my_layout = {
        'title': 'GitHub 上最受欢迎的 Python 项目',
        'xaxis': {'title': 'Repository'},
        'yaxis': {'title': 'Stars'},
    }

    fig = {'data': data, 'layout': my_layout}
    offline.plot(fig, filename='python_repos.html')
```

在❶处，导入 Plotly 中的 Bar 类和模块 offline。像第 15 章的绘制直方图项目中定义列表 data 那样，这里也使用字典来定义布局，因此不需要导入 Layout 类。这里也打印 API 响应的状态，以便知道是否出现了问题（见❷）。现在不是探索阶段，早已确定了所需的数据是存在的，因此删除部分处理 API 响应的代码。

接下来，创建两个空列表，用于存储要在图表中呈现的数据（见❸）。我们需要每个项目的名称，用于给条形添加标签，还需要知道项目获得了多少个星，用于指定条形的高度。在循环中，将每个项目的名称和星级分别附加到这两个列表末尾。

然后，定义列表 data（见❹）。它像第 16 章的列表 data 一样包含一个字典，指定了图表的类型，并提供了 x 值和 y 值：x 值为项目名称，y 值为项目获得了多少个星。

在❺处，使用字典定义图表的布局。这里没有创建 Layout 实例，而是创建了一个包含布局规范的字典，并在其中指定了图表的名称以及每个坐标轴的标签。

生成的图表如图 17-1 所示。从中可知，前几个项目的受欢迎程度比其他项目高得多，但所有这些项目在 Python 生态系统中都很重要。

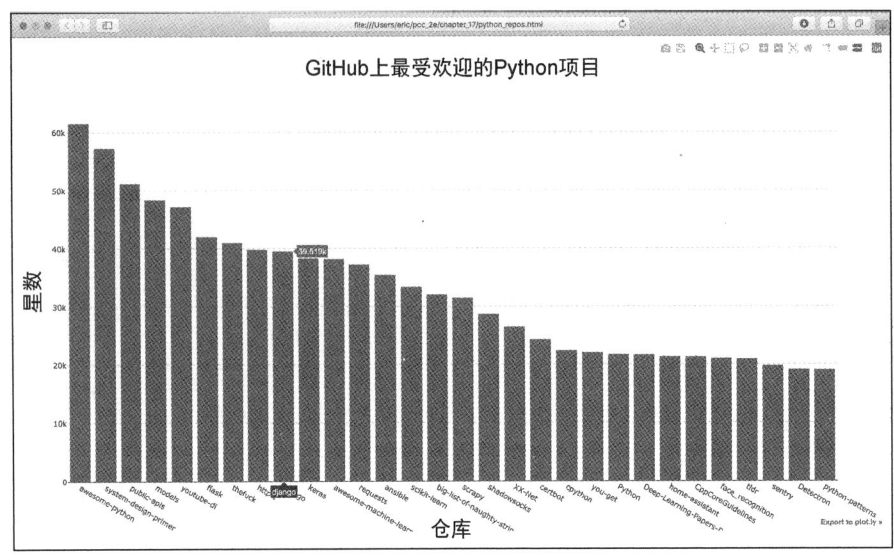

图 17-1 GitHub 上最受欢迎的 Python 项目

17.2.1 改进 Plotly 图表

下面来改进这个图表的样式。第 16 章介绍过，可在 data 和 my_layout 中以键值对的形式指定各种样式。

通过修改 data，可定制条形。下面是修改后的 data，给条形指定了颜色和边框：

python_repos_visual.py

```
--snip--
data = [{
    'type': 'bar',
    'x': repo_names,
    'y': stars,
    'marker': {
        'color': 'rgb(60, 100, 150)',
        'line': {'width': 1.5, 'color': 'rgb(25, 25, 25)'}
    },
    'opacity': 0.6,
}]
--snip--
```

marker 设置影响条形设计。我们给条形指定了一种自定义的蓝色，加上了宽 1.5 像素的深灰色轮廓，还将条形的不透明度设置为 0.6，以免图表过于惹眼。

下面来修改 my_layout：

python_repos_visual.py

```
--snip--
my_layout = {
    'title': 'GitHub 上最受欢迎的 Python 项目',
❶   'titlefont': {'size': 28},
❷   'xaxis': {
        'title': 'Repository',
        'titlefont': {'size': 24},
        'tickfont': {'size': 14},
    },
❸   'yaxis': {
        'title': 'Stars',
        'titlefont': {'size': 24},
        'tickfont': {'size': 14},
    },
}
--snip--
```

使用键'titlefont'指定图表名称的字号（见❶）。在字典'xaxis'中，添加指定 x 轴标签字号的设置（'titlefont'）和刻度标签字号的设置（'tickfont'）（见❷）。由于这些设置嵌套在字典中，还可以使用相应的键指定坐标轴标签和刻度标签的颜色和字体。在❸处，给 y 轴指定类似的设置。

重新设置样式后的图表如图 17-2 所示。

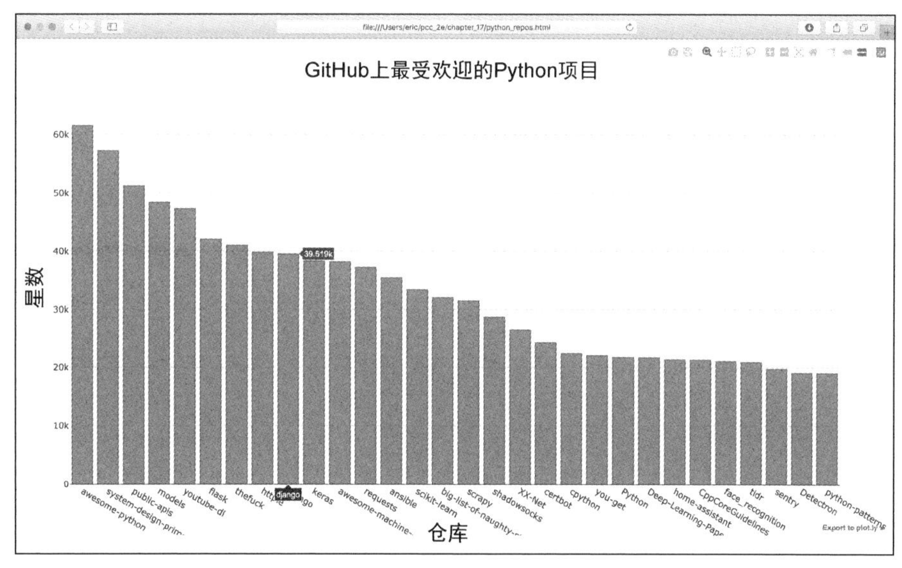

图 17-2 改进了图表的样式

17.2.2 添加自定义工具提示

在 Plotly 中，将鼠标指向条形将显示其表示的信息。这通常称为**工具提示**。在本例中，当前显示的是项目获得了多少个星。下面来创建自定义工具提示，以显示项目的描述和所有者。

为生成这样的工具提示，需要再提取一些信息并修改对象 data：

python_repos_visual.py

```
--snip--
# 处理结果。
response_dict = r.json()
repo_dicts = response_dict['items']
❶ repo_names, stars, labels = [], [], []
for repo_dict in repo_dicts:
    repo_names.append(repo_dict['name'])
    stars.append(repo_dict['stargazers_count'])

❷   owner = repo_dict['owner']['login']
    description = repo_dict['description']
❸   label = f"{owner}<br />{description}"
    labels.append(label)


# 可视化。
data = [{
    'type': 'bar',
    'x': repo_names,
    'y': stars,
❹   'hovertext': labels,
    'marker': {
        'color': 'rgb(60, 100, 150)',
        'line': {'width': 1.5, 'color': 'rgb(25, 25, 25)'}
    },
    'opacity': 0.6,
}]
--snip--
```

首先新建一个空列表 labels，用于存储要给各个项目显示的文本（见❶）。在处理数据的循环中，提取每个项目的所有者和描述（见❷）。Plotly 允许在文本元素中使用 HTML 代码，因此在创建由项目所有者和描述组成的字符串时，我们能够在这两部分之间添加换行符（
）（见❸）。然后，将这个字符串附加到列表 labels 末尾。

在列表 data 包含的字典中，添加了键'hovertext'，并将与之关联的值指定为刚创建的列表（见❹）。Plotly 创建每个条形时，将提取这个列表中的文本，并在观察者将鼠标指向条形时显示。这样修改后，生成的图表如图 17-3 所示。

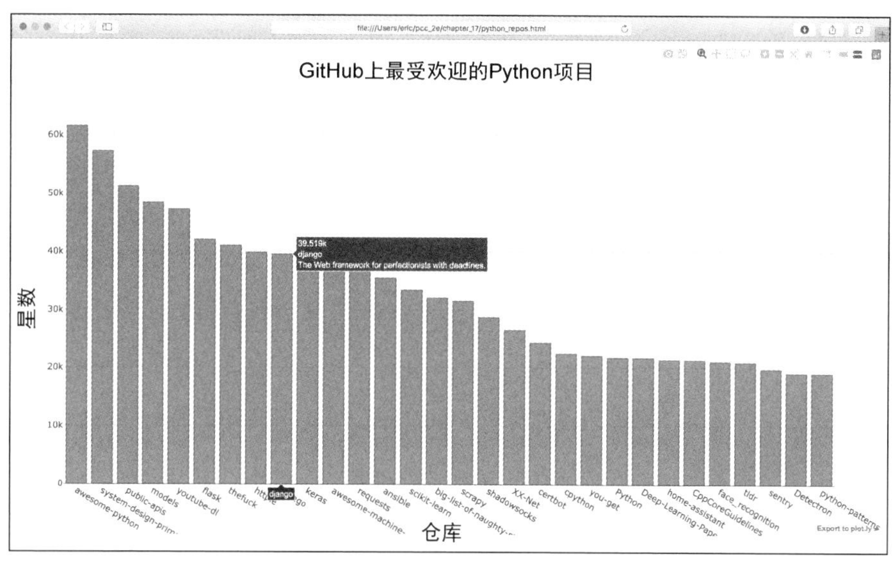

图 17-3　将鼠标指向条形时，将显示项目的描述和所有者

17.2.3　在图表中添加可单击的链接

Plotly 允许在文本元素中使用 HTML，让你能够轻松地在图表中添加链接。下面将 *x* 轴标签作为链接，让观察者能够访问项目在 GitHub 上的主页。为此，需要提取 URL 并用其生成 *x* 轴标签：

python_repos_visual.py

```
--snip--
# 处理结果。
response_dict = r.json()
repo_dicts = response_dict['items']
❶ repo_links, stars, labels = [], [], []
for repo_dict in repo_dicts:
    repo_name = repo_dict['name']
❷   repo_url = repo_dict['html_url']
❸   repo_link = f"<a href='{repo_url}'>{repo_name}</a>"
    repo_links.append(repo_link)

    stars.append(repo_dict['stargazers_count'])
    --snip--

# 可视化。
data = [{
    'type': 'bar',
❹   'x': repo_links,
    'y': stars,
    --snip--
}]
--snip--
```

这里修改了列表的名称（从 repo_names 改为 repo_links），更准确地指出了要组合的信息

（见❶）。接下来，从 repo_dict 中提取项目的 URL，并将其赋给临时变量 repo_url（见❷）。在❸处，创建一个指向项目的链接，为此使用了 HTML 标记<a>，其格式为<a href='URL'>link text</a>。然后，将这个链接附加到列表 repo_links 末尾。

在❹处，将这个列表用作图表的 *x* 值。生成的图表与前面相同，但观察者可单击图表底端的项目名，以访问项目在 GitHub 上的主页。至此，我们对 API 获取的数据生成了可视化图表——它是交互性的，包含丰富的信息！

17.2.4　深入了解 Plotly 和 GitHub API

要深入地了解如何生成 Plotly 图表，有两个不错的地方可以查看。第一个是 Plotly User Guide in Python。通过研究该资源，可更深入地了解 Plotly 是如何使用数据来生成可视化图表的，以及它采取这种做法的原因。

第二个不错的资源是 Plotly 网站中的 Python Figure Reference，其中列出了可用来配置 Plotly 可视化的所有设置。这里还列出了所有的图表类型，以及在各个配置选项中可设置的属性。

要更深入地了解 GitHub API，可参阅其文档。通过阅读文档，你可以知道如何从 GitHub 提取各种信息。如果有 GitHub 账户，除了向公众提供的有关仓库的信息外，你还可以提取有关自己的信息。

17.3　Hacker News API

为探索如何使用其他网站的 API 调用，我们来看看 Hacker News。在 Hacker News 网站，用户分享编程和技术方面的文章，并就这些文章展开积极的讨论。Hacker News 的 API 让你能够访问有关该网站所有文章和评论的信息，且不要求通过注册获得密钥。

下面的调用返回本书编写期间最热门的文章的信息：

```
https://hacker-news.firebaseio.com/v0/item/19155826.json
```

如果在浏览器中输入这个 URL，将发现响应位于一对花括号内，表明这是一个字典。如果不改进格式，这样的响应难以阅读。下面像第 16 章的地震地图项目那样，通过方法 json.dump() 来运行这个 URL，以便对返回的信息进行探索：

hn_article.py

```
import requests
import json

# 执行API调用并存储响应。
url = 'https://hacker-news.firebaseio.com/v0/item/19155826.json'
r = requests.get(url)
print(f"Status code: {r.status_code}")
```

```
# 探索数据的结构。
response_dict = r.json()
readable_file = 'data/readable_hn_data.json'
with open(readable_file, 'w') as f:
    json.dump(response_dict, f, indent=4)
```

这里的所有代码都在前两章使用过，你应该不会感到陌生。输出是一个字典，其中包含有关 ID 为 19155826 的文章的信息：

readable_hn_data.json

```
{
❶    "by": "jimktrains2",
    "descendants": 220,
    "id": 19155826,
❷    "kids": [
        19156572,
        19158857,
        --snip--
    ],
    "score": 722,
    "time": 1550085414,
❸    "title": "Nasa's Mars Rover Opportunity Concludes a 15-Year Mission",
    "type": "story",
❹    "url": "https://www.nytimes.com/.../mars-opportunity-rover-dead.html"
}
```

这个字典包含很多键。与键'descendants'相关联的值是文章被评论的次数（见❶）。与键'kids'相关联的值包含文章所有评论的 ID（见❷）。每个评论本身也可能有评论，因此文章的后代（descendant）数量可能比其'kids'的数量多。这个字典中还包含当前文章的标题（见❸）和 URL（见❹）。

下面的 URL 返回一个列表，其中包含 Hacker News 上当前排名靠前的文章的 ID：

```
https://hacker-news.firebaseio.com/v0/topstories.json
```

通过使用这个调用，可获悉当前有哪些文章位于主页，再生成一系列类似于前面的 API 调用。通过使用这种方法，可概述当前位于 Hacker News 主页的每篇文章：

hn_submissions.py

```
from operator import itemgetter

import requests

# 执行 API 调用并存储响应。
❶ url = 'https://hacker-news.firebaseio.com/v0/topstories.json'
r = requests.get(url)
print(f"Status code: {r.status_code}")

# 处理有关每篇文章的信息。
❷ submission_ids = r.json()
❸ submission_dicts = []
```

17

```
    for submission_id in submission_ids[:30]:
        # 对于每篇文章，都执行一个 API 调用。
❹       url = f"https://hacker-news.firebaseio.com/v0/item/{submission_id}.json"
        r = requests.get(url)
        print(f"id: {submission_id}\tstatus: {r.status_code}")
        response_dict = r.json()

        # 对于每篇文章，都创建一个字典。
❺       submission_dict = {
            'title': response_dict['title'],
            'hn_link': f"http://news.ycombinator.com/item?id={submission_id}",
            'comments': response_dict['descendants'],
        }
❻       submission_dicts.append(submission_dict)

❼ submission_dicts = sorted(submission_dicts, key=itemgetter('comments'),
                            reverse=True)

❽ for submission_dict in submission_dicts:
        print(f"\nTitle: {submission_dict['title']}")
        print(f"Discussion link: {submission_dict['hn_link']}")
        print(f"Comments: {submission_dict['comments']}")
```

首先，执行一个 API 调用，并打印响应的状态（见❶）。这个 API 调用返回一个列表，其中包含 Hacker News 上当前最热门的 500 篇文章的 ID。接下来，将响应对象转换为一个 Python 列表（见❷），并将其存储在 submission_ids 中。后面将使用这些 ID 来创建一系列字典，其中每个字典都存储了一篇文章的信息。

在❸处，创建一个名为 submission_dicts 的空列表，用于存储前面所说的字典。接下来，遍历前 30 篇文章的 ID。对于每篇文章，都执行一个 API 调用，其中的 URL 包含 submission_id 的当前值（见❹）。我们打印请求的状态和文章 ID，以便知道请求是否成功。

在❺处，为当前处理的文章创建一个字典，并在其中存储文章的标题、讨论页面的链接和评论数。然后，将 submission_dict 附加到 submission_dicts 末尾（见❻）。

Hacker News 上的文章是根据总体得分排名的，而总体得分取决于很多因素，包含被推荐的次数、评论数和发表时间。我们要根据评论数对字典列表 submission_dicts 进行排序，为此使用了模块 operator 中的函数 itemgetter()（见❼）。我们向这个函数传递了键'comments'，因此它从该列表的每个字典中提取与键'comments'关联的值。这样，函数 sorted()将根据这个值对列表进行排序。我们将列表按降序排列，即评论最多的文章位于最前面。

对列表排序后遍历它（见❽），并打印每篇热门文章的三项信息：标题、讨论页面的链接和评论数：

```
Status code: 200
id: 19155826    status: 200
id: 19180181    status: 200
id: 19181473    status: 200
--snip--
```

```
Title: Nasa's Mars Rover Opportunity Concludes a 15-Year Mission
Discussion link: http://news.ycombinator.com/item?id=19155826
Comments: 220

Title: Ask HN: Is it practical to create a software-controlled model rocket?
Discussion link: http://news.ycombinator.com/item?id=19180181
Comments: 72

Title: Making My Own USB Keyboard from Scratch
Discussion link: http://news.ycombinator.com/item?id=19181473
Comments: 62
--snip--
```

无论使用哪个 API 来访问和分析信息，流程都与此类似。有了这些数据后，就可进行可视化，指出最近哪些文章引发了最激烈的讨论。基于这种方式，应用程序可以为用户提供网站（如 Hacker News）的定制化阅读体验。要深入了解通过 Hacker News API 可访问哪些信息，请参阅其文档页面。

动手试一试

练习 17-1：其他语言 修改 python_repos.py 中的 API 调用，使其在生成的图表中显示其他语言最受欢迎的项目。请尝试语言 JavaScript、Ruby、C、Java、Perl、Haskell 和 Go。

练习 17-2：最活跃的讨论 使用 hn_submissions.py 中的数据，创建一个条形图，显示 Hacker News 上当前最活跃的讨论。条形的高度应对应于文章的评论数。条形的标签应包含文章的标题，并且充当到文章讨论页面的链接。

练习 17-3：测试 python_repos.py 在 python_repos.py 中，我们打印了 `status_code` 的值，以核实 API 调用是否成功。请编写一个名为 test_python_repos.py 的程序，它使用单元测试来断言 `status_code` 的值为 200。想想还可做出哪些断言，如返回的条目（item）数符合预期，仓库总数超过特定的值，等等。

练习 17-4：进一步探索 查看 Plotly 以及 GitHub API 或 Hacker News API 的文档，再根据从中获得的信息来定制本节绘制的图表的样式，或者提取并可视化其他数据。

17.4 小结

在本章中，你学习了：如何使用 API 来编写独立的程序，以自动采集所需的数据并对其进行可视化；使用 GitHub API 来探索 GitHub 上星级最高的 Python 项目，还大致地了解了 Hacker News API；如何使用 Requests 包来自动执行 GitHub API 调用，以及如何处理调用的结果。本章还简要介绍了一些 Plotly 设置，可用其进一步定制生成的图表的外观。

在本书的最后一个项目中，我们将使用 Django 来创建一个 Web 应用程序。

17

项目 3　Web 应用程序

第 18 章 从 Django 入手

在幕后，当今的网站实际上都是富应用程序（rich application），就像成熟的桌面应用程序一样。Python 提供了一组开发 Web 应用程序的卓越工具。Django 是一个 **Web 框架**，即一套旨在帮助开发交互式网站的工具。本章将介绍如何使用 Django 来开发一个名为“学习笔记”的项目，这是一个在线日志系统，让你能够记录学习到的有关特定主题的知识。

我们将为这个项目制定规范，然后为应用程序使用的数据定义模型。我们将使用 Django 的管理系统来输入一些初始数据，再学习编写视图和模板，让 Django 能够为我们的网站创建页面。

Django 能够响应页面请求，还让你能够更轻松地读写数据库、管理用户，等等。第 19 章和第 20 章将改进“学习笔记”项目，再将其部署到活动的服务器，让你和朋友都能够使用它。

18.1 建立项目

建立项目时，首先需要以规范的方式对项目进行描述，再建立虚拟环境，以便在其中创建项目。

18.1.1 制定规范

完整的规范详细说明了项目的目标，阐述了项目的功能，并讨论了项目的外观和用户界面。与任何良好的项目规划和商业计划书一样，规范应突出重点，帮助避免项目偏离轨道。这里不会制定完整的项目规划，只列出一些明确的目标，以突出开发的重点。我们制定的规范如下：

> 我们要编写一个名为“学习笔记”的 Web 应用程序，让用户能够记录感兴趣的主题，并在学习每个主题的过程中添加日志条目。“学习笔记”的主页对这个网站进行描述，并邀请用户注册或登录。用户登录后，可以创建新主题、添加新条目以及阅读既有的条目。

学习新的主题时，记录学到的知识可帮助跟踪和复习这些知识。优秀的应用程序让这个记录过程简单易行。

18.1.2 建立虚拟环境

要使用 Django，首先需要建立一个虚拟工作环境。**虚拟环境**是系统的一个位置，可在其中安装包，并将之与其他 Python 包隔离。将项目的库与其他项目分离是有益的，并且为了在第 20 章将“学习笔记”部署到服务器，这也是必需的。

为项目新建一个目录，将其命名为 learning_log，再在终端中切换到这个目录，并执行如下命令创建一个虚拟环境：

```
learning_log$ python -m venv ll_env
learning_log$
```

这里运行了模块 venv，并使用它创建了一个名为 ll_env 的虚拟环境。（请注意，ll_env 的开头是两个小写字母 l，而不是数字 1。）如果你运行程序或安装包时使用的是命令 **python3**，这里也务必使用同样的命令。

18.1.3 激活虚拟环境

现在需要使用下面的命令激活虚拟环境：

```
learning_log$ source ll_env/bin/activate
❶ (ll_env)learning_log$
```

这个命令运行 ll_env/bin 中的脚本 activate。环境处于活动状态时，环境名将包含在圆括号内，如❶处所示。在这种情况下，你可以在环境中安装包，并使用已安装的包。在 ll_env 中安装的包仅在该环境处于活动状态时才可用。

注意　如果你使用的是 Windows 系统，请使用命令 ll_env\Scripts\activate（不包含 source）来激活这个虚拟环境。如果你使用的是 PowerShell，可能需要将 Activate 的首字母大写。

要停止使用虚拟环境，可执行命令 **deactivate**：

```
(ll_env)learning_log$ deactivate
learning_log$
```

如果关闭运行虚拟环境的终端，虚拟环境也将不再处于活动状态。

18.1.4 安装 Django

激活虚拟环境后，执行如下命令安装 Django：

```
(ll_env)learning_log$ pip install django
Collecting django
--snip--
Installing collected packages: pytz, django
Successfully installed django-2.2.0 pytz-2018.9 sqlparse-0.2.4
(ll_env)learning_log$
```

由于是在虚拟环境（独立的环境）中工作，在各种系统中安装 Django 的命令都相同：不需要指定标志--user，也不需要使用像 python -m pip install package_name 这样较长的命令。

别忘了，Django 仅在虚拟环境 ll_env 处于活动状态时才可用。

注意 每隔大约 8 个月，Django 新版本就会发布，因此在你安装 Django 时，看到的可能是更新的版本。即便你使用的是更新的 Django 版本，这个项目也可行。如果要使用这里所示的 Django 版本，请使用命令 pip install django==2.2.*安装 Django 2.2 的最新版本。如果你在使用更新的版本时遇到麻烦，请参阅本书的在线配套资源。

18.1.5 在 Django 中创建项目

在虚拟环境依然处于活动状态的情况下（ll_env 包含在圆括号内），执行如下命令新建一个项目：

```
❶ (ll_env)learning_log$ django-admin startproject learning_log .
❷ (ll_env)learning_log$ ls
  learning_log ll_env manage.py
❸ (ll_env)learning_log$ ls learning_log
  __init__.py settings.py urls.py wsgi.py
```

❶处的命令让 Django 新建一个名为 learning_log 的项目。这个命令末尾的句点让新项目使用合适的目录结构，这样开发完成后可轻松地将应用程序部署到服务器。

注意 千万别忘了这个句点，否则部署应用程序时将遭遇一些配置问题。如果忘记了这个句点，要删除已创建的文件和文件夹（ll_env 除外），再重新运行这个命令。

18

在❷处，运行命令 ls（在 Windows 系统上为 dir），结果表明 Django 新建了一个名为 learning_log 的目录，还创建了文件 manage.py。后者是一个简单的程序，接受命令并将其交给 Django 的相关部分运行。我们将使用这些命令来管理使用数据库和运行服务器等任务。

目录 learning_log 包含 4 个文件（见❸），最重要的是 settings.py、urls.py 和 wsgi.py。文件 settings.py

指定 Django 如何与系统交互以及如何管理项目。在开发项目的过程中，我们将修改其中一些设置，并添加一些设置。文件 urls.py 告诉 Django，应创建哪些页面来响应浏览器请求。文件 wsgi.py 帮助 Django 提供它创建的文件，这个文件名是 **Web 服务器网关接口**（Web server gateway interface）的首字母缩写。

18.1.6　创建数据库

Django 将大部分与项目相关的信息存储在数据库中，因此需要创建一个供 Django 使用的数据库。为给项目“学习笔记”创建数据库，请在虚拟环境处于活动状态的情况下执行下面的命令：

```
  (ll_env)learning_log$ python manage.py migrate
❶ Operations to perform:
    Apply all migrations: admin, auth, contenttypes, sessions
  Running migrations:
    Applying contenttypes.0001_initial... OK
    Applying auth.0001_initial... OK
    --snip--
    Applying sessions.0001_initial... OK
❷ (ll_env)learning_log$ ls
  db.sqlite3 learning_log ll_env manage.py
```

我们将修改数据库称为**迁移**（migrate）数据库。首次执行命令 `migrate` 时，将让 Django 确保数据库与项目的当前状态匹配。在使用 SQLite（后面将详细介绍）的新项目中首次执行这个命令时，Django 将新建一个数据库。在❶处，Django 指出它将准备好数据库，用于存储执行管理和身份验证任务所需的信息。

在❷处运行命令 `ls`，其输出表明 Django 又创建了一个文件 db.sqlite3。SQLite 是一种使用单个文件的数据库，是编写简单应用程序的理想选择，因为它让你不用太关注数据库管理的问题。

注意　在虚拟环境中运行 manage.py 时，务必使用命令 `python`，即便你在运行其他程序时使用的是另外的命令，如 `python3`。在虚拟环境中，命令 `python` 指的是在虚拟环境中安装的 Python 版本。

18.1.7　查看项目

下面来核实 Django 正确地创建了项目。为此，可使用命令 `runserver` 查看项目的状态，如下所示：

```
(ll_env)learning_log$ python manage.py runserver
Watchman unavailable: pywatchman not installed.
Watching for file changes with StatReloader
Performing system checks...
```

```
❶ System check identified no issues (0 silenced).
  February 18, 2019 - 16:26:07
❷ Django version 2.2.0, using settings 'learning_log.settings'
❸ Starting development server at http://127.0.0.1:8000/
  Quit the server with CONTROL-C.
```

Django启动了一个名为development server的服务器，让你能够查看系统中的项目，了解其工作情况。如果你在浏览器中输入URL以请求页面，该Django服务器将进行响应：生成合适的页面，并将其发送给浏览器。

Django在❶处通过检查确认正确地创建了项目，在❷处指出使用的Django版本以及当前使用的设置文件的名称，并在❸处指出项目的URL。URL http://127.0.0.1:8000/表明项目将在你的计算机（即localhost）的端口8000上侦听请求。localhost指的是只处理当前系统发出的请求，而不允许其他任何人查看你正在开发的页面的服务器。

现在打开一款Web浏览器，并输入URL http://localhost:8000/（如果这不管用，请输入http://127.0.0.1:8000/）。你将看到类似于图18-1所示的页面。这个页面是Django创建的，让你知道到目前为止一切正常。现在暂时不要关闭这个服务器，等你要关闭这个服务器时，可切换到执行命令runserver时所在的终端窗口，再按Ctrl + C。

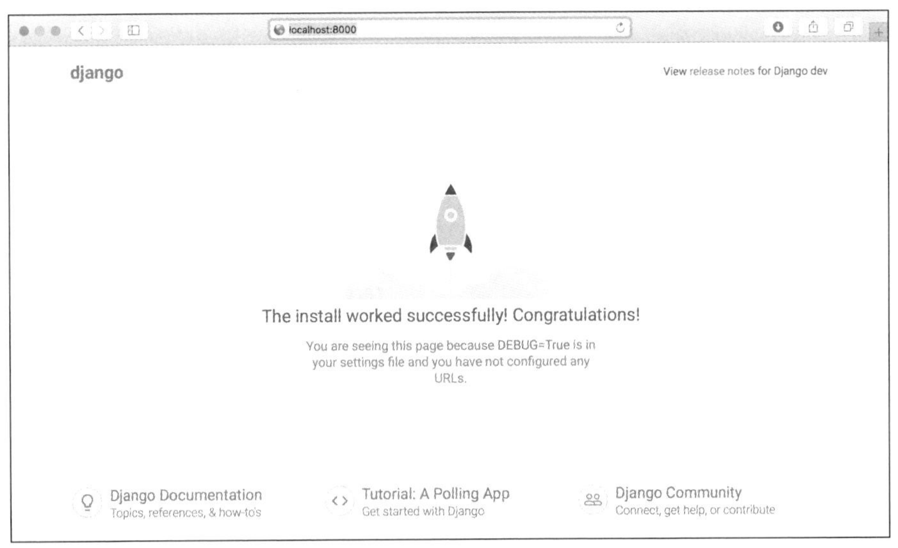

图18-1 到目前为止一切正常

注意 如果出现错误消息That port is already in use（指定端口被占用），请执行命令python manage.py runserver 8001，让Diango使用另一个端口。如果这个端口也不可用，请不断执行上述命令，并逐渐增大其中的端口号，直到找到可用的端口。

动手试一试

练习 18-1：新项目　为深入了解 Django 都做了些什么，可创建两个空项目，看看 Django 创建了什么。新建一个文件夹，并给它指定简单的名称，如 snap_gram 或 insta_chat（不要在目录 learning_log 中新建该文件夹）。在终端中切换到该文件夹，并创建一个虚拟环境。在这个虚拟环境中，安装 Django，并执行命令 `django-admin.py startproject snap_gram .`（千万不要忘了这个命令末尾的句点）。

看看这个命令创建了哪些文件和文件夹，并与项目"学习笔记"包含的文件和文件夹进行比较。这样多做几次，直到你对 Django 新建项目时创建的东西了如指掌。然后，将项目目录删除（如果你想这样做的话）。

18.2　创建应用程序

Django 项目由一系列应用程序组成，它们协同工作让项目成为一个整体。本章只创建一个应用程序，它将完成项目的大部分工作。第 19 章将添加一个管理用户账户的应用程序。

当前，在前面打开的终端窗口中应该还运行着 `runserver`。请再打开一个终端窗口（或标签页），并切换到 manage.py 所在的目录。激活虚拟环境，再执行命令 `startapp`：

```
learning_log$ source ll_env/bin/activate
(ll_env)learning_log$ python manage.py startapp learning_logs
❶ (ll_env)learning_log$ ls
db.sqlite3 learning_log learning_logs ll_env manage.py
❷ (ll_env)learning_log$ ls learning_logs/
__init__.py admin.py apps.py migrations models.py tests.py views.py
```

命令 `startapp` *`appname`* 让 Django 搭建创建应用程序所需的基础设施。如果现在查看项目目录，将看到其中新增了文件夹 learning_logs（见❶）。打开这个文件夹，看看 Django 都创建了什么（见❷），其中最重要的文件是 models.py、admin.py 和 views.py。我们将使用 models.py 来定义要在应用程序中管理的数据，稍后再介绍 admin.py 和 views.py。

18.2.1　定义模型

我们来想想涉及的数据。每位用户都需要在学习笔记中创建很多主题。用户输入的每个条目都与特定主题相关联，这些条目将以文本的方式显示。我们还需要存储每个条目的时间戳，以便告诉用户各个条目都是什么时候创建的。

打开文件 models.py，看看它当前包含哪些内容：

models.py
```
from django.db import models

# 在这里创建模型。
```

这里导入了模块 models，并让我们创建自己的模型。模型告诉 Django 如何处理应用程序中存储的数据。在代码层面，模型就是一个类，就像前面讨论的每个类一样，包含属性和方法。下面是表示用户将存储的主题的模型：

```
from django.db import models

class Topic(models.Model):
    """用户学习的主题。"""
❶   text = models.CharField(max_length=200)
❷   date_added = models.DateTimeField(auto_now_add=True)

❸   def __str__(self):
        """返回模型的字符串表示。"""
        return self.text
```

我们创建了一个名为 Topic 的类，它继承 Model，即 Django 中定义了模型基本功能的类。我们给 Topic 类添加了两个属性：text 和 date_added。

属性 text 是一个 CharField——由字符组成的数据，即文本（见❶）。需要存储少量文本，如名称、标题或城市时，可使用 CharField。定义 CharField 属性时，必须告诉 Django 该在数据库中预留多少空间。这里将 max_length 设置成了 200（即 200 字符），这对存储大多数主题名来说足够了。

属性 date_added 是一个 DateTimeField——记录日期和时间的数据（见❷）。我们传递了实参 auto_now_add=True，每当用户创建新主题时，Django 都会将这个属性自动设置为当前日期和时间。

注意 要获悉可在模型中使用的各种字段，请参阅 *Django Model Field Reference*。就当前而言，你无须全面了解其中的所有内容，但自己开发应用程序时，这些内容将提供极大的帮助。

需要告诉 Django，默认使用哪个属性来显示有关主题的信息。Django 调用方法__str__()来显示模型的简单表示。这里编写了方法__str__()，它返回存储在属性 text 中的字符串（见❸）。

18.2.2 激活模型

要使用这些模型，必须让 Django 将前述应用程序包含到项目中。为此，打开 settings.py（它位于目录 learning_log/learning_log 中），其中有个片段告诉 Django 哪些应用程序被安装到了项目中并将协同工作：

settings.py

```
--snip--
INSTALLED_APPS = [
    'django.contrib.admin',
    'django.contrib.auth',
    'django.contrib.contenttypes',
    'django.contrib.sessions',
    'django.contrib.messages',
    'django.contrib.staticfiles',
]
--snip--
```

请将 INSTALLED_APPS 修改成下面这样，将前面的应用程序添加到这个列表中：

```
--snip--
INSTALLED_APPS = [
    # 我的应用程序
    'learning_logs',

    # 默认添加的应用程序
     'django.contrib.admin',
    --snip--
]
--snip--
```

通过将应用程序编组，在项目不断增大，包含更多的应用程序时，有助于对应用程序进行跟踪。这里新建了一个名为“我的应用程序”的片段，当前它只包含应用程序 learning_logs。务必将自己创建的应用程序放在默认应用程序前面，这样能够覆盖默认应用程序的行为。

接下来，需要让 Django 修改数据库，使其能够存储与模型 Topic 相关的信息。为此，在终端窗口中执行下面的命令：

```
(ll_env)learning_log$ python manage.py makemigrations learning_logs
Migrations for 'learning_logs':
  learning_logs/migrations/0001_initial.py
    - Create model Topic
(ll_env)learning_log$
```

命令 makemigrations 让 Django 确定该如何修改数据库，使其能够存储与前面定义的新模型相关联的数据。输出表明 Django 创建了一个名为 0001_initial.py 的迁移文件，这个文件将在数据库中为模型 Topic 创建一个表。

下面应用这种迁移，让 Django 替我们修改数据库：

```
(ll_env)learning_log$ python manage.py migrate
Operations to perform:
  Apply all migrations: admin, auth, contenttypes, learning_logs, sessions
Running migrations:
❶  Applying learning_logs.0001_initial... OK
```

这个命令的大部分输出与首次执行命令 migrate 的输出相同。需要检查的是❶处的输出行。在这里，Django 指出为 learning_logs 应用迁移时一切正常。

每当需要修改"学习笔记"管理的数据时，都采取如下三个步骤：修改 models.py，对 learning_logs 调用 makemigrations，以及让 Django 迁移项目。

18.2.3　Django 管理网站

Django 提供的**管理网站**（admin site）让你能够轻松地处理模型。网站管理员可以使用管理网站，但普通用户不能使用。本节将建立管理网站，并通过它使用模型 Topic 来添加一些主题。

1. 创建超级用户

Django 允许创建具备所有权限的用户，即**超级用户**。**权限**决定了用户可执行的操作。最严格的权限设置只允许用户阅读网站的公开信息。注册用户通常可阅读自己的私有数据，还可查看一些只有会员才能查看的信息。为有效地管理 Web 应用程序，网站所有者通常需要访问网站存储的所有信息。优秀的管理员会小心对待用户的敏感信息，因为用户极其信任自己访问的应用程序。

为在 Django 中创建超级用户，请执行下面的命令并按提示做：

```
   (ll_env)learning_log$ python manage.py createsuperuser
❶ Username (leave blank to use 'eric'): ll_admin
❷ Email address:
❸ Password:
   Password (again):
   Superuser created successfully.
   (ll_env)learning_log$
```

你执行命令 createsuperuser 时，Django 提示输入超级用户的用户名（见❶）。这里输入的是 ll_admin，但可输入任何用户名。如果你愿意，可以输入电子邮箱地址，也可让这个字段为空（见❷）。需要输入密码两次（见❸）。

注意　一些敏感信息可能会向网站管理员隐藏。例如，Django 并不存储你输入的密码，而是存储从该密码派生出来的一个字符串，称为**散列值**。每当你输入密码时，Django 都计算其散列值，并将结果与存储的散列值进行比较。如果这两个散列值相同，你就通过了身份验证。由于存储的是散列值，即便黑客获得了网站数据库的访问权，也只能获取其中存储的散列值，无法获得密码。在网站配置正确的情况下，几乎无法根据散列值推导出原始密码。

---

2. 向管理网站注册模型

Django 自动在管理网站中添加了一些模型，如 User 和 Group，但对于我们创建的模型，必须手工进行注册。

我们创建应用程序 learning_logs 时，Django 在 models.py 所在的目录中创建了一个名为 admin.py 的文件：

admin.py

```
from django.contrib import admin

# 在这里注册你的模型。
```

为向管理网站注册 Topic，请输入下面的代码：

```
from django.contrib import admin

❶ from .models import Topic

❷ admin.site.register(Topic)
```

这些代码首先导入要注册的模型 Topic（见❶）。models 前面的句点让 Django 在 admin.py 所在的目录中查找 models.py。admin.site.register()让 Django 通过管理网站管理模型（见❷）。

现在，使用超级用户账户访问管理网站：访问 http://localhost:8000/admin/，并输入刚创建的超级用户的用户名和密码。你将看到类似于图 18-2 所示的屏幕。这个页面让你能够添加和修改用户和用户组，还可管理与刚才定义的模型 Topic 相关的数据。

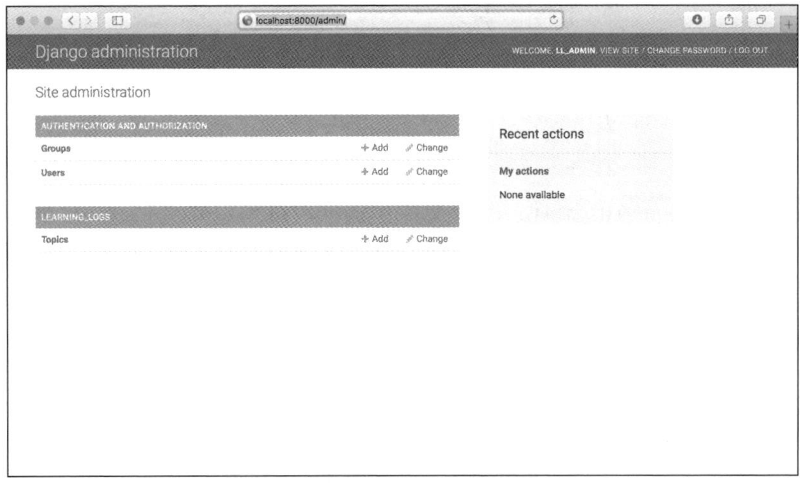

图 18-2　包含模型 Topic 的管理网站

注意　如果在浏览器中看到一条消息，指出访问的网页不可用，请确认在终端窗口中运行着 Django 服务器。如果没有，请激活虚拟环境，并执行命令 python manage.py runserver。在开发过程中，如果无法通过浏览器访问项目，首先应采取的故障排除措施是，关闭所有打开的终端，再打开终端并执行命令 runserver。

3. 添加主题

向管理网站注册 Topic 后，我们来添加第一个主题。为此，单击 Topics 进入主题页面，它几乎是空的，因为还没有添加任何主题。单击 Add，将出现一个用于添加新主题的表单。在第一个方框中输入 Chess，再单击 Save 回到主题管理页面，其中包含刚创建的主题。

下面再创建一个主题，以便有更多的数据可供使用。再次单击 Add，并输入 Rock Climbing，然后单击 Save 回到主题管理页面。现在，你可以看到其中包含了主题 Chess 和 Rock Climbing。

18.2.4 定义模型 Entry

要记录学到的国际象棋和攀岩知识，用户必须能够在学习笔记中添加条目。为此，需要定义相关的模型。每个条目都与特定主题相关联，这种关系称为**多对一关系**，即多个条目可关联到同一个主题。

下面是模型 Entry 的代码，请将这些代码放在文件 models.py 中：

models.py

```
from django.db import models

class Topic(models.Model):
    --snip--

❶ class Entry(models.Model):
    """学到的有关某个主题的具体知识。"""
❷     topic = models.ForeignKey(Topic, on_delete=models.CASCADE)
❸     text = models.TextField()
    date_added = models.DateTimeField(auto_now_add=True)

❹     class Meta:
        verbose_name_plural = 'entries'

    def __str__(self):
        """返回模型的字符串表示。"""
❺         return f"{self.text[:50]}..."
```

像 Topic 一样，Entry 也继承了 Django 基类 Model（见❶）。第一个属性 topic 是个 ForeignKey 实例（见❷）。**外键**（foreign key）是一个数据库术语，它指向数据库中的另一条记录，这里是将每个条目关联到特定主题。创建每个主题时，都分配了一个键（ID）。需要在两项数据之间建立联系时，Django 使用与每项信息相关联的键。我们稍后将根据这些联系获取与特定主题相关联的所有条目。实参 on_delete=models.CASCADE 让 Django 在删除主题的同时删除所有与之相关联的条目，这称为**级联删除**（cascading delete）。

18

接下来是属性 text，它是一个 TextField 实例（见❸）。这种字段的长度不受限制，因为我们不想限制条目的长度。属性 date_added 让我们能够按创建顺序呈现条目，并在每个条目旁边放置时间戳。

在❹处，我们在 Entry 类中嵌套了 Meta 类。Meta 存储用于管理模型的额外信息。在这里，它让我们能够设置一个特殊属性，让 Django 在需要时使用 Entries 来表示多个条目。如果没有这个类，Django 将使用 Entrys 来表示多个条目。

方法__str__()告诉 Django，呈现条目时应显示哪些信息。条目包含的文本可能很长，因此让 Django 只显示 text 的前 50 字符（见❺）。我们还添加了一个省略号，指出显示的并非整个条目。

18.2.5　迁移模型 Entry

添加新模型后，需要再次迁移数据库。你将慢慢地对这个过程了如指掌：修改 models.py，执行命令 python manage.py makemigrations *app_name*，再执行命令 python manage.py migrate。

请使用如下命令迁移数据库并查看输出：

```
(ll_env)learning_log$ python manage.py makemigrations learning_logs
Migrations for 'learning_logs':
❶  learning_logs/migrations/0002_entry.py
    - Create model Entry
(ll_env)learning_log$ python manage.py migrate
Operations to perform:
  --snip--
❷  Applying learning_logs.0002_entry... OK
```

生成了一个新的迁移文件 0002_entry.py，它告诉 Django 如何修改数据库，使其能够存储与模型 Entry 相关的信息（见❶）。在❷处执行命令 migrate，我们发现 Django 应用了该迁移且一切顺利。

18.2.6　向管理网站注册 Entry

我们还需要注册模型 Entry。为此，需要将 admin.py 修改成类似于下面这样：

admin.py

```
from django.contrib import admin

from .models import Topic, Entry

admin.site.register(Topic)
admin.site.register(Entry)
```

返回到 http://localhost/admin/，你将看到 Learning_Logs 下列出了 Entries。单击 Entries 的 Add 链接，或者单击 Entries 再选择 Add entry，将看到一个下拉列表，供你选择要为哪个主题创建条目，以及一个用于输入条目的文本框。从下拉列表中选择 Chess，并添加一个条目。下面是我添加的第一个条目。

> The opening is the first part of the game, roughly the first ten moves or so. In the opening, it's a good idea to do three things— bring out your bishops and knights, try to control the center of the board, and castle your king.（国际象棋的第一个阶段是开局，大致是前 10 步左右。在开局阶段，最好做三件事情：将象和马调出来，努力控制棋盘的中间区域，以及用车将王护住。）
>
> Of course, these are just guidelines. It will be important to learn when to follow these guidelines and when to disregard these suggestions.（当然，这些只是指导原则。学习什么情况下遵守这些原则、什么情况下不用遵守很重要。）

当你单击 Save 时，将返回到主条目管理页面。在这里，你将发现使用 `text[:50]`作为条目的字符串表示的好处：在管理界面中只显示了条目的开头部分而不是其所有文本，这使得管理多个条目容易得多。

再来创建一个国际象棋条目，并创建一个攀岩条目，以提供一些初始数据。下面是第二个国际象棋条目。

> In the opening phase of the game, it's important to bring out your bishops and knights. These pieces are powerful and maneuverable enough to play a significant role in the beginning moves of a game.（在国际象棋的开局阶段，将象和马调出来很重要。这些棋子威力大，机动性强，在开局阶段扮演着重要角色。）

下面是第一个攀岩条目。

> One of the most important concepts in climbing is to keep your weight on your feet as much as possible. There's a myth that climbers can hang all day on their arms. In reality, good climbers have practiced specific ways of keeping their weight over their feet whenever possible.（最重要的攀岩概念之一是尽可能让双脚承受体重。有人误认为攀岩者能依靠手臂的力量坚持一整天。实际上，优秀的攀岩者都经过专门训练，能够尽可能让双脚承受体重。）

接着往下开发“学习笔记”时，这三个条目提供了可供使用的数据。

18.2.7 Django shell

输入一些数据后，就可通过交互式终端会话以编程方式查看这些数据了。这种交互式环境称为 Django shell，是测试项目和排除故障的理想之地。下面是一个交互式 shell 会话示例：

```
(ll_env)learning_log$ python manage.py shell
❶ >>> from learning_logs.models import Topic
>>> Topic.objects.all()
<QuerySet [<Topic: Chess>, <Topic: Rock Climbing>]>
```

在活动状态的虚拟环境中执行时，命令 python manage.py shell 启动 Python 解释器，让你能够探索存储在项目数据库中的数据。这里导入了模块 learning_logs.models 中的模型 Topic（见❶），再使用方法 Topic.objects.all()获取模型 Topic 的所有实例，这将返回一个称为**查询集**（queryset）的列表。

可以像遍历列表一样遍历查询集。下面演示了如何查看分配给每个主题对象的 ID：

```
>>> topics = Topic.objects.all()
>>> for topic in topics:
...     print(topic.id, topic)
...
1 Chess
2 Rock Climbing
```

将返回的查询集存储在 topics 中，再打印每个主题的 id 属性和字符串表示。从输出可知，主题 Chess 的 ID 为 1，而 Rock Climbing 的 ID 为 2。

知道主题对象的 ID 后，就可使用方法 Topic.objects.get()获取该对象并查看其属性。下面来看看主题 Chess 的属性 text 和 date_added 的值：

```
>>> t = Topic.objects.get(id=1)
>>> t.text
'Chess'
>>> t.date_added
datetime.datetime(2019, 2, 19, 1, 55, 31, 98500, tzinfo=<UTC>)
```

我们还可以查看与主题相关联的条目。前面给模型 Entry 定义了属性 topic。这是一个 ForeignKey，将条目与主题关联起来。利用这种关联，Django 能够获取与特定主题相关联的所有条目，如下所示：

```
❶ >>> t.entry_set.all()
<QuerySet [<Entry: The opening is the first part of the game, roughly...>,
<Entry:
In the opening phase of the game, it's important t...>]>
```

要通过外键关系获取数据，可使用相关模型的小写名称、下划线和单词 set（见❶）。例如，假设有模型 Pizza 和 Topping，而 Topping 通过一个外键关联到 Pizza。如果有一个名为 my_pizza 的 Pizza 对象，就可使用代码 my_pizza.topping_set.all()来获取这张比萨的所有配料。

编写用户可请求的页面时，我们将使用这种语法。确认代码能获取所需的数据时，shell 很有帮助。如果代码在 shell 中的行为符合预期，那么它们在项目文件中也能正确地工作。如果代码引发了错误或获取的数据不符合预期，那么在简单的 shell 环境中排除故障要比在生成页面的文件中排除故障容易得多。我们不会太多地使用 shell，但应继续使用它来熟悉对存储在项目中的数据进行访问的 Django 语法。

注意 每次修改模型后，都需要重启 shell，这样才能看到修改的效果。要退出 shell 会话，可按 Ctr + D。如果你使用的是 Windows 系统，应按 Ctr + Z，再按回车键。

动手试一试

练习 18-2：简短的条目 当前，Django 在管理网站或 shell 中显示 Entry 实例时，模型 Entry 的方法__str__()都在其末尾加上省略号。请在方法__str__()中添加一条 if 语句，以便仅在条目长度超过 50 字符时才添加省略号。使用管理网站添加一个不超过 50 字符的条目，并核实显示它时没有省略号。

练习 18-3：Django API 当你编写访问项目中数据的代码时，实际上编写的是查询。请浏览 Django 网站中有关如何查询数据的文档 *Making queries*，其中大部分内容是你不熟悉的，但等你自己开发项目时，这些内容会很有用。

练习 18-4：比萨店 新建一个名为 Pizzeria 的项目，并在其中添加一个名为 pizzas 的应用程序。定义一个名为 Pizza 的模型，它包含字段 name，用于存储比萨名称，如 Hawaiian 和 Meat Lovers。定义一个名为 Topping 的模型，它包含字段 pizza 和 name，其中字段 pizza 是一个关联到 Pizza 的外键，而字段 name 用于存储配料，如 pineapple、Canadian bacon 和 sausage。

向管理网站注册这两个模型，并使用管理网站输入一些比萨名和配料。使用 shell 来查看你输入的数据。

18.3 创建页面：学习笔记主页

使用 Django 创建页面的过程分三个阶段：定义 URL，编写视图和编写模板。按什么顺序完成这三个阶段无关紧要，但在本项目中，总是先定义 URL 模式。URL 模式描述了 URL 是如何设计的，让 Django 知道如何将浏览器请求与网站 URL 匹配，以确定返回哪个页面。

每个 URL 都被映射到特定的**视图**——视图函数获取并处理页面所需的数据。视图函数通常使用**模板**来渲染页面，而模板定义页面的总体结构。为明白其中的工作原理，我们来创建学习笔记的主页。这包括定义该主页的 URL，编写其视图函数并创建一个简单的模板。

我们只是要确保“学习笔记”按要求的那样工作，因此暂时让这个页面尽可能简单。Web 应用程序能够正常运行后，设置样式可使其更有趣，但中看不中用的应用程序毫无意义。就目前而言，主页只显示标题和简单的描述。

18.3.1　映射 URL

用户通过在浏览器中输入 URL 以及单击链接来请求页面，因此我们要确定项目需要哪些 URL。主页的 URL 最重要，它是用户用来访问项目的基础 URL。当前，基础 URL（http://localhost:8000/）返回默认的 Django 网站，让我们知道正确地建立了项目。下面修改这一点，将这个基础 URL 映射到“学习笔记”的主页。

打开项目主文件夹 learning_log 中的文件 urls.py，你将看到如下代码：

urls.py
```
❶ from django.contrib import admin
  from django.urls import path

❷ urlpatterns = [
❸     path('admin/', admin.site.urls),
  ]
```

前两行导入了一个模块和一个函数，以便对管理网站的 URL 进行管理（见❶）。这个文件的主体定义了变量 urlpatterns（见❷）。在这个针对整个项目的 urls.py 文件中，变量 urlpatterns 包含项目中应用程序的 URL。❸处的代码包含模块 admin.site.urls，该模块定义了可在管理网站中请求的所有 URL。

我们需要包含 learning_logs 的 URL，因此添加如下代码：

```
  from django.contrib import admin
  from django.urls import path, include

  urlpatterns = [
      path('admin/', admin.site.urls),
❶     path('', include('learning_logs.urls')),
  ]
```

在❶处，添加一行代码来包含模块 learning_logs.urls。

默认的 urls.py 包含在文件夹 learning_log 中，现在需要在文件夹 learning_logs 中再创建一个 urls.py 文件。为此，新建一个文件，使用文件名 urls.py 将其存储到文件夹 learning_logs 中，再在这个文件中输入如下代码：

urls.py
```
❶ """定义 learning_logs 的 URL 模式。"""

❷ from django.urls import path

❸ from . import views

❹ app_name = 'learning_logs'
❺ urlpatterns = [
      # 主页
❻     path('', views.index, name='index'),
  ]
```

为指出当前位于哪个 urls.py 文件中，在该文件开头添加一个文档字符串（见❶）。接下来，导入了函数 path，因为需要使用它将 URL 映射到视图（见❷）。我们还导入了模块 views（见❸），其中的句点让 Python 从当前 urls.py 模块所在的文件夹导入 views.py。变量 app_name 让 Django 能够将这个 urls.py 文件同项目内其他应用程序中的同名文件区分开来（见❹）。在这个模块中，变量 urlpatterns 是一个列表，包含可在应用程序 learning_logs 中请求的页面。

实际的 URL 模式是对函数 path()的调用，这个函数接受三个实参（见❺）。第一个是一个字符串，帮助 Django 正确地路由（route）请求。收到请求的 URL 后，Django 力图将请求路由给一个视图。为此，它搜索所有的 URL 模式，找到与当前请求匹配的那个。Django 忽略项目的基础 URL（http://localhost:8000/），因此空字符串（''）与基础 URL 匹配。其他 URL 都与这个模式不匹配。如果请求的 URL 与任何既有的 URL 模式都不匹配，Django 将返回一个错误页面。

path()的第二个实参（见❻）指定了要调用 view.py 中的哪个函数。请求的 URL 与前述正则表达式匹配时，Django 将调用 view.py 中的函数 index()（这个视图函数将在下一节编写）。第三个实参将这个 URL 模式的名称指定为 index，让我们能够在代码的其他地方引用它。每当需要提供到这个主页的链接时，都将使用这个名称，而不编写 URL。

18.3.2 编写视图

视图函数接受请求中的信息，准备好生成页面所需的数据，再将这些数据发送给浏览器——这通常是使用定义页面外观的模板实现的。

learning_logs 中的文件 views.py 是执行命令 python manage.py startapp 时自动生成的，当前其内容如下：

views.py

```
from django.shortcuts import render

# 在这里创建视图。
```

当前，这个文件只导入了函数 render()，它根据视图提供的数据渲染响应。请在这个文件中添加为主页编写视图的代码，如下所示：

```
from django.shortcuts import render

def index(request):
    """学习笔记的主页。"""
    return render(request, 'learning_logs/index.html')
```

18

URL 请求与刚才定义的模式匹配时，Django 将在文件 views.py 中查找函数 index()，再将对象 request 传递给这个视图函数。这里不需要处理任何数据，因此这个函数只包含调用 render()的代码。这里向函数 render()提供了两个实参：对象 request 以及一个可用于创建页面的模板。下面来编写这个模板。

18.3.3　编写模板

模板定义页面的外观，而每当页面被请求时，Django 将填入相关的数据。模板让你能够访问视图提供的任何数据。我们的主页视图没有提供任何数据，因此相应的模板非常简单。

在文件夹 learning_logs 中新建一个文件夹，并将其命名为 templates。在文件夹 templates 中，再新建一个文件夹，并将其命名为 learning_logs。这好像有点多余（在文件夹 learning_logs 中创建文件夹 templates，又在这个文件夹中创建文件夹 learning_logs），但是建立了 Django 能够明确解读的结构，即便项目很大、包含很多应用程序亦如此。在最里面的文件夹 learning_logs 中，新建一个文件，并将其命名为 index.html（这个文件的路径为 learning_log/learning_logs/templates/learning_logs/index.html），再在其中编写如下代码：

index.html

```
<p>Learning Log</p>

<p>Learning Log helps you keep track of your learning, for any topic you're
learning about.</p>
```

这个文件非常简单。这里向不熟悉 HTML 的读者解释一下：标签`<p></p>`标识段落。标签`<p>`指出段落的开头位置，而标签`</p>`指出段落的结束位置。这里定义了两个段落：第一个充当标题，第二个阐述了用户可使用"学习笔记"来做什么。

现在，如果请求这个项目的基础 URL http://localhost:8000/，将看到刚才创建的页面，而不是默认的 Django 页面。Django 接受请求的 URL，发现该 URL 与模式''匹配，因此调用函数 `views.index()`。这将使用 index.html 包含的模板来渲染页面，结果如图 18-3 所示。

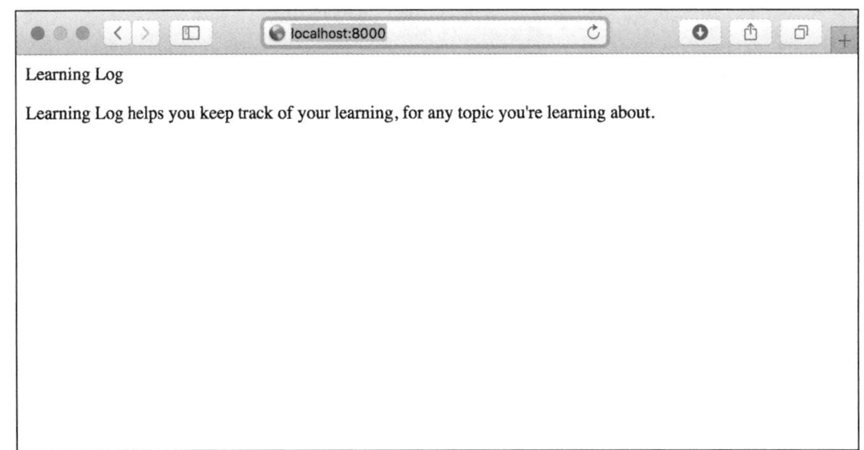

图 18-3　学习笔记的主页

创建页面的过程看起来可能很复杂，但将 URL、视图和模板分离的效果很好。这让我们能够分别考虑项目的不同方面，在项目很大时，可让各个参与者专注于最擅长的方面。例如，数据库专家专注于模型，程序员专注于视图代码，而 Web 设计人员专注于模板。

注意 可能出现如下错误消息：

```
ModuleNotFoundError: No module named 'learning_logs.urls'
```

如果确实如此，请在执行命令 python manage.py runserver 的终端窗口中按 Ctrl + C 停用服务器，再重新执行这个命令。这样做后，应该能够看到主页。每当遇到类似的错误时，都尝试停用并重启服务器，看看是否管用。

动手试一试

练习 18-5：膳食规划程序 假设你要创建一个应用程序，帮助用户规划一周的膳食。为此，新建一个文件夹，并将其命名为 meal_planner，再在这个文件夹中新建一个 Django 项目。然后，新建一个名为 meal_plans 的应用程序，并为这个项目创建一个简单的主页。

练习 18-6：比萨店主页 在为完成练习 18-4 而创建的项目 Pizzeria 中，添加一个主页。

18.4 创建其他页面

制定创建页面的流程后，可以开始扩充“学习笔记”项目了。我们将创建两个显示数据的页面，其中一个列出所有的主题，另一个显示特定主题的所有条目。对于每个页面，我们都将指定 URL 模式、编写一个视图函数并编写一个模板。但这样做之前，我们先创建一个父模板，项目中的其他模板都将继承它。

18.4.1 模板继承

创建网站时，一些通用元素几乎会在所有页面中出现。在这种情况下，可编写一个包含通用元素的父模板，并让每个页面都继承这个模板，而不必在每个页面中重复定义这些通用元素。这种方法能让你专注于开发每个页面的独特方面，还能让修改项目的整体外观容易得多。

18

1. 父模板

下面创建一个名为 base.html 的模板，并将其存储在 index.html 所在的目录中。这个模板包含所有页面都有的元素，而其他模板都继承它。当前，所有页面都包含的元素只有顶端的标题。因为每个页面都包含这个模板，所以将这个标题设置为到主页的链接：

base.html
```
<p>
❶  <a href="{% url 'learning_logs:index' %}">Learning Log</a>
</p>

❷ {% block content %}{% endblock content %}
```

这个文件的第一部分创建一个包含项目名的段落，该段落也是到主页的链接。为创建链接，使用了一个**模板标签**，它是用花括号和百分号（{% %}）表示的。模板标签是一小段代码，生成要在页面中显示的信息。这里的模板标签{% url 'learning_logs:index' %}生成一个 URL，该 URL 与在 learning_logs/urls.py 中定义的名为'index'的 URL 模式匹配（见❶）。在本例中，learning_logs 是一个**命名空间**，而 index 是该命名空间中一个名称独特的 URL 模式。这个命名空间来自在文件 learning_logs/urls.py 中赋给 app_name 的值。

在简单的 HTML 页面中，链接是使用**锚**标签<a>定义的：

```
<a href="link_url">link text</a>
```

通过使用模板标签来生成 URL，能很容易地确保链接是最新的：只需修改 urls.py 中的 URL 模式，Django 就会在页面下次被请求时自动插入修改后的 URL。在本项目中，每个页面都将继承 base.html，因此从现在开始，每个页面都包含到主页的链接。

在❷处，我们插入了一对**块**标签。这个块名为 content，是一个占位符，其中包含的信息由子模板指定。

子模板并非必须定义父模板中的每个块，因此在父模板中，可使用任意多个块来预留空间，而子模板可根据需要定义相应数量的块。

注意　在 Python 代码中，几乎总是缩进四个空格。相比于 Python 文件，模板文件的缩进层级更多，因此每个层级通常只缩进两个空格。每个层级缩进多少个空格无关紧要，只需确保一致即可。

---

2. 子模板

现在需要重写 index.html，使其继承 base.html。为此，向 index.html 添加如下代码：

index.html
```
❶ {% extends "learning_logs/base.html" %}

❷ {% block content %}
  <p>Learning Log helps you keep track of your learning, for any topic you're
  learning about.</p>
❸ {% endblock content %}
```

如果将这些代码与原来的 index.html 进行比较，将发现标题 Learning Log 没有了，取而代之的是指定要继承哪个模板的代码（见❶）。子模板的第一行必须包含标签{% extends %}，让 Django 知道它继承了哪个父模板。文件 base.html 位于文件夹 learning_logs 中，因此父模板路径中包含 learning_logs。这行代码导入模板 base.html 的所有内容，让 index.html 能够指定要在 content 块预留的空间中添加的内容。

在❷处，插入了一个名为 content 的{% block %}标签，以定义 content 块。不是从父模板继承的内容都包含在 content 块中，在这里是一个描述项目“学习笔记”的段落。在❸处，使用标签{% endblock content %}指出了内容定义的结束位置。在标签{% endblock %}中，并非必须指定块名，但如果模板包含多个块，指定块名有助于确定结束的是哪个块。

模板继承的优点开始显现出来了：在子模板中，只需包含当前页面特有的内容。这不仅简化了每个模板，还使得网站修改起来容易得多。要修改很多页面都包含的元素，只需修改父模板即可，所做的修改将传导到继承该父模板的每个页面。在包含数十乃至数百个页面的项目中，这种结构使得网站改进起来更容易、更快捷。

注意 在大型项目中，通常有一个用于整个网站的父模板 base.html，且网站的每个主要部分都有一个父模板。每个部分的父模板都继承 base.html，而网站的每个页面都继承相应部分的父模板。这让你能够轻松地修改整个网站的外观、网站任何一部分的外观以及任何一个页面的外观。这种配置提供了一种效率极高的工作方式，让你乐意不断地去改进网站。

18.4.2 显示所有主题的页面

有了高效的页面创建方法，就能专注于另外两个页面了：显示所有主题的页面和显示特定主题中条目的页面。前者显示用户创建的所有主题，它是第一个需要使用数据的页面。

1. URL 模式

首先，定义显示所有主题的页面的 URL。我们通常使用一个简单的 URL 片段来指出页面显示的信息，这里使用单词 topics，因此 URL http://localhost:8000/topics/将返回显示所有主题的页面。下面演示了该如何修改 learning_logs/urls.py：

urls.py

```
"""为 learning_logs 定义 URL 模式。"""
--snip--
urlpatterns = [
    # 主页
    path('', views.index, name='index'),
    # 显示所有的主题。
❶   path('topics/', views.topics, name='topics'),
]
```

这里在用于主页 URL 的字符串参数中添加了 topics/（见❶）。Django 检查请求的 URL 时，这个模式与如下 URL 匹配：基础 URL 后面跟着 topics。可在末尾包含斜杠，也可省略，但单词

topics 后面不能有任何东西，否则就与该模式不匹配。URL 与该模式匹配的请求都将交给 views.py 中的函数 topics()处理。

2. 视图

函数 topics()需要从数据库中获取一些数据，并将其交给给模板。需要在 views.py 中添加的代码如下：

views.py
```
from django.shortcuts import render

❶ from .models import Topic

def index(request):
    --snip--

❷ def topics(request):
    """显示所有的主题。"""
❸     topics = Topic.objects.order_by('date_added')
❹     context = {'topics': topics}
❺     return render(request, 'learning_logs/topics.html', context)
```

首先导入与所需数据相关联的模型（见❶）。函数 topics()包含一个形参：Django 从服务器那里收到的 request 对象（见❷）。在❸处，查询数据库——请求提供 Topic 对象，并根据属性 date_added 进行排序。返回的查询集被存储在 topics 中。

在❹处，定义一个将发送给模板的上下文。**上下文**是一个字典，其中的键是将在模板中用来访问数据的名称，而值是要发送给模板的数据。这里只有一个键值对，包含一组将在页面中显示的主题。创建使用数据的页面时，除了对象 request 和模板的路径外，还将变量 context 传递给 render()（见❺）。

3. 模板

显示所有主题的页面的模板接受字典 context，以便使用 topics()提供的数据。请创建一个文件，将其命名为 topics.html，并存储到 index.html 所在的目录中。下面演示了如何在这个模板中显示主题：

topics.html
```
{% extends "learning_logs/base.html" %}

{% block content %}

  <p>Topics</p>

❶ <ul>
❷   {% for topic in topics %}
❸     <li>{{ topic }}</li>
❹   {% empty %}
      <li>No topics have been added yet.</li>
```

```
❺     {% endfor %}
❻   </ul>

  {% endblock content %}
```

就像模板 index.html 中一样，首先使用标签{% extends %}来继承 base.html，再开始定义 content 块。这个页面的主体是一个项目列表，其中列出了用户输入的主题。在标准 HTML 中，项目列表称为**无序列表**，用标签<ul></ul>表示。包含所有主题的项目列表始于❶处。

在❷处，使用一个相当于 for 循环的模板标签，它遍历字典 context 中的列表 topics。模板中使用的代码与 Python 代码存在一些重要差别：Python 使用缩进来指出哪些代码行是 for 循环的组成部分；而在模板中，每个 for 循环都必须使用{% endfor %}标签来显式地指出其结束位置。因此在模板中，循环类似于下面这样：

```
{% for item in list %}
    do something with each item
{% endfor %}
```

在循环中，要将每个主题转换为项目列表中的一项。要在模板中打印变量，需要将变量名用双花括号括起。这些花括号不会出现在页面中，只是用于告诉 Django 我们使用了一个模板变量。因此每次循环时，❸处的代码{{ topic }}都被替换为 topic 的当前值。HTML 标签<li></li>表示一个**项目列表项**。在标签对<ul></ul>内部，位于标签<li>和</li>之间的内容都是一个项目列表项。

在❹处，使用模板标签{% empty %}，它告诉 Django 在列表 topics 为空时该如何办。这里是打印一条消息，告诉用户还没有添加任何主题。最后两行分别结束 for 循环（见❺）和项目列表（见❻）。

现在需要修改父模板，使其包含到显示所有主题的页面的链接。为此，在其中添加如下代码：

base.html

```
  <p>
❶   <a href="{% url 'learning_logs:index' %}">Learning Log</a> -
❷   <a href="{% url 'learning_logs:topics' %}">Topics</a>
  </p>

  {% block content %}{% endblock content %}
```

在到主页的链接后面添加一个连字符（见❶），再添加一个到显示所有主题的页面的链接——使用的也是模板标签{% url %}（见❷）。这行让 Django 生成一个链接，它与 learning_logs/urls.py 中名为'topics'的 URL 模式匹配。

现在如果刷新浏览器中的主页，将看到链接 Topics。如果单击这个链接，将看到类似于图 18-4 所示的页面。

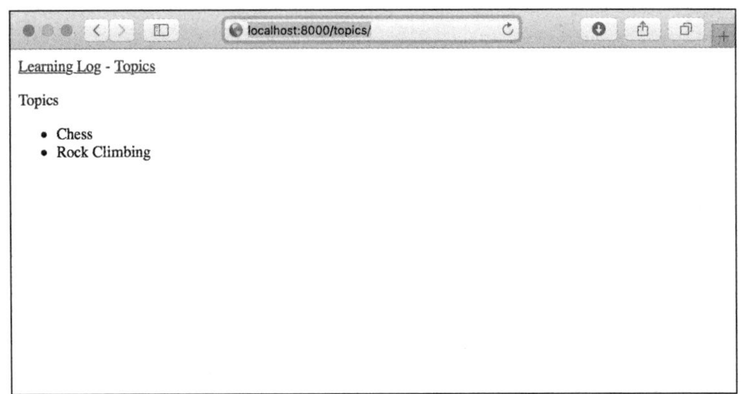

图 18-4　显示所有主题的页面

18.4.3　显示特定主题的页面

接下来，需要创建一个专注于特定主题的页面，它显示该主题的名称以及所有条目。我们同样将定义一个新的 URL 模式，编写一个视图并创建一个模板。此外，还将修改显示所有主题的页面，让每个项目列表项都变为到相应主题页面的链接。

1. URL 模式

显示特定主题的页面的 URL 模式与前面的所有 URL 模式都稍有不同，因为它使用主题的 `id` 属性来指出请求的是哪个主题。例如，如果用户要查看主题 Chess（其 `id` 为 1）的详细页面，URL 将为 http://localhost:8000/topics/1/。下面是与这个 URL 匹配的模式，应将其放在 learning_logs/urls.py 中：

urls.py

```
--snip--
urlpatterns = [
    --snip--
    # 特定主题的详细页面。
    path('topics/<int:topic_id>/', views.topic, name='topic'),
]
```

我们来详细研究这个 URL 模式中的字符串`'topics/<int:topic_id>/'`。这个字符串的第一部分让 Django 查找在基础 URL 后包含单词 topics 的 URL，第二部分（`/<int:topic_id>/`）与包含在两个斜杠内的整数匹配，并将这个整数存储在一个名为 `topic_id` 的实参中。

发现 URL 与这个模式匹配时，Django 将调用视图函数 `topic()`，并将存储在 `topic_id` 中的值作为实参传递给它。在这个函数中，将使用 `topic_id` 的值来获取相应的主题。

2. 视图

函数 `topic()`需要从数据库中获取指定的主题以及与之相关联的所有条目，如下所示：

views.py
```
--snip--
❶ def topic(request, topic_id):
      """显示单个主题及其所有的条目。"""
❷     topic = Topic.objects.get(id=topic_id)
❸     entries = topic.entry_set.order_by('-date_added')
❹     context = {'topic': topic, 'entries': entries}
❺     return render(request, 'learning_logs/topic.html', context)
```

这是除 request 对象外，第一个还包含另一个形参的视图函数。这个函数接受表达式/<int:topic_id>/捕获的值，并将其存储到 topic_id 中（见❶）。在❷处，使用 get()来获取指定的主题，就像前面在 Django shell 中所做的那样。在❸处，获取与该主题相关联的条目，并根据 date_added 进行排序：date_added 前面的减号指定按降序排列，即先显示最近的条目。将主题和条目都存储在字典 context 中（见❹），再将这个字典发送给模板 topic.html（见❺）。

注意 ❷处和❸处的代码称为**查询**，因为它们向数据库查询了特定的信息。在自己的项目中编写这样的查询时，先在 Django shell 中进行尝试大有裨益。比起先编写视图和模板、再在浏览器中检查结果，在 shell 中执行代码可更快获得反馈。

3. 模板

这个模板需要显示主题的名称和条目的内容。如果当前主题不包含任何条目，还需向用户指出这一点：

topic.html
```
{% extends 'learning_logs/base.html' %}

{% block content %}

❶  <p>Topic: {{ topic }}</p>

   <p>Entries:</p>
❷  <ul>
❸  {% for entry in entries %}
     <li>
❹      <p>{{ entry.date_added|date:'M d, Y H:i' }}</p>
❺      <p>{{ entry.text|linebreaks }}</p>
     </li>
❻  {% empty %}
     <li>There are no entries for this topic yet.</li>
   {% endfor %}
   </ul>

{% endblock content %}
```


像这个项目的其他页面一样，这里也继承了 base.html。接下来，显示当前的主题（见❶），它存储在模板变量{{ topic }}中。为什么可以使用变量 topic 呢？因为它包含在字典 context 中。接下来，定义一个显示每个条目的项目列表（见❷），并像前面显示所有主题一样遍历条目（见❸）。

每个项目列表项都将列出两项信息：条目的时间戳和完整的文本。为列出时间戳（见❹），我们显示属性 `date_added` 的值。在 Django 模板中，竖线（|）表示模板**过滤器**，即对模板变量的值进行修改的函数。过滤器 `date: 'M d, Y H:i'`以类似于这样的格式显示时间戳：January 1, 2018 23:00。接下来的一行显示 `text` 的完整值，而不仅仅是前 50 字符。过滤器 `linebreaks`（见❺）将包含换行符的长条目转换为浏览器能够理解的格式，以免显示为不间断的文本块。在❻处，使用模板标签`{% empty %}`打印一条消息，告诉用户当前主题还没有条目。

4. 将显示所有主题的页面中的主题设置为链接

在浏览器中查看显示特定主题的页面前，需要修改模板 topics.html，让每个主题都链接到相应的页面，如下所示：

topics.html

```
--snip--
  {% for topic in topics %}
    <li>
      <a href="{% url 'learning_logs:topic' topic.id %}">{{ topic }}</a>
    </li>
  {% empty %}
--snip--
```

我们使用模板标签 `url` 根据 `learning_logs` 中名为`'topic'`的 URL 模式生成了合适的链接。这个 URL 模式要求提供实参 `topic_id`，因此在模板标签 `url` 中添加了属性 `topic.id`。现在，主题列表中的每个主题都是链接了，链接到显示相应主题的页面，如 http://localhost:8000/topics/1/。

如果现在刷新显示所有主题的页面，再单击其中的一个主题，将看到类似于图 18-5 所示的页面。

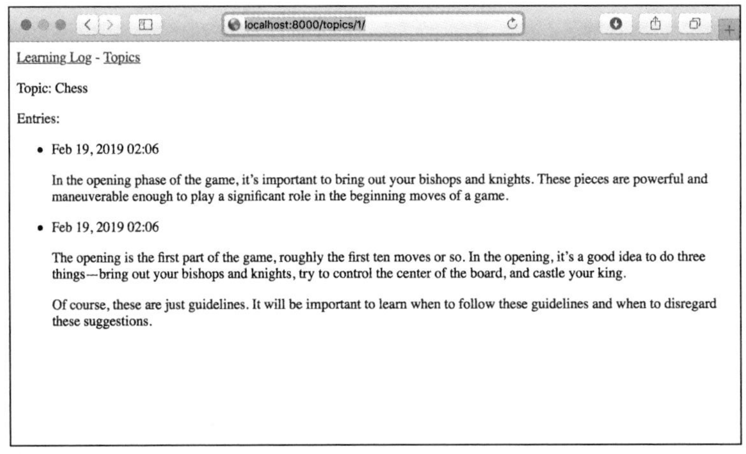

图 18-5　特定主题的详细页面，其中显示了该主题的所有条目

注意 topic.id和topic_id之间存在细微而重要的差别。表达式topic.id检查主题并获取其ID值，而在代码中，变量topic_id是指向该ID的引用。使用ID时如果出现错误，请确保正确地使用了这两个表达式。

动手试一试

练习18-7：模板文档 请浏览Django模板文档。自己开发项目时，你可再回过头来参考该文档。

练习18-8：比萨店页面 在练习18-6中开发的项目Pizzeria中，添加一个页面来显示供应的比萨的名称。然后，将每个比萨名都设置成链接，可通过单击来显示一个列出相应配料的页面。请务必使用模板继承来高效地创建页面。

18.5 小结

在本章中，你学习了：如何使用Django框架来创建Web应用程序；制定简要的项目规范，在虚拟环境中安装Django，创建一个项目，并核实该项目已被正确地创建；如何创建应用程序，以及如何定义表示应用程序数据的模型。你了解了数据库，以及在修改模型后，Django可为迁移数据库提供什么帮助。你创建了可访问管理网站的超级用户，并使用管理网站输入了一些初始数据。

你还探索了Django shell，它让你能够在终端会话中处理项目的数据。你学习了如何定义URL、创建视图函数以及编写为网站创建页面的模板。最后，你使用模板继承简化了各个模板的结构，使修改网站变得更容易。

第19章将创建对用户友好而直观的页面，让用户无须通过管理网站就能添加新的主题和条目，以及编辑既有条目。我们还将添加一个用户注册系统，让用户能够创建账户并记录自己的学习笔记。Web应用程序的核心就是，让任意数量的用户都能与之交互。

第 19 章

用户账户

19

Web 应用程序的核心是让任何用户都能够注册账户并能够使用它，不管用户身处何方。在本章中，我们将创建一些表单，让用户能够添加主题和条目，以及编辑既有的条目。我们还将学习 Django 如何防范对基于表单的页面发起的常见攻击，从而无须花太多时间考虑确保应用程序安全的问题。

然后，我们将实现一个用户身份验证系统。首先创建一个注册页面，供用户创建账户，并让有些页面只能供已登录的用户访问。接下来，修改一些视图函数，使得用户只能看到自己的数据。我们还将学习如何确保用户数据的安全。

19.1 让用户输入数据

建立用于创建用户账户的身份验证系统之前，我们先来添加几个页面，让用户能够输入数据。我们将让用户添加新主题，添加新条目以及编辑既有条目。

当前，只有超级用户能够通过管理网站输入数据。我们不想让用户与管理网站交互，因此我们将使用 Django 的表单创建工具来创建让用户能够输入数据的页面。

19.1.1 添加新主题

首先来让用户能够添加新主题。创建基于表单的页面的方法几乎与前面创建页面一样：定义 URL，编写视图函数并编写一个模板。一个主要差别是，需要导入包含表单的模块 forms.py。

1. 用于添加主题的表单

让用户输入并提交信息的页面都是表单，哪怕看起来不像。用户输入信息时，我们需要进行验证，确认提供的信息是正确的数据类型，而不是恶意的信息，如中断服务器的代码。然后，对这些有效信息进行处理，并将其保存到数据库的合适地方。这些工作很多都是由 Django 自动完成的。

在 Diango 中，创建表单的最简单方式是使用 ModelForm，它根据我们在第 18 章定义的模型中的信息自动创建表单。请创建一个名为 forms.py 的文件，将其存储到 models.py 所在的目录，并在其中编写你的第一个表单：

forms.py

```
from django import forms

from .models import Topic

❶ class TopicForm(forms.ModelForm):
      class Meta:
❷         model = Topic
❸         fields = ['text']
❹         labels = {'text': ''}
```

首先导入模块 forms 以及要使用的模型 Topic。在❶处，定义一个名为 TopicForm 的类，它继承了 forms.ModelForm。

最简单的 ModelForm 版本只包含一个内嵌的 Meta 类，它告诉 Django 根据哪个模型创建表单以及在表单中包含哪些字段。在❷处，根据模型 Topic 创建表单，其中只包含字段 text（见❸）。❹处的代码让 Django 不要为字段 text 生成标签。

2. URL 模式 new_topic

新页面的 URL 应简短且具有描述性，因此当用户要添加新主题时，我们切换到 http://localhost:8000/new_topic/。下面是页面 new_topic 的 URL 模式，请将其添加到 learning_logs/ urls.py 中：

urls.py

```
--snip--
urlpatterns = [
    --snip--
    # 用于添加新主题的页面。
    path('new_topic/', views.new_topic, name='new_topic'),
]
```

这个 URL 模式将请求交给视图函数 new_topic()，下面来编写这个函数。

3. 视图函数 new_topic()

函数 new_topic()需要处理两种情形。一是刚进入 new_topic 页面（在这种情况下应显示空表单）；二是对提交的表单数据进行处理，并将用户重定向到页面 topics：

views.py
```
from django.shortcuts import render, redirect

from .models import Topic
from .forms import TopicForm

--snip--
def new_topic(request):
    """添加新主题。"""
❶   if request.method != 'POST':
        # 未提交数据：创建一个新表单。
❷       form = TopicForm()
    else:
        # POST 提交的数据：对数据进行处理。
❸       form = TopicForm(data=request.POST)
❹       if form.is_valid():
❺           form.save()
❻           return redirect('learning_logs:topics')

    # 显示空表单或指出表单数据无效。
❼   context = {'form': form}
    return render(request, 'learning_logs/new_topic.html', context)
```

我们导入了函数 redirect，用户提交主题后将使用这个函数重定向到页面 topics。函数 redirect 将视图名作为参数，并将用户重定向到这个视图。我们还导入了刚创建的表单 TopicForm。

4. GET 请求和 POST 请求

创建 Web 应用程序时，将用到的两种主要请求类型是 GET 请求和 POST 请求。对于只是从服务器读取数据的页面，使用 GET 请求；在用户需要通过表单提交信息时，通常使用 POST 请求。处理所有表单时，都将指定使用 POST 方法。还有一些其他类型的请求，但本项目没有使用。

函数 new_topic()将请求对象作为参数。用户初次请求该页面时，其浏览器将发送 GET 请求；用户填写并提交表单时，其浏览器将发送 POST 请求。根据请求的类型，可确定用户请求的是空表单（GET 请求）还是要求对填写好的表单进行处理（POST 请求）。

❶处的测试确定请求方法是 GET 还是 POST。如果请求方法不是 POST，请求就可能是 GET，因此需要返回一个空表单。（即便请求是其他类型的，返回空表单也不会有任何问题。）❷处创建一个 TopicForm 实例，将其赋给变量 form，再通过上下文字典将这个表单发送给模板（见❼）。由于实例化 TopicForm 时没有指定任何实参，Django 将创建一个空表单，供用户填写。

如果请求方法为 POST，将执行 else 代码块，对提交的表单数据进行处理。我们使用用户输入的数据（存储在 request.POST 中）创建一个 TopicForm 实例（见❸），这样对象 form 将包含用户提交的信息。

要将提交的信息保存到数据库，必须先通过检查确定它们是有效的（见❹）。方法 is_valid()核实用户填写了所有必不可少的字段（表单字段默认都是必不可少的），且输入的数据与要求的字段类型一致（例如，字段 text 少于 200 字符，这是第 18 章在 models.py 中指定的）。这种自动验证避免了我们去做大量的工作。如果所有字段都有效，就可调用 save()（见❺），将表单中的数据写入数据库。

保存数据后，就可离开这个页面了。为此，使用 redirect()将用户的浏览器重定向到页面 topics（见❻）。在页面 topics 中，用户将在主题列表中看到他刚输入的主题。

我们在这个视图函数的末尾定义了变量 context，并使用稍后将创建的模板 new_topic.html 来渲染页面。这些代码不在 if 代码块内，因此无论是用户刚进入 new_topic 页面还是提交的表单数据无效，这些代码都将执行。用户提交的表单数据无效时，将显示一些默认的错误消息，帮助用户提供有效的数据。

5. 模板 new_topic

下面来创建新模板 new_topic.html，用于显示刚创建的表单：

new_topic.html

```
{% extends "learning_logs/base.html" %}

{% block content %}
  <p>Add a new topic:</p>

❶ <form action="{% url 'learning_logs:new_topic' %}" method='post'>
❷   {% csrf_token %}
❸   {{ form.as_p }}
❹   <button name="submit">Add topic</button>
  </form>

{% endblock content %}
```

这个模板继承了 base.html，因此其基本结构与项目“学习笔记”的其他页面相同。在❶处，定义了一个 HTML 表单。实参 action 告诉服务器将提交的表单数据发送到哪里。这里将它发回给视图函数 new_topic()。实参 method 让浏览器以 POST 请求的方式提交数据。

Django 使用模板标签{% csrf_token %}（见❷）来防止攻击者利用表单来获得对服务器未经授权的访问（这种攻击称为**跨站请求伪造**）。❸处显示表单，从中可知 Django 使得完成显示表单等任务有多简单：只需包含模板变量{{ form.as_p }}，就可让 Django 自动创建显示表单所需的全部字段。修饰符 as_p 让 Django 以段落格式渲染所有表单元素，这是一种整洁地显示表单的简单方式。

Django 不会为表单创建提交按钮，因此我们在❹处定义了一个。

6. 链接到页面 new_topic

下面在页面 topics 中添加到页面 new_topic 的链接：

topics.html

```
{% extends "learning_logs/base.html" %}

{% block content %}

  <p>Topics</p>

  <ul>
    --snip--
  </ul>

  <a href="{% url 'learning_logs:new_topic' %}">Add a new topic</a>

{% endblock content %}
```

这个链接放在既有主题列表的后面。图 19-1 显示了生成的表单。请使用这个表单来添加几个新主题。

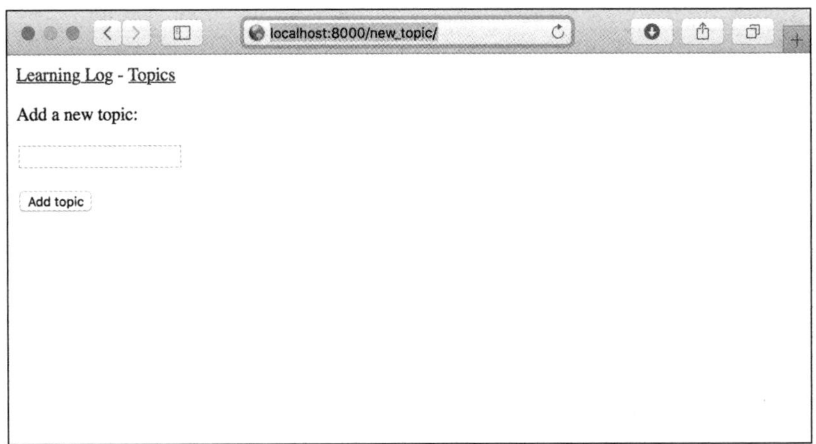

图 19-1　用于添加新主题的页面

19.1.2　添加新条目

可以添加新主题之后，用户还会想添加几个新条目。我们将再次定义 URL，编写视图函数和模板，并且链接到添加新条目的页面。但在此之前，需要在 forms.py 中再添加一个类。

1. 用于添加新条目的表单

我们需要创建一个与模型 Entry 相关联的表单，但这个表单的定制程度比 TopicForm 更高一些：

forms.py

```
from django import forms

from .models import Topic, Entry
```

```
class TopicForm(forms.ModelForm):
    --snip--

class EntryForm(forms.ModelForm):
    class Meta:
        model = Entry
        fields = ['text']
❶       labels = {'text': ' '}
❷       widgets = {'text': forms.Textarea(attrs={'cols': 80})}
```

首先修改 import 语句，使其除导入 Topic 外，还导入 Entry。新类 EntryForm 继承了 forms.ModelForm，它包含的 Meta 类指出了表单基于的模型以及要在表单中包含哪些字段。这里给字段'text'指定了标签'Entry:'（见❶）。

在❷处，我们定义了属性 widgets。**小部件**（widget）是一个 HTML 表单元素，如单行文本框、多行文本区域或下拉列表。通过设置属性 widgets，可覆盖 Django 选择的默认小部件。通过让 Django 使用 forms.Textarea，我们定制了字段'text'的输入小部件，将文本区域的宽度设置为 80 列，而不是默认的 40 列。这给用户提供了足够的空间来编写有意义的条目。

2. URL 模式 new_entry

在用于添加新条目的页面的 URL 模式中，需要包含实参 topic_id，因为条目必须与特定的主题相关联。该 URL 模式如下，请将它添加到 learning_logs/urls.py 中：

urls.py
```
--snip--
urlpatterns = [
    --snip--
    # 用于添加新条目的页面。
    path('new_entry/<int:topic_id>/', views.new_entry, name='new_entry'),
]
```

这个 URL 模式与形如 http://localhost:8000/new_entry/*id*/的 URL 匹配，其中的 *id* 是一个与主题 ID 匹配的数。代码<int:topic_id>捕获一个数值，并将其赋给变量 topic_ id。请求的 URL 与这个模式匹配时，Django 将请求和主题 ID 发送给函数 new_entry()。

3. 视图函数 new_entry()

视图函数 new_entry()与函数 new_topic()很像，请在 views.py 中添加如下代码：

views.py
```
from django.shortcuts import render, redirect

from .models import Topic
from .forms import TopicForm, EntryForm

--snip--
def new_entry(request, topic_id):
    """在特定主题中添加新条目。"""
```

19

```
❶     topic = Topic.objects.get(id=topic_id)

❷     if request.method != 'POST':
          # 未提交数据：创建一个空表单。
❸         form = EntryForm()
      else:
          # POST 提交的数据：对数据进行处理。
❹         form = EntryForm(data=request.POST)
          if form.is_valid():
❺             new_entry = form.save(commit=False)
❻             new_entry.topic = topic
              new_entry.save()
❼             return redirect('learning_logs:topic', topic_id=topic_id)

      # 显示空表单或指出表单数据无效。
      context = {'topic': topic, 'form': form}
      return render(request, 'learning_logs/new_entry.html', context)
```

我们修改 import 语句，在其中包含刚创建的 EntryForm。new_entry()的定义包含形参 topic_id，用于存储从 URL 中获得的值。渲染页面和处理表单数据时，都需要知道针对的是哪个主题，因此使用 topic_id 来获得正确的主题（见❶）。

在❷处，检查请求方法是 POST 还是 GET。如果是 GET 请求，就执行 if 代码块，创建一个空的 EntryForm 实例（见❸）。如果请求方法为 POST，就对数据进行处理：创建一个 EntryForm 实例，使用 request 对象中的 POST 数据来填充它（见❹）。然后检查表单是否有效。如果有效，就设置条目对象的属性 topic，再将条目对象保存到数据库。

调用 save()时，传递实参 commit=False（见❺），让 Django 创建一个新的条目对象，并将其赋给 new_entry，但不保存到数据库中。将 new_entry 的属性 topic 设置为在这个函数开头从数据库中获取的主题（见❻），再调用 save()且不指定任何实参。这将把条目保存到数据库，并将其与正确的主题相关联。

在❼处，调用 redirect()，它要求提供两个参数：要重定向到的视图和要给视图函数提供的参数。这里重定向到 topic()，而这个视图函数需要参数 topic_id。视图函数 topic()渲染新增条目所属主题的页面，其中的条目列表包含新增的条目。

在视图函数 new_entry()的末尾，我们创建了一个上下文字典，并使用模板 new_entry.html 渲染页面。这些代码将在用户刚进入页面或提交的表单数据无效时执行。

4. 模板 new_entry

模板 new_entry 类似于模板 new_topic，如下面的代码所示：

new_entry.html

```
{% extends "learning_logs/base.html" %}

{% block content %}
```

```
❶ <p><a href="{% url 'learning_logs:topic' topic.id %}">{{ topic }}</a></p>

  <p>Add a new entry:</p>
❷ <form action="{% url 'learning_logs:new_entry' topic.id %}" method='post'>
    {% csrf_token %}
    {{ form.as_p }}
    <button name='submit'>Add entry</button>
  </form>

{% endblock content %}
```

在页面顶端显示主题（见❶），让用户知道自己是在哪个主题中添加条目。该主题名也是一个链接，可用于返回到该主题的主页面。

表单的实参 action 包含 URL 中的 topic_id 值，让视图函数能够将新条目关联到正确的主题（见❷）。除此之外，这个模板与模板 new_topic.html 完全相同。

5. 链接到页面 new_entry

接下来，需要在显示特定主题的页面中添加到页面 new_entry 的链接：

topic.html

```
{% extends "learning_logs/base.html" %}

{% block content %}

  <p>Topic: {{ topic }}</p>

  <p>Entries:</p>
  <p>
    <a href="{% url 'learning_logs:new_entry' topic.id %}">Add new entry</a>
  </p>

  <ul>
  --snip--
  </ul>

{% endblock content %}
```

我们将这个链接放在条目列表前面，因为在这种页面中，执行的最常见的操作是添加新条目。图 19-2 显示了页面 new_entry。现在用户可添加新主题，还可在每个主题中添加任意数量的条目。请在一些主题中添加新条目，尝试使用一下页面 new_entry。

19

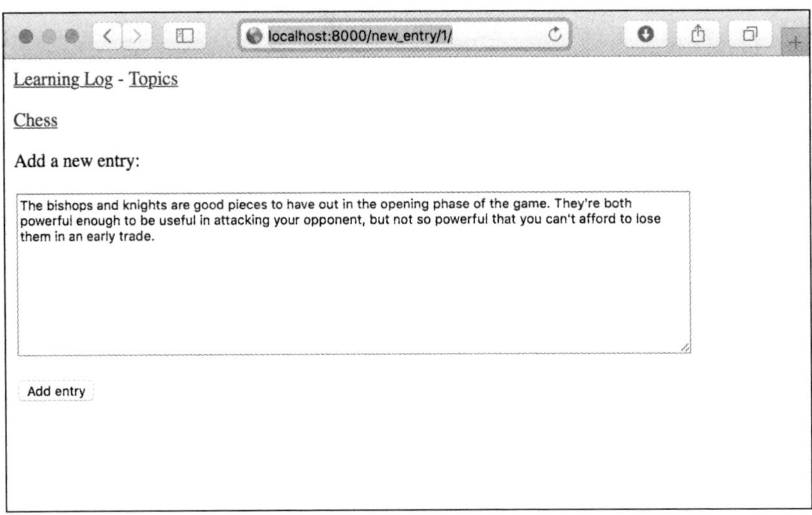

图 19-2　页面 new_entry

19.1.3　编辑条目

下面来创建让用户能够编辑既有条目的页面。

1. URL 模式 edit_entry

这个页面的 URL 需要传递要编辑的条目的 ID。修改后的 learning_logs/urls.py 如下：

urls.py
```
--snip--
urlpatterns = [
    --snip--
    # 用于编辑条目的页面。
    path('edit_entry/<int:entry_id>/', views.edit_entry, name='edit_entry'),
]
```

在 URL（如 http://localhost:8000/edit_entry/1/）中传递的 ID 存储在形参 entry_id 中。这个 URL 模式将与其匹配的请求发送给视图函数 edit_entry()。

2. 视图函数 edit_entry()

页面 edit_entry 收到 GET 请求时，edit_entry()将返回一个表单，让用户能够对条目进行编辑；收到 POST 请求（条目文本经过修订）时，则将修改后的文本保存到数据库：

views.py
```
from django.shortcuts import render, redirect

from .models import Topic, Entry
from .forms import TopicForm, EntryForm
--snip--
```

```
def edit_entry(request, entry_id):
    """编辑既有条目。"""
❶   entry = Entry.objects.get(id=entry_id)
    topic = entry.topic

    if request.method != 'POST':
        # 初次请求：使用当前条目填充表单。
❷       form = EntryForm(instance=entry)
    else:
        # POST 提交的数据：对数据进行处理。
❸       form = EntryForm(instance=entry, data=request.POST)
        if form.is_valid():
❹           form.save()
❺           return redirect('learning_logs:topic', topic_id=topic.id)

    context = {'entry': entry, 'topic': topic, 'form': form}
    return render(request, 'learning_logs/edit_entry.html', context)
```

首先导入模型 Entry。在❶处，获取用户要修改的条目对象以及与其相关联的主题。在请求方法为 GET 时将执行的 if 代码块中，使用实参 instance=entry 创建一个 EntryForm 实例（见❷）。这个实参让 Django 创建一个表单，并使用既有条目对象中的信息填充它。用户将看到既有的数据，并且能够编辑。

处理 POST 请求时，传递实参 instance=entry 和 data=request.POST（见❸），让 Django 根据既有条目对象创建一个表单实例，并根据 request.POST 中的相关数据对其进行修改。然后，检查表单是否有效。如果有效，就调用 save()且不指定任何实参（见❹），因为条目已关联到特定的主题。然后，重定向到显示条目所属主题的页面（见❺），用户将在其中看到其编辑的条目的新版本。

如果要显示表单让用户编辑条目或者用户提交的表单无效，就创建上下文字典并使用模板 edit_entry.html 渲染页面。

3. 模板 edit_entry

下面来创建模板 edit_entry.html，它与模板 new_entry.html 类似：

edit_entry.html

```
{% extends "learning_logs/base.html" %}

{% block content %}

  <p><a href="{% url 'learning_logs:topic' topic.id %}">{{ topic }}</a></p>

  <p>Edit entry:</p>

❶ <form action="{% url 'learning_logs:edit_entry' entry.id %}" method='post'>
    {% csrf_token %}
    {{ form.as_p }}
```

19

```
❷     <button name="submit">Save changes</button>
    </form>

{% endblock content %}
```

在❶处，实参 action 将表单发送给函数 edit_entry()处理。在标签{% url %}中，将条目 ID 作为一个实参，让视图函数 edit_entry()能够修改正确的条目对象。在❷处，将提交按钮的标签设置成 Save changes，旨在提醒用户：单击该按钮将保存所做的编辑，而不是创建一个新条目。

4. 链接到页面 edit_entry

现在，需要在显示特定主题的页面中给每个条目添加到页面 edit_entry 的链接：

topic.html

```
--snip--
  {% for entry in entries %}
    <li>
      <p>{{ entry.date_added|date:'M d, Y H:i' }}</p>
      <p>{{ entry.text|linebreaks }}</p>
      <p>
        <a href="{% url 'learning_logs:edit_entry' entry.id %}">Edit entry</a>
      </p>
    </li>
--snip--
```

将编辑链接放在了每个条目的日期和文本后面。在循环中，使用模板标签{% url %}根据 URL 模式 edit_entry 和当前条目的 ID 属性（entry.id）来确定 URL。链接文本为 Edit entry，它出现在页面中每个条目的后面。图 19-3 显示了包含这些链接时，显示特定主题的页面是什么样的。

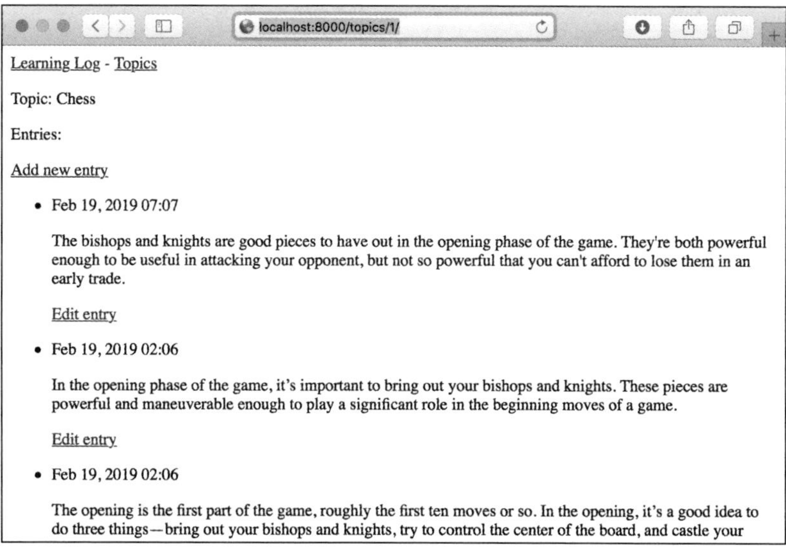

图 19-3　每个条目都有一个用于编辑的链接

至此，“学习笔记”已具备了需要的大部分功能。用户可添加主题和条目，还可根据需要查看任何条目。在下一节，我们将实现一个用户注册系统，让任何人都可向“学习笔记”申请账户，并创建自己的主题和条目。

动手试一试

练习 19-1：博客 新建一个 Django 项目，将其命名为 Blog。在这个项目中，创建一个名为 blogs 的应用程序，并在其中创建一个名为 BlogPost 的模型。这个模型应包含 title、text 和 date_added 等字段。为这个项目创建一个超级用户，并使用管理网站创建几个简短的帖子。创建一个主页，在其中按时间顺序显示所有的帖子。

创建两个表单，其中一个用于发布新帖子，另一个用于编辑既有的帖子。尝试填写这些表单，确认它们能够正确工作。

19.2 创建用户账户

本节将建立用户注册和身份验证系统，让用户能够注册账户，进而登录和注销。为此，我们将新建一个应用程序，其中包含与处理用户账户相关的所有功能。这个应用程序将尽可能使用 Django 自带的用户身份验证系统来完成工作。本节还将对模型 Topic 稍做修改，让每个主题都归属于特定用户。

19.2.1 应用程序 users

首先使用命令 startapp 创建一个名为 users 的应用程序：

```
(ll_env)learning_log$ python manage.py startapp users
(ll_env)learning_log$ ls
❶ db.sqlite3 learning_log learning_logs ll_env manage.py users
(ll_env)learning_log$ ls users
❷ __init__.py admin.py apps.py migrations models.py tests.py views.py
```

这个命令新建一个名为 users 的目录（见❶），其结构与应用程序 learning_logs 相同（见❷）。

19.2.2 将 users 添加到 settings.py 中

在 settings.py 中，需要将这个新的应用程序添加到 INSTALLED_APPS 中，如下所示：

settings.py

```
--snip--
INSTALLED_APPS = [
    # 我的应用程序
```

19

```
    'learning_logs',
    'users',

    # Django 默认创建的应用程序
    --snip--
]
--snip--
```

这样，Django 将把应用程序 users 包含到项目中。

19.2.3　包含 users 的 URL

接下来，需要修改项目根目录中的 urls.py，使其包含将为应用程序 users 定义的 URL：

urls.py

```
from django.contrib import admin
from django.urls import path, include

urlpatterns = [
    path('admin/', admin.site.urls),
    path('users/', include('users.urls')),
    path('', include('learning_logs.urls')),
]
```

我们添加了一行代码，以包含应用程序 users 中的文件 urls.py。这行代码与任何以单词 users 打头的 URL（如 http://localhost:8000/users/login/）都匹配。

19.2.4　登录页面

首先来实现登录页面。我们将使用 Django 提供的默认视图 login，因此这个应用程序的 URL 模式稍有不同。在目录 learning_log/users/中，新建一个名为 urls.py 的文件，并在其中添加如下代码：

urls.py

```
"""为应用程序 users 定义 URL 模式。"""

from django.urls import path, include

❶ app_name = 'users'
urlpatterns = [
    # 包含默认的身份验证 URL。
❷     path('', include('django.contrib.auth.urls')),
]
```

导入函数 path 和 include，以便包含 Django 定义的一些默认的身份验证 URL。这些默认的 URL 包含具名的 URL 模式，如'login'和'logout'。我们将变量 app_name 设置成'users'，让 Django 能够将这些 URL 与其他应用程序的 URL 区分开来（见❶）。即便是 Django 提供的默认 URL，将其包含在应用程序 users 的文件中后，也可通过命名空间 users 进行访问。

登录页面的URL模式与URL http://localhost:8000/users/login/匹配（见❷）。这个URL中的单词users让Django在users/urls.py中查找，而单词login让它将请求发送给Django的默认视图login。

1. 模板login.html

用户请求登录页面时，Django将使用一个默认的视图函数，但我们依然需要为这个页面提供模板。默认的身份验证视图在文件夹registration中查找模板，因此我们需要创建这个文件夹。为此，在目录learning_log/users/中新建一个名为templates的目录，再在这个目录中新建一个名为registration的目录。下面是模板login.html，应将其存储到目录learning_log/users/templates/registration中：

login.html

```
{% extends "learning_logs/base.html" %}

{% block content %}

❶ {% if form.errors %}
    <p>Your username and password didn't match. Please try again.</p>
  {% endif %}

❷ <form method="post" action="{% url 'users:login' %}">
    {% csrf_token %}
❸   {{ form.as_p }}

❹   <button name="submit">Log in</button>
❺   <input type="hidden" name="next"
      value="{% url 'learning_logs:index' %}" />
  </form>

{% endblock content %}
```

这个模板继承了base.html，旨在确保登录页面的外观与网站的其他页面相同。请注意，一个应用程序中的模板可继承另一个应用程序中的模板。

如果设置表单的errors属性，就显示一条错误消息（见❶），指出输入的用户名密码对与数据库中存储的任何用户名密码对都不匹配。

我们要让登录视图对表单进行处理，因此将实参action设置为登录页面的URL（见❷）。登录视图将一个表单发送给模板。在模板中，我们显示这个表单（见❸）并添加一个提交按钮（见❹）。在❺处，包含了一个隐藏的表单元素'next'，其中的实参value告诉Django在用户成功登录后将其重定向到什么地方。在本例中，用户将返回主页。

2. 链接到登录页面

下面在base.html中添加到登录页面的链接，让所有页面都包含它。用户已登录时，我们不想显示这个链接，因此将它嵌套在一个{% if %}标签中：

19

base.html
```
<p>
  <a href="{% url 'learning_logs:index' %}">Learning Log</a> -
  <a href="{% url 'learning_logs:topics' %}">Topics</a> -
❶ {% if user.is_authenticated %}
❷   Hello, {{ user.username }}.
  {% else %}
❸   <a href="{% url 'users:login' %}">Log in</a>
  {% endif %}
</p>

{% block content %}{% endblock content %}
```

在 Django 身份验证系统中，每个模板都可使用变量 user。这个变量有一个 is_authenticated 属性：如果用户已登录，该属性将为 True，否则为 False。这让你能够向已通过身份验证的用户显示一条消息，而向未通过身份验证的用户显示另一条消息。

这里向已登录的用户显示问候语（见❶）。对于已通过身份验证的用户，还设置了属性 username。这里使用该属性来个性化问候语，让用户知道自己已登录（见❷）。在❸处，对于尚未通过身份验证的用户，显示到登录页面的链接。

3. 使用登录页面

前面建立了一个用户账户，下面来登录一下，看看登录页面是否管用。请访问 http://localhost:8000/admin/，如果你依然是以管理员身份登录的，请在页眉上找到注销链接并单击它。

注销后，访问 http://localhost:8000/users/login/将看到类似于图 19-4 所示的登录页面。输入你在前面设置的用户名和密码，将进入索引页面。在这个主页的页眉中，显示了一条个性化问候语，其中包含你的用户名。

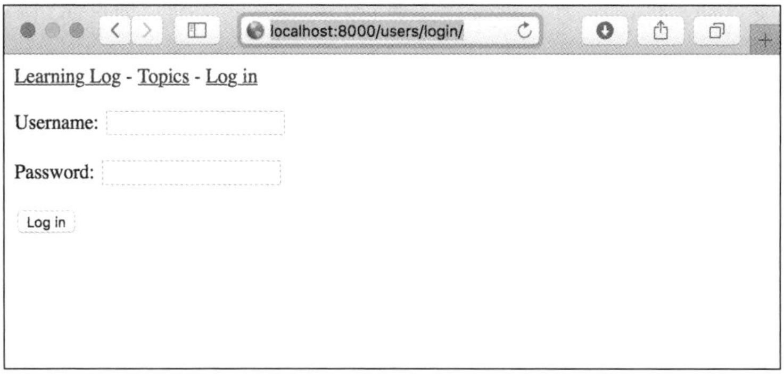

图 19-4　登录页面

19.2.5　注销

现在需要提供一个让用户注销的途径。为此，我们将在 base.html 中添加一个注销链接。用户单击这个链接时，将进入一个确认其已注销的页面。

1. 在 base.html 中添加注销链接

下面在 base.html 中添加注销链接，让每个页面都包含它。将注销链接放在{% if user.is_authenticated %}部分中，这样只有已登录的用户才能看到它：

base.html
```
--snip--
  {% if user.is_authenticated %}
    Hello, {{ user.username }}.
    <a href="{% url 'users:logout' %}">Log out</a>
  {% else %}
    --snip--
```

默认的具名注销 URL 模式为'logout'。

2. 注销确认页面

成功注销后，用户希望获悉这一点。因此默认的注销视图使用模板 logged_out.html 渲染注销确认页面，我们现在就来创建该模板。下面这个简单的页面确认用户已注销，请将其存储到目录 templates/registration（login.html 所在的目录）中：

logged_out.html
```
{% extends "learning_logs/base.html" %}

{% block content %}
  <p>You have been logged out. Thank you for visiting!</p>
{% endblock content %}
```

在这个页面中，不需要提供其他内容，因为 base.html 提供了到主页和登录页面的链接。

图 19-5 显示了用户单击 Log out 链接后出现的注销确认页面。这里的重点是创建能够正确工作的网站，因此几乎没有设置样式。确定所需的功能都能正确运行后，我们将设置这个网站的样式，使其看起来更专业。

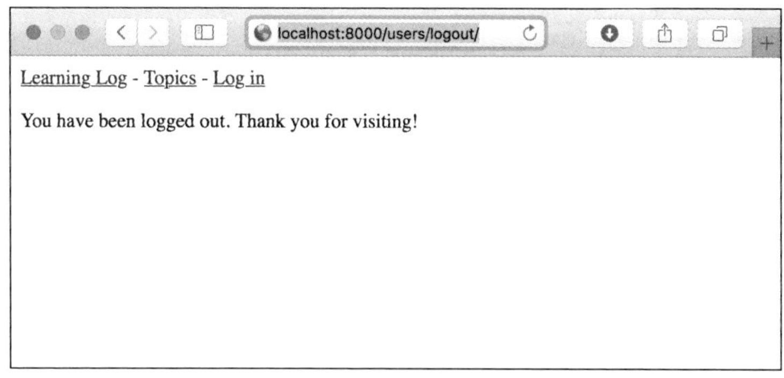

图 19-5 注销确认页面指出用户已成功注销

19.2.6　注册页面

下面来创建一个页面供新用户注册。我们将使用 Django 提供的表单 UserCreationForm，但编写自己的视图函数和模板。

1. 注册页面的 URL 模式

下面的代码定义了注册页面的 URL 模式，它也包含在 users/urls.py 中：

urls.py
```
"""为应用程序 users 定义 URL 模式。"""

from django.urls import path, include

from . import views

app_name = 'users'
urlpatterns = [
    # 包含默认的身份验证 URL。
    path('', include('django.contrib.auth.urls')),
    # 注册页面
    path('register/', views.register, name='register'),
]
```

我们从 users 中导入模块 views。为何需要这样做呢？因为我们将为注册页面编写视图函数。注册页面的 URL 模式与 URL http://localhost:8000/users/register/匹配，并将请求发送给即将编写的函数 register()。

2. 视图函数 register()

在注册页面首次被请求时，视图函数 register()需要显示一个空的注册表单，并在用户提交填写好的注册表单时对其进行处理。如果注册成功，这个函数还需让用户自动登录。请在 users/views.py 中添加如下代码：

views.py
```
from django.shortcuts import render, redirect
from django.contrib.auth import login
from django.contrib.auth.forms import UserCreationForm

def register(request):
    """注册新用户。"""
    if request.method != 'POST':
        # 显示空的注册表单。
❶       form = UserCreationForm()
    else:
        # 处理填写好的表单。
❷       form = UserCreationForm(data=request.POST)

❸       if form.is_valid():
❹           new_user = form.save()
            # 让用户自动登录，再重定向到主页。
```

```
❺            login(request, new_user)
❻            return redirect('learning_logs:index')

    # 显示空表单或指出表单无效。
    context = {'form': form}
    return render(request, 'registration/register.html', context)
```

首先导入函数 render()和 redirect()，然后导入函数 login()，以便在用户正确填写了注册信息时让其自动登录。我们还导入了默认表单 UserCreationForm。在函数 register()中，检查要响应的是否是 POST 请求。如果不是，就创建一个 UserCreationForm 实例，且不给它提供任何初始数据（见❶）。

如果响应的是 POST 请求，就根据提交的数据创建一个 UserCreationForm 实例（见❷），并检查这些数据是否有效（见❸）。就本例而言，有效是指用户名未包含非法字符，输入的两个密码相同，以及用户没有试图做恶意的事情。

如果提交的数据有效，就调用表单的方法 save()，将用户名和密码的散列值保存到数据库中（见❹）。方法 save()返回新创建的用户对象，我们将它赋给了 new_user。保存用户的信息后，调用函数 login()并传入对象 request 和 new_user，为用户创建有效的会话，从而让其自动登录（见❺）。最后，将用户重定向到主页（见❻），而主页的页眉中显示了一条个性化的问候语，让用户知道注册成功了。

在这个函数的末尾，我们渲染了注册页面：它要么显示一个空表单，要么显示提交的无效表单。

3. 注册模板

下面来创建注册页面的模板，它与登录页面的模板类似。请务必将其保存到 login.html 所在的目录中：

register.html

```
{% extends "learning_logs/base.html" %}

{% block content %}

  <form method="post" action="{% url 'users:register' %}">
    {% csrf_token %}
    {{ form.as_p }}

    <button name="submit">Register</button>
    <input type="hidden" name="next" value="{% url 'learning_logs:index' %}" />
  </form>

{% endblock content %}
```

这里也使用了方法 as_p，让 Django 在表单中正确地显示所有的字段，包括错误消息——如果用户没有正确地填写表单。

19

4. 链接到注册页面

下面来添加一些代码，在用户没有登录时显示到注册页面的链接：

base.html

```
--snip--
  {% if user.is_authenticated %}
    Hello, {{ user.username }}.
    <a href="{% url 'users:logout' %}">Log out</a>
  {% else %}
    <a href="{% url 'users:register' %}">Register</a> -
    <a href="{% url 'users:login' %}">Log in</a>
  {% endif %}
--snip--
```

现在，已登录的用户看到的是个性化的问候语和注销链接，而未登录的用户看到的是注册链接和登录链接。请尝试使用注册页面创建几个用户名各不相同的用户账户。

下一节会将一些页面限制为仅让已登录的用户访问，还将确保每个主题都归属于特定用户。

注意　这里的注册系统允许用户创建任意数量的账户。有些系统要求用户确认其身份：发送一封确认邮件，用户回复后账户才生效。通过这样做，这些系统会比本例的简单系统生成更少的垃圾账户。然而，学习创建应用程序时，完全可以像这里所做的那样，使用简单的用户注册系统。

动手试一试

练习 19-2：博客账户　在为完成练习 19-1 而开发的项目 Blog 中，添加用户身份验证和注册系统。向已登录的用户显示其用户名，向未注册的用户显示到注册页面的链接。

19.3　让用户拥有自己的数据

用户应该能够输入其专有的数据，因此我们将创建一个系统，确定各项数据所属的用户，再限制对页面的访问，让用户只能使用自己的数据。

本节将修改模型 Topic，让每个主题都归属于特定用户。这也将影响条目，因为每个条目都属于特定的主题。我们先来限制对一些页面的访问。

19.3.1　使用@login_required 限制访问

Django 提供了装饰器@login_required，让你能够轻松地只允许已登录用户访问某些页面。**装饰器**（decorator）是放在函数定义前面的指令，Python 在函数运行前根据它来修改函数代码的行为。下面来看一个示例。

1. 限制访问显示所有主题的页面

每个主题都归特定用户所有，因此应只允许已登录的用户请求显示所有主题的页面。为此，在 learning_logs/views.py 中添加如下代码：

views.py
```
from django.shortcuts import render, redirect
from django.contrib.auth.decorators import login_required

from .models import Topic, Entry
--snip--

@login_required
def topics(request):
    """显示所有的主题。"""
    --snip--
```

首先导入函数 login_required()。将 login_required()作为装饰器应用于视图函数 topics()——在它前面加上符号@和 login_required，让 Python 在运行 topics()的代码之前运行 login_required()的代码。

login_required()的代码检查用户是否已登录，仅当用户已登录时，Django 才运行 topics()的代码。如果用户未登录，就重定向到登录页面。

为实现这种重定向，需要修改 settings.py，让 Django 知道到哪里去查找登录页面。请在 settings.py 末尾添加如下代码：

settings.py
```
--snip--

# 我的设置
LOGIN_URL = 'users:login'
```

现在，如果未登录的用户请求装饰器@login_required 保护的页面，Django 将重定向到 settings.py 中的 LOGIN_URL 指定的 URL。

要测试这个设置，可注销并进入主页，再单击链接 Topics，这将重定向到登录页面。然后，使用你的账户登录，并再次单击主页中的 Topics 链接，你将看到显示所有主题的页面。

2. 全面限制对项目“学习笔记”的访问

Django 让你能够轻松地限制对页面的访问，但你必须确定要保护哪些页面。最好先确定项目的哪些页面不需要保护，再限制对其他所有页面的访问。你可轻松地修改过于严格的访问限制。比起不限制对敏感页面的访问，这样做的风险更低。

在项目“学习笔记”中，将不限制对主页和注册页面的访问，并限制对其他所有页面的访问。

在下面的 learning_logs/views.py 中，对除 index()外的每个视图都应用了装饰器@login_required：

views.py
```
--snip--
@login_required
def topics(request):
    --snip--

@login_required
def topic(request, topic_id):
    --snip--

@login_required
def new_topic(request):
    --snip--

@login_required
def new_entry(request, topic_id):
    --snip--

@login_required
def edit_entry(request, entry_id):
    --snip--
```

如果你在未登录的情况下尝试访问这些页面，将被重定向到登录页面。另外，你还不能单击到 new_topic 等页面的链接。如果你输入 URL http://localhost:8000/new_topic/，将被重定向到登录页面。对于所有与私有用户数据相关的 URL，都应限制访问。

19.3.2　将数据关联到用户

现在，需要将数据关联到提交它们的用户。只需将最高层的数据关联到用户，更低层的数据就会自动关联到用户。例如，在项目“学习笔记”中，应用程序的最高层数据是主题，而所有条目都与特定主题相关联。只要每个主题都归属于特定用户，就能确定数据库中每个条目的所有者。

下面来修改模型 Topic，在其中添加一个关联到用户的外键。这样做之后，必须对数据库进行迁移。最后，必须修改某些视图，使其只显示与当前登录的用户相关联的数据。

1. 修改模型 Topic

对 models.py 的修改只涉及两行代码：

models.py
```
from django.db import models
from django.contrib.auth.models import User

class Topic(models.Model):
    """用户学习的主题。"""
    text = models.CharField(max_length=200)
    date_added = models.DateTimeField(auto_now_add=True)
```

```
    owner = models.ForeignKey(User, on_delete=models.CASCADE)

    def __str__(self):
        """返回模型的字符串表示。"""
        return self.text

class Entry(models.Model):
  --snip--
```

首先导入 django.contrib.auth 中的模型 User，然后在 Topic 中添加字段 owner，它建立到模型 User 的外键关系。用户被删除时，所有与之相关联的主题也会被删除。

2. 确定当前有哪些用户

迁移数据库时，Django 将对数据库进行修改，使其能够存储主题和用户之间的关联。为执行迁移，Django 需要知道该将各个既有主题关联到哪个用户。最简单的办法是，将既有主题都关联到同一个用户，如超级用户。为此，需要知道该用户的 ID。

下面来查看已创建的所有用户的 ID。为此，启动一个 Django shell 会话，并执行如下命令：

```
  (ll_env)learning_log$ python manage.py shell
❶ >>> from django.contrib.auth.models import User
❷ >>> User.objects.all()
  <QuerySet [<User: ll_admin>, <User: eric>, <User: willie>]>
❸ >>> for user in User.objects.all():
  ...     print(user.username, user.id)
  ...
  ll_admin 1
  eric 2
  willie 3
  >>>
```

在❶处，在 shell 会话中导入模型 User。然后，查看到目前为止都创建了哪些用户（见❷）。输出中列出了三个用户：ll_admin、eric 和 willie。

在❸处，遍历用户列表并打印每位用户的用户名和 ID。Django 询问要将既有主题关联到哪个用户时，我们将指定其中一个 ID 值。

3. 迁移数据库

知道用户 ID 后，就可迁移数据库了。这样做时，Python 将询问你是要暂时将模型 Topic 关联到特定用户，还是在文件 models.py 中指定默认用户。请选择第一个选项。

```
❶ (ll_env)learning_log$ python manage.py makemigrations learning_logs
❷ You are trying to add a non-nullable field 'owner' to topic without a default;
  we can't do that (the database needs something to populate existing rows).
❸ Please select a fix:
   1) Provide a one-off default now (will be set on all existing rows with a
```

19

```
    null value for this column)
  2) Quit, and let me add a default in models.py
❹ Select an option: 1
❺ Please enter the default value now, as valid Python
The datetime and django.utils.timezone modules are available, so you can do
e.g. timezone.now
Type 'exit' to exit this prompt
❻ >>> 1
Migrations for 'learning_logs':
  learning_logs/migrations/0003_topic_owner.py
- Add field owner to topic
(ll_env)learning_log$
```

首先执行命令 makemigrations（见❶）。在❷处的输出中，Django 指出你试图给既有模型 Topic 添加一个必不可少（不可为空）的字段，而该字段没有默认值。在❸处，Django 提供了两种选择：要么现在提供默认值，要么退出并在 models.py 中添加默认值。在❹处，我们选择了第一个选项，因此 Django 让我们输入默认值（见❺）。

为将所有既有主题都关联到管理用户 ll_admin，我们输入用户 ID 值 1（见❻）。可以使用已创建的任何用户的 ID，而非必须是超级用户。接下来，Django 使用这个值来迁移数据库，并生成了迁移文件 0003_topic_owner.py，它在模型 Topic 中添加字段 owner。

现在可以执行迁移了。为此，在活动状态的虚拟环境中执行如下命令：

```
(ll_env)learning_log$ python manage.py migrate
Operations to perform:
  Apply all migrations: admin, auth, contenttypes, learning_logs, sessions
Running migrations:
❶  Applying learning_logs.0003_topic_owner... OK
(ll_env)learning_log$
```

Django 应用新的迁移，结果一切顺利（见❶）。

为验证迁移符合预期，可在 shell 会话中像下面这样做：

```
❶ >>> from learning_logs.models import Topic
❷ >>> for topic in Topic.objects.all():
...     print(topic, topic.owner)
...
Chess ll_admin
Rock Climbing ll_admin
>>>
```

我们从 learning_logs.models 中导入 Topic（见❶），再遍历所有的既有主题，并打印每个主题及其所属的用户（见❷）。如你所见，现在每个主题都属于用户 ll_admin。如果你在运行这些代码时出错，请尝试退出并重启 shell。

注意 你可以重置数据库而不是迁移它，但如果这样做，既有的数据都将丢失。一种不错的做法是，学习如何在迁移数据库的同时确保用户数据的完整性。如果你确实想要一个全新的数据库，可执行命令 python manage.py flush，这将重建数据库的结构。如果这样做，就必须重新创建超级用户，且原来的所有数据都将丢失。

19.3.3 只允许用户访问自己的主题

当前，不管以哪个用户的身份登录，都能够看到所有的主题。下面改变这一点，只向用户显示属于其自己的主题。

在 views.py 中，对函数 topics()做如下修改：

views.py

```
--snip--
@login_required
def topics(request):
    """显示所有的主题。"""
    topics = Topic.objects.filter(owner=request.user).order_by('date_added')
    context = {'topics': topics}
    return render(request, 'learning_logs/topics.html', context)
--snip--
```

用户登录后，request 对象将有一个 user 属性，其中存储了有关该用户的信息。查询 Topic.objects.filter(owner=request.user)让 Django 只从数据库中获取 owner 属性为当前用户的 Topic 对象。由于没有修改主题的显示方式，无须对显示所有主题的页面的模板做任何修改。

要查看结果，以所有既有主题关联到的用户的身份登录，并访问显示所有主题的页面，你将看到所有的主题。然后，注销并以另一个用户的身份登录，该页面将不列出任何主题。

19.3.4 保护用户的主题

我们还没有限制对显示单个主题的页面的访问，因此任何已登录的用户都可输入类似于 http://localhost:8000/topics/1/的 URL，来访问显示相应主题的页面。

你自己试一试就明白了。以拥有所有主题的用户的身份登录，访问特定的主题，并复制该页面的 URL 或将其中的 ID 记录下来。然后，注销并以另一个用户的身份登录，再输入显示前述主题的页面的 URL。虽然你是作为另一个用户登录的，但依然能够查看该主题中的条目。

为修复这种问题，我们在视图函数 topic()获取请求的条目前执行检查：

views.py

```
  from django.shortcuts import render, redirect
  from django.contrib.auth.decorators import login_required
❶ from django.http import Http404

  --snip--
  @login_required
```

```
def topic(request, topic_id):
    """显示单个主题及其所有的条目。"""
    topic = Topic.objects.get(id=topic_id)
    # 确认请求的主题属于当前用户。
❷   if topic.owner != request.user:
        raise Http404

    entries = topic.entry_set.order_by('-date_added')
    context = {'topic': topic, 'entries': entries}
    return render(request, 'learning_logs/topic.html', context)
--snip--
```

服务器上没有请求的资源时，标准的做法是返回 404 响应。这里导入了异常 Http404（见❶），并在用户请求其不应查看的主题时引发这个异常。收到主题请求后，在渲染页面前检查该主题是否属于当前登录的用户。如果请求的主题不归当前用户所有，就引发 Http404 异常（见❷），让 Django 返回一个 404 错误页面。

现在，如果你试图查看其他用户的主题条目，将看到 Django 发送的消息 Page Not Found。第 20 章将对这个项目进行配置，让用户看到更合适的错误页面。

19.3.5　保护页面 edit_entry

页面 edit_entry 的 URL 形式为 http://localhost:8000/edit_entry/*entry_id*/，其中 *entry_id* 是一个数。下面来保护这种页面，禁止用户通过输入类似于前面的 URL 来访问其他用户的条目：

views.py

```
--snip--
@login_required
def edit_entry(request, entry_id):
    """编辑既有条目。"""
    entry = Entry.objects.get(id=entry_id)
    topic = entry.topic
    if topic.owner != request.user:
        raise Http404

    if request.method != 'POST':
        --snip--
```

我们首先获取指定的条目以及与之相关联的主题，再检查主题的所有者是否是当前登录的用户。如果不是，就引发 Http404 异常。

19.3.6　将新主题关联到当前用户

当前，用于添加新主题的页面存在问题——没有将新主题关联到特定用户。如果你尝试添加新主题，将看到错误消息 IntegrityError，指出 learning_logs_topic.user_id 不能为 NULL（NOT NULL constraint failed: learning_logs_topic.owner_id）。Django 的意思是说，创建新主题时，必须给 owner 字段指定值。

我们可通过 request 对象获悉当前用户，因此有一个修复该问题的简单方案。请添加下面的代码，将新主题关联到当前用户：

views.py
```
--snip--
@login_required
def new_topic(request):
    """添加新主题。"""
    if request.method != 'POST':
        # 没有提交的数据：创建一个空表单。
        form = TopicForm()
    else:
        # POST 提交的数据：对数据进行处理。
        form = TopicForm(data=request.POST)
        if form.is_valid():
❶           new_topic = form.save(commit=False)
❷           new_topic.owner = request.user
❸           new_topic.save()
            return redirect('learning_logs:topics')

    # 显示一个空表单或指出表单无效。
    context = {'form': form}
    return render(request, 'learning_logs/new_topic.html', context)
--snip--
```

首先调用 form.save()并传递实参 commit=False（见❶），因为要先修改新主题，再将其保存到数据库。接下来，将新主题的 owner 属性设置为当前用户（见❷）。最后，对刚定义的主题实例调用 save()（见❸）。现在，主题包含所有必不可少的数据，将被成功保存。

这个项目现在允许任何用户注册，而每个用户想添加多少新主题都可以。每个用户都只能访问自己的数据，无论是查看数据、输入新数据还是修改旧数据时都如此。

动手试一试

练习 19-3：重构 在 views.py 中，我们在两个地方核实了主题关联到的用户为当前登录的用户。请将执行这种检查的代码放在函数 check_topic_owner()中，并在这两个地方调用该函数。

练习 19-4：保护页面 new_entry 一个用户可在另一个用户的学习笔记中添加条目，方法是在 URL 中指定属于另一个用户的主题的 ID。为防范这种攻击，请在保存新条目之前，核实它所属的主题归属于当前用户。

练习 19-5：受保护的博客 在你创建的项目 Blog 中，确保每篇博文都与特定用户相关联。确保任何用户都可访问所有的博文，但只有已登录的用户能够发表博文和编辑既有博文。在让用户编辑博文的视图中，在处理表单前确认用户编辑的是其自己发表的博文。

19.4 小结

在本章中，你学习了：如何使用表单来让用户添加新主题、添加新条目以及编辑既有条目；如何实现用户账户，让老用户能够登录和注销，并且使用 Django 提供的表单 UserCreationForm 让用户创建新账户。

建立简单的用户身份验证和注册系统后，你使用装饰器@login_required 禁止未登录的用户访问特定页面。然后，你通过使用外键将数据关联到特定用户，还迁移了要求指定默认数据的数据库。

最后，你学习了如何修改视图函数，让用户只能看到属于自己的数据。你使用方法 filter() 来获取合适的数据，并学习了如何将被请求数据的所有者同当前登录的用户进行比较。

该让哪些数据可随便访问，又该对哪些数据进行保护呢？这可能并非总是那么显而易见，但通过不断地练习就能掌握这种技能。我们在本章中就该如何保护用户数据所做的决策表明，与人合作开发项目是个不错的主意：在有人对项目进行检查的情况下，更容易发现其薄弱环节。

至此，我们创建了一个功能齐备的项目，它运行在本地计算机上。在本书的最后一章，我们将设置这个项目的样式，使其更漂亮，还将把它部署到一台服务器上，让任何人都可通过互联网注册并创建账户。

第 20 章

设置应用程序的样式并部署

当前，项目“学习笔记”虽然功能齐备，但未设置样式，也只能在本地计算机上运行。在本章中，我们将以简单而专业的方式设置这个项目的样式，再将其部署到一台服务器上，让世界上的任何人都能够建立账户。

为设置样式，我们将使用 Bootstrap 库，这是一组工具，用于为 Web 应用程序设置样式，使其在任何现代设备上都看起来很专业，无论是大型的平板显示器还是智能手机。为此，我们将使用应用程序 django-bootstrap4，这也让你能够练习使用其他 Django 开发人员开发的应用程序。

我们将把项目“学习笔记”部署到 Heroku，这个网站让你能够将项目推送到其服务器，让任何有互联网连接的人都可以使用它。我们还将使用版本控制系统 Git 来跟踪对这个项目所做的修改。

完成项目“学习笔记”后，你将能够开发简单的 Web 应用程序，让它们看起来很漂亮，再将其部署到服务器。你还能够利用更高级的学习资源来提高技能。

20.1 设置项目“学习笔记”的样式

之前，我们特意一直专注于项目“学习笔记”的功能，没有考虑样式设置问题。这是一种不错的开发方法，因为能正确运行的应用程序才是有用的。当然，应用程序能够正确运行后，外观就显得很重要了，因为漂亮的应用程序才能吸引用户。

本节简要介绍应用程序 django-bootstrap4，并演示如何将其集成到项目中，为部署做好准备。

20.1.1　应用程序 django-bootstrap4

我们将使用 django-bootstrap4 将 Bootstrap 集成到项目中。这个应用程序下载必要的 Bootstrap 文件，将其放到项目的合适位置，让你能够在项目的模板中使用样式设置指令。

为安装 django-bootstrap4，在活动状态的虚拟环境中执行如下命令：

```
(ll_env)learning_log$ pip install django-bootstrap4
--snip--
Successfully installed django-bootstrap4-0.0.7
```

接下来，需要在 settings.py 的 INSTALLED_APPS 中添加如下代码，在项目中包含应用程序 django-bootstrap4：

settings.py

```
--snip--
INSTALLED_APPS = [
    # 我的应用程序
    'learning_logs',
    'users',

    # 第三方应用程序
    'bootstrap4',

    # Django 默认添加的应用程序
    'django.contrib.admin',
    --snip--
```

新建一个名为“第三方应用程序”的片段，用于指定其他开发人员开发的应用程序，并在其中添加'bootstrap4'。务必将这个片段放在“我的应用程序”和“Django 默认添加的应用程序”之间。

20.1.2　使用 Bootstrap 设置项目“学习笔记”的样式

Bootstrap 是一个大型样式设置工具集，还提供了大量模板，可应用于项目以创建独特的总体风格。对 Bootstrap 初学者来说，这些模板比样式设置工具用起来容易得多。要查看 Bootstrap 提供的模板，可访问其官方网站，单击 Examples 并找到 Navbars。我们将使用模板 Navbars static，它提供了简单的顶部导航栏以及用于放置页面内容的容器。

图 20-1 显示了对 base.html 应用这个 Bootstrap 模板并对 index.html 做细微修改后的主页。

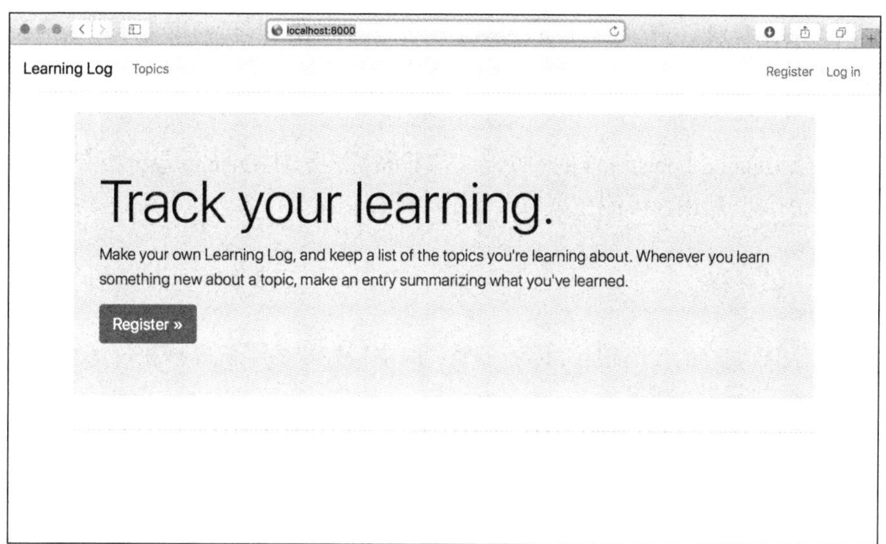

图 20-1 项目“学习笔记”的主页——使用 Bootstrap 设置样式后

20.1.3 修改 base.html

我们需要修改模板 base.html，以使用前述 Bootstrap 模板。下面分几部分介绍新的 base.html。

1. 定义 HTML 头部

对 base.html 所做的第一项修改是，在其中定义 HTML 头部，使得显示“学习笔记”的每个页面时，浏览器标题栏都显示该网站名。此外，还要添加一些在模板中使用 Bootstrap 所需的信息。请删除 base.html 的全部代码，并输入下面的代码：

base.html

```
❶ {% load bootstrap4 %}

❷ <!doctype html>
❸ <html lang="en">
❹ <head>
    <meta charset="utf-8">
    <meta name="viewport" content="width=device-width, initial-scale=1,
      shrink-to-fit=no">
❺   <title>Learning Log</title>

❻   {% bootstrap_css %}
    {% bootstrap_javascript jquery='full' %}

❼ </head>
```

在❶处，加载 django-bootstrap4 中的模板标签集。接下来，将这个文件声明为使用英语（见❸）编写的 HTML 文档（见❷）。HTML 文件分为两个主要部分：**头部**（head）和**主体**（body）。在这

20

个文件中，头部始于❹处。HTML 文件的头部不包含任何内容，只是向浏览器提供正确显示页面所需的信息。❺处包含一个 title 元素，在浏览器中打开网站“学习笔记”的页面时，浏览器的标题栏将显示该元素的内容。

在❻处，使用 django-bootstrap4 的一个自定义模板标签，让 Django 包含所有的 Bootstrap 样式文件。接下来的标签启用你可能在页面中使用的所有交互式行为，如可折叠的导航栏。❼处为结束标签</head>。

2. 定义导航栏

定义页面顶部导航栏的代码很长，因为需要同时支持较窄的手机屏幕和较宽的台式计算机显示器。我们将分三部分定义导航栏。

下面是导航栏定义代码的第一部分：

base.html

```
--snip--
</head>
❶ <body>

❷   <nav class="navbar navbar-expand-md navbar-light bg-light mb-4 border">

❸     <a class="navbar-brand" href="{% url 'learning_logs:index'%}">
          Learning Log</a>

❹     <button class="navbar-toggler" type="button" data-toggle="collapse"
          data-target="#navbarCollapse" aria-controls="navbarCollapse"
          aria-expanded="false" aria-label="Toggle navigation">
        <span class="navbar-toggler-icon"></span></button>
```

第一个元素为起始标签<body>（见❶）。HTML 文件的**主体**包含用户将在页面上看到的内容。❷处是一个<nav>元素，表示页面的导航链接部分。对于这个元素内的所有内容，都将根据此处的 navbar 和 navbar-expand-md 等选择器定义的 Bootstrap 样式规则来设置样式。**选择器**（selector）决定了样式规则将应用于页面上的哪些元素。选择器 navbar-light 和 bg-light 使用一种浅色主题来设置导航栏的颜色。mb-4 中的 mb 表示**下边距**（margin-bottom），这个选择器确保导航栏和页面其他部分之间有一些空白区域。选择器 border 在浅色背景周围添加很细的边框，将导航栏与页面其他部分分开。

在❸处，指定在导航栏最左端显示项目名，并将其设置为到主页的链接，因为它将出现在这个项目的每个页面中。选择器 navbar-brand 设置这个链接的样式，使其比其他链接更显眼，这是一种网站推广方式。

❹处定义了一个按钮，它将在浏览器窗口太窄、无法水平显示整个导航栏时显示出来。如果用户单击这个按钮，将出现一个下拉列表，其中包含所有的导航元素。在用户缩小浏览器窗口或在屏幕较小的移动设备上显示网站时，collapse 会导致导航栏折叠起来。

下面是导航栏定义代码的第二部分：

base.html

```
      --snip--
      <span class="navbar-toggler-icon"></span></button>
❶    <div class="collapse navbar-collapse" id="navbarCollapse">
❷      <ul class="navbar-nav mr-auto">
❸        <li class="nav-item">
            <a class="nav-link" href="{% url 'learning_logs:topics'%}">
                Topics</a></li>
        </ul>
```

❶处开启了导航栏的一个新区域。div是division（分隔）的缩写。我们创建页面时，将其分隔成多个区域，并指定要应用于各个区域的样式和行为规则。在<div>起始标签中定义的样式和行为规则将影响下一个结束标签</div>之前的所有元素。这里指定了屏幕或窗口太窄时将折叠起来的导航栏部分的起始位置。

❷处定义了一组链接。Bootstrap将导航元素定义为无序列表项，但使用的样式规则让它们一点也不像列表。导航栏中的每个链接或元素都能以列表项的方式定义。这里只有一个列表项——到显示所有主题的页面的链接（见❸）。

下面是导航栏定义代码的最后一部分：

base.html

```
            --snip--
      </ul>
❶    <ul class="navbar-nav ml-auto">
❷      {% if user.is_authenticated %}
          <li class="nav-item">
❸          <span class="navbar-text">Hello, {{ user.username }}.</span>
          </li>
          <li class="nav-item">
            <a class="nav-link" href="{% url 'users:logout' %}">Log out</a>
          </li>
        {% else %}
          <li class="nav-item">
            <a class="nav-link" href="{% url 'users:register' %}">Register</a>
          </li>
          <li class="nav-item">
            <a class="nav-link" href="{% url 'users:login' %}">Log in</a></li>
        {% endif %}
      </ul>
❹  </div>

  </nav>
```

❶处使用起始标签<ul>定义了另一组链接（你可根据需要在页面中包含任意数量的链接编组），这组链接与登录和注册相关，出现在导航栏最右端。选择器 ml-auto 表示**自动左边距**（margin-left-automatic），它根据导航栏包含的其他元素设置左边距，确保这组链接位于屏幕右边。

20

❷处的 if 代码块与以前使用的条件代码块相同，它根据用户是否已登录显示相应的消息。这个代码块比以前长一些，因为它现在包含一些样式规则。❸处是一个<span>元素，用于设置区域内一系列文本或元素的样式。这起初可能令人迷惑：为什么不嵌套<div>呢？毕竟有很多页面深度嵌套了<div>元素。这是因为<div>元素创建区域，而<span>元素不会。这里只是要设置导航栏中信息性文本（如已登录用户的名称）的样式，旨在让其外观与链接不同，以免用户忍不住去单击，因此使用了<span>。

❹处指出<div>元素（它包含将在屏幕太窄时折叠起来的导航栏部分）到此结束，然后指出整个导航栏到此结束。要在导航栏中添加其他链接，可在既有的<ul>元素中添加<li>元素，并使用这里演示的样式设置指令。

在 base.html 中，还需添加一些代码：定义两个块，供各个页面放置其特有的内容。

3. 定义页面的主要部分

base.html 的余下部分包含页面的主要部分：

base.html

```
    --snip--
  </nav>

❶ <main role="main" class="container">
❷   <div class="pb-2 mb-2 border-bottom">
      {% block page_header %}{% endblock page_header %}
    </div>
❸   <div>
      {% block content %}{% endblock content %}
    </div>
  </main>

</body>

</html>
```

❶处是一个<main>起始标签。<main>元素用于定义页面主体的最重要部分。此处指定了 Bootstrap 选择器 container，这是一种对页面元素进行编组的简单方式。我们将在这个容器中放置两个<div>元素。

第一个<div>元素（见❷）包含一个 page_header 块，我们会在大多数页面中使用它来指定标题。为突出标题，设置内边距。**内边距**（padding）指的是元素内容和边框之间的距离。选择器 pb-2 是一个 Bootstrap 指令，将元素的下内边距设置为适度的值。**外边距**（margin）指的是元素的边框与其他元素之间的距离。我们只想在标题下面添加边框，因此使用选择器 border-bottom，它在 page_header 块的下面添加较细的边框。

❸处定义了另一个<div>元素，其中包含 content 块。我们没有对这个块指定样式，因此在具体的页面中，可根据需要设置内容的样式。文件 base.html 的末尾是元素<main>、<body>和<html>

的结束标签。

如果现在在浏览器中加载“学习笔记”的主页，你将看到一个类似于图 20-1 所示的专业级导航栏。请尝试将窗口调整得非常窄，此时导航栏将变成一个按钮。如果你单击这个按钮，将打开一个下拉列表，其中包含所有的导航链接。

20.1.4 使用 jumbotron 设置主页的样式

下面使用 Bootstrap 元素 jumbotron 来修改主页。jumbotron 元素是一个大框，在页面中显得鹤立鸡群。它可以包含任何东西，通常用于在主页中呈现简要的项目描述和让用户行动起来的元素。

修改后的文件 index.html 如下所示：

index.html

```
{% extends "learning_logs/base.html" %}

❶ {% block page_header %}
❷   <div class="jumbotron">
❸     <h1 class="display-3">Track your learning.</h1>

❹     <p class="lead">Make your own Learning Log, and keep a list of the
          topics you're learning about. Whenever you learn something new
          about a topic, make an entry summarizing what you've learned.</p>

❺     <a class="btn btn-lg btn-primary" href="{% url 'users:register' %}"
          role="button">Register &raquo;</a>
    </div>
❻ {% endblock page_header %}
```

在❶处，告诉 Django 接下来要定义 page_header 块包含的内容。jumbotron 就是应用了一系列样式设置指令的<div>元素（见❷）。这里使用选择器 jumbotron 应用这组来自 Bootstrap 库的样式设置指令。

这个 jumbotron 包含三个元素。第一个是一条简短的消息——Track your learning，让首次访问者大致知道“学习笔记”是做什么用的。h1 类表示一级标题，而选择器 display-3 让这个标题显得更窄更高（见❸）。在❹处添加一条更长的消息，让用户更详细地知道使用学习笔记可以做什么。

在❺处，通过创建一个按钮（而不是文本链接）邀请用户注册账户。它与导航栏中的链接 Register 一样链接到的注册页面，但是按钮更显眼，并且让用户知道要使用这个项目首先需要如何做。这里的选择器让这个按钮很大，召唤用户赶快行动起来。代码»是一个 HTML 实体，表示两个右尖括号（>>）。在❻处，结束 page_header 块。我们不想在这个页面中添加其他内容，因此不需要定义 content 块。

现在的主页类似于图 20-1 所示，比设置样式前有很大的改进。

20.1.5　设置登录页面的样式

我们改进了登录页面的整体外观，但还未改进登录表单。下面来修改文件 login.html，让表单与页面的其他部分一致：

login.html
```
{% extends "learning_logs/base.html" %}
❶ {% load bootstrap4 %}

❷ {% block page_header %}
  <h2>Log in to your account.</h2>
{% endblock page_header %}

{% block content %}
❸ <form method="post" action="{% url 'users:login' %}" class="form">
    {% csrf_token %}
❹   {% bootstrap_form form %}
❺   {% buttons %}
      <button name="submit" class="btn btn-primary">Log in</button>
    {% endbuttons %}

    <input type="hidden" name="next"
      value="{% url 'learning_logs:index' %}" />
  </form>

{% endblock content %}
```

在❶处，我们在这个模板中加载 bootstrap4 模板标签。在❷处，定义 page_header 块，指出这个页面是做什么用的。注意，我们从这个模板中删除了代码块`{% if form.errors %}`，因为 django-bootstrap4 会自动管理表单错误。

在❸处，添加属性 `class="form"`，再使用模板标签`{% bootstrap_form %}`来显示表单（见❹），它替换了第 19 章使用的标签`{{ form.as_p }}`。模板标签`{% booststrap_form %}`将 Bootstrap 样式规则应用于各个表单元素。❺处是 bootstrap4 起始模板标签`{% buttons %}`，它将 Bootstrap 样式应用于按钮。

图 20-2 显示了现在渲染的登录表单。这个页面比以前整洁得多，且风格一致、用途明确。如果你尝试使用错误的用户名或密码登录，将发现消息的样式与整个网站一致，完美地融入了进来。

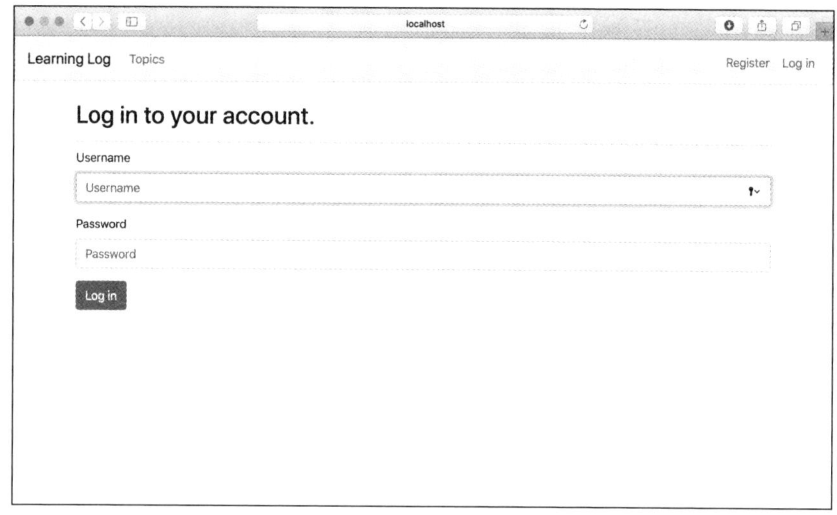

图 20-2 使用 Bootstrap 设置样式后的登录页面

20.1.6 设置显示所有主题的页面的样式

下面来确保用于查看信息的页面也有合适的样式，首先来设置显示所有主题的页面：

topics.html

```
{% extends "learning_logs/base.html" %}

❶ {% block page_header %}
  <h1>Topics</h1>
{% endblock page_header %}

{% block content %}
  <ul>
    {% for topic in topics %}
❷     <li><h3>
        <a href="{% url 'learning_logs:topic' topic.id %}">{{ topic }}</a>
      </h3></li>
    {% empty %}
      <li><h3>No topics have been added yet.</h3></li>
    {% endfor %}
  </ul>

❸ <h3><a href="{% url 'learning_logs:new_topic' %}">Add a new topic</a></h3>
{% endblock content %}
```

不需要标签{% load bootstrap4 %}，因为这个文件中没有使用任何 bootstrap4 自定义标签。我们将标题 Topics 移到 page_header 块中，并给它指定标题样式，而没有使用简单的段落标签（见❶）。将每个主题都设置为<h3>元素，使其在页面上显得大一些（见❷）。对于添加新主题的链接，也做同样的处理（见❸）。

20.1.7　设置显示单个主题的页面中的条目样式

比起大部分页面，显示单个主题的页面包含更多内容，因此需要做的样式设置工作要更多一些。我们将使用 Bootstrap 的卡片（card）组件来突出每个条目。**卡片**是带灵活的预定义样式的<div>，非常适合用于显示主题的条目：

topic.html

```
{% extends 'learning_logs/base.html' %}

❶ {% block page_header %}
  <h3>{{ topic }}</h3>
{% endblock page_header %}

{% block content %}
  <p>
    <a href="{% url 'learning_logs:new_entry' topic.id %}">Add new entry</a>
  </p>

  {% for entry in entries %}
❷   <div class="card mb-3">
❸     <h4 class="card-header">
        {{ entry.date_added|date:'M d, Y H:i' }}
❹       <small><a href="{% url 'learning_logs:edit_entry' entry.id %}">
            edit entry</a></small>
        </h4>
❺       <div class="card-body">
          {{ entry.text|linebreaks }}
        </div>
      </div>
  {% empty %}
    <p>There are no entries for this topic yet.</p>
  {% endfor %}

{% endblock content %}
```

首先将主题放在 page_header 块中（见❶），并删除该模板中以前使用的无序列表结构。在❷处，创建一个带选择器 card 的<div>元素（而不是将每个条目作为一个列表项），其中包含两个嵌套的元素：一个包含条目的创建日期以及用于编辑条目的链接，另一个包含条目的内容。

嵌套的第一个元素是个标题。它是带选择器 card-header 的<h4>元素（见❸），包含条目的创建日期以及用于编辑条目的链接。用于编辑条目的链接放在标签<small>内，这让它看起来比时间戳小一些（见❹）。第二个嵌套的元素是一个带选择器 card-body 的<div>元素（见❺），将条目的内容放在一个简单的框内。注意我们只修改了影响页面外观的元素，对在页面中包含信息的 Django 代码未做任何修改。

图 20-3 显示了修改后的单个主题页面。“学习笔记”的功能没有任何变化，但显得更专业，对用户更有吸引力。

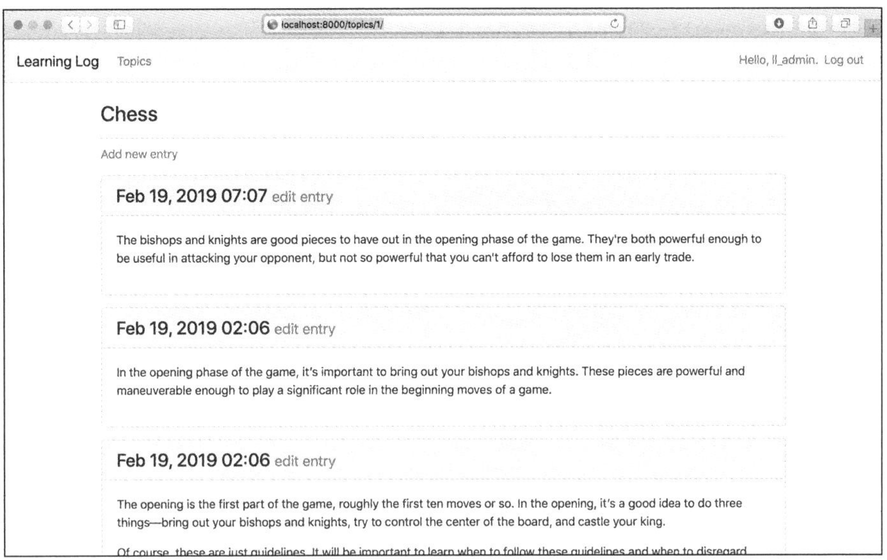

图 20-3 使用 Bootstrap 设置样式后的单个主题页面

注意 要使用其他 Bootstrap 模板，可采用与本章类似的流程：将要使用的模板复制到 base.html 中并修改包含实际内容的元素，以使用该模板来显示项目的信息，然后使用 Bootstrap 的样式设置工具来设置各个页面中内容的样式。

动手试一试

练习 20-1：其他表单 本节对登录页面应用了 Bootstrap 样式。请对其他基于表单的页面做类似的修改，包括 new_topic 页面、new_entry 页面、edit_entry 页面和注册页面。

练习 20-2：设置博客的样式 对于你在第 19 章创建的项目 Blog，使用 Bootstrap 来设置其样式。

20.2 部署“学习笔记”

至此，项目“学习笔记”的外观显得很专业，下面将其部署到服务器，让任何有互联网连接的人都能够使用它。为此，我们将使用 Heroku。这是一个基于 Web 的平台，供我们管理 Web 应用程序的部署。我们将让“学习笔记”在 Heroku 上运行起来。

20

20.2.1　建立 Heroku 账户

要建立账户，请访问 Heroku 官方网站，并单击其中一个注册链接。注册账户是免费的，Heroku 提供的免费试用服务（free tier）让你能够将项目部署到服务器并对其进行测试。

注意　Heroku 提供的免费试用服务存在一些限制，如可部署的应用程序数量以及用户访问应用程序的频率。但这些限制都很宽松，让你能够在不支付任何费用的情况下练习部署应用程序。

20.2.2　安装 Heroku CLI

要将项目部署到 Heroku 的服务器并对其进行管理，需要使用 Heroku CLI（Command Line Interface，命令行界面）提供的工具。要安装最新的 Heroku CLI 版本，请访问 Heroku Dev Center 网站的 The Heroku CLI 页面，并根据你使用的操作系统按相关的说明做：使用只包含一行的终端命令或下载并运行安装程序。

20.2.3　安装必要的包

我们还需安装三个包，以便在服务器上支持 Django 项目提供的服务。为此，在活动状态的虚拟环境中执行如下命令：

```
(ll_env)learning_log$ pip install psycopg2==2.7.*
(ll_env)learning_log$ pip install django-heroku
(ll_env)learning_log$ pip install gunicorn
```

为管理 Heroku 使用的数据库，psycopg2 包必不可少。django-heroku 包用于管理应用程序的各种配置，使其能够在 Heroku 服务器上正确地运行。这包括管理数据库，以及将静态文件存储到合适的地方，以便能够妥善地提供它们。静态文件包括样式规则和 JavaScript 文件。gunicorn 包让服务器能够实时地支持应用程序。

20.2.4　创建文件 requirements.txt

Heroku 需要知道项目依赖于哪些包，因此我们使用 pip 生成一个文件，在其中列出这些包。同样，进入活动虚拟环境，并执行如下命令：

```
(ll_env)learning_log$ pip freeze > requirements.txt
```

命令 freeze 让 pip 将项目中当前安装的所有包的名称都写入文件 requirements.txt。请打开文件 requirements.txt，查看项目中安装的包及其版本：

requirements.txt

```
dj-database-url==0.5.0
Django==2.2.0
django-bootstrap4==0.0.7
django-heroku==0.3.1
gunicorn==19.9.0
psycopg2==2.7.7
pytz==2018.9
sqlparse==0.2.4
whitenoise==4.1.2
```

“学习笔记”依赖于 8 个特定版本的包，因此在相应的环境中才能正确地运行。在这 8 个包中，有 4 个是我们手工安装的，余下的 4 个是作为依赖的包自动安装的。

我们部署“学习笔记”时，Heroku 将安装 requirements.txt 列出的所有包，从而创建一个环境，其中包含在本地使用的所有包。有鉴于此，我们可以深信在部署到 Heroku 后，项目的行为将与在本地系统上完全相同。当你在自己的系统上开发并维护各种项目时，这将是一个巨大的优点。

注意 如果在你的系统中，requirements.txt 列出的包的版本与上面列出的不同，请保留原来的版本号。

20.2.5 指定 Python 版本

如果没有指定 Python 版本，Heroku 将使用其当前的 Python 默认版本。下面来确保 Heroku 使用我们使用的 Python 版本。为此，在活动状态的虚拟环境中，执行命令 `python --version`：

```
(ll_env)learning_log$ python --version
Python 3.7.2
```

上述输出表明，我使用的是 Python 3.7.2。请在 manage.py 所在的文件夹中新建一个名为 runtime.txt 的文件，并在其中输入如下内容：

runtime.txt

```
python-3.7.2
```

这个文件应只包含一行内容，以上面所示的格式指定你使用的 Python 版本。请确保输入小写的 `python`，在它后面输入一个连字符，再输入由三部分组成的版本号。

注意 如果出现错误消息，指出不能使用指定的 Python 版本，请访问 Heroku Dev Center 网站的 Language Support 页面，再单击到 Specifying a Python Runtime 的链接。浏览打开的文章，了解支持的 Python 版本，并使用与你使用的 Python 版本最接近的版本。

20.2.6　为部署到 Heroku 而修改 settings.py

现在需要在 settings.py 末尾添加一个片段，在其中指定一些 Heroku 环境设置：

settings.py

```
--snip--
# 我的设置
LOGIN_URL = 'users:login'

# Heroku 设置
import django_heroku
django_heroku.settings(locals())
```

这里导入了模块 django_heroku 并调用了函数 settings()。这个函数将一些设置修改为 Heroku 环境要求的值。

20.2.7　创建启动进程的 Procfile

Procfile 告诉 Heroku 应该启动哪些进程，以便正确地提供项目需要的服务。请将这个只包含一行代码的文件命名为 Procfile（首字母 P 为大写），但不指定文件扩展名，再将其保存到 manage.py 所在的目录中。

Procfile 的内容如下：

Procfile

```
web: gunicorn learning_log.wsgi --log-file -
```

这行代码让 Heroku 将 Gunicorn 用作服务器，并使用 learning_log/wsgi.py 中的设置来启动应用程序。标识 log-file 告诉 Heroku 应将哪些类型的事件写入日志。

20.2.8　使用 Git 跟踪项目文件

第 17 章说过，Git 是一个版本控制程序，让你能够在每次成功实现新功能后都拍摄项目代码的快照。无论出现什么问题（如实现新功能时不小心引入了 bug），都可轻松地恢复到最后一个可行的快照。每个快照都称为**提交**。

使用 Git 意味着在尝试实现新功能时无须担心破坏项目。将项目部署到服务器时，需要确保部署的是可行版本。要更详细地了解 Git 和版本控制，请参阅附录 D。

1. 安装 Git

在你的系统中，可能已经安装了 Git。要确定是否安装了 Git，可打开一个新的终端窗口，并在其中执行命令 git --version：

```
(ll_env)learning_log$ git --version
git version 2.17.0
```

如果由于某种原因出现了错误消息，请参阅附录 D 中的 Git 安装说明。

2. 配置 Git

Git 跟踪是谁修改了项目，即便项目由一个人开发亦如此。为进行跟踪，Git 需要知道你的用户名和电子邮箱。因此，你必须提供用户名，但对于练习项目，可以编造一个电子邮箱：

```
(ll_env)learning_log$ git config --global user.name "ehmatthes"
(ll_env)learning_log$ git config --global user.email "eric@example.com"
```

如果忘记了这一步，首次提交时 Git 将提示你提供这些信息。

3. 忽略文件

无须让 Git 跟踪项目中的每个文件，因此我们让它忽略一些文件。在 manage.py 所在的文件夹中创建一个名为.gitignore 的文件（请注意，这个文件名以句点打头，且不包含扩展名），并在其中输入如下代码：

.gitignore

```
ll_env/
__pycache__/
*.sqlite3
```

这里让 Git 忽略目录 ll_env，因为随时都可自动重新创建它。还指定不跟踪目录__pycache__，这个目录包含 Django 运行.py 文件时自动创建的.pyc 文件。我们没有跟踪对本地数据库的修改，因为这是个坏习惯：如果在服务器上使用的是 SQLite，将项目推送到服务器时，可能会不小心用本地测试数据库覆盖在线数据库。`*.sqlite3` 让 Git 忽略所有扩展名为.sqlite3 的文件。

> **注意** 如果你使用的是 macOS 系统，请将`.DS_Store` 添加到文件.gitignore 中。文件.DS_Store 存储的是有关文件夹设置的信息，与这个项目一点关系都没有。

4. 显示隐藏的文件

大多数操作系统都会隐藏名称以句点打头的文件和文件夹，如.gitignore。当你打开文件浏览器或在诸如 Sublime Text 等应用程序中打开文件时，默认看不到隐藏的文件。

不过作为程序员，你需要看到它们。下面说明了如何显示隐藏的文件。

- 在 Windows 系统中，打开资源管理器，再打开一个文件夹，如 Desktop。单击标签 View（查看），并确保选中了复选框 File name extensions（文件扩展名）和 Hidden items（隐藏的项目）。
- 在 macOS 系统中，要显示隐藏的文件和文件夹，可在文件浏览器窗口中按 Command + Shift + .（句点）。

- 在 Ubuntu 等 Linux 系统中，可在文件浏览器中按 Ctrl + H 来显示隐藏的文件和文件夹。为让这种设置为永久性的，可打开文件浏览器（如 Nautilus），再单击选项标签（以三条线表示），并选中复选框 Show Hidden Files（显示隐藏的文件）。

5. 提交项目

我们需要为“学习笔记”初始化一个 Git 仓库，将所有必要的文件都加入该仓库，并提交项目的初始状态，如下所示：

```
❶ (ll_env)learning_log$ git init
  Initialized empty Git repository in /home/ehmatthes/pcc/learning_log/.git/
❷ (ll_env)learning_log$ git add .
❸ (ll_env)learning_log$ git commit -am "Ready for deployment to heroku."
  [master (root-commit) 79fef72] Ready for deployment to heroku.
   45 files changed, 712 insertions(+)
   create mode 100644 .gitignore
   create mode 100644 Procfile
   --snip--
   create mode 100644 users/views.py
❹ (ll_env)learning_log$ git status
  On branch master
  nothing to commit, working tree clean
  (ll_env)learning_log$
```

在❶处，执行命令 `git init`，在“学习笔记”所在的目录中初始化一个空仓库。在❷处，执行命令 `git add .`（千万别忘了这个句点），将未被忽略的文件都加入这个仓库。在❸处，执行命令 `git commit -am commit message`，其中的标志`-a` 让 Git 在这个提交中包含所有修改过的文件，而标志`-m` 让 Git 记录一条日志消息。

在❹处，执行命令 `git status`，输出表明当前位于分支 master，而工作树是**干净**（clean）的。每当要将项目推送到 Heroku 时，我们都希望看到这样的状态。

20.2.9　推送到 Heroku

终于可以将项目推送到 Heroku 了。在活动的虚拟环境中，执行下面的命令：

```
❶ (ll_env)learning_log$ heroku login
  heroku: Press any key to open up the browser to login or q to exit:
  Logging in... done
  Logged in as eric@example.com
❷ (ll_env)learning_log$ heroku create
  Creating app... done, ⬢ secret-lowlands-82594
  https://secret-lowlands-82594.herokuapp.com/ |
      https://git.heroku.com/secret-lowlands-82594.git
❸ (ll_env)learning_log$ git push heroku master
  --snip--
  remote: -----> Launching...
```

```
remote:        Released v5
❹ remote:        https://secret-lowlands-82594.herokuapp.com/ deployed to Heroku
remote: Verifying deploy... done.
To https://git.heroku.com/secret-lowlands-82594.git
 * [new branch]      master -> master
(ll_env)learning_log$
```

首先执行命令 heroku login，这将打开浏览器并在其中显示一个页面，让你能够登录 Heroku（见❶）。然后，让 Heroku 创建一个空项目（见❷）。Heroku 生成的项目名由两个单词和一串数字组成，但以后可修改这个名称。接下来，执行命令 git push heroku master（见❸），让 Git 将项目的分支 master 推送到 Heroku 刚才创建的仓库中。Heroku 将使用这些文件在其服务器上创建项目。❹处列出了用于访问这个项目的 URL，但这个 URL 和项目名都是可以修改的。

执行这些命令后，项目就部署好了，但还未做全面配置。为核实正确地启动了服务器进程，请执行命令 heroku ps：

```
(ll_env)learning_log$ heroku ps
❶ Free dyno hours quota remaining this month: 450h 44m (81%)
Free dyno usage for this app: 0h 0m (0%)
For more information on dyno sleeping and how to upgrade, see:
https://devcenter.heroku.com/articles/dyno-sleeping
❷ === web (Free): gunicorn learning_log.wsgi --log-file - (1)
web.1: up 2019/02/19 23:40:12 -0900 (~ 10m ago)
(ll_env)learning_log$
```

输出指出了在接下来的一个月内，项目还可在多长时间内处于活动状态（见❶）。编写本书时，Heroku 允许免费部署在一个月内最多有 550 小时处于活动状态。项目的活动时间超过这个限制后，将显示标准的服务器错误页面，我们稍后将定制这个错误页面。在❷处，我们发现启动了 Procfile 指定的进程。

现在，可使用命令 heroku open 在浏览器中打开这个应用程序了：

```
(ll_env)learning_log$ heroku open
(ll_env)learning_log$
```

也可以启动浏览器并输入 Heroku 告诉你的 URL，但上述命令让你无须这样做。你将看到“学习笔记”的主页，其样式设置正确无误，但还无法使用这个应用程序，因为尚未建立数据库。

注意 部署到 Heroku 的流程会不断变化。如果遇到无法解决的问题，请通过查看 Heroku 文档来获取帮助。为此，可访问 Heroku Dev Center 网站首页，单击 Python，再单击到 Get Started with Python 或 Deploying Python and Django Apps on Heroku 的链接。如果看不懂这些文档，请参阅附录 C 提供的建议。

20.2.10　在 Heroku 上建立数据库

为建立在线数据库，需要再次执行命令 migrate，并应用在开发期间生成的所有迁移。要对 Heroku 项目执行 Django 和 Python 命令，可使用命令 heroku run。下面演示了如何对 Heroku 部署执行命令 migrate：

```
❶ (ll_env)learning_log$ heroku run python manage.py migrate
❷ Running 'python manage.py migrate' on ⬢ secret-lowlands-82594... up, run.3060
    --snip--
❸ Running migrations:
    --snip--
    Applying learning_logs.0001_initial... OK
    Applying learning_logs.0002_entry... OK
    Applying learning_logs.0003_topic_owner... OK
    Applying sessions.0001_initial... OK
  (ll_env)learning_log$
```

首先执行命令 heroku run python manage.py migrate（见❶）。Heroku 随后创建一个终端会话来执行命令 migrate（见❷）。在❸处，Django 应用默认迁移以及我们在开发“学习笔记”期间生成的迁移。

现在如果访问这个部署的应用程序，将能够像在本地系统上一样使用它，但看不到在本地部署中输入的任何数据（包括超级用户账户），因为它们还没有被复制到在线服务器。通常，不将本地数据复制到在线部署中，因为本地数据通常是测试数据。

你可分享“学习笔记”的 Heroku URL，让任何人都可使用它。下一节将再完成几个任务，以结束部署过程，让你能够继续开发“学习笔记”。

20.2.11　改进 Heroku 部署

本节将通过创建超级用户来改进部署，就像在本地一样。我们还将让这个项目更安全：将 DEBUG 设置为 False，让用户在错误消息中看不到额外的信息，以防其利用这些信息来攻击服务器。

1. 在 Heroku 上创建超级用户

我们知道可以使用命令 heroku run 来执行一次性命令，但也可这样执行命令：在连接到 Heroku 服务器的情况下，使用命令 heroku run bash 打开 Bash 终端会话。Bash 是众多 Linux 终端运行的语言。我们将使用 Bash 终端会话来创建超级用户，以便访问在线应用程序的管理网站：

```
  (ll_env)learning_log$ heroku run bash
  Running 'bash' on ⬢ secret-lowlands-82594... up, run.9858
❶ ~ $ ls
  learning_log learning_logs manage.py Procfile requirements.txt runtime.txt
  staticfiles users
❷ ~ $ python manage.py createsuperuser
```

```
Username (leave blank to use ' u47318'): ll_admin
Email address:
Password:
Password (again):
Superuser created successfully.
❸ ~ $ exit
exit
(ll_env)learning_log$
```

在❶处，执行命令 ls，以查看服务器上有哪些文件和目录。服务器包含的文件和目录应与本地系统相同。可像遍历其他文件系统一样遍历这个文件系统。

注意 即便使用的是 Windows 系统，也应使用这里列出的命令（如 ls 而不是 dir），因为这里是在通过远程连接运行 Linux 终端。

在❷处，执行创建超级用户的命令，它像第 18 章在本地系统创建超级用户一样提示你输入相关的信息。在这个终端会话中创建超级用户后，执行命令 exit 返回到本地系统的终端会话（见❸）。

现在，你可以在在线应用程序的 URL 末尾添加/admin/来登录管理网站了。对我而言，这个 URL 为 https://secret-lowlands-82594.herokuapp.com/admin/。

如果有其他人使用这个项目，别忘了你能访问他们的所有数据！千万别不把这一点当回事，否则用户就不会再将数据托付给你了。

2. 在 Heroku 上创建对用户友好的 URL

你很可能希望 URL 更友好，比 https://secret-lowlands-82594.herokuapp.com/admin/更好记。为此，只需使用一个命令重命名应用程序：

```
(ll_env)learning_log$ heroku apps:rename learning-log
Renaming secret-lowlands-82594 to learning-log-2e... done
https://learning-log.herokuapp.com/ | https://git.heroku.com/learning-log.git
Git remote heroku updated
 ⬢  Don't forget to update git remotes for all other local checkouts of the app.
(ll_env)learning_log$
```

给应用程序命名时，可使用字母、数字和连字符，并且想怎么命名都可以，只要指定的名称未被别人使用就行。现在，项目的 URL 变成了 https://learning-log.herokuapp.com/。使用以前的 URL 再也无法访问它，命令 apps:rename 将整个项目都移到了新的 URL 处。

注意 使用 Heroku 提供的免费服务部署项目时，如果项目在指定时间内未收到请求或过于活跃，Heroku 将让项目进入休眠状态。用户访问处于休眠状态的网站时，加载时间将更长，但对于后续请求，服务器的响应速度将更快。这就是 Heroku 能够提供免费部署的原因所在。

20.2.12　确保项目的安全

当前，部署的项目存在严重的安全问题：settings.py 包含设置 DEBUG=True，指定在发生错误时显示调试信息。开发项目时，Django 的错误页面显示了重要的调试信息，如果将项目部署到服务器后还保留这个设置，将给攻击者提供大量可利用的信息。

在在线项目中，我们将设置一个环境变量，以控制是否显示调试信息。**环境变量**是在特定环境中设置的值。这是在服务器上存储敏感信息并将其与项目代码分开的方式之一。

下面来修改 settings.py，使其在项目于 Heroku 上运行时检查一个环境变量：

settings.py

```
--snip--
# Heroku 设置
import django_heroku
django_heroku.settings(locals())

if os.environ.get('DEBUG') == 'TRUE':
    DEBUG = True
elif os.environ.get('DEBUG') == 'FALSE':
    DEBUG = False
```

方法 os.environ.get()从项目当前所处的环境中读取与特定环境变量相关联的值。如果设置了这个环境变量，就返回它的值；如果没有设置，就返回 None。使用环境变量来存储布尔值时，必须小心应对，因为在大多数情况下，环境变量存储的都是字符串。请看下面在简单的 Python 终端会话中执行的代码片段：

```
>>> bool('False')
True
```

字符串'False'对应的布尔值为 True，因为非空字符串对应的布尔值都为 True。因此，我们将使用全大写的字符串'TRUE'和'FALSE'，以明确地指出存储的不是 Python 布尔值 True 和 False。Django 读取 Heroku 中键为'DEBUG'的环境变量时，如果其值为'TRUE'，我们就将 DEBUG 设置为 True；如果其值为'FALSE'，就将 DEBUG 设置为 False。

20.2.13　提交并推送修改

现在需要将对 settings.py 所做的修改提交到 Git 仓库，再将修改推送到 Heroku。下面的终端会话演示了这个过程：

```
❶ (ll_env)learning_log$ git commit -am "Set DEBUG based on environment variables."
  [master 3427244] Set DEBUG based on environment variables.
   1 file changed, 4 insertions(+)
❷ (ll_env)learning_log$ git status
  On branch master
  nothing to commit, working tree clean
  (ll_env)learning_log$
```

我们执行命令 git commit，并指定一条简短而有描述性的提交消息（见❶）。别忘了，标志 -am 让 Git 提交所有修改过的文件，并记录一条日志消息。Git 找出唯一修改过的文件，并将所做的修改提交到仓库。

❷处显示的状态表明，当前位于仓库的分支 master，没有任何未提交的修改。推送到 Heroku 前，必须检查状态并看到刚才所说的消息。如果没有看到这样的消息，就说明有未提交的修改，而这些修改将不会推送到服务器。在这种情况下，可尝试再次执行命令 commit，但如果你不知道该如何解决这个问题，请阅读附录 D，更深入地了解 Git 的用法。

下面将修改后的仓库推送到 Heroku：

```
(ll_env)learning_log$ git push heroku master
remote: Building source:
remote:
remote: -----> Python app detected
remote: -----> Installing requirements with pip
--snip--
remote: -----> Launching...
remote:        Released v6
remote:        https://learning-log.herokuapp.com/ deployed to Heroku
remote:
remote: Verifying deploy... done.
To https://git.heroku.com/learning-log.git
   144f020..d5075a1 master -> master
(ll_env)learning_log$
```

Heroku 发现仓库发生了变化，因此重建项目，确保所有的修改都生效。它不会重建数据库，因此这次无须执行命令 migrate。

20.2.14 在 Heroku 上设置环境变量

现在可通过 Heroku 将 settings.py 中的 DEBUG 设置为所需的值了。

命令 heroku config:set 设置一个环境变量：

```
(ll_env)learning_log$ heroku config:set DEBUG=FALSE
Setting DEBUG and restarting ⬢ learning-log... done, v7
DEBUG: FALSE
(ll_env)learning_log$
```

每当你在 Heroku 上设置环境变量时，Heroku 都将重启项目，让环境变量生效。

要核实部署现在更安全了，请输入项目的 URL，并在末尾加上未定义的路径，如尝试访问 http://learning-log.herokuapp.com/letmein。你将看到通用的错误页面，它没有泄露任何有关该项目的具体信息。如果通过输入 URL http://localhost:8000/letmein/向本地的“学习笔记”发出同样的请求，你将看到完整的 Django 错误页面。这样的结果非常理想：接着开发这个项目时，你可以看到信息丰富的错误消息，但访问在线项目的用户看不到有关代码的重要信息。

如果你在部署应用程序时遇到麻烦，需要排除故障，可执行命令 heroku config:set DEBUG='TRUE'，以便访问在线项目时能够看到完整的错误报告。成功地排除故障后，务必将这个环境变量重置为'FALSE'。另外，请务必小心，一旦有用户经常访问这个在线项目，就不要这样做。

20.2.15 创建自定义错误页面

第 19 章对“学习笔记”进行了配置，使其在用户请求不属于自己的主题或条目时返回 404 错误。你可能还遇到过一些 500 错误（内部错误）。404 错误通常意味着 Django 代码是正确的，但请求的对象不存在。500 错误通常意味着代码有问题，如 views.py 中的函数有问题。当前，在这两种情况下，Django 都返回通用的错误页面，但我们可以编写外观与“学习笔记”一致的 404 和 500 错误页面模板。这些模板必须放在根模板目录中。

1. 创建自定义模板

在最外层的文件夹 learning_log 中，新建一个文件夹，并将其命名为 templates。然后在这个文件夹中新建一个名为 404.html 的文件（这个文件的路径应为 learning_log/templates/404.html），并在其中输入如下内容：

404.html

```
{% extends "learning_logs/base.html" %}

{% block page_header %}
  <h2>The item you requested is not available. (404)</h2>
{% endblock page_header %}
```

这个简单的模板指定了通用的 404 错误页面包含的信息，但该页面的外观与网站其他部分一致。

再创建一个名为 500.html 的文件，并在其中输入如下代码：

500.html

```
{% extends "learning_logs/base.html" %}

{% block page_header %}
  <h2>There has been an internal error. (500)</h2>
{% endblock page_header %}
```

这些新文件要求对 settings.py 做细微的修改：

settings.py

```
--snip--
TEMPLATES = [
    {
        'BACKEND': 'django.template.backends.django.DjangoTemplates',
        'DIRS': [os.path.join(BASE_DIR, 'templates')],
        'APP_DIRS': True,
```

```
        --snip--
    },
]
--snip--
```

这项修改让 Django 在根模板目录中查找错误页面模板。

2. 在本地查看错误页面

将项目推送到 Heroku 前，如果要在本地查看错误页面是什么样的，首先需要在本地设置中设置 `Debug=False`，以禁止显示默认的 Django 调试页面。为此，可对 settings.py 做如下修改（请确保修改的是 settings.py 中用于本地环境的部分，而不是用于 Heroku 的部分）：

settings.py

```
--snip--
# 安全警告：不要在在线环境中启用调试！
DEBUG = False
--snip--
```

现在，请求不属于你的主题或条目，以查看 404 错误页面。然后请求不存在的主题或条目，以查看 500 错误页面。例如，如果输入 http://localhost:8000/topics/999/，将出现 500 错误页面，除非你输入的主题已经超过了 999 个！

查看错误页面后，将本地 `DEBUG` 的值重新设置为 `True`，为后续开发提供方便。（在管理 Heroku 设置的部分，确保处理 `DEBUG` 的方式不变。）

注意 500 错误页面不会显示任何有关当前用户的信息，因为发生服务器错误时，Django 不会通过响应发送任何上下文信息。

3. 将修改推送到 Heroku

现在需要提交对错误页面所做的修改，并将这些修改推送到 Heroku：

```
❶ (ll_env)learning_log$ git add .
❷ (ll_env)learning_log$ git commit -am "Added custom 404 and 500 error pages."
   3 files changed, 15 insertions(+), 10 deletions(-)
   create mode 100644 templates/404.html
   create mode 100644 templates/500.html
❸ (ll_env)learning_log$ git push heroku master
  --snip--
  remote: Verifying deploy.... done.
  To https://git.heroku.com/learning-log.git
     d5075a1..4bd3b1c master -> master
  (ll_env)learning_log$
```

在❶处，执行命令 `git add .`，因为我们在项目中创建了一些新文件，需要让 Git 跟踪它们。

然后，提交所做的修改（见❷），并将修改后的项目推送到 Heroku（见❸）。

现在，错误页面出现时，其样式应该与网站其他部分一致。这样，在发生错误时，用户将不会感到别扭。

4. 使用方法 get_object_or_404()

现在，如果用户手工请求不存在的主题或条目，将导致 500 错误。Django 尝试渲染不存在的页面，但没有足够的信息来完成这项任务，进而引发了 500 错误。对于这种情形，将其视为 404 错误更合适。为此可使用 Django 快捷函数 get_object_or_404()。这个函数尝试从数据库获取请求的对象，如果这个对象不存在，就引发 404 异常。我们在 views.py 中导入这个函数，并用它替换函数 get()：

views.py
```
from django.shortcuts import render, redirect, get_object_or_404
from django.contrib.auth.decorators import login_required
--snip--
@login_required
def topic(request, topic_id):
    """显示单个主题及其所有的条目。"""
    topic = get_object_or_404(Topic, id=topic_id)
    # 确定主题属于当前用户。
    --snip--
```

现在，如果请求不存在的主题（如使用 URL http://localhost:8000/topics/999/），将看到 404 错误页面。为部署这里所做的修改，再次提交，并将项目推送到 Heroku。

20.2.16　继续开发

将项目“学习笔记”推送到服务器后，你可能想进一步开发它或开发要部署的其他项目。更新项目的过程几乎完全相同。

首先，对本地项目做必要的修改。如果在修改过程中创建了新文件，使用命令 git add .（千万别忘记末尾的句点）将其加入 Git 仓库中。如果有修改要求迁移数据库，也需要执行这个命令，因为每个迁移都将生成新的迁移文件。

然后，使用命令 git commit -am "commit message"将修改提交到仓库，再使用命令 git push heroku master 将修改推送到 Heroku。如果在本地迁移了数据库，也需要迁移在线数据库。为此，可使用一次性命令 heroku run python manage.py migrate，也可使用 heroku run bash 打开远程终端会话，并在其中执行命令 python manage.py migrate。然后访问在线项目，确认期望看到的修改已生效。

在这个过程中很容易犯错，因此看到错误时不要大惊小怪。如果代码不能正确地工作，请重新审视所做的工作，尝试找出其中的错误。如果找不出错误，或者不知道如何撤销错误，请参阅附录 C 中有关如何寻求帮助的建议。不要羞于去寻求帮助：每个学习开发项目的人都可能遇到过你面临的问题，因此总有人乐意伸出援手。通过解决遇到的每个问题，可让你的技能稳步提高，最终能够开发可靠而有意义的项目，还能解决别人遇到的问题。

20.2.17 设置 SECRET_KEY

Django 根据 settings.py 中设置 SECRET_KEY 的值来实现大量的安全协议。在这个项目中，提交到仓库的设置文件包含设置 SECRET_KEY。对于一个练习项目而言，这足够了，但对于生产网站，应更细致地处理设置 SECRET_KEY。如果你创建的项目的用途很重要，务必研究如何更安全地处理设置 SECRET_KEY。

20.2.18 将项目从 Heroku 删除

一个不错的练习是，使用同一个项目或一系列小项目执行部署过程多次，直到对部署过程了如指掌。然而，你需要知道如何删除部署的项目。Heroku 限制了可免费托管的项目数，而你也不希望自己的账户中包含大量练习项目。

在 Heroku 网站登录后，将重定向到一个页面，其中列出了你托管的所有项目。单击要删除的项目，你将看到另一个页面，其中显示了有关这个项目的信息。单击链接 Settings，再向下滚动，找到用于删除项目的链接并单击它。这种操作是不可撤销的，因此 Heroku 让你手工输入要删除的项目的名称，确认你确实要删除它。

如果喜欢在终端中工作，也可使用命令 destroy 来删除项目：

```
(ll_env)learning_log$ heroku apps:destroy --app appname
```

appname 是要删除的项目的名称，可能类似于 secret-lowlands-82594，也可能类似于 learning-log（如果你重命名了项目）。你将被要求再次输入项目名，确认你确实要删除它。

注意 删除 Heroku 上的项目对本地项目没有任何影响。如果没有人使用你部署的项目，就尽管去练习部署过程好了，在 Heroku 上删除项目再重新部署完全合情合理。

动手试一试

练习 20-3：在线博客 将你一直在开发的项目 Blog 部署到 Heroku。确保将 DEBUG 设置为 False，以免出现错误时用户看到完整的 Django 错误页面。

练习 20-4：在更多的情况下显示 404 错误页面 在视图函数 new_entry()和 edit_entry()中，也使用函数 get_object_or_404()。完成这些修改后进行测试：输入类似于 http://localhost:8000/new_entry/999/的 URL，确认看到的是 404 错误页面。

练习 20-5：扩展“学习笔记” 在“学习笔记”中添加一项功能，并将修改推送到在线部署。尝试做一项简单的修改，如在主页中对项目做更详细的描述。再尝试添加一项更高级的功能，如让用户能够将主题设置为公开的。为此，需要在模型 Topic 中添加一个名为 public 的属性（其默认值为 False），并在 new_topic 页面中添加一个表单元素，让用户能够将私有主题改为公开。然后，需要迁移项目，并修改 views.py，让未登录的用户也可以看到所有公开的主题。将修改推送到 Heroku 后，别忘了迁移在线数据库。

20.3 小结

在本章中，你学习了如何使用 Bootstrap 库和应用程序 django-bootstrap4 赋予应用程序简单而专业的外观。使用 Bootstrap 意味着无论用户使用哪种设备来访问你的项目，你选择的样式都将实现几乎相同的效果。

你学习了 Bootstrap 的模板，并使用模板 Navbar static 赋予了“学习笔记”简单的外观。你学习了如何使用 jumbotron 来突出主页中的消息，还学习了如何给网站的所有页面设置一致的样式。

在本章最后一节，你学习了如何将项目部署到 Heroku 服务器，让任何人都能够访问。你创建了一个 Heroku 账户，并安装了一些帮助管理部署过程的工具。你使用 Git 将能够正确运行的项目提交到仓库，再将这个仓库推送到 Heroku 的服务器。最后，你将 DEBUG 设置为 False，以确保在线应用程序的安全。

开发完项目“学习笔记”后，你就能自己动手开发项目了。请先让项目尽可能简单，确定它能正确运行后，再添加复杂的功能。愿你学习愉快，开发项目时有好运相伴！

附录 A

安装与故障排除

Python 有不同的版本，在各种操作系统中有很多安装方式。如果第 1 章介绍的方式不管用，或者要安装非系统自带的 Python 版本，本附录可提供帮助。

A.1 Windows 系统

第 1 章的安装说明指出了如何使用 Python 网站提供的官方安装程序安装 Python。如果执行安装程序后，无法运行 Python，本节的故障排除说明将帮助你让 Python 恢复正常。

A.1.1 查找 Python 解释器

如果执行简单命令 python 时出现错误消息，如 python 不是可识别的内部或外部命令（python is not recognized as an internal or external command），很可能是因为执行安装程序时没有选中复选框 Add Python to PATH。在这种情况下，需要告诉 Windows 去哪里查找 Python 解释器。要确定 Python 解释器的位置，请打开 C 盘，并在其中查找名称以 Python 打头的文件夹。（要找到这样的文件夹，可能需要在 Windows 资源管理器的搜索栏中输入单词 python，因为它可能不在 C 盘的根目录下。）打开这个文件夹，并查找名称为 python（全部小写）的文件。右击这个文件并选择“属性”，你将在“位置”后面看到它的路径。

要告诉 Windows 去哪里查找解释器，可以打开一个终端窗口，输入刚才看到的路径，再输入-version，并按回车键：

```
$ C:\Python37\python --version
Python 3.7.2
```

在你的系统中，这条路径可能类似于下面这样：C:\Users\username\Programs\Python37\python。指定路径后，Windows 应该会运行 Python 解释器。

A.1.2　将 Python 添加到环境变量 Path

如果每次启动 Python 终端会话时都需要输入完整的路径，那就太讨厌了。因此，我们将在系统中添加这个路径，让你只需使用命令 python 即可。打开控制面板并单击“系统和安全”，再单击“系统”。单击“高级系统设置”，在打开的窗口中单击按钮“环境变量”。

在“系统变量”部分，找到并单击变量 Path，再单击按钮“编辑”。你将看到一系列位置，而系统将在这些位置查找程序。单击“新建”按钮，并将文件 python.exe 的路径粘贴到出现的文本框中。如果你的系统设置与我的一样，这条路径应该是这样的：

```
C:\Python37
```

请注意，这里没有指定文件名 python.exe，而只是告诉系统到哪里去查找它。

关闭终端窗口，再打开一个新的终端窗口。这将在终端会话中加载变量 Path 的新值。现在执行命令 python --version 时，你将看到刚才在变量 Path 中设置的 Python 版本。现在，只需在命令提示符下输入 python 并按回车，就可启动 Python 终端会话了。

注意　如果你使用的是较早的 Windows 版本，则单击“编辑”按钮时，出现的对话框可能包含文本框“变量”。如果是这样，请使用右箭头键滚动到最右边。千万不要覆盖变量原来的值。如果不小心覆盖了，请单击“取消”按钮，再重复前面的步骤。在变量值的末尾添加一个分号，再添加文件 python.exe 的路径，如下所示：

```
%SystemRoot%\system32\...\System32\WindowsPowerShell\v1.0\;C:\Python37
```

A.1.3　重装 Python

如果还是无法运行 Python，卸载 Python 并再次执行安装程序通常能解决所有的问题。为此，打开“控制面板”并单击“程序和功能”，再向下滚动，找到并选择刚才安装的 Python 版本。单击“卸载/更改”，在出现的对话框中单击“卸载”。然后，按第 1 章的说明再次执行安装程序，并确保选择了复选框 Add Python to PATH 以及其他与系统相关的设置。如果还是无法运行 Python，又不知道到哪里去寻求帮助，请参阅附录 C 的建议。

A.2　macOS 系统

第 1 章的安装说明让你使用 Python 网站提供的安装程序，我推荐你这样做，除非有特殊原因。另一种方法是使用 Homebrew，在 macOS 系统中，可使用这个工具来安装各种软件。如果你使用过 Homebrew 并想使用它来安装 Python，或者有同事在使用 Homebrew 而你也想安装它，请参阅接下来的说明。

A.2.1　安装 Homebrew

Homebrew 依赖于 Apple Xcode 包中的一些命令行工具，因此你需要先安装 Xcode 命令行工具。为此，打开一个终端窗口并执行如下命令：

```
$ xcode-select --install
```

在不断出现的确认对话框中都单击 OK 按钮。（根据网络连接的速度，这可能持续一段时间。）接下来执行如下命令以安装 Homebrew：

```
$ /usr/bin/ruby -e "$(curl -fsSL
https://raw.githubusercontent.com/Homebrew/install/master/install)"
```

这个命令可在 Homebrew 网站找到。务必在 `curl -fsSL` 和 URL 之间包含一个空格。

注意　这个命令中的-e 让 Ruby（Homebrew 就是使用这种编程语言编写的）执行下载的代码。除非来源是你信任的，否则不要运行这样的命令。

为确认正确地安装了 Homebrew，请执行如下命令：

```
$ brew doctor
Your system is ready to brew.
```

上述输出表明，可以使用 Homebrew 在系统中安装包了。

A.2.2　安装 Python

为安装最新的 Python 版本，请执行如下命令：

```
$ brew install python
```

使用下面的命令检查安装的是哪个版本：

```
$ python3 --version
Python 3.7.2
$
```

现在，可以使用命令 `python3` 来启动 Python 终端会话了，还可以使用命令 `python3` 来配置文本编辑器，使其使用刚安装的 Python 版本（而不是系统自带的版本）来运行 Python 程序。如果不知道如何配置 Sublime Text 来使用刚安装的 Python 版本，请参阅第 1 章的说明。

A.3　Linux 系统

几乎所有 Linux 系统都默认安装了 Python，但如果自带的版本低于 Python 3.6，就需要安装最新的版本。下面的说明适用于大多数基于 apt 的系统。

你将使用名为 deadsnakes 的包，它能让你轻松地安装多个 Python 版本。请执行如下命令：

```
$ sudo add-apt-repository ppa:deadsnakes/ppa
$ sudo apt-get update
$ sudo apt install python3.7
```

这些命令将在你的系统中安装 Python 3.7。

执行下面的命令启动一个运行 Python 3.7 的终端会话：

```
$ python3.7
>>>
```

配置文本编辑器使其使用 Python 3.7 以及从终端运行程序时，也需要用到这个命令。

A.4　Python 关键字和内置函数

Python 包含一系列关键字和内置函数，给变量命名时，知道这些关键字和内置函数很重要：不能将 Python 关键字用作变量名，也不应将 Python 内置函数的名称用作变量名，否则将覆盖相应的内置函数。

本节将列出 Python 关键字和内置函数的名称，让你知道应避免使用哪些变量名。

A.4.1　Python 关键字

下面的关键字都有特殊含义，如果将它们用作变量名，将引发错误：

```
False    await     else     import    pass
None     break     except   in        raise
True     class     finally  is        return
and      continue  for      lambda    try
as       def       from     nonlocal  while
assert   del       global   not       with
async    elif      if       or        yield
```

A.4.2 Python 内置函数

将内置函数名用作变量名时，不会导致错误，但将覆盖这些函数的行为：

```
abs()           delattr()     hash()         memoryview()  set()
all()           dict()        help()         min()         setattr()
any()           dir()         hex()          next()        slice()
ascii()         divmod()      id()           object()      sorted()
bin()           enumerate()   input()        oct()         staticmethod()
bool()          eval()        int()          open()        str()
breakpoint()    exec()        isinstance()   ord()         sum()
bytearray()     filter()      issubclass()   pow()         super()
bytes()         float()       iter()         print()       tuple()
callable()      format()      len()          property()    type()
chr()           frozenset()   list()         range()       vars()
classmethod()   getattr()     locals()       repr()        zip()
compile()       globals()     map()          reversed()    __import__()
complex()       hasattr()     max()          round()
```

附录 B

文本编辑器与 IDE

程序员要花费大量时间编写、阅读和编辑代码，因此必须使用文本编辑器或**集成开发环境**（IDE）来尽可能提高效率。好的编辑器会做些简单的工作，如突出代码结构，帮助你在编程期间发现常见的 bug，但是又不会做得太多，以免打断你的思路。编辑器还提供了一些很有用的功能，如自动缩进、标识出合适的行长以及提供常用操作的快捷键。

IDE 是一种提供了大量其他工具（如交互式调试器和代码检视器）的文本编辑器。IDE 在你输入代码时对其进行检查，力图弄清你创建的项目是什么样的。例如，当你输入函数名时，IDE 可能显示该函数接受的所有参数。在一切顺利且你明白显示的内容时，这可能很有帮助。不过对初学者来说，这可能是极大的负担，因为他们可能不明白为何在 IDE 中输入的代码不可行。

我建议你在学习编程期间使用简单的文本编辑器。文本编辑器给系统带来的负担轻得多，因此如果你使用的计算机较旧或配置的资源有限，文本编辑器运行起来将比 IDE 顺畅得多。如果你熟悉 IDE 或者周围有人在使用 IDE 而你也想在这样的环境中编程，则完全可以尝试使用 IDE。

就目前而言，不用太操心工具选择的问题，还不如将时间花在深入了解 Python 语言和开发感兴趣的项目上。掌握基础知识后，就会更清楚什么样的工具适合你。

本附录介绍如何配置文本编辑器 Sublime Text，以提高工作效率。最后还将简单介绍众多其他编辑器，你可能会考虑使用它们或者看到其他 Python 程序员使用它们。

B.1 自定义 Sublime Text 设置

在第 1 章，你配置了 Sublime Text，使其使用所需的 Python 版本来运行程序。下面来配置其他方面，让 Sublime Text 完成本附录开头提到的一些工作。

B.1.1 将制表符转换为空格

如果在代码中混用制表符和空格键，可能导致程序出现难以调试的问题。为避免这种情况发生，可配置 Sublime Text，使其总是使用空格来缩进，即便你按下 Tab 键亦如此。为此，打开菜单 View ▸ Indentation，核实选择了 Indent Using Spaces。如果没有，现在选择就它，并确保将 Tab Width 设置为 4 个空格。

如果你已经在程序中混用了制表符和空格，可将所有制表符都转换为空格，方法是选择菜单 View ▸ Indentation ▸ Convert Tabs to Spaces。也可通过单击 Sublime Text 窗口右下角的 Spaces 字样来访问这些设置。

现在如果按 Tab 键来缩进代码行，Sublime Text 将自动将制表符转换为指定数量的空格。

B.1.2 设置行长标志

大多数编辑器允许你设置视觉线索（通常是竖线），指出代码行应在哪里结束。在 Python 社区，这方面的约定是行长不要超过 79 字符。要设置这种标志，可打开菜单 View ▸ Ruler，再选择 80。Sublime Text 将在第 80 字符标志处放置一条竖线，帮助确保代码行的长度是合适的。

B.1.3 缩进和取消缩进代码块

要缩进代码块，可选择它，再选择菜单 Edit ▸ Line ▸ Indent 或按 Ctrl +]（macOS 系统中为 Command +]）。要取消缩进代码块，可选择菜单 Edit ▸ Line ▸ Unindent 或按 Ctrl + [（macOS 系统中为 Command + [）。

B.1.4 将代码块注释掉

要暂时禁用代码块，可选中它并注释掉，从而让 Python 忽略它。通过选择菜单 Edit ▸ Comment ▸ Toggle Comment 或按 Ctrl + /（macOS 系统中为 Command + /），可将选定的代码行注释掉：在行首添加井号（#），并保持缩进程度不变，以指出这不是常规注释。要对代码块取消注释，可选中它，并再次选择前述菜单项。

B.1.5 保存配置

前面提到的一些设置只影响当前文件，要让设置影响所有在 Sublime Text 中打开的文件，需要定义用户设置。为此选择菜单 Preferences ▸ Settings，找到文件 Preferences.sublime-settings – User，并在其中输入如下内容：

```
{
    "rulers": [80],
    "translate_tabs_to_spaces": true
}
```

保存这个文件，则指定的标尺和制表符设置将被应用于在 Sublime Text 中打开的所有文件。在这个文件中添加设置时，确保每行都以逗号结尾，但最后一行例外。你可以在网上查看其他用户的设置文件，进而自定义编辑器，以最大限度地提高工作效率。

B.1.6 进一步自定义

你能以众多方式自定义 Sublime Text，进一步提高工作效率。探索菜单时，要留意最常用的菜单项的键盘快捷键。通过使用键盘快捷键而不是鼠标或触摸板来执行操作，可提高效率。不要试图一次性记住所有的快捷键，只需记住最常执行的操作的快捷键就行，同时看看有没有其他功能可帮助你改善工作流程。

B.2 其他文本编辑器和 IDE

你肯定会听说众多其他的文本编辑器，或者看到有人使用这些编辑器。对于这些编辑器，通常可像自定义 Sublime Text 那样进行配置。下面介绍你可能听人说到的一些文本编辑器。

B.2.1 IDLE

IDLE 是 Python 自带的文本编辑器。相比于 Sublime Text，它不那么直观，但有些初学者教程可能会提到它，因此你可能想试一试。

B.2.2 Geany

Geany 是一款简单的编辑器，你可在其中直接运行所有的程序。它在终端窗口中显示所有输出，有助于你逐渐习惯使用终端。Geany 的界面非常简单，但功能强大，因此很多经验丰富的程序员也在使用它。

B.2.3 Emacs 和 Vim

Emacs 和 Vim 是两款流行的编辑器，深受众多经验丰富的程序员喜爱，因为使用它们时，用户的手根本不用离开键盘。因此学会使用这些编辑器后，编写、阅读和编辑代码的效率将获得极大提高。不过这也意味着学会使用它们的难度极大。大多数 Linux 和 macOS 计算机自带 Vim，而且 Emacs 和 Vim 都可完全在终端中运行，因此它们常被用来通过远程终端会话在服务器上编写代码。

程序员通常会推荐你试一试它们，但很多编程老手忘了编程新手要学习的东西实在太多了。知道这些编辑器是有益的，但请先使用简单编辑器，以便专注于学习编程，而不是费时间去学习如何使用编辑器。等你能够熟悉地编写和编辑代码后，再去使用这些编辑器吧。

B.2.4　Atom

Atom 是一款文本编辑器，但提供了一些通常只有 IDE 才提供的功能。在 Atom 中，可以打开单个文件，也可打开项目文件夹并轻松地访问项目中所有的文件。Atom 集成了 Git 和 GitHub，在需要使用版本控制时，这让你在编辑器中就能使用本地仓库和远程仓库，无须切换到另一个终端窗口。

Atom 还允许你安装包，从而以众多方式扩展其功能。可安装的包有很多，这让 Atom 更像一个 IDE。

B.2.5　Visual Studio Code

Visual Studio Code（VS Code）也是一款类似于 IDE 的编辑器，让你能够高效地使用调试器，还集成了版本控制功能并提供了代码补全工具。

B.2.6　PyCharm

PyCharm 是一款深受 Python 程序员欢迎的 IDE，因为它是专门为使用 Python 编程而开发的。完整版需要付费订阅，但很多开发人员觉得免费的社区版（PyCharm Community Edition）也很有用。

PyCharm 提供了一个 linter，它检查编码是否遵循了普遍接受的 Python 编程约定，并在代码不符合 Python 代码格式设置时提出修改建议。它集成了调试器，旨在帮助你高效消除错误，还支持各种模式，让你能够高效地使用众多流行的 Python 库。

B.2.7　Jupyter Notebook

Jupyter Notebook 不属于传统的文本编辑器或 IDE，而是一款主要由块组成的 Web 应用程序。每个块都要么是代码块，要么是文本块，其中的文本块采用 Markdown 格式，让你能够设置简单的文本格式。

最初开发时，Jupyter Notebook 旨在支持在科学应用程序中使用 Python，但经过不断的扩展后，它在很多情形下都很有用。在 Jupyter Notebook 中，不仅可在.py 文件中添加注释，还可编写带简单格式的文本，如标题、带项目符号的列表和在不同代码片段之间导航的超链接。每个代码块都可独立运行，让你能够测试程序的一小部分或同时运行所有的代码块。每个代码块都有独立的输出区域，可根据需要显示或隐藏。

Jupyter Notebook 不同单元格（cell）之间的交互有时可能会令你迷惑。例如，如果在一个单元格中定义了一个函数，在其他单元格中也可使用。这在大多数情况下是有益的，但如果 Notebook 很长，而你又对 Notebook 环境的工作原理没有全面的认识，就会感到迷惑。

如果你使用 Python 进行科学编程或以数据为核心的编程，肯定会遇到 Jupyter Notebook。

附录 C

寻求帮助

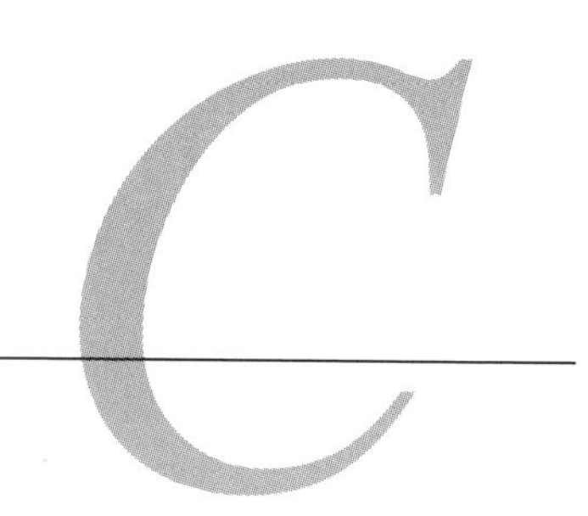

每个人学习编程时都会遇到困难，因此作为程序员，需要学习的最重要的技能之一就是如何高效地摆脱困境。本附录简要介绍几种帮助你摆脱编程困境的方法。

C.1 第一步

陷入困境后，首先需要判断形势。向别人寻求帮助前，请回答如下三个问题。

- 你想要做什么？
- 你已尝试哪些方式？
- 结果如何？

答案应尽可能具体。对于第一个问题，像“我要在 Windows 10 笔记本计算机上安装最新版 Python”这样明确的陈述足够详细，让 Python 社区的其他人员能够施以援手；而像“我要安装 Python”这样的陈述则没有提供足够的信息，让别人无法提供太多帮助。

对于第二个问题，答案应提供足够多的细节，这样别人就不会建议你去重复尝试过的方式：相比于“我访问 Python 网站，并下载了一些东西”，“我访问 Python 官方网站的下载页面，单击针对我所使用系统的 Download 按钮，再运行安装程序”提供的信息更详细。

对于第三个问题，知道准确的错误消息很有用，因为这样可在线搜索错误消息以寻找解决方案，也可在向别人寻求帮助时提供错误消息。

有时候，只需要回答这三个问题，你就能发现遗漏了什么，无须求助就能摆脱困境。程序员甚至给这种情形取了一个名字：**橡皮鸭子调试法**。如果向一只橡皮鸭子（或任何无生命的东西）

清楚地阐述自己的处境，并提出具体的问题，常常能够回答这个问题。有些编程公司甚至会在办公室放置一个橡皮鸭子，旨在鼓励程序员“与这只鸭子交流”。

C.1.1 再试试

只需回过头去重新来一次，就足以解决很多问题。假设你在模仿本书的一个示例编写 for 循环时，可能遗漏了某种简单的东西，如 for 语句末尾的冒号。再试一次可能就会帮助你避免重复同样的错误。

C.1.2 歇一会儿

如果你很长时间内一直在试图解决同一个问题，那么休息一会儿实际上是你可采取的最佳战术。长时间从事一个任务时，你可能变得一根筋，脑子里想的都是一个解决方案。你往往会对所做的假设视而不见，而休息一会儿有助于你从不同的角度看问题。不用休息很长时间，只要能够摆脱当前的思维方式就行。如果你坐了很长时间，就起来做做运动：散散步或者去室外待一会儿，也可以喝杯水，或者吃点清淡而健康的零食。

如果你心情沮丧，也许该将工作放到一边，整天都不再考虑。晚上睡个好觉后，你常常会发现问题并不是那么难以解决。

C.1.3 参考本书的在线资源

本书提供了配套的在线资源，网址为 ituring.cn/book/2784，其中包含大量有用的信息，比如如何设置系统以及如何解决每章可能遇到的难题。如果你还没有查看这些资源，现在就去吧，看看它们能否提供帮助。

C.2 在线搜索

很可能有人遇到过你面临的问题，并在网上发表了相关的文章。良好的搜索技能和具体的关键词有助于找到现有的资源，帮助解决你面临的问题。例如，如果无法在 Windows 10 系统中安装最新版 Python，搜索“Windows 10 安装 Python）并将结果限定为一年内，可能让你找到清晰的解决方案。

使用计算机显示的错误消息进行搜索也很有帮助。例如，假设你试图启动 Python 终端会话时出现了如下错误消息：

```
> python
'python' is not recognized as an internal or external command,
operable program or batch file
>
```

通过搜索完整的错误消息"python is not recognized as an internal or external command"，也许能得到不错的建议。

搜索与编程相关的主题时，有几个网站会反复出现。下面简要地介绍一下这些网站，让你知道它们可能提供什么样的帮助。

C.2.1　Stack Overflow

Stack Overflow 是最受程序员欢迎的问答网站之一，当你执行与 Python 相关的搜索时，它常常会出现在第一个结果页中。Stack Overflow 的成员在陷入困境时提出问题，其他成员会努力提供有帮助的答案。用户可推荐其认为最有帮助的答案，因此前几个答案通常就是最佳答案。

对于很多基本的 Python 问题，在 Stack Overflow 上有非常明确的答案，因为这个社区在不断改进。它鼓励用户发布更新的帖子，因此这里的答案通常与时俱进。本书编写期间，Stack Overflow 回答的与 Python 相关的问题超过了一百万个。

C.2.2　Python 官方文档

对初学者来说，Python 官方文档显得有点漫不经心，因为其主要目的是阐述这门语言，而不是进行解释。官方文档中的示例应该很有用，但你也许不能完全弄懂。虽然如此，这还是一个不错的资源，如果它出现在搜索结果中，就值得你去参考；另外，随着你对 Python 的认识越来越深入，这个资源的用处将越来越大。

C.2.3　库官方文档

如果你使用了库，如 Pygame、Matplotlib 和 Django 等，搜索结果中通常会包含到其官方文档的链接。例如，Django 文档就很有用。如果你要使用这些库，最好熟悉其官方文档。

C.2.4　r/learnpython

Reddit 包含很多子论坛，这些子论坛称为 subreddit，其中的 r/learnpython 非常活跃，提供的信息也很有帮助。你可以在这里阅读其他人提出的问题，也可以提出自己的问题。

C.2.5　博客

很多程序员有博客，旨在与他人分享对自己所使用语言的心得。接受博客文章提供的建议前，应大致浏览一下前几条评论，看看别人的反馈。如果文章没有任何评论，请对其持保留态度——可能还没有人验证过其中的建议。

C.3 IRC

很多程序员通过 IRC（Internet Relay Chat，互联网中继聊天）实时交流。如果你被问题困住，在网上搜索也找不到答案，那么在相关的 IRC 频道（channel）中寻求帮助可能是最佳选择。这些频道里的人大多彬彬有礼、乐于助人，在你能够详细地描述要做什么、尝试了哪些方法及其结果时尤其如此。

Python 主频道是#python。频道##learnpython（两个井号）也非常活跃。这个频道与 r/learnpython/相关联，因此你在其中也将看到有关 r/learnpython 上帖子的消息。如果你正在开发 Web 应用程序，可能想加入频道#django。加入频道后，就可以看到其他人的交流，还可以提出问题。

要获得有效的帮助，你需要知道一些有关 IRC 文化的细节。将重点放在本附录开头所说的三个问题上，无疑有助于获得可行的解决方案。如果能准确地阐述你要做什么、尝试了哪些方法以及得到的结果，别人就会乐意伸出援手。为分享代码或输出，IRC 成员会使用外部网站，如 bPaste（#python 通过它来分享代码和输出）。这能避免让频道到处都是代码，还让分享的代码阅读起来容易得多。一定要有耐心，这样别人才会更乐意帮助你。准确地提出问题，并等待别人来回答。虽然大家都在忙于交流，但总会有人及时回答你的问题。如果频道的参与者较少，可能要过一段时间才会有人回答你的问题。

C.4 Slack

Slack 有点像现代版 IRC，通常用于公司内部交流，但也有很多面向公众的讨论组。要查看 Slack Python 讨论组，可访问 PySlackers 网站，单击页面顶部的链接 Slack，再输入电子邮箱地址以获取邀请函。进入 Python Developers 区后，将看到一个频道列表，你可单击 Channels 并选择感兴趣的主题。首先应加入的可能是频道#learning_python 和#django。

C.5 Discord

Discord 也是一个在线聊天环境。它包含一个 Python 社区，你可以在其中寻求帮助，还可以参加与 Python 相关的讨论。要进入该社区，可访问 Python Discord 网站，再单击页面右上角的 DISCORD logo。在出现的屏幕中，有一个自动生成的邀请函。如果有 Discord 账户，可使用它登录；如果没有，请输入用户名并按提示完成 Discord 注册过程。首次访问 Python Discord 时，需要接受社区行为准则才能参与其中。完成注册并登录后，就能加入任何感兴趣的频道了。寻求帮助时，务必在 Python Help 频道发帖。

附录 D

使用 Git 进行版本控制

版本控制软件让你能够拍摄处于可行状态的项目快照。修改项目（如实现新功能）后，如果项目不能正常运行，可恢复到前一个可行状态。

通过使用版本控制软件，你可以放手去改进项目，不用担心项目因你犯错而遭到破坏。对大型项目来说，这显得尤其重要，但对于较小的项目，哪怕是只包含一个文件的程序，这也大有裨益。

在本附录中，你将学习如何安装 Git，以及如何使用它来对当前开发的程序进行版本控制。Git 是当前最流行的版本控制软件，包含很多高级工具，可帮助团队协作开发大型项目，但其最基本的功能也非常适合独立开发人员使用。Git 通过跟踪对项目中每个文件的修改来实现版本控制，如果你犯了错，只需恢复到保存的前一个状态即可。

D.1 安装 Git

Git 可在所有操作系统上运行，但安装方法随操作系统而异。接下来的几小节详细说明了如何在各种操作系统中安装它。

D.1.1 Windows 系统

可从 Git 网站下载 Git 安装程序。在这个网站中，你将看到下载链接，指向适合你的系统的安装程序。

D.1.2　macOS 系统

macOS 系统可能已经安装了 Git，因此请尝试执行命令 **git --version**。如果在输出中看到了具体的版本号，说明系统安装了 Git；如果看到一条消息，提示你安装或升级 Git，只需按屏幕上的说明做即可。

你也可以访问 Git 网站主页，将看到下载链接，指向适合你系统的安装程序。

D.1.3　Linux 系统

要在 Linux 系统中安装 Git，请执行如下命令：

```
$ sudo apt install git-all
```

这就行了。现在可以在项目中使用 Git 了。

D.1.4　配置 Git

Git 跟踪是谁修改了项目，哪怕参与项目开发的人只有一个。为此，Git 需要知道你的用户名和电子邮箱地址。你必须提供用户名，但可使用虚构的电子邮箱地址：

```
$ git config --global user.name "username"
$ git config --global user.email "username@example.com"
```

如果你忘记了这一步，在首次提交时 Git 将提示你提供这些信息。

D.2　创建项目

我们来创建一个要进行版本控制的项目。在系统中创建一个文件夹，并将其命名为 git_practice。在这个文件夹中，创建一个简单的 Python 程序：

hello_git.py

```
print("Hello Git world!")
```

我们将使用这个程序来探索 Git 的基本功能。

D.3　忽略文件

扩展名为.pyc 的文件是根据.py 文件自动生成的，因此无须让 Git 跟踪它们。这些文件存储在目录__pycache__中。为了让 Git 忽略这个目录，创建一个名为.gitignore 的特殊文件（这个文件名以句点打头且没有扩展名），并在其中添加下面一行内容：

.gitignore

```
__pycache__/
```

这让 Git 忽略目录__pycache__中的所有文件。使用文件.gitignore 可避免项目混乱，让其开发起来更容易。

你可能需要修改文本编辑器的设置，使其显示隐藏的文件，这样才能使用它来打开文件.gitignore。有些编辑器被设置成忽略名称以句点打头的文件。

D.4 初始化仓库

前面创建了一个目录，其中包含一个 Python 文件和一个.gitignore 文件，现在可以初始化一个 Git 仓库了。为此，打开一个终端窗口，切换到文件夹 git_practice，并执行如下命令：

```
git_practice$ git init
Initialized empty Git repository in git_practice/.git/
git_practice$
```

输出表明 Git 在 git_practice 中初始化了一个空仓库。**仓库**是程序中被 Git 主动跟踪的一组文件。Git 用来管理仓库的文件都存储在隐藏的目录.git 中，你根本不需要与这个目录打交道，但千万不要删除它，否则将丢失项目的所有历史记录。

D.5 检查状态

执行其他操作前，先来看一下项目的状态：

```
git_practice$ git status
❶ On branch master

No commits yet

❷ Untracked files:
  (use "git add <file>..." to include in what will be committed)

  .gitignore
  hello_git.py

❸ nothing added to commit but untracked files present (use "git add" to track)
git_practice$
```

在 Git 中，**分支**是项目的一个版本。从这里的输出可知，我们位于分支 master 上（见❶）。你每次查看项目的状态时，输出都将指出位于分支 master 上。接下来的输出表明还未执行任何提交。**提交**是项目在特定时点的快照。

Git 指出了项目中未被跟踪的文件（见❷），因为我们还没有告诉它要跟踪哪些文件。接下来，Git 告诉我们尚未将任何东西添加到当前提交中，但指出了可能需要加入仓库中的未跟踪文件（见❸）。

D.6 将文件加入仓库中

下面将这两个文件加入仓库中，并再次检查状态：

```
❶ git_practice$ git add .
❷ git_practice$ git status
  On branch master

  No commits yet

  Changes to be committed:
    (use "git rm --cached <file>..." to unstage)
❸   new file:   .gitignore
    new file:   hello_git.py

  git_practice$
```

命令 git add .将项目中未被跟踪的所有文件都加入仓库中（见❶）。它不提交这些文件，只是让 Git 开始关注它们。现在检查项目的状态时，我们发现 Git 找出了需要提交的一些修改（见❷）。标签 new file 意味着这些文件是新添加到仓库中的（见❸）。

D.7 执行提交

下面来执行第一次提交：

```
❶ git_practice$ git commit -m "Started project."
❷ [master (root-commit) ee76419] Started project.
❸  2 files changed, 4 insertions(+)
   create mode 100644 .gitignore
   create mode 100644 hello_git.py
❹ git_practice$ git status
  On branch master
  nothing to commit, working tree clean
  git_practice$
```

我们执行命令 git commit -m "*message*"（见❶）拍摄项目的快照。标志-m 让 Git 将接下来的消息（"Started project."）记录到项目的历史记录中。输出表明位于分支 master 上（见❷），且有两个文件被修改了（见❸）。

现在检查状态时，会发现我们位于分支 master 上，且工作树是干净的（见❹）。这是你每次提交项目的可行状态时都希望看到的消息。如果显示的消息不是这样的，请仔细阅读，很可能是你在提交前忘记了添加文件。

D.8　查看提交历史

Git 记录所有的项目提交。下面来看一下提交历史：

```
git_practice$ git log
commit a9d74d87f1aa3b8f5b2688cb586eac1a908cfc7f (HEAD -> master)
Author: Eric Matthes <eric@example.com>
Date:   Mon Jan 21 21:24:28 2019 -0900

    Started project.
git_practice$
```

每次提交时，Git 都会生成唯一的引用 ID，长 40 字符。它记录提交是谁执行的、提交的时间以及提交时指定的消息。并非在任何情况下都需要所有这些信息，因此 Git 提供了一个选项，让你能够打印提交历史条目的更简单版本：

```
git_practice$ git log --pretty=oneline
ee76419954379819f3f2cacafd15103ea900ecb2 (HEAD -> master) Started project.
git_practice$
```

标志 `--pretty=oneline` 指定显示两项最重要的信息：提交的引用 ID 和为提交记录的消息。

D.9　第二次提交

为展示版本控制的强大威力，我们需要修改项目并提交所做的修改。为此，在 hello_git.py 中再添加一行代码：

hello_git.py

```
print("Hello Git world!")
print("Hello everyone.")
```

如果现在查看项目的状态，将发现 Git 注意到这个文件发生了变化：

```
git_practice$ git status
❶ On branch master
  Changes not staged for commit:
    (use "git add <file>..." to update what will be committed)
    (use "git checkout -- <file>..." to discard changes in working directory)

❷   modified:   hello_git.py

❸ no changes added to commit (use "git add" and/or "git commit -a")
git_practice$
```

输出指出了当前所在的分支（见❶）和被修改了的文件的名称（见❷），还指出了所做的修改未提交（见❸）。下面来提交所做的修改，并再次查看状态：

```
❶ git_practice$ git commit -am "Extended greeting."
  [master 51f0fe5] Extended greeting.
   1 file changed, 1 insertion(+), 1 deletion(-)
❷ git_practice$ git status
  On branch master
  nothing to commit, working tree clean
❸ git_practice$ git log --pretty=oneline
  51f0fe5884e045b91c12c5449fabf4ad0eef8e5d (HEAD -> master) Extended greeting.
  ee76419954379819f3f2cacafd15103ea900ecb2 Started project.
  git_practice$
```

我们再次执行了提交，并在执行命令 git commit 时指定了标志-am（见❶）。标志-a 让 Git 将仓库中所有修改了的文件都加入当前提交中。（如果在两次提交之间创建了新文件，可再次执行命令 git add .，将这些新文件加入仓库中。）标志-m 让 Git 在提交历史中记录一条消息。

查看项目的状态时，我们发现工作树也是干净的（见❷）。最后，可以看到提交历史中包含两个提交（见❸）。

D.10　撤销修改

下面来看看如何放弃所做的修改，恢复到前一个可行状态。为此，首先在 hello_git.py 中再添加一行代码：

hello_git.py

```
print("Hello Git world!")
print("Hello everyone.")

print("Oh no, I broke the project!")
```

保存并运行这个文件。

我们查看状态，发现 Git 注意到了所做的修改：

```
git_practice$ git status
On branch master
Changes not staged for commit:
  (use "git add <file>..." to update what will be committed)
  (use "git checkout -- <file>..." to discard changes in working directory)

❶     modified:   hello_git.py

no changes added to commit (use "git add" and/or "git commit -a")
git_practice$
```

Git 注意到我们修改了 hello_git.py（见❶）。如果愿意，可提交所做的修改，但这次我们不提交所做的修改，而是恢复到最后一个提交（我们知道，那次提交时项目能够正常地运行）。为此，不对 hello_git.py 执行任何操作（不删除刚添加的代码行，也不使用文本编辑器的撤销功能），而是在终端会话中执行如下命令：

```
git_practice$ git checkout .
git_practice$ git status
On branch master
nothing to commit, working tree clean
git_practice$
```

命令 git checkout 让你能够恢复到以前的任意提交。命令 git checkout .放弃最后一次提交后所做的所有修改，将项目恢复到最后一次提交的状态。

如果此时返回文本编辑器，将发现 hello_git.py 被修改成了下面这样：

```
print("Hello Git world!")
print("Hello everyone.")
```

就这个项目而言，恢复到前一个状态微不足道，但如果我们开发的是大型项目，其中数十个文件都被修改了，那么恢复到前一个状态，将撤销自最后一次提交后对这些文件所做的所有修改。这个功能很有用：实现新功能时，你可以根据需要做任意数量的修改，如果这些修改不可行，可撤销它们，而不会对项目有任何伤害。你无须记住做了哪些修改，因而不必手工撤销所做的修改，Git 会替你完成所有这些工作。

注意　要看到以前的版本，可能需要在编辑器中刷新文件。

D.11　检出以前的提交

你可以检出提交历史中的任何提交，而不仅仅是最后一次提交，为此可在命令 git check 末尾指定该提交的引用 ID 的前 6 字符（而不是句点）。通过检出以前的提交，你可以对其进行审核，然后返回到最后一次提交，或者放弃最近所做的工作并选择以前的提交：

```
git_practice$ git log --pretty=oneline
51f0fe5884e045b91c12c5449fabf4ad0eef8e5d (HEAD -> master) Extended greeting.
ee76419954379819f3f2cacafd15103ea900ecb2 Started project.
git_practice$ git checkout ee7641
Note: checking out 'ee7641'.

❶ You are in 'detached HEAD' state. You can look around, make experimental
changes and commit them, and you can discard any commits you make in this
state without impacting any branches by performing another checkout.

If you want to create a new branch to retain commits you create, you may
do so (now or later) by using -b with the checkout command again. Example:
```

```
  git checkout -b <new-branch-name>

HEAD is now at ee7641... Started project.
git_practice$
```

检出以前的提交后，将离开分支 master，进入 Git 所说的**分离头指针**（detached HEAD）状态（见❶）。HEAD 指针表示当前提交的项目状态，之所以说处于分离状态，是因为我们离开了一个命名分支（这里是 master）。

要回到分支 master，可检出它：

```
git_practice$ git checkout master
Previous HEAD position was ee76419 Started project.
Switched to branch 'master'
git_practice$
```

这让你回到分支 master。除非要使用 Git 的高级功能，否则在检出以前的提交之后，最好不要对项目做任何修改。然而，如果参与项目开发的人只有你自己，而你又想放弃较近的所有提交并恢复到以前的状态，也可将项目重置到以前的提交。为此，可在处于分支 master 上的情况下，执行如下命令：

```
❶ git_practice$ git status
  On branch master
  nothing to commit, working directory clean
❷ git_practice$ git log --pretty=oneline
  51f0fe5884e045b91c12c5449fabf4ad0eef8e5d (HEAD -> master) Extended greeting.
  ee76419954379819f3f2cacafd15103ea900ecb2 Started project.
❸ git_practice$ git reset --hard ee76419
  HEAD is now at ee76419 Started project.
❹ git_practice$ git status
  On branch master
  nothing to commit, working directory clean
❺ git_practice$ git log --pretty=oneline
  ee76419954379819f3f2cacafd15103ea900ecb2 (HEAD -> master) Started project.
  git_practice$
```

首先查看状态，确认位于分支 master 上（见❶）。查看提交历史时，我们看到了两个提交（见❷）。接下来，执行命令 git reset --hard，并在其中指定要永久恢复到的提交的引用 ID 前 6 字符（见❸）。我们再次查看状态，发现位于分支 master 上，且没有需要提交的修改（见❹）。再次查看提交历史时，会发现我们回到了要重新开始的提交（见❺）。

D.12　删除仓库

有时候，仓库的历史记录被你弄乱了，而你又不知道如何恢复。在这种情况下，你首先应考虑使用附录 C 介绍的方法寻求帮助。如果无法恢复且参与项目开发的只有你一个人，可继续使用这些文件，但要将项目的历史记录删除——删除目录.git。这不会影响任何文件的当前状态，只会删除所有的提交，因此你将无法检出项目的其他任何状态。

为此，可打开一个文件浏览器，并将目录.git 删除，也可通过命令行将其删除。这样做后，需要重新创建一个仓库，重新对修改进行跟踪。下面演示了如何在终端会话中完成这个过程：

```
❶ git_practice$ git status
  On branch master
  nothing to commit, working directory clean
❷ git_practice$ rm -rf .git
❸ git_practice$ git status
  fatal: Not a git repository (or any of the parent directories): .git
❹ git_practice$ git init
  Initialized empty Git repository in git_practice/.git/
❺ git_practice$ git status
  On branch master

  No commits yet

  Untracked files:
    (use "git add <file>..." to include in what will be committed)

    .gitignore
    hello_git.py

  nothing added to commit but untracked files present (use "git add" to track)
❻ git_practice$ git add .
  git_practice$ git commit -m "Starting over."
  [master (root-commit) 6baf231] Starting over.
   2 files changed, 4 insertions(+)
   create mode 100644 .gitignore
   create mode 100644 hello_git.py
❼ git_practice$ git status
  On branch master
  nothing to commit, working tree clean
  git_practice$
```

首先查看状态，发现工作树是干净的（见❶）。接下来，使用命令 rm -rf .git（在 Windows 系统中，应使用命令 rmdir /s .git）删除目录.git（见❷）。删除文件夹.git 后再次查看状态时，我们被告知这不是一个 Git 仓库（见❸）。Git 用来跟踪仓库的信息都存储在文件夹.git 中，因此删除该文件夹也将删除整个仓库。

接下来，使用命令 git init 新建一个全新的仓库（见❹）。然后查看状态，发现又回到了初始状态，等待着第一次提交（见❺）。我们将所有文件都加入仓库，并执行第一次提交（见❻）。然后再次查看状态，发现我们位于新的分支 master 上，且没有任何未提交的修改（见❼）。

你需要经过一定的练习才能学会使用版本控制，但一旦开始使用，你就再也离不开它了。

后　记

祝贺你！你学习了 Python 基本知识，并利用这些知识创建了一些有意义的项目：创建了一款游戏，对一些数据进行了可视化，还创建了一个 Web 应用程序。现在，你能通过众多不同的方式进一步提高编程技能了。

首先，应该根据自己的兴趣继续开发有意义的项目。当你通过编程来解决重要的相关问题时，编程将更具吸引力，而且现在你具备了开发各种项目所需的技能。你可以开发自己的游戏，也可以开发模仿经典街机游戏的游戏。你可能想研究一些对你来说很重要的数据，并通过可视化方法将其中有趣的规律和关系展示出来。你可以创建自己的 Web 应用程序，也可以尝试模拟自己喜欢的应用程序。

只要有机会，就邀请别人尝试你编写的程序吧。如果你编写了游戏，就邀请别人来玩一玩；如果你创建了图表，就向别人展示展示，看看他们能否看明白；如果你创建了 Web 应用程序，就将其部署到在线服务器，并邀请别人尝试使用。听听用户怎么说，并努力根据他们的反馈改进项目，这样你就能成为更优秀的程序员。

自己动手开发项目时，你肯定会遇到棘手乃至无法解决的问题。请想办法寻求帮助，并加入合适的 Python 社区。加入当地的 Python 用户组，或者到一些在线 Python 社区逛逛就很不错。另外，考虑参加附近举办的 Python 开发者大会（PyCon）。

你应尽力在开发自己感兴趣的项目和提高 Python 技能之间取得平衡。网上有很多 Python 学习资料，市面上还有大量针对中级程序员编写的 Python 图书。现在你掌握了基本知识，并且知道了如何应用学到的技能，因此能看懂其中的很多资料。通过阅读教程和图书积累更多的知识，加深你对编程和 Python 的认识吧。深入学习 Python 后再去开发项目时，你将能够更高效地解决更多的问题。

祝贺你在学习 Python 的道路上走了这么远，愿你在以后的学习中有好运相伴！

版 权 声 明